洋行之王

怡和

劉詩平 著

前言　探究怡和百年歷程

　　在香港歷史上，沒有一個企業像怡和這樣，如此深刻地影響過香港的發展。香港割據、鴉片和苦力貿易興起、中環和尖沙咀的繁華、1970年代亞太金融中心的崛起、1980年代的走資潮、1990年代香港回歸中國前夕的爭拗與震盪……幾乎每一個重大歷史事件背後都有着怡和的身影。

　　在中國歷史上，也沒有一家外國企業像怡和這般，如此深刻地影響過中國的內政與外交。鴉片戰爭的發動，洋務運動的發展，與李鴻章、左宗棠、張之洞、曾紀澤、劉銘傳、胡雪巖、盛宣懷、張學良等政要巨賈的來來往往，二戰期間影響盟軍的對華政策，中華人民共和國成立後外商全面撤離，中國內地改革開放初期外資企業湧入……幾乎每一個重要歷史時期都活躍着怡和的各路人馬。

　　1832年誕生的怡和洋行，是第一次鴉片戰爭（1840）爆發之前成立於中國的惟一延續至今的外資企業。在急速發展和劇烈變化的這段歷史河流中，怡和逃過了無數次危機的打擊，並以驚人的彈性在香港和中國內地拓展了廣闊多元的業務領域。

　　如今，身為“全球企業500強”的怡和集團，雖然已從香港資本市場撤離，但這裡依然是它發展壯大的根據地和大本營。並且，中國內地改革開放以來，怡和從香港出發，在地產、零售、酒店、金融、保險、機械、物流、IT等多方面默無聲息地進入了中國內地……

從當初依仗遠走天涯的商業冒險和堅船利炮的武力後盾，兩個蘇格蘭商人在廣州發起成立了怡和洋行。一百七十多年來，怡和參與演繹了香港乃至中國近代以來的歷史進程，呈現了一個“百年老店”經歷抑或掀起各種風浪的多樣畫面，同時折射了香港的歷史變遷，以及在外來力量衝擊下中國現代化的歷程。

現在，展現在大家面前的這本書，便是對這樣一家極其獨特的大型企業所做的梳理。

第一部“鴉片帝國”，探尋了怡和洋行如何在鴉片貿易的天地裡縱橫捭闔，如何主要靠非法經營鴉片發跡，建立起廣州“一口通商”時代極其強大的鴉片王朝。此後，怡和更加積極呼籲、多方面參與了英國對中國發動的鴉片戰爭，並在戰後加速擴張，建立起以香港和上海為主要據點的“鴉片帝國”。

第二部“大陸風雲”，講述了怡和在19世紀六七十年代退出鴉片市場全面轉型，在航運、鐵路、金融、工業和貿易領域中一展身手的風雲歷史。從當初極力主張用槍炮和鴉片打開中國市場，到轉而設法與中國的上層統治者合作，百般交結中央與地方政府中的關鍵人物，在不觸犯中國官僚政治的前提下，在中國經濟向現代轉型的過程中，採取各種手段謀求巨額利潤和特殊利益。

第三部“得失香江”，展示了最近半個世紀以來怡和的發展歷程。從1949年開始被迫從中國大陸撤退，到香港回歸中國，怡和在香港這個中心舞台上，從影響力無所不在，到風雨飄搖，再到黯然撤離，怡和既有20世紀五六十年代的轉型與創新，也有七十年代的巔峰體驗，更有八九十年代的恐慌與焦慮。在香港回歸中國、大英帝國最後撤離東方的時刻，怡和做出了引起香港社會震盪的撤退部署。

然而，天下熙熙、皆為利來，天下攘攘、皆為利往。怡和終究不會放棄經營了一百多年的香港和潛力巨大的中國內地市場。在香港和海峽兩岸、以及在更廣闊的亞洲乃至世界舞台上，怡和繼續在以其特有的方式書寫着公司的未來。

怡和的故事如此值得探究，以至花去了筆者大量時間，探訪古蹟、披覽史籍、採訪寫作。在這裡，筆者試着講述了一家英國公司在東方的冒險，及其成敗得失的多彩故事。從這裡，人們或許同樣能感受到近代以來中國與世界的差距，以及包括港人在內的中國人的奮鬥歷程。

目　錄

第一部　鴉片帝國

第一章　走向東方

01　渣甸：18歲出門遠行..........6

02　廣州夷館區與外商私人生活..........9

03　易貪腐的粵海關..........12

04　東方巨富：十三行行商..........14

05　廣州的跨國"紅頂"商人..........18

06　"行外"商人的衍生與成長..........22

07　鴉片的湧入..........23

08　渣甸的個人貿易..........25

09　渣甸辭職"下海"..........26

10　馬地臣：在東方的早期經歷..........29

第二章　澳門、黃埔與伶仃洋上

01　變化的貿易圖景..........39

02　澳門與黃埔：龍頭地位的爭奪..........41

03　廣州：寶順洋行前世..........44

04　北京：皇宮裡的鴉片吸食者..........46

05　澳門：賄賂基金的設立..........48

06　渣甸與馬地臣早期的鴉片買賣..........50

07　"葉恆澍案"引發的禁煙行動..........52

08　"艱難"抉擇：伶仃洋鴉片基地的確立..........54

09　鴉片："最有紳士氣派的投機生意"..........57

10 渣甸與馬地臣在伶仃洋………61

第三章　鴉片基地與沿海走私網

01 渣甸・馬地臣行正式誕生………71
02 兩個怡和洋行的不同命運………73
03 早期探索：鴉片直銷東南沿海………77
04 最佳鴉片翻譯：傳教士郭士立………79
05 制勝武器：鴉片飛剪船隊………83
06 泉州鴉片基地的經營………86

第四章　律勞卑之死

01 時代之變：東印度公司壟斷終結………95
02 派遣駐華商務監督：英國政府的反應………97
03 強硬者抬頭：渣甸等散商的反應………98
04 大清朝野的懵然無知………101
05 律勞卑：傲慢強硬與勞苦卑下………103
06 律勞卑之死………110
07 矛盾公開化………111
08 馬地臣返英聯手工商界………114

第五章　從禁煙到戰爭

01 鴉片泛濫：在禁與弛之間………123
02 鴉片・白銀・癮君子………128
03 欽差南下與渣甸離華………129
04 禁煙風暴與馬地臣繳煙………131
05 為戰爭奔走呼號的渣甸………133
06 鴉片戰爭爆發………136
07 林則徐、琦善和義律相繼免職………139
08 與渣甸、馬地臣親密接觸的璞鼎查………141
09 戰時鴉片生意………142
10 怡和洋行的勝利………145

第六章　香港上海時代

01　鴉片貿易：合法與非法………155

02　怡和洋行總部移港………157

03　香港的起死回生………161

04　香港：新鴉片集散中心（一）………163

05　上海：新鴉片集散中心（二）………166

06　金錢、土地與權力：返英後的渣甸和馬地臣………170

07　子侄們：兩個家族的權力交接………172

第二部　大陸風雲

第七章　逐鹿航運

01　東西方貿易巨變………185

02　鴉片帝國的終結………187

03　敗退後的轉型………190

04　長江爭奪戰………192

05　打造津滬航線………205

06　重返長江………209

07　順勢擴張………216

08　世紀之交：新機遇與新對手………220

第八章　鐵路悲歡

01　拆毀了事：中國第一條鐵路的命運………231

02　騾馬拖載：中國自建鐵路的步伐………235

03　津沽鐵路：首開借外債築路先河………237

04　太監牽引：中南海裡的小鐵路………239

05　強強聯合：中英公司的組建………242

06　頻頻得手：贏取多條鐵路修築權………245

第九章　金融強權

01　貸款：結交清朝權貴的媒介⋯⋯⋯257

02　西征借款：怡和得與失⋯⋯⋯259

03　日益壯大的水險與火險⋯⋯⋯263

04　中法戰爭與怡和⋯⋯⋯266

05　合資銀行的流產⋯⋯⋯270

06　涉足中國礦山⋯⋯⋯272

07　角逐旅順防務工程⋯⋯⋯274

08　黃河決口與鄭工借款⋯⋯⋯278

09　"太后的機密財務官"⋯⋯⋯280

第十章　工貿制勝

01　世紀之變：從合夥制到股份公司⋯⋯⋯293

02　怡和大班蘭杜的上海歲月⋯⋯⋯296

03　雙喜臨門：1922年的怡和⋯⋯⋯299

04　無所不包的進出口貿易⋯⋯⋯301

05　門類眾多的工廠⋯⋯⋯303

06　作為紡織業巨頭的怡和⋯⋯⋯304

07　工人罷工與怡和業務⋯⋯⋯308

08　與張作霖父子的軍火生意⋯⋯⋯309

09　凱瑟克兄弟在上海⋯⋯⋯311

第十一章　轉折年代

01　不祥之兆：怡和大班遇襲⋯⋯⋯321

02　香港陷落與怡和受創⋯⋯⋯324

03　蔣介石怒斥怡和大班⋯⋯⋯327

04　英國接收香港與怡和重建⋯⋯⋯330

05　怡和大略：戰後復興⋯⋯⋯332

06　轉折：從中國大陸撤離⋯⋯⋯336

第三部 得失香江

第十二章 無遠弗屆

01 香港新時代：帝國餘輝與橋頭堡⋯⋯⋯349

02 上市：怡和新面孔⋯⋯⋯353

03 置地：中環再造⋯⋯⋯356

04 九倉：尖沙咀變革⋯⋯⋯360

05 重振金融雄風⋯⋯⋯363

06 舞動資本市場⋯⋯⋯366

07 保險業蓬勃發展⋯⋯⋯370

08 繁榮東移：置地在銅鑼灣的擴張⋯⋯⋯371

09 國際化：海外發展第一波⋯⋯⋯374

第十三章 風雨飄搖

01 華商崛起：包玉剛與李嘉誠⋯⋯⋯385

02 前兆：中環地鐵投標 "意外" 失手⋯⋯⋯388

03 拐點：痛失九倉⋯⋯⋯391

04 匯豐與怡和鬥法？⋯⋯⋯398

05 怡置互控：紐壁堅的 "連環船" 策略⋯⋯⋯400

06 冒進：置地瘋狂擴張⋯⋯⋯403

07 150週年慶：危機四伏與樂觀自信⋯⋯⋯405

08 從 "地王" 到 "債王" ⋯⋯⋯407

09 高層地震：紐壁堅下台⋯⋯⋯409

第十四章 黯然撤離

01 撒切爾夫人摔跤：歷史進入過渡期⋯⋯⋯419

02 怡和震盪：遷冊百慕大⋯⋯⋯421

03 忍痛割愛出售 "港燈" ⋯⋯⋯424

04 結構重組：危局初解⋯⋯⋯427

05 收購置地攻防戰⋯⋯⋯430

06 政改之爭與怡和 "真面目" ……… 435

07 加速海外投資：國際化第二波……… 440

08 第一上市地位移往倫敦……… 444

09 全面撤離香港股票市場……… 449

10 "九七" 交接：怡和大班摔斷腳骨……… 453

第十五章 欲去還來

01 回歸：怡和的最終選擇……… 463

02 高管本地化：置地任命首位華人總裁……… 467

03 成功拓展中國內地市場……… 468

04 大中華與東南亞：亞洲的多元化集團……… 473

附錄

01 怡和中的渣甸—凱瑟克家族成員……… 488

02 渣甸—凱瑟克家族成員出任怡和合夥人及董事時間一覽……… 490

03 怡和集團主要成員及基本結構……… 492

04 人名、機構名譯名對照表……… 493

05 主要參考書目……… 506

後記 回憶與感謝

第一部　鴉片帝國

第一章

走向東方

身為蘇格蘭人，我必須靠着雙手打天下。

——（英）瓦特·斯科特

　　1802年，一場全球最大的城建工程在蘇格蘭首府愛丁堡市如火如荼地展開。雖然要到1836年才全面完成，但自1796年即已開始的這個新城擴建計劃，此時已頗具規模。當歷史進入到19世紀時，工業革命的列車在歐洲大地上滾滾向前、快速挺進。此時的英國已經躍升為西方世界頭號強國，倫敦已成為全球的權力和財富中心。大英帝國的臣民走遍世界各地，自信、果敢、傲慢和充滿優越感，幾個商人、幾名傳教士和幾條帆船就敢遠走天涯。

　　在東方，南亞次大陸的印度已經成為英國殖民地。曾經在17、18世紀被歐洲一些人士稱頌為“理想社會”的大清帝國，此時對外雖然依然以“天朝上國”自居，經歷過“乾隆盛世”的朝廷要員雖然依舊視英國為“蕞爾小島”，視英國人為“蠻夷”和“番鬼”，但來到廣州經商的英國商人已經發現，大清帝國實質上是外強中乾，因為腐敗正日甚一日地侵蝕着它的肌體。與英國所具有的開拓與進取相比較，清朝保守與封閉的特性顯而易見。

　　對英國商人來說，有着龐大市場的中國，無疑有着無限的機會。與法國在全世界範圍內長期爭霸後奪得海上霸權的英國，此時積極對外貿易和殖民擴張，進取慾望強烈。1600年成立、長期享有對東方貿易壟斷權的英國東印度公司，此時勢力依然強大。不過，被稱為經濟學鼻祖的蘇格蘭人亞當·斯密（Adam Smith）的自由貿易理論，已經讓愈來愈多的英國商人所服膺和實踐。

　　正是在這種時代背景之下，在愛丁堡市受完教育、最後合作建立起怡和洋行的渣甸（William Jardine, 1784-1843）和馬地臣（也譯為孖地臣，James Matheson, 1796-1878）先後走向東方，來到了中國。

01 渣甸：18歲出門遠行

　　1802年3月15日，剛滿18歲的渣甸與東印度公司[①]簽下一張預支雙月薪水為5個英鎊的收據，他已下定決心隨東印度公司特許的中印貿易船前往東方展開他的未知人生。就在兩個星期前，出生在蘇格蘭南部鄧弗里斯郡（Dumfriesshire）的渣甸，拿到了愛丁堡醫學院的畢業文憑。隨後他隻身前往倫敦，通過關係，在一艘10年前便已開始遠航中印線路的"布魯斯威克號"（Brunswick）帆船上，謀到了一個船醫助手的職位。[②]

　　9歲喪父後靠哥哥資助完成學業的渣甸，之所以選擇在孤帆遠影的航船上開始其職業生涯，其中的一個背景，或許正如當時蘇格蘭的一句名言所說："蘇格蘭人的惟一的康莊大道，是通往倫敦的途徑。"靠着經商，蘇格蘭人敲開了通向世界的大門。在東方，擁有政府專利特許狀的東印度公司，則是多數想前往東方獲取巨額財富的英國人的理想選擇。事實上，在印度的孟買和加爾各答，和在當時的中國廣州一樣，到處活躍着對外拓展的蘇格蘭人——不管是軍人還是商人，無論是傳教士還是船長。

　　船醫助手算不上收入豐厚，但一旦搭上東印度公司的大帆船，便蘊含了大好機會。渣甸或許已經聽說過，隨船來往於清朝的廣州，職員的工資並不是關鍵所在，特許夾帶的私貨才是真正收入的來源。東印度公司貿易船上的船長、船員，船醫、船醫助手，均可按等級帶上若干噸位的私貨獲利自肥，這已是公開的秘密和通行的做法。

---

① 書中提到的東印度公司均指英國東印度公司。
② 羅伯·布雷克著、張青譯：怡和洋行，時報文化出版公司，台北，2001，29頁。

　　自從1600年以後，英國的對華貿易掌握在擁有政府專利特許狀的東印度公司手中。當渣甸受僱於一向被稱為"尊貴的東印度公司"（The Honourable East India Company）時，它仍然獨佔着英國自好望角以東的所有貿易權，統治着大半個印度，"由一個商業強權變成了一個軍事的和擁有領土的強權"（馬克思語）。它對中國的貿易也已具一定規模，在英國本土的勢力同樣根深葉茂。其勢力之強大，有人甚至指出："說這個公司陷入危難，就等於說（英國）整個國家陷入危難。"

　　3月30日，倫敦霧氣瀰漫，天氣乍暖還寒。渣甸所在的東印度公司的大帆船"布魯斯威克號"正式啟航。與東印度公司另外兩艘大帆船一道，展開前往中國的漫長旅程。當渣甸啟程前往廣州的時候，也許連他自己也沒有想到，多年以後他和馬地臣等人會以經營非法的鴉片貿易為榮，並把廣州攪得雞犬不寧，能讓大清帝國的強大身軀現身為一個孱弱的"東亞病夫"。

　　經過半年單調和冗長的海上顛簸，"布魯斯威克號"9月4日抵達澳門，一個新奇的東方展現在渣甸眼前。

　　位於廣州灣西邊的澳門，距離東邊的香港大約65公里。那時香港還沒有現在的璀璨和繁華，瀰漫着頹廢而浪漫氣息的澳門是西方人在中國已存在200多年的一個"傳奇"。1557年，當葡萄牙的海權帝國風光無限時，遠在南中國海一角的澳門成為了葡萄牙人的居留地。

　　葡萄牙人以澳門作為其遠東貿易的據點，開通了澳門到里斯本、果阿、馬六甲、馬尼拉、長崎等國際航線，穿梭於歐、亞及美洲之間往來貿易。澳門輸出的貨物主要來自廣州，其輸入的貨物也主要是運到廣州而後銷往全中國。200多年來，葡萄牙人及其他歐洲商人已經在這裡建起了許多歐式建築，形成了歐洲風格的生活方式。不過，直到1849年攫取澳門主權之前，葡萄牙人還只是租用此地，只享有一定的自治權。大清帝國的法律依然適用於澳門，清朝地方官員依然行使着相關職權。

初來乍到的渣甸一定對澳門的迷人魅力留下了深刻印象。在陽光照耀下熠熠生輝的各種歐式建築，沿着海岸線分佈成漂亮的月牙形，對望着遼闊外灣的港口。其中最為豪華的宅第，正是東印度公司的物業。

"布魯斯威克號" 等3艘貿易船在澳門沒有多作停留，繼續向廣州進發，由澳門經虎門航行在珠江上。

9月7日，"布魯斯威克號" 在距離廣州20多公里處的黃埔下錨——這是清朝開放給西方貿易商離廣州最近的停泊處。事實上，往上的水位較淺也無法容納1200噸位的 "布魯斯威克號" 繼續前行。

半年多的旅程至此告一段落。各式船隻雲集，一個東方大港的熱鬧繁忙景象呈現在渣甸眼前。與枯寂的海上航行相比，這裡熱鬧非凡。其中，一大群漆得鋥亮的平底大帆船耀人眼目；有的駁船由身穿藍色水手服、頭戴草帽的英國水手駕駛；有的由身着寬白長袍、頭纏各色頭巾的印度水手操控；有的則由穿着深紅色衣服的馬來人操縱。停在附近的各國遠洋船隻，升在船桅上的國旗迎風飄揚。與此同時，本地的一些貨船、客船來來往往，政府的巡船不時出現。此外，還有花艇、舢板，以及出售各種食物、衣服、玩具和岸上店舖所出售的日用品的小艇……

渣甸一行的這3艘貿易船將帶來的貨物卸在駁船上後，便上岸等待，直至茶葉運來，然後裝船啟航返程。這期間，船長、船員便前往廣州夷館區東印度公司所在地——英國新館，同時在廣州做起自帶貨物的生意。

02 廣州夷館區與外商私人生活

　　此時的廣州，是西方商人與大清帝國開展貿易的惟一城市。1757年，乾隆皇帝將廣州、寧波、廈門等4個與外商進行貿易的口岸城市縮減為廣州一地，廣州成為中外經貿交往的中心，對外貿易額穩步增長。此時，葡萄牙和西班牙壟斷東亞的時代早已成為往事，荷蘭、英國、法國、瑞典、美國等西方國家的商船相繼出現在廣州黃埔港。外商被允許在廣州設館貿易，不過只被允許於貿易季節居留在珠江北岸城郊的十三行夷館區及其周圍。

　　渣甸一行上岸後，穿過幾條街道，遠遠地，便可看見商館前的操場上，英國、法國和美國等國的旗幟迎風飄揚——這裡便是英國東印度公司廣州管理委員會所在地的夷館區。早在86年前的康熙五十五年（1716），英國東印度公司即已在此開設商館，作為對華活動的基地。不過，初期的商館由商船船貨管理員臨時管理，直到1770年後，才由東印度公司派來的僱員管理。

　　夷館，又稱商館，為外商居停之所，相當於現在的貿易辦事處。不過，對遠涉重洋前來做生意的外商而言，在清朝中央政府的禮部掛不上號，不能用官方形式接待，只能投居當地洋行商人的行棧或租住行棧。久而久之，在廣州城西的珠江邊形成了一排租予外商居停貿易的樓房，外商稱之為"商館"，國人呼其為"夷館"。幾國商人可合租一館，同一國籍的外商也可租用一個以上的商館，如英國便有兩個館。

　　對於夷館區，1793年馬戛爾尼（Lord George Macartney）使團副特使斯當東（George Thomas Staunton）在其所著《英使謁見乾隆紀實》一書中這樣描述他的見聞："作為一個海港和邊境重鎮的廣州，顯然有很多華洋雜處的特色。歐洲各國在城外江邊建立了一排他們的洋行。華麗的西式建築上面懸掛着各國國旗，同對面中國建築相映，增添了許多特殊風趣。貨船到港的時候，這一帶外國人熙熙攘攘，各穿着不同服裝，操着不同語言，表面上使人看不出這塊地方究竟是屬於哪個國家的。"①

渣甸來到這裡時，東印度公司每年以巨額租金租下的帶有花園的新英國館，其面積是其他商館的兩倍，內部設施也是所有商館中最全最好的。

一些十三行行商的行號與夷館彼此靠近，便於迅速辦理交易事務。用1820年代開始在這裡做過十幾年生意的美國商人亨特（William C. Hunter）的話說，"這樣辦交易是最愉快不過的，各項手續都十分容易和方便"。

一般情況下，夷館裡的外商生活比在倫敦還要安全，因為廣州的官方對他們保護有加，專門有人維持治安，同時在處理外商與當地商人和民眾的糾紛時往往遷就他們一方。外商做起生意來也頗有安全感，因為沒有誰比廣州的十三行行商更講誠信了。②行商的誠實和商業道德在倫敦的街談巷議中、在孟買的生意場上有口皆碑，書面的契約甚至有時也不需要，而只需口說為憑。

但是有些規定，卻讓他們感到困惑、甚至憤怒。比如，他們不能隨便進城，最多只能爬上城牆偷偷地向城裡張望；有事需要解決時不能直接投書給當地政府，更別說與官員見面會談，"稟帖"只能通過十三行行商轉遞；一個月裡，只有初三和十八兩天，可以往遊夷館對岸的海幢寺和陳家花園，但日落即

---

① 按照擔任過英國東印度公司中文翻譯的英國傳教士馬禮遜1832年的記載，夷館當時從東到西依次是：小溪行（或稱怡和行）、荷蘭行（或稱集義行）、英國行（或稱寶和行）、周周行（或稱豐泰行）、老英行（或稱隆順行）、瑞典行（或稱瑞行）、帝國行（或稱鷹行）、寶順行、美洲行（或稱廣元行）、明官行（或稱中和行）、法蘭西行、西班牙行、丹麥行（或稱得興行）。不過，不同時期的十三行商館略有變化。亨特《舊中國雜記》一書中記載的館名依次為：小溪館、荷蘭館、新英國館、周周館、舊英國館、瑞典館、帝國館、寶順館、美國館、章官館、法國館、西班牙館、丹麥館。

② 威廉‧C‧亨特著、馮樹鐵譯：廣州"番鬼"錄，廣東人民出版社，廣州，1993，19、56頁。1830年英國下議院關於對華貿易審查委員會會議中，幾乎所有出席的證人都認為，在廣州做生意比在世界上任何其他地方都更加方便和容易。

須返回，不准飲酒滋事，也不得與當地百姓聚談密斟；[①]不能享受當時的高級交通工具——坐轎子，因為在講究等級的中國，這些外商沒有資格享受清朝官員的待遇。

不過，一些規定其實已經名存實亡。清朝地方官吏由於俸祿微薄，要想過體面的生活，多少就得利用職權，靠貪污受賄、敲詐勒索和收受禮金等來獲得。外商們身上有錢，早已摸準官員受賄的脈門而靈活地應對以上規則——除了"稟帖"須通過行商轉遞這一彈性較小的外交政策之外。

另一項在今天看來對外商不近人情的限制，是嚴禁他們攜帶女性進入廣州——無論是妻女，還是情婦。[②]不過，對外商來說，當時的這條禁令並不難找到替代。一些散佈在珠江邊的有名的水上妓院——"花船"，雖然禁止外國人出入，但冒險前往者時有所聞，從"花船"私帶妓女到夷館，也並非個例。官府的文件說："如有不肖男息為外人僕役，引外人擅離夷館飲酒、狎妓，或趁夜攜妓回夷館者，巡邏、更夫及捕快均可逮捕之。"然而，這樣的規定對於那些賺了大把鈔票的水手和外商來說，只是一紙具文而已。

外商們把女眷安置在澳門，在廣州的貿易季節結束後，回到澳門團聚。隻身遠來的歐洲商人，則可找個葡萄牙籍女子或中國籍情婦銷金。這裡比廣州更方便，也更安全。

對於終生未娶的渣甸來說，他顯然是個事業型的蘇格蘭人。或許一直接受

---

① 1816年7月，兩廣總督蔣攸銛批准外商每月初八、十八、二十八，對外開放3天，每次限10人往遊海幢寺、花地，並須隨帶通事（翻譯）。

② 乾隆十六年（1751）五月的一個夜晚，荷蘭一艘到廣州貿易的商船帶了3名外國婦女上岸居住。清朝地方官府發現後，令荷蘭商船立即帶其回國，並發佈通告："為杜絕將來再有此類事件發生，嗣後夷船到澳（門），先行檢查，如有婦女，即令就澳而居。否則，進口之後，夷人船貨一併驅回。……而待之行商，亦予處罰。"（廣東省檔案館：廣東澳門檔案史料選編，中國檔案出版社，北京，1999，14頁）此後，外商到廣州貿易，其所帶外國婦女只准住於船上或留居澳門。以後廣州政府曾多次重申不准帶女性上岸居住。

哥哥贊助上學的他，除了盡職做好隨船人員的醫護工作外，會更多關心廣州的
商情，更多注意如何經營自己的配額以獲利。

03 易貪腐的粵海關

渣甸首次來到廣州，在長達半年的海上旅途中，一定聽船上的同行介紹過
廣州的貿易情況，比如清朝負責對外貿易和徵稅的粵海關，一群中國最富有的
商人──十三行行商，以及不斷衍生和成長的"行外"商人，東印度公司之外
在廣州經商的英國散商……只有清楚明瞭這些與貿易有關的各方面情況後，公
司貿易和個人配額才能夠更加順利、獲取到更多利潤。

在廣州，與外商直接攸關的，無疑是地方軍政要員──兩廣總督與廣東巡
撫，但渣甸無緣得見──豈止渣甸無緣得見，就是在此多年的東印度公司管理
委員會的大班也鮮有機會一睹其風采，因為外商不准直接與官方往來。除此之
外，就是設在廣州的當時清朝惟一對外貿易與徵稅機構──粵海關。

渣甸或許已經從來過廣州多次的其他船員那裡聽到過不少關於粵海關的
故事。正如馬士（H. B. Morse）在《中華帝國對外關係史》中所說，從英國商
船初到廣州時，就"開始了一個由來已久但永遠滋長不息的爭執，那就是決定
在官定稅額之外必須繳付多少的問題"。一些中國官吏的受賄與勒索問題，常
常成為外商抱怨、譴責和借題發揮的對象，也常常導致一些外商行賄、偷稅漏
稅、破壞中國的外貿規則。

1689年，第一艘到廣州貿易的英國商船便遇到了這個問題。粵海關的丈量
員在丈量船身時（丈量是准許該船進口前的準備步驟），一開始是從船頭量到船
尾，在該船有"商量"的餘地後，便從後桅之前量到前桅之後。隨後，索銀2484

兩，英國船貨管理員拒絕付款，雙方於是討價還價，一個星期後最終以1500兩成交。其中，1200兩作為歸公的船鈔，300兩作為對粵海關監督的"規禮"。[①]

隨着鴉片貿易在中國愈來愈多地展開，外國鴉片商們更是用五花八門的行賄手段來對付粵海關的官吏們。

對於這個油水肥厚的部門，沒有關係是不大能進得去的。早在康熙二十四年（1685）粵海關創設時，除了當時兩廣總督吳興祚短暫地兼管了一陣關務之外，中央吏部郎中、滿人宜爾格圖出任首任監督。[②]此後，監督一職多由滿族旗人擔任，其地位與督撫大員無二（偶爾由督撫兼任），與北京宮廷保持密切關係，直接向朝廷負責。

粵海關自創設以來屢撤屢建，多有變化。乾隆二十二年（1757），自認為"天朝物產豐富，無所不有，不需與外夷互通有無"的乾隆皇帝南巡後，撤銷了康熙皇帝所設閩、浙、江海關，僅留廣州一口貿易與徵稅機構的粵海關，致使其地位更加顯赫。

粵海關的職能首要是徵稅。清朝的外貿體制決定了粵海關官員貪污腐化的現實。一方面，粵海關的稅收由皇帝直接支配，每年中央下達定額，着粵海關徵收上繳。另一方面，地方的收入開支由"繳送"和"規禮"解決。"繳送"即增設對洋船置貨加收附加稅；"規禮"則是對外貿易中的"管理費"，其定

---

① 馬士著、張匯文等譯：中華帝國對外關係史，上海書店，2006，一卷，58頁。事實上，不僅在廣州，在廈門等地行賄受賄成交的例子也同樣所在多有，這已是清朝後期中外貿易的一個顯著特徵。參見馬士著、區宗華譯：東印度公司對華貿易編年史，中山大學出版社，廣州，1991，一、二卷合刊本，80-81、122、301等頁。

② 粵海關監督的全稱為"欽命督理廣東沿海等處貿易稅務戶部分司"，因此在外商的一些來往書信或文件中，多有將粵海關稱"戶部"的情況。粵海關當時設在廣州城外的次固鎮，大致在今起義路與泰康路交界處。

額的伸縮性和隨意性大，從而為各級官吏提供了貪污勒索的機會。

譬如，乾隆四十六年（1781），當時官府有"生絲出口不得過百擔"的禁令。同文行行商潘啟官用400兩白銀賄賂粵海關官員，使其經辦的生絲出口不受此禁令限制，但海關的勒索提高了生絲的價格，由原來的每擔270兩增至275兩。潘啟官對此解釋道：非本洋行圖利，乃海關索求每擔抽銀5兩所致。

又如，乾隆四十七年（1782）七月，東印度公司為彌補因英法戰爭導致財庫銀根緊缺，派戰船"嫩實茲號"偷運鴉片到中國出售。雖然清朝政府禁止鴉片售賣，但在海關監督借口索取巨額禮銀後，"嫩實茲號"得以將200箱鴉片運到廣州，其餘1400箱在澳門卸下轉運至其他各地出售。其實，粵海關從某種程度上說來是放任鴉片走私的淵藪，而粵海關正是朝廷壟斷外貿利益的禁臠。①

而就在渣甸到達廣州的這一年，史書記載，兩家不具備十三行行商資格的洋行，在每家用37萬兩重金賄賂粵海關官員後，獲准開設。

04 東方巨富：十三行行商

不過，廣州的外商日常打交道最多的，是既與他們做生意、又協助清朝官方管理他們的十三行行商。十三行由多家商行（也稱洋行、牙行）組成。②那時，清政府拒絕與通商各國商人發生日常的官方關係，雖然設立了粵海關作為

---

① 粵海關官吏除了勒索外，便是濫徵。箇中原因除了官吏本身的貪得無厭外，更是體制的問題。粵海關部分的額外徵取，乃"公用浩繁"，中外貿易擴大導致關口業務擴大，進而導致各種開支擴大。中央在正項之內並不考慮這些支出，而是聽任他們自己"創收"，因此海關職員在各種名目和藉口下也就盡可能地勒索榨取、中飽私囊。中央對此雖有所聞，也只是睜一隻眼閉一隻眼，相關利益者更以各種名目參與分肥，由此粵海關常常為中外商人所詬病。

② 十三行行商的數目並不限於13家，多時達到28家（1751），少的時候僅僅8家（1777）。據學者研究，僅嘉慶十八年（1813）、道光十七年（1837）洋行之數恰好13家。

管理貿易的機構，但為避免官衙與外商直接交往，廣東官府主要依靠十三行行商作為與外商交涉的中介，由這些商人居中轉達官府對外商的諭令、告示和反饋外商的意見、要求。

被稱作"保商"和"官商"的十三行行商，既是經政府批准而享有廣州對外貿易壟斷特權的商人，也負責代辦外國商人的進出口貨稅繳納，傳遞清政府與外商的往來文件、口信，管理和監督在廣州外商的活動，以及協助處理當地居民與外商之間的衝突和糾紛。從清政府對行商的角色設定來看，行商實際上充當了政府的中介人角色，盡量限制外國人與廣州地方政府及海關主要官員直接接觸。作為一種散漫的商人組織——公行，被賦予對外貿易的壟斷權。

從商業的層面來看，十三行的公行制度既不是新興商人階層爭取商業特權的產物，也不是一個像東印度公司一樣嚴格的壟斷公司。其組織散漫，每一個行商都各自經營自己的洋行或商號，用自己的資本賺自己的錢。在同外商打交道時，也並不遵循共同磋商的政策，雖然朝廷的上諭曾指示他們應該這樣做。

十三行行商中，最為人熟知的，是潘、盧、伍、葉四大家族所開設的洋行，尤其是潘氏家族和武氏家族在十三行對外貿易史上更是叱咤一時。

現在人們所熟知的怡和洋行，即渣甸·馬地臣行（Jardian & Matherson Co.），也是本書的主角。但在渣甸·馬地臣行成立之前，作為十三行行商之一的伍氏怡和洋行①早已遠近聞名（英資怡和洋行與伍氏怡和洋行的關係詳見第三章）。

乾隆四十九年（1784），祖上由福建移居廣東南海的商人伍國瑩受粵海

---

① 也稱"怡和行"，以下為了與渣甸和馬地臣設立的怡和洋行相區別，以"怡和行"稱之。

關監督委任，承充行商，設立怡和洋行。據說因其子乳名亞浩，國瑩取以為商名，外人遂稱之為浩官(Howqua)。[1]

伍氏怡和行開張後，除了與粵海關關係不錯之外，與東印度公司的關係也頗為融洽，因而局面漸漸打開。八年後（1792），伍國瑩將行務交給其子伍秉鈞打理。此後，怡和行與東印度公司的貿易額繼續增加，在行商的排位也穩步上升。到1813年，已成行商之首。

在此時數百種進出口貨物中，東南亞的香料、大米，印度的棉花，歐美的銀元、鐘錶、布匹、玻璃製品、洋參，是中國主要的進口物品；茶葉、絲綢、瓷器等則是出口貨物的大宗。

在中國出口到歐洲的商品中，茶葉無疑是最重要的一種。有人形容："如果以歐洲人在東亞所追求的主要商品為依據，對歐洲人在東亞的貿易進行分類的話，那麼，16世紀可以說是香料的世紀，17世紀是胡椒的世紀，而18世紀無疑是茶葉的世紀。"

從1760年代起，東印度公司在多數年份中，所購買的茶葉佔其從中國總進口值的一半以上。進入19世紀以後，英國東印度公司每年從中國進口的茶葉更是佔其總貨值的90%以上。福建的茶葉享譽歐洲，由於在武夷山擁有茶山，伍氏怡和行出口茶葉的配額在行商中居首位。

伍氏怡和行既可在清政府面前為東印度公司的貿易疏通關節，商業往來上又極具誠信，因此頗得東印度公司信任。每當廣州貿易季度結束、大班離開廣州到澳門居住時，往往將公司的存款和金銀交怡和行保管。

伍氏成功的另一大秘訣，是將其經營所得的一部分銀子用來送禮、捐輸和

---

[1] 章文欽：十三行行商首領伍秉鑒和伍崇曜，廣東十三行滄桑，廣東省地圖出版社，2002，206-214頁。

報效清朝皇帝、督撫和粵海關監督諸官，同朝廷與地方官府建立起密切關係。這既是官方榨取商人利益的一種方式，也是商人疏通官府維持關係的一種手段。有歷史學家統計，自1801年至1843年，伍氏僅送禮、捐輸和報效的銀錢即達1600萬兩之多。[①]

怡和行浩官伍秉鑒[②]最為人所知的，就是他的財富。他不但在國內的廣東、福建等地擁有房地產、茶山、店舖和巨額現金，還曾投資美國鐵路、證券交易和保險業務。據與浩官關係不錯並長期生活在廣州的美國旗昌洋行商人亨特估計，1834年時浩官的財產總額高達2600萬元，被稱為"19世紀的'世界首富'"。[③]關於他的富裕和做生意的風格，當時流傳着這樣一個故事：有位美國商人欠了他7.2萬元銀票，因而滯留廣州無法回國。伍浩官當面把欠條撕碎，説賬已經結清，你高興什麼時候走就什麼時候走。所以伍浩官之名在西方享有極高的聲譽，在美國盛傳達半個世紀；在英國，伍浩官與林則徐一道，成為蠟像館裡的主角。

十三行行商無疑是當時中國最富有的一群人，不過並非每個行商、每個時期都擁有巨額的金錢和榮華富貴，他們也有自己的苦楚和難處。官府勒索、外商高利放貸、市場波動、經營失當，從而出現嚴重的欠款情況。行商破產倒閉或自殺、遭流放的消息時有所聞。在渣甸首次到達廣州前後數年內，便發生多起。

1795年，十三行商人石中和拖欠外商巨額貸款，被迫變賣家產償還，但家

① 章文欽：十三行行商首領伍秉鑒和伍崇曜，廣東十三行滄桑，廣東省地圖出版社，2002，208頁。
② 1801年，年僅35歲的怡和行第二代傳人伍秉鈞在怡和行業務持續攀升之時英年早逝，行務轉由其三弟秉鑒主持。
③ 威廉‧C‧亨特著、馮樹鐵譯：廣州"番鬼"錄，廣東人民出版社，1993，36頁。2001年，美國《華爾街日報》推出一千年來世界上最富有的50人，伍秉鑒名列其中。

資不抵外債，依然欠銀近60萬兩。此案報到北京後，石中和被發配伊犁。1796年，十三行總商蔡世文因欠50萬兩債銀而自殺。1809年，萬成行行商沐士方揭買英國商人貨物貨款達35萬元，後因市價平減虧本而無力償還，被告到廣東官府後，將沐士方家產查抄，革去職銜，並從重發配伊犁充軍。1810年，會隆行鄭崇謙、達成行倪秉發欠餉銀，拖欠東印度公司及散商巨額債務而被官府撤辦，並發配充軍。1814年，粵海關因當年貿易衰歇而向十三行商人徵貢銀兩40萬，使得本來就經營艱難的一些行商雪上加霜，只得向英商求助，進一步導致高利貸的積欠、外債增加。

05 廣州的跨國 "紅頂" 商人

初到廣州，渣甸拜會了幾個在當地已小有名氣的人物。其中一位就是剛成為里德·比爾行（Reid, Beale & Co.）合夥人的查理斯·麥尼克（Charles Magnic），[1]里德·比爾行設在夷館區的溪灣館內。查理斯·麥尼克是當時廣州為數不多的英國散商之一，不過他能夠在廣州留下的身份，則是普魯士副領事，即一種獨特的跨國 "紅頂" 商人。

散商的出現，是東印度公司壟斷貿易的補充。東印度公司征服印度後，大批英國人來到印度尋找發財機會。但是，由於東印度公司壟斷了英國與東方的

---

[1] 有的學者認為應是荷林華斯·麥尼克（Hollingworth Magniac），但*Jardine, Matheson & Co. afterwards Jardine, Matheson & Co. Limited: An outline of the history of a China House for a hundred years 1832-1932*（London: printed in Great at the Westminster Press,1934）認為，生於1786年4月的荷林華斯·麥尼克是1805年到達澳門的。麥尼克兄弟8人中，除以上兩位到過中國外，萊恩（Lane）和丹尼爾（Daniel）也在澳門和廣州居住過。渣甸認識荷林華斯後，兩人關係密切。

貿易，那些不屬於東印度公司的"自由"英國人和印度人不能從事英國與印度之間的商業活動，也不能從事英國與中國之間的商業活動。不過，他們可以從東印度公司申請營業執照，從事印度與中國之間的貿易。這些領得營業執照、經營中印一帶貿易的獨立商人，稱為"散商"、"私商"或"港腳商"。

散商的增多及其生意日益興隆，與向中國輸入鴉片有關。東印度公司將鴉片大量出口中國，並不直接操刀，而是由散商代勞。雖然一開始東印度公司也曾組織過船隊親自販運，但不久就放棄了這種做法，因為鴉片是違禁品，不宜明目張膽地進行。於是，他們開始尋找在中國出售鴉片的辦法，使中國方面抓不到公司直接參與的藉口。能夠、也願意冒一切風險的散商，被東印度公司一眼看中。

一般來説，東印度公司主要着力於在印度的鴉片生產，特別是壟斷對孟加拉所產"公班土"和"刺班土"等鴉片的製造和銷售權，而鴉片在中國的銷售則一般由港腳散商來完成。這些散商在加爾各答從東印度公司的公開銷售時買進鴉片，用他們持有東印度公司頒發了許可證的船隻運到中國。具有諷刺意味的是，在公司對每一條開往中國的船隻的開航命令上，都注明嚴禁攜帶鴉片，以免與中國發生糾葛。

散商在中國的經營活動由東印度公司廣州管委會監督管理。東印度公司為了獨佔對華貿易，規定在每個貿易季度結束後散商必須離開，因此散商們的許多業務常常由駐廣州的東印度公司管委會代為經營。

隨着散商對華貿易的擴大，散商們想在廣州設立常駐代理機構的願望日益強烈，他們假借各種名義滯留廣州。

1780年，廣州的散商被東印度公司清理後，英國散商亨利·柯克斯（John Henry Cox）依然留了下來。柯克斯的父親詹姆士·柯克斯（James Cox）賣鐘

錶音樂盒等 "打簧貨" 給廣州十三行行商。此時的廣州，作為西方商人與大清帝國開展貿易的惟一城市，也是清朝皇室惟一的舶來品供應地。鐘錶音樂盒等 "打簧貨" 陸續從這裡送入皇宮，成為皇帝及宮廷內外把玩的時髦洋貨。現在北京故宮依然保存有一些詹姆士‧柯克斯製造的鐘錶。鐘錶在西方早已成為一種作息的工具，共同遵守時間，生活在一種團體紀律和工作制度之下，但其傳入中國多年，卻並未改變當時國人的時間觀念。時鐘不過是擺設、是玩物，而非作息的工具。歐洲人守時的習慣，也並沒有對中國人產生明顯影響。其實，鐘錶所折射出的東西方不同的時間觀，正是東西方在器物、體制和思想意識層面存在差異的具體表現。

詹姆士死後，亨利‧柯克斯來到廣州代父收取一些已經交貨的賬款。由於一些行商破產，柯克斯有時以收取貨品替代，因此逐漸在廣州做起生意來。這個英國 "打簧貨" 商人——"柯克斯老爺"，在1782年與丹尼爾‧比爾（Daniel Beale）、約翰‧里德（John Reid）合夥建立的商行——柯克斯‧里德號，正是日後渣甸‧馬地臣行（怡和洋行）的源頭所在。

柯克斯能繼續留在廣州的訣竅之一，是與東印度公司廣州管委會的人私下合作，他們有時將自己的個人貨物交給柯克斯，由柯克斯出面售出，同時給柯克斯提供保護。然而，他們一邊利用手中權力強迫加爾各答等地的散商接受不利條件買賣鴉片及其他商品，一邊又允許柯克斯留下作 "官商勾結"，因此引起加爾各答等地散商的強烈不滿。在這種情況下，東印度公司於1787年勒令柯克斯於第二年春天離開中國。

就在東印度公司要求柯克斯離華的同一年，曾在東印度公司駐孟加拉機構中工作過的約翰‧里德，領到了一張奧地利皇帝的委任狀，這個土生土長的蘇格蘭人隨即搖身一變，成為奧地利皇帝派到中國來的領事。丹尼爾‧比爾緊接着也成了普魯士駐廣州領事，而他的兄弟托馬斯·比爾（Thomas Beale）則作為普魯士領事的秘書留下來。這樣他們就都可以不受東印度公司的管束，自由地留在廣州了。

東印度公司將那些可能威脅自己壟斷權的散商從中國趕走，但東方貿易的利潤促使散商們想出各種辦法來對付東印度公司的壟斷。充當他國領事於是成了散商們的"護身符"。1793年，一個叫施奈德（C. Schneider）的英國散商以"熱那亞最高共和國的副領事"身份，拒絕了東印度公司要求他離開中國的命令；約翰·里德的兄弟戴維·里德（David Reid）則自稱是奉丹麥國王之命，以"步兵隊隊長"的身份居留廣州；1794年，一個叫狄克森（Dickerson）的散商，更宣稱他是受波蘭王朝的保護而來到中國。1801年，查理斯·麥尼克來到中國，他在與"普魯士領事"托馬斯·比爾合夥後，搖身一變也立即成了普魯士駐廣州的副領事。

從1782年的柯克斯·里德號開始，行號隨着合夥人的變化而屢有變更。[1]當渣甸初到廣州時，行號為里德·比爾行。就合夥制行號而言，每一個合夥人保持一本單獨的資本賬，在合夥人永遠離開中國時，合夥人之間往往拆夥，提走他們的資本及所積累的利潤，但他們常常將這些資金再投到在倫敦成立的行號裡。因而，廣州的資本就這樣大量地流向了倫敦。

---

[1] 羅伯·布雷克應怡和之約撰寫的《怡和洋行》（中文版第3頁）認為，怡和"最早的合夥關係可以回溯到1787年"。本書取格林堡依據怡和檔案撰寫的《鴉片戰爭前中英通商史》一書和費正清（John King Fairbank）的 *Trade and Diplomacy on the China Coast, The Opening of Treaty Ports 1842-1854*, Vol.2. pp.56-57, Appendix A.

06 "行外"商人的衍生與成長

就像在東印度公司的卵翼下成長出散商來一樣,在廣州十三行商人之外,也另有很大一部分"行外"商人存在。這些被稱做"小商舖"的行外商人,最早時被允許售予外國商人一些零星的個人用品。不過,一些行商常常同小商舖建立聯繫,並允許替這些"行外"商人從他們的商行起運貨物。逐漸地,一些"行外"商人愈做愈大。而在廣州的英國或印度散商也發現,同這些"小商舖"做絲、土布,甚至茶葉等大宗貨物的生意頗有賺頭。

在里德·比爾行的商業來往信函中,就有一封信通知一個馬德拉斯商人說,他的包括細洋布在內的印度布匹和紅木,已經售予"不願意在生意中露面的行外人,稅款已經交予向我們徵稅的保商"。1801年,里德·比爾行的一封信中説:"從行外商人購買貨物已經成了此間一個長久的和普遍的習慣,尤其是購買普遍所謂的'藥材'(大黃、肉桂、樟腦等),他們做這一類貨物的生意比行商多得多。從行商那裡我們不能這樣便宜地取得這一類東西,這種交易常常要受暫時的取締。這個口岸的法律的確並不完全許可這種交易——行外商人必須用行商的執照或名義裝運貨物——可是,習慣卻承認它,甚至可以用真正賣主的名義申請通事和行商起運貨物,因為他們從這種生意取得規費,對於這種生意也就默許了。"[1]

1822年渣甸的日記表明,他初次僑居廣州時,從行外商人手裡買進的貨物要比從行商那裡買的多。

---

[1] 1801年11月6日,致孟買阿當森函。參見格林堡著、康成譯:鴉片戰爭前中英通商史,商務印書館,北京,1961,49-50、55頁。

總督、巡撫或粵海關監督時常採取行動嚴厲打擊和取締這種破壞市場秩序的違法行為。小商舖出售 "中國貨" 能比行商便宜得多，是因為他們不需向行商那樣承擔賦稅負擔。英國散商繼續同 "行外" 商人廣泛地交易，使行商合法的壟斷利益受損。而對清政府而言，也同樣是一種威脅，因為英國散商與行外商人所廣泛交易的商品，正是日漸增多的鴉片。

07 鴉片的湧入

在渣甸初次到達廣州時，里德·比爾行（1803年改名為比爾·麥尼克行）是這裡最大的鴉片代理行。

作為代理行，它當時所從事的鴉片交易過程大致為：英國籍或印度籍的散商們從加爾各答等地購得鴉片後，將貨發給廣州的代理行。代理行將鴉片運到澳門或黃埔，再出售給中國的鴉片商販，一般情況下為賒銷，即購買者對每箱鴉片先支付一定的定金，其餘款項可在一定期限內付清。代理行的收入便是從他們所代銷的鴉片銷售額中提取佣金。如遇到葡萄牙人禁止非葡萄牙船隻所運鴉片在澳門上岸時，代理行即僱葡萄牙人代其在澳門經銷鴉片，這些葡萄牙代理人另從銷售額中提取佣金。

18世紀末，對華鴉片貿易的數量並不算大，但是銷售鴉片的利潤卻無比豐厚。在巨大的利潤面前，港腳商人已經逐漸擺脫那些束縛他們發展的桎梏：居留廣州不易的問題已找到突破口，即擔任另一國家 "派駐" 廣州的相關職務，從而設法留在中國；受澳門葡萄牙人制約的情況也有所改變，他們已尋找到新的途徑將鴉片運入中國。除了通過澳門這一傳統鴉片走私基地——即外國船隻先將鴉片運抵澳門、再從澳門偷運至內地外，鴉片輸入中國的途徑已變得多樣化。1799年12月，粵海關監督諭示專司外國貿易商人的照會宣稱："茲接撫院來函稱：'本人經縝密查訪，此物係外國人輸入，經由虎門進口，由灣泊該處之引水船或巡船運至深井，或以小艇從澳門分散偷運至省會。而沿途關卡之胥吏弁兵，雖明知其所為，但任由通過而不問，必因受巨額賄賂無疑。'……接獲上函，本官亦同樣查究鴉片來源，發覺實係由外國船隻運入。"

1799年，新繼位的嘉慶皇帝頒佈了比較嚴厲的禁煙令。

但是，渣甸來到廣州的那一年（1802）年初，東印度公司評估這個禁令的實際效果時認為：禁煙令在內河有效，但它的力量不能到達澳門。澳門葡萄牙人大規模從事鴉片買賣，從未中斷過，"該處（澳門）是我們（東印度公司）獲取現款並向孟加拉簽發票據的主要來源"。

同年3月29日，東印度公司在一份報告中講述當時中國的鴉片貿易情況時說道："儘管中國政府下達了禁煙令，但鴉片的消費量無疑是在大增。大概15年前，每年的進口量約為2000箱，從那時起，如果價格適中，有好幾次曾達到4000箱。但由於（在印度）減少了種植，同時在加爾各答限制了銷售，其結果是使孟加拉的頭道販子以及中國的消費者都感到價格太高。這樣，中國的鴉片銷量就減為3000箱，這個數量可以認作是當前中國市場的需求額。"

清政府的禁煙令，並沒有起到理想的效果，隨着地方官員的更換而在執行過程中大打折扣。東印度公司廣州管理委員會在一份報告中寫道：1799年的禁煙令"只不過是重述早已實行的命令，由一位剛上任而有良心的嚴厲的官員公佈。他希望國人不再陷於吸食這種有害的麻醉品的惡果。……這個法令的實效隨立法者遷調而終止，自從他離開後，售賣這種貨物就毫不困難，正如他未到任之前一樣"。

正在這裡從事鴉片貿易的比爾兄弟，一定給了渣甸非常深刻的印象。正是鴉片生意，成了渣甸日後揚名立萬的制勝武器。

08 渣甸的個人貿易

初次到達廣州停留約6個星期的時間裡，渣甸有最重要的個人事情需要處理，那就是他被允許攜帶的私貨的購銷。雖然憑他的身份，被限於購銷的私貨數目較小。

採用政府機構組織形式的東印度公司，按照政府的標準向職員支付薪水，薪金雖然較低，但職員能享受到一些優惠，以 "加強他們的誠實，刺激他們的熱情和堅定他們的忠心" 。[1]對於隨船船員來說，這種優惠就是准許公司職員在不損害公司利益的前提下從事一些個人貿易。最常見的辦法是：公司將貨船中一定數量的噸位作為 "優待噸位" ，免費分配給船上的職員。這些職員通過 "優待噸位" 運送個人貨物，然後將之出售獲利。他們也可將 "優待噸位" 出售給散商。由於噸位緊俏，在廣州，一個噸位常常以20鎊至40鎊的價格被 "搶購" 。[2]有時貿易好的年份，則連高價也難以購得。

按當時的規定，一名船長出航可帶56噸，回航可帶38噸，平均獲利約為6000英鎊（超過今天的10萬英鎊）。一名船醫則只可帶3噸的個人貨物，像渣甸擔任的船醫助手一職，則只有2噸配額。[3]

---

① 馬士著、區宗華譯：東印度公司對華貿易編年史，中山大學出版社，廣州，1991，一、二卷合刊本，70頁。

② 格林堡著、康成譯：鴉片戰爭前中英通商史，商務印書館，北京，1961，11頁。

③ 羅伯·布雷克著、張青譯：怡和洋行，時報文化出版公司，台北，2001，30頁。

船公司同時對貨物種類也有規定，如個人貿易不得經營最大宗的茶葉等商品，以免損害到公司利益。不過，公司職員常常違反公司的規定。

渣甸個人的噸位究竟如何處理，因為沒有留下記載而無從得知。不過，在噸位緊俏異常的當時，相信渣甸收穫不小。

渣甸初航東方，對那時英國對華貿易的整體情況有了直觀的瞭解。實際上，這時英國、印度、中國之間的貿易共分三個部分：一是渣甸所在的東印度公司的對華貿易。二是像渣甸本人經營的個人貿易。三是一些散商從事的港腳貿易。

東印度公司的職員通過個人貿易分享到對亞洲貿易一杯羹的同時，也在不同程度上損害了東印度公司對亞洲貿易的壟斷權。不過，對東印度公司壟斷權構成最大威脅的，則是來自公司之外的散商。

09 渣甸辭職 "下海"

此後，直到1817年離開東印度公司之前，渣甸在15年的時間內又先後6次作為東印度公司的職員遠洋來到廣州。在這些航程中，既有遭到颱風猛烈襲擊時的心悸，也有過海盜襲來時驚心動魄的體驗，更有成為戰俘時的煎熬。這些經歷或許培養了他堅毅和冒險的作風。不過，也有令他難忘的興奮時刻，譬如與大名鼎鼎的威靈頓（Wellington）公爵的兄長——印度總督衛爾茲利（Wellesley）同船返英，巧遇英國出使清朝的阿美士德（Amherst）使團，等等。當然，更難得的是，自己在東方從事貿易的歷練，以及結識了更多日後生意場中的合作者。

其中，1816-1817年出航廣州，是渣甸最後一次擔任東印度公司的船醫遠航，這次經歷在某種程度上強化了他日後在中國經商的觀念。

當渣甸抵達廣州時，正遇上英國使團的阿美士德垂頭喪氣地從北京南返。阿美士德使團是繼馬戛爾尼之後英國的又一個大型訪華使團。1793年，英國派馬戛爾尼率團訪華，嘗試在慶祝乾隆帝八十大壽之時商談雙邊貿易。雖然馬戛爾尼以單腿跪地、加上鞠躬的外交禮儀成功謁見乾隆皇帝，但在商貿議題上無功而還。

1815年，拿破崙在滑鐵盧戰役中敗北。英國作為西方第一強國地位得到鞏固後，開始重新審視對華政策。英商一直不滿廣州的貿易制度，擴大中國市場的呼聲強烈，促使英國政府派使團訪華，進一步打開中國門戶。由此，阿美士德使團於1816年2月踏上了前往北京的旅程，同年8月抵達北京。

然而，雙方在阿美士德觀見嘉慶皇帝的禮儀上再次產生分歧和爭執。儘管此前英國政府曾訓示阿美士德對待中國的禮數可"便宜行事"，但副使、東印度公司廣州管理委員會主席小斯當東等使團成員持強硬態度，強烈反對觀見皇帝時行三跪九叩之禮。結果使團不僅沒有見到嘉慶皇帝，而且被逐出北京。隨後使團南下，在廣州商館停留後返國。小斯當東經此事件進一步強化了這樣的認識：在中國，"屈服只能導致恥辱，而只要捍衛的立場是合理的，態度堅決卻可以取勝"。[1]正在廣州商館的渣甸通過此事也強化了自己在與中國打交道時的強硬態度。[2]

1817年，33歲的渣甸作出了他人生中又一個重要的決定，即告別東印度公

---

[1] 佩雷菲特著，王國卿、毛鳳支等譯：停滯的帝國——兩個世界的撞擊，三聯書店，北京，1993，588頁。

[2] 阿美士德因不服從中國禮儀而使使團被逐，主要是呆在廣州多年的副使小斯當東的主意。事後我們看到，東印度公司對華貿易壟斷結束後，英國派出的首任對華商務監督律勞卑聽從在廣州經商多年的渣甸等人的意見，導致了中英交往中的一個更大的失敗。

司，"下海"經商，開創新的人生旅途。放棄從事了15年的醫生職業，渣甸並不遺憾。冒着遠涉重洋的風險到東方來，正是為了發財致富。就在渣甸開始當船醫時，他已經把一半的心思放在了做生意之上。

15年過去，東印度公司那壟斷東方貿易的銅牆鐵壁上，已經在散商的努力下鑿出了許多裂縫。1813年，東印度公司對印度的貿易獨佔被廢止。亞當·斯密的自由貿易理論正在成為時代潮流。而且，渣甸已經積累了相當的經驗和財富，正是離開東印度公司辭職"下海"做散商的時候了。

1817年5月，渣甸結束最後一趟行醫之旅後定居倫敦，與1802年相識於廣州的威丁（Thomas Weeding）合作。同樣是東印度公司船醫出身的威丁，1805年便已退出醫界，定居倫敦專門從事東西方貿易。1805-1814年間，跟隨東印度公司船隻來往於東西方的渣甸與威丁進行了大量的貿易合作。威丁作為渣甸在倫敦的代理商，負責銷售由他帶回的私貨，並向渣甸報告倫敦的最新商情與商機。

1818年，在東印度公司一位新進董事索希爾（John Thornhill）同意擔任提名人後，渣甸正式成為一名散商。在當年11月簽訂的一份協議書中這樣寫道："威廉·渣甸開始在孟買以自由商人的身份進行商業活動。"

在離開倫敦之前，渣甸欣然幫助他大姐的兒子安德魯·江斯同（Andrew Johnston）跟隨他的腳步，在東印度公司少數幾艘"專屬"的船上擔任船醫，這類船上的高級船員向來被視為精英。1830年代中期，江斯同一度加入到其舅舅渣甸與馬地臣所開的洋行中，並成為渣甸·馬地臣行的一名合夥人。

1818年12月，渣甸離開英國前往孟買。

190年前的孟買，鴉片煙土在這裡匯聚，靠鴉片發家的商行散佈城區，帕西商人吉吉皮（Jamseljee Jejeebhoy）便是城中靠鴉片發家而衣着光鮮的富商。1819年，渣甸與吉吉皮重逢於孟買。他們的初次相識，緣於1805年渣甸第二次東方之行因輪船在孟買維修。從這時起，他們開始了長達數十年的商業合作。[①]

渣甸、威丁與孟買的富商吉吉皮合夥建造了"薩拉號"（Sarah），正式開始了他們在東方的新事業。

1819年，渣甸再次來到廣州。不過，他這時的身份已經從東印度公司的職員變成了自由商人。更重要的是，第二年，渣甸在這裡認識了本書的另一個主人公——馬地臣。

10 馬地臣：在東方的早期經歷

1796年出生於蘇格蘭北部薩瑟蘭郡的馬地臣，其歷史久遠而極重門第的家族，長期以來一直和英國東印度公司關係密切。馬地臣畢業於愛丁堡大學。當時的愛丁堡大學學術地位之高，連牛津和劍橋大學也有所不及。此外，醫生的社會地位在當時並不高。因此，雖然馬地臣比渣甸小12歲，但出身更有優勢、更有教養，地位也略高渣甸一等。事實上，即使馬地臣後來到達廣州，在廣州自由商人中，他也是惟一可與東印度公司駐廣州管理委員會成員平起平坐者。

馬地臣從愛丁堡大學畢業後，與渣甸一樣前往倫敦，尋找發展的機會。沒多久，19歲的馬地臣在家族的影響下，於1815年與東印度公司訂下自由商的契約，加入其叔父在加爾各答的麥金托什商行（Mackintosh & Co.）。

在一些大的印度商行合夥人中，蘇格蘭人佔有絕對優勢。經營港腳貿易的英國散商，來自蘇格蘭的比比皆是，譬如同馬地臣打交道的行號中，孟買的伯恩斯·麥克維卡公司（Burns MacVicars & Co.），加爾各答的詹姆士·斯科特

---

① Margaret Reid: Jejeebhoy, Jamseljee, *The thistle and the jade*, 2008, p.20.

公司（James Scott & Co.）、麥金泰爾公司（D. MacIntyre & Co.），等等。這期間，英國東方貿易的大部分是由蘇格蘭人開拓的，他們在好望角以東的許多口岸都有家族的聯繫。

事實上，不僅在東方世界的貿易中蘇格蘭人擔當着重要角色，而且18、19世紀蘇格蘭人的足跡，早已隨着大不列顛帝國的船隻踏遍了從幾內亞到剛果、從美洲到澳洲等世界各個角落。在美國殖民地的開拓和發展中，蘇格蘭人同樣起着重要作用，他們還參與了早期美國與美國企業精神的創建。[①]

英國東方貿易擴張中的一個顯著特徵，是大部分由家族或宗族集團所開拓。對參加中國貿易的蘇格蘭人來說，血統關係正是一種凝聚和團結的力量。就渣甸洋行（怡和洋行）而言，其前身的合夥人中，包括兩位比爾和三位麥尼克兄弟。渣甸的兩個侄兒和馬地臣的兩個侄兒，也都先後成為渣甸洋行（怡和洋行）的合夥人。

這些人成為富商巨賈的兩條路徑，也是當時人們常說的從蘇格蘭到廣州的兩條捷徑，是"賬房"和"甲板"。[②]如果說渣甸起家於東印度公司的貿易船上，走的是"甲板"之路的話，那麼，馬地臣則是從倫敦和加爾各答商行的"賬房"中開始學習生意經，並在廣州走上了成功之路。

馬地臣從加爾各答到廣州做生意的原因，怡和洋行在公司百年誌慶的書中

---

① 1700年，蘇格蘭還是個歐洲貧窮的獨立小國。1707年與英格蘭正式合併成為大不列顛聯合王國時，英格蘭同意"不列顛的貿易、航運以及海外商業都在共同的關稅和國內稅的框架內向蘇格蘭敞開"。隨後，勤勞而精明的蘇格蘭人的商業天賦被更大地激發出來。不僅如此，到18世紀中葉，蘇格蘭在各方面都釋放出驚人的能量，出現了經驗主義哲學家休謨（David Hume, 1711-1776）、《國富論》作者亞當‧斯密（Adam Smith, 1721-1790）、改良蒸汽機的瓦特（James Watt, 1736-1819）、詩人彭斯（Robert Burns, 1759-1796）等近代文明史上的巨大身影，歷史學家、畫家、劇作家、建築師等如繁星般湧現，燦若星河。參見亞瑟‧赫曼 (Arthur Herman)著、韓文正譯：蘇格蘭人如何發明現代世界，時報文化出版公司，台北，2003。
② 格林堡著、康成譯：鴉片戰爭前中英通商史，商務印書館，北京，1961，35頁。

這樣寫道：[1]

"某日，他的叔父委託他把一封信遞交給即將啟程赴中國的英國船船長，他忘記傳遞這封信，而且船已經開航了。因為這樣的疏忽激怒了的老人家，對馬地臣斥責道：'你最好回家去！' 他聽從叔父的話，便去購買了回英國的船票。這時，一位老船長勸他說：'為何不到廣州去碰碰運氣呢？' 於是，他改變了主意前往廣州一試。

此事好像發生在1818年，或許發生在大約與威廉‧渣甸在澳門立足的同時，為了趕上從十月持續到來年三月的茶季提前去廣州。"

此事的確發生在1818年。這年6月，馬地臣遇到了過去在東印度公司中印貿易船上的泰勒（Robert Taylor），在這位老船長的勸說下，馬地臣來到廣州，以非正式的合夥關係經營生意。

第二年（1819），馬地臣與泰勒一道從事鴉片買賣，結果馬地臣幾近破產，年長的泰勒於1820年8月亡故，身後負債纍纍，留下馬地臣獨自面對殘局。不過，隨後鴉片價格的暴漲挽救了他。馬地臣把一批寄售的鴉片賣了個好價錢，從而度過了這段讓他心力交瘁而終身難忘的艱難時期。

不過，對馬地臣來說，好日子很快就要到來了。就在這一年，來自蘇格蘭高地的馬地臣在廣州與來自蘇格蘭低地的渣甸相識。雖然要到幾年之後他們才共同組建公司，合力謀劃，但就在這年之後，他們各自以澳門、黃埔為基地經營鴉片，日漸做大，最後逐漸走到了一起。

一個新的世界正在他們眼前展開。

---

[1] *Jardine, Matheson & Co. afterwards Jardine, Matheson & Co. Limited: An outline of the history of a China House for a hundred years 1832-1932*, edited by James Sturant, London: printed in Gteat at the Westminster Press, 1934），p.4-5.

1. 1800年代英國東印度公司在倫敦的總部大樓。

2. 怡和洋行創始人渣甸（1784-1843）。

3. 馬地臣（1796-1878）。

1. 印度搬運工在運送八達拿生產的"公班土"鴉片（PATNA OPIUM）。

2. 詹姆斯·柯克斯製造的"打簧貨"——銅鍍金雄雞動物座樓閣嵌錶。

3. 1815年前後的廣州外國商館區。飄揚着旗幟的分別為（奧地利）帝國館、美國館、英國館和荷蘭館（從左至右）。

第二章

澳門、黃埔與伶仃洋上

據我所知，這（鴉片買賣）是最安全、最有紳士氣派的投機生意。

——（英）渣甸

1821年，馬地臣出手闊綽地在澳門買下一棟豪宅。已經取得丹麥駐廣州領事資格的馬地臣，正準備一顯身手——身為丹麥領事，他可以無視東印度公司的清規戒律和繁文縟節。這年7月，馬地臣成為伊沙瑞行的合夥人，西班牙人伊沙瑞（Xavier Yrissari）與加爾各答的大商家拉羅瑞商行聯繫緊密，馬地臣找到新的合夥人之後，開始走上成功之路。

渣甸也已熟識東方。就在馬地臣成為伊沙瑞行合夥人的第二年，38歲的渣甸下定決心將生意重心放在廣州，集中精力從事鴉片交易。渣甸在廣州第一年的鴉片經營初戰告捷，當年賣出649箱麻爾窪鴉片，[1]賺進81.3萬美元。

澳門、黃埔、伶仃洋，已成為渣甸和馬地臣活動的中心舞台。而經營鴉片，則是他們走向成功的關鍵。澳門與黃埔鴉片貿易龍頭地位的爭奪及其興衰，渣甸和馬地臣等散商的崛起與走向發達，意味着英國、印度和中國之間的貿易圖景已經發生改變，而這正是多股勢力激烈較量的結果：散商與東印度公司的較量，東印度公司及散商與澳門葡萄牙人之間的較量，東印度公司、散商與中國政府及行商之間的較量……

01 變化的貿易圖景

1813年，東印度公司在印度的壟斷特權被取消。隨着印度貿易開放，愈來愈多的英國人湧入印度，參與到中印貿易中來。從東印度公司 "下海" 的渣

---

[1] 麻爾窪鴉片（Malwa Opium）的產地主要在麻爾窪等印度西北內地，那裡屬印度土邦，不受東印度公司直接統治。東印度公司在印度北部的孟加拉建立鴉片專賣制度，在中國一般稱孟加拉鴉片為 "大土"，其中八達拿所產鴉片又稱 "公班土"（Patna Opium）、貝勒那斯所產稱 "剌班土"（Benares Opium），麻爾窪鴉片則稱作 "白皮土" 或 "白土"、"小土"。此外，鴉片的另一個來源地為土耳其，來自土耳其的鴉片稱 "金花"（Turkey Opium），質量普遍較差。

甸，以及從愛丁堡大學畢業的馬地臣，正是在此後分別赴孟買和加爾各答自由經商的，並先後將注意力和經營重心轉移到了廣州。

與此同時，廣州市場正在發生着深刻變化。進口貿易方面，一向深受宮廷和官場喜歡的 "打簧貨" 貿易，1815年以後一落千丈，一則中國自己已經可以僅用英國一半的成本來製造這種產品；一則宮廷的喜好已經發生變化，1815年頒發的一道上諭中，便對大量進口這種飢不能食、寒不可衣，卻消耗大量金錢的 "打簧貨" 表示痛心。

1815年2月，查理斯·麥尼克寫信給他的父親説： "現在要按平常的辦法出售鐘錶是毫無希望的，我們已經決定將最初的三對鐘，以每座三千元的價格，兩年以內付款，月利率百分之一的辦法賣給麥覲廷、潘長耀和經官。我們可以肯定，這些商人就照這樣虧本的價錢買進它們，還覺得是照顧了我們，因為實際上只要花一半的錢……他們就能夠買到中國的時鐘。"

其他一些貨物的進口也日漸衰落。如一度是熱門貨的波斯藍，由於中國找到製造代用顏料的辦法，而不再需要進口。對美國商人來説，皮貨和檀香曾是他們輸入廣州的熱銷產品，然而隨着貨源慢慢枯竭，也逐漸退出了市場。

奠定英國散商早期獲利基礎的棉花市場，同樣遭遇到長期的蕭條。自1819年以後的10年中，廣州來自印度的棉花供應市場，由於經常受到南京棉花供應的限制，而處於持續的跌落狀態。馬地臣在一些來往的信件中稱：1820年廣州的棉花貿易 "完全陷於停頓"，1821年是 "無可挽救的蕭條"。

港腳貿易舊有基礎的普遍衰落，特別是棉花市場衰落最明顯、最重要的結果，是散商們開始將注意力集中到鴉片上，鴉片貿易在中國開始大行其道。

鴉片為什麼在當時能大行其道，且愈來愈成為中英經濟往來的頭號貿易商品？這涉及販賣者對財富的貪婪追求而置道德和法律於不顧，關乎英國、印度、中國之間的三角貿易關係。

東印度公司通過一套複雜而嚴密的經濟制度，將公司職員的個人貿易、港腳貿易結合到東印度公司的整個對華貿易中，成為英、印、中三國之間的貿易主導者，借助於對華貿易把印度的財富轉回到英國，同時以中國的財富充實印度，三角貿易如此循環運轉。結果，東印度公司在廣州的財庫得到了購買茶葉所需的資金，英國的公眾得到了日常消費的茶葉，港腳商人得到了豐厚的利潤。簡言之，英國得到了印度的財富，印度得到了中國的白銀，中國得到的，則是殃民又禍國的鴉片。

正如1830年代英國出版的一本名為《鴉片》的書中所寫："多年以來，東印度公司從鴉片貿易上獲得巨額收入，這種收入使英國政府和國家在政治上和財政上獲得無法計算的好處。英國和中國之間貿易差額情況的有利於英國，使印度對英國製造品的消費量增加了十倍，這直接支持英國在東方的龐大統治機構，支付英王陛下在印度的機關經費。用茶葉作為匯劃資金和交流物資的手段，又使大量的收入流入英國國庫，而且用不着使印度貧困就給英國每年帶來600萬英鎊。因此，東印度公司就盡其力之所能來推廣鴉片貿易。"

而鴉片貿易對於英國散商來說，更是直接發財暴富和興衰攸關的根本。對於身在廣州的英國散商，無論是經營時間較長一點的麥尼克、達衛森，還是新加入散商陣營的渣甸、馬地臣，其經營和獲利幾乎都主要集中於鴉片生意。

02 澳門與黃埔：龍頭地位的爭奪

英國散商對鴉片貿易的經營，是在英國東印度公司和澳門葡萄牙人的夾縫中冒出頭來的。在正式探究渣甸、馬地臣在廣州崛起之前，不妨讓我們先順着歷史的脈絡，簡要回顧一下澳門、廣州一帶鴉片貿易的歷史，以更好地理解和把握渣甸·馬地臣行（怡和洋行）的一些歷史細節。

從上一章可知，18世紀後期英國散商在廣州進行鴉片貿易，受到東印度公司的牽制，因為散商居留廣州不易，並受東印度公司管制。同時，也受到在澳門的葡萄牙人制約，因為澳門是當時鴉片貿易的主要基地。英國散商將鴉片運到澳門後，只能由澳門葡萄牙人代理經營。這樣，英國散商一方面以領取外國護照形式掙脫東印度公司的管控，一方面努力尋找新的鴉片貿易基地，以擺脫澳門葡萄牙人的束縛。

1794年，一艘裝有將近300箱鴉片的帆船直駛廣州黃埔港，揭開了黃埔鴉片貿易的序幕。隨後，鴉片貿易在黃埔日漸興旺，黃埔隨之被澳門視為與其競爭的鴉片市場。

前來黃埔販賣鴉片的散商增多，鴉片輸入的數量擴大，引起了澳門葡萄牙當局的嫉妒，更引起了廣東地方政府的注意。1799年12月30日，廣東巡撫與粵海關監督遵照嘉慶皇帝的指令聯合發佈了18世紀的最後一道禁煙令。

然而，英國東印度公司廣州管委會1802年初的一份報告指出："儘管中國政府下達了禁煙令，但鴉片的消費量無疑是在大增。"報告說，1799年禁煙令在內河有效，但它的力量不能達到澳門。

1804年的另一份報告寫道：中國的禁煙令使黃埔的走私活動受到打擊，鴉片貿易集中到了澳門，"整個鴉片貿易都落入了在澳門的葡萄牙人之手"。

為此，東印度公司廣州管委會私下對從事孟加拉與中國之間鴉片貿易的散商說："我們認為將此物運入這個市場（黃埔）並無不當，而且還是很有必要的。"

但這份報告補充說："我們知道鴉片是違禁品，如果不列顛政府公開認可鴉片輸入，將會使中國人抱怨起來，最終可能會給東印度公司帶來不便，所以我們認為不要進行公開的通告更為妥當。"報告進一步補充："中國雖然嚴禁此物，但仍然售賣，這是由於政府官吏的包庇，並從船上裝到他們自己的小艇上。"①

有了東印度公司的暗中支持，有着部分中國官員的徇私枉法，這一年，渣甸・馬地臣行（怡和洋行）的前身——比爾・麥尼克行老資格的合夥人比爾，將其全副精力投放到了鴉片貿易上。

然而，接下來的一年（1805），對英國鴉片散商來說，又不啻為一場噩夢。英國與澳門葡萄牙人相互實施貿易報復，東印度公司對前往加爾各答的葡萄牙船隻課以重稅，而澳門的葡萄牙當局則禁止非葡萄牙船隻運來的鴉片在澳門上岸。與此同時，海盜活動猖獗，不僅包圍澳門，封鎖了澳門通向其他城市的航道，而且直接侵擾到珠江口內，致使貿易大受影響。此外，這一年，中國官員對鴉片的查禁較往年認真。因此，鴉片貿易在1805年至1806年發生嚴重困難，鴉片價格下跌，市場一片蕭條。

1805年澳門葡萄牙當局禁止非葡萄牙船隻運來的鴉片在澳門上岸，比爾・麥尼克行在澳門的鴉片市場不得不僱傭葡萄牙代理人。即使這樣，其經營代理的鴉片交易業績依然不佳。1806年，比爾居住澳門的10個月裡，只賣出了幾箱鴉片。托馬斯・比爾煩惱地寫道：鴉片在虎門以內無法出賣，而葡萄牙人又不准在澳門出賣，鴉片貿易是一樁冒險的、並且一向是極端危險的買賣。從這種代理生意中，我們所得到的好處不能補償我們的麻煩與憂慮。

---

① 馬士著、區宗華譯：東印度公司對華貿易編年史，中山大學出版社，廣州，1991，一、二卷合刊本，735-736頁。

不過，此後鴉片市場又開始復甦，並走向繁榮。比爾‧麥尼克行代理經營的鴉片規模日益擴大。

03 廣州：寶順洋行前世

就在比爾‧麥尼克行在鴉片經營中日漸做大時，在東印度公司的卵翼下，廣州同時出現了半官方性質的代理行──巴林行（Baring & Co.）。這個巴林行，正是日後渣甸‧馬地臣行（怡和洋行）最主要的競爭對手──顛地行（寶順洋行）的前身。

1807年，東印度公司廣州管委會的低級大班喬治‧巴林（George Baring）創辦了巴林行，專為孟加拉的商人代理包括鴉片在內的生意。後來，公司的另兩個大班──莫隆奈和羅伯茨加入，行名改為巴林‧莫隆奈‧羅伯茨行（Baring, Moloney & Robarts）。

這個代理行在東印度公司的藩籬之內。1808年，東印度公司董事會發出通令，禁止公司職員充當鴉片買賣的代理人。巴林申辯說：我擔任鴉片代理人的工作，並不妨礙對東印度公司應盡的責任。而且，如果我們不做，孟加拉商人就會委託給聲名狼藉的葡萄牙人做，無疑會更加損害東印度公司的利益。所以，我們懇求放棄將鴉片市場任由葡萄牙人去控制和經營的危險而不智的政策。巴林如實地指出，長期以來東印度公司的職員其實一直都在為鴉片商做代理人。遠在倫敦的東印度公司董事會之所以蒙在鼓裡，並不是廣州方面有意向公司隱瞞這類業務，而完全是由於其他生意可以公開進行，而此種貿易的性質決定了它不能公開進行所致。

巴林的申辯，在東印度公司廣州管委會內部引發了一場大討論。巴林的支持者表示：讓公司大班擔任私商代理人，好處顯而易見。既有利於公司控制這些鴉片代理人的行為，又有利於與澳門葡萄牙人的競爭。不然，葡萄牙人倒是會高興，因為這樣會把目前在黃埔進行的鴉片買賣驅趕到澳門。

反對者認為：公司與公司職員之間的聯繫無法截然分開，公司職員與鴉片貿易發生這種關係，必然使公司蒙受恥辱。應堅決禁止公司職員為印度商行代理鴉片業務的做法。

辯論的結論是：同鴉片貿易的這種瓜葛，會使人對東印度公司產生不信任，因為公司並不能割斷它自己與其員工行為本身的關係。

東印度公司廣州管委會同時公佈了巴林行強制十三行行商關成發參與、並使其大虧本的一宗鴉片交易，這宗交易對東印度公司造成了極大的危害。公司的利益早已受損、並且還在繼續遭受着私人代理鴉片業務的損害，因此特權必須取消。①巴林・莫隆奈・羅伯茨行從此被禁止再經營鴉片代理業務。不過，巴林・莫隆奈・羅伯茨行並沒有放棄行號，而是邀請1807年來到中國的蘇格蘭人達衛森合夥，充當鴉片部經理，專門經營鴉片業務，其他業務仍由代理行的其他合夥人經營。

為了不受東印度公司控制和驅逐，達衛森是以歸化的葡萄牙人的身份活躍在廣州的。而令東印度公司哭笑不得的是，達衛森表示：我在廣州是葡萄牙人，在廣州之外則是英國人。

1813年，東印度公司在反覆權衡後，禁止其大班充當任何印度商品的代理人。這樣，巴林・莫隆奈・羅伯茨行的業務全部由達衛森經營，行號改為

---

① 馬士著、區宗華譯：東印度公司對華貿易編年史，中山大學出版社，廣州，1991，三卷，79-80頁。

達衛森行──後來托馬斯・顛地（Thomas Dent）加入後成為顛地行。在19世紀60年代破產之前，顛地行（寶順洋行）一直是渣甸・馬地臣行（怡和洋行）的勁敵。

04 北京：皇宮裡的鴉片吸食者

就在東印度公司禁止其大班代理印度商品、達衛森行成立的同一年（1813），大清帝國的皇宮內竟然發現有侍衛及太監吸食鴉片，這不免使嘉慶皇帝大為震驚。

還在5年前（1807），北京城內出現的售賣鴉片事件已經引起了他的注意。那年年底，粵海關為此特別頒佈禁煙令，除了重申外國人不准將鴉片運入中國外，還規定為外國船隻承保的行商也要負連帶責任：如果保商膽敢違犯或規避禁煙令，承保裝有鴉片的船隻，一旦查出，不獨銷燬鴉片，擔保該船的行商、通事也將受到嚴厲懲處。

1809年，兩廣總督百齡在禁煙令中，再次加大了對行商的懲處力度：行商必須以書面形式，保證他們所擔保的外國船上沒有攜帶鴉片。如果保商膽敢與其串通售賣，不向官方報告，一經發覺，除拿捕該船並驅逐出境之外，擔保的行商也將"逮捕法辦，治以應得之罪，決不稍予寬貸"。

兩廣總督的禁煙令擲地有聲。對於出現鴉片走私的責任承擔問題，廣東地方官員進一步完善了十三行行商的保商制度。來航中國的外國船隻必須有十三行商人作保，否則不得貿易，保商擔負着外國貿易的一切責任。這樣，本應由地方政府承擔的一些責任，最後的板子將打在十三行商人的屁股上，因為行商在查禁鴉片問題上所負的責任愈來愈大。也因此，史籍不乏記載一旦出事後，一些行商與外商合議商討辦法，力圖將大事化小、小事化了。

其實，即使行商真的想與鴉片走私不發生任何瓜葛，他們也不可能獨自完成禁煙大任。因為對禁煙應負最大責任的廣東各級官員從自身的利益出發，除了在形式上大做發佈文告之類的表面文章外，並沒有真正有效地履行禁煙之責。

1810年，北京城裡又查獲一個鴉片煙販。嘉慶皇帝震怒不已並發佈諭旨，要求北京各城門嚴查密訪。同時，廣東、福建方面更需嚴格查處，務求斷其來源，不得敷衍了事，視中央律令為一紙空文。

1811年初新任兩廣總督的松筠於當年6月26日在澳門約見了東印度公司廣州管委會的負責人。松筠説，他已經收到皇上的特別諭旨，加強禁止鴉片買賣這種非法貿易，希望東印度公司合作，阻止這些危害無窮的鴉片。鴉片擴散的責任，無疑在東印度公司方面，因為鴉片的來源主要來自於不列顛殖民地……

會談後，東印度公司撰寫的一份報告指出："當我們注意到總督上述關於鴉片的談話時，我們完全相信，這只不過是形式，而沒有一點會採取任何有效步驟來查禁這一貿易的意思。眾所周知，政府官員一直認為默許這種貿易是符合他們自身利益的。"

在這種背景下，比爾‧麥尼克行經營鴉片越發大膽起來。1813年11月，比爾‧麥尼克行的主要合夥人比爾與澳門的葡萄牙法官阿里阿加（A-rriaga）聯合，進行鴉片投機買賣（澳門法律禁止法官從事任何貿易活動）。比爾提供資金86.7萬西班牙元，鴉片的實際交易則由阿里阿加經營，盈虧雙方分攤。

第二年（1814），比爾又以900箱鴉片作抵押，要求東印度公司廣州方面向孟加拉簽發相當於80萬西班牙元的匯票，比爾保證幾個月內還款，同時每月支付1%的利息。東印度公司對比爾在鴉片貿易中的才能，顯然十分信任，因此大筆一揮簽出了這筆巨款。

鴉片商人的鑽營，東印度公司方面的保護，連同清代官吏的腐敗，鴉片走私不但沒有被禁止，反而日益發展。1815年，一起轟動一時的鴉片案在澳門爆發，鴉片貿易從此發生重大變化。

05 澳門：賄賂基金的設立

在這個世界上，各種各樣的基金很多，但公然成立以賄賂政府官員為目的的專項基金，則可謂世所罕見。令人匪夷所思的是，在澳門，卻存在一個由澳門葡萄牙當局發起專門賄賂中國官員的 "賄賂基金"。

澳門賄賂基金的設立，源於1815年廣東地方政府嚴厲查禁鴉片。而廣東地方政府嚴查鴉片，則是一起發生在澳門的鴉片案所引發。

我們從東印度公司留下的史料中，大致復原出這起案件的全貌。事件的前後經過，充滿了戲劇性，也立體地呈現了清朝的官場百態。

5年前（1810）投降清軍的著名海盜首領阿保仔（Apotsi, 又叫張保、張保仔），這時任清朝的廈門近海水師長官。本人即是 "癮君子" 的張保仔，憑藉過去熟知鴉片貿易實情的經驗，抓捕了若干艘鴉片走私船。他的初衷實際上不過是想給自己撈些好處而已。但是他審訊被捕者後，得知澳門有一個特大鴉片走私窩點。於是，他立即將這一情報上報，閩浙總督又隨即將此知會兩廣總督。

根據這一情報，1815年春，廣東香山縣的官員迅速採取行動，逮捕了以朱梅官為首的6名主要鴉片販。香山縣官員於是乘機敲詐，對這些鴉片販子透出口風：交8萬銀元即可放人。由於勒索金額過大，香山縣官員的要求遭到拒絕。於是，此6名犯罪嫌疑人依法被解送至廣州。在一番行刑逼供之後，他們被迫供認了販賣鴉片的事實。

兩廣總督蔣攸銛隨後將這一事件上奏朝廷。奏摺內容大致如下：

朱梅官等六人帶着布匹與茶葉，在澳門與葡萄牙人安多利（Antony）交易胡椒、海參等物。安多利在尚欠三千四百八十西班牙元的情況下，準備在嘉慶十九年（1814）九月末回國，且所乘之船已停泊於香山縣外海上。朱梅官等人要求他付清所欠之款，安多利於是商借於偶然在場的葡萄牙船船長。船長説銀元沒有，只有鴉片。最後，朱梅官等人接受一百二十筒（每筒重約二斤七八兩）鴉片，並將鴉片售予過往不相識的小船，得銀三千八百四十圓。

天高皇帝遠。一起重大的鴉片走私案，在蔣攸銛的上奏中被大事化小。地方政府向中央瞞報實情可謂不絕如縷，至今依然。但令人驚歎的是，蔣攸銛在上奏中，將事件編織得如此逼真，不由得皇上不信。上諭稱："朱梅官等著革職，先於犯事地方枷號一個月，滿日，發黑龍江充當苦差。"

蔣攸銛不敢等閒視之。以澳門鴉片案為契機，在與粵海關監督商量後，蔣攸銛奏請制定嚴禁鴉片的《條規》，並獲朝廷認可。

禁煙章程除了規定各種處罰外，一個主要內容是：運貨到澳門的葡萄牙船，均須逐船查驗。如夾帶有鴉片等違禁貨物，則禁止該船一切貿易，斥其退去。

根據這個章程，澳門不再是一個安全的鴉片走私基地，澳門的鴉片貿易從而遭受重大打擊。前面提到比爾要求東印度公司簽發相當於80萬西班牙元的巨額匯票，並保證幾個月內償還。結果，由於新禁煙令的頒佈，比爾從印度販運來的鴉片銷路不暢，阿里阿加更因揮霍而欠下比爾178萬西班牙元。受到雙重打擊的比爾，根本無法還清所欠東印度公司的債務，最後只得潛逃。

鴉片走私的衰落，嚴重影響着澳門的繁榮與澳門當局的財政收入。澳葡當局不得不想出一些措施進行補救。他們深知,中國的禁煙能否取得成效,關鍵在於清政府的官員是否認真查禁。因此,他們採用的辦法簡單而直接——行賄清朝官員。

澳葡當局對運入澳門的鴉片採取每箱徵收40西班牙元,建立一個基金,以賄賂當地的中國官員。這筆攤派款以"公開的方式"徵收,由購買鴉片者支付,而不是由將鴉片輸入澳門的進口者支付。按當時每年的鴉片銷售量(約2500箱)計算,每年可徵得10萬西班牙元。

澳葡當局採取的另一個措施是,重申1805年制定的關於禁止非葡萄牙船隻所運鴉片進入澳門的規定,以便將英國人從澳門的鴉片市場上排斥出去,確保自身利益。

06 渣甸與馬地臣早期的鴉片買賣

澳葡當局上述限制的實行,英國的鴉片船只好愈來愈多地開往廣州黃埔。在澳門,英國的鴉片船必須向葡萄牙當局交納高額稅收,而在黃埔,則無需交納任何稅金,因為這裡的鴉片貿易本來就是非法走私;在澳門,英國鴉片商必須通過葡萄牙代理人進行鴉片貿易,貿易所得利潤的一部分,要被葡萄牙代理人所分享,而在黃埔,外國鴉片商可直接同中國煙販交易,所得利潤不會旁落,只是風險增大了而已。因此,黃埔逐漸成為一個繁榮的鴉片貿易基地,鴉片貿易開始進入一個大"景氣"的時代。

鴉片流入黃埔的方式多種多樣:英國鴉片商或與中國煙販內外勾結,在進入黃埔前即將鴉片從船上取出,偷越關卡運入內地;或將鴉片藏在貨船底部,上蓋其他貨物,偽裝後進入黃埔;或與清朝官吏及保商相勾結,公然走私。

　　1819年，一些新的英國散商加入到鴉片貿易中來。當馬地臣1819年到達黃埔後，他向其印度鴉片貨主報告説："行商一般不肯承保鴉片船隻，須要誘哄他們落入圈套。"

　　也就在這一年（1819），渣甸來到廣州。作為自由代理商，他開始為麥尼克行經營鴉片生意。

　　鴉片價格暴漲，讓這些鴉片經營者喜不自勝。泰勒興奮地寫道："鴉片像黃金一樣，我可以隨時賣出。"當時主要的鴉片代理人之一——達衛森不無得意地説："再也沒有比銷售鴉片更簡單的事了。"另一主要鴉片代理商麥尼克要求，在孟加拉的客戶盡量收購鴉片。他認為剛從加爾各答給他發來25箱鴉片的一個鴉片商膽子太小，他寫信強調："我們誠懇地希望你所發來的，是十倍於此的數量。"

　　然而，鴉片價格暴漲過後，接着就是大跌。"這個政府剛剛採用的禁止鴉片在中國消費的嚴厲辦法"，造成了價格的猛跌。因此，麥尼克趕緊往外大量拋售鴉片。同時，麥尼克行向加爾各答發出緊急函件，要求立即取消買進期貨的合同。泰勒則在鴉片價格低迷的時候，於1820年8月抑鬱而終，剩下幾近破產的馬地臣。

　　這種大起大落的鴉片價格，原因在於清政府不時的執法決心。1820年3月，官府下令達衛森將"老師傅號"鴉片船駛離黃埔，並聲明"送錢也沒用"。在4月和7月，兩廣總督和粵海關監督再次下令，責成行商搜查所有外國船隻是否攜帶鴉片，並要為他們所擔保的船隻負起全責。

　　但是，官方禁煙時鬆時緊，販賣鴉片的吸引力始終存在，經營鴉片對於英國散商來說依舊是首選。

　　1821年7月，馬地臣成為伊沙瑞行的合夥人，西班牙人伊沙瑞與加爾各答的大商家拉羅瑞商行聯繫緊密，馬地臣找到新的合夥人之後，開始慢慢走上成功之路。

為人謹慎而心細的渣甸此時早已熟識東方。在馬地臣成為伊沙瑞行合夥人的第二年（1822），38歲的渣甸下定決心將生意重心放在廣州，建立起一家經營麻爾窪鴉片的代理行，集中主要精力從事鴉片買賣。

07 "葉恆澍案"引發的禁煙行動

澳門葡萄牙當局成立了賄賂基金後，在澳門的葉恆澍（葡人稱其為阿西[Asee]）正是充當將葡萄牙人的賄款轉交給清朝官員的中間人，同時也是澳門的一個主要鴉片商。1821年9月，葉恆澍因捲入一起極其殘忍的兇殺案而被捕。在獄中，他供出了澳門的葡萄牙人向中國官員行賄的事實：一些官員從每箱鴉片中提取一定數額的贓款，另一些官員則每年一次性領取一筆贓款。

英國東印度公司的檔案材料和國外其他相關史料，為我們記下了以上"葉恆澍案"的梗概。然而，兩廣總督阮元的上奏，卻與前述蔣攸銛的上奏一樣，採用了隱瞞事實真相的做法，其奏摺內容大致如下：

葉恆澍曾以捐納得州同知虛銜，在澳門經營漁業。道光元年（1820）七月，葉船停泊在娘媽閣時，偶然遇到來澳門貿易的熟人陳五。陳五告訴葉，有一批鴉片買不買，每斤12銀元。於是，葉與同夥一起湊齊1320銀元，向陳五購入110斤，之後倒手以每斤16銀元的價格，賣給了他人。隨後，葉被逮捕。

按阮元上奏，葉恆澍案不過是一起普通的私人鴉片買賣案而已。葉恆澍被以販賣鴉片一次定罪，奏請枷號一月，發近邊充軍（到達配所後再杖一百）。

官員出於逃避責任，在上奏中隱瞞和歪曲事實真相的做法，一直到鴉片戰爭期間不絕於史籍，兩廣總督鄧廷楨、靖逆將軍奕山、兩江總督伊里布、欽差大臣琦善、參贊大臣楊芳等，沒有不隱瞞真相、謊報實情的。[1]其結果自然是北京的中央朝廷無法獲得充分且正確的情報，從而無法準確做出決策。[2]

與上任總督一樣，阮元在向中央朝廷虛報案情後，同樣以"葉恆澍案"為契機，推行了英國散商查理·麥尼克所說的"記憶中最猛烈的"鴉片禁令和禁煙行動。這次大規模禁煙行動，正是以彈劾公行商人伍敦元為序幕而展開的。

在發生葉恆澍案後、向朝廷上奏前，阮元以鴉片貿易不能徹底禁絕、責任在於公行商人不遵守禁令為由，彈劾了當時的十三行總商伍敦元，並奏請摘去伍敦元的三品頂戴。由於阮元在上報程序上，先奏請處理伍敦元，後上報葉恆澍案情，從而使得這兩件有關聯的事件，變成了兩不相干的事情。

行商成了禁煙不嚴的替罪羊。阮元彈劾行商首領伍敦元的理由，是行商代表政府直接與外國商人打交道，所以"洋商與夷人最為切近，夷船私帶鴉片，即能瞞臣等之耳目，斷不能瞞該商等之耳目"。

結果，伍敦元的三品頂戴被摘去。政府重申禁止鴉片，凡外船有運入鴉片者，人貨罰沒。

對"葉恆澍案"後嚴厲的查禁鴉片行動，馬地臣後來寫道："這個卑鄙的阿西（近來在澳門的主要煙販），已經被判發配到冰天雪地的地方，但是他仍關押在此地的監牢。他似乎曾向北京控告，暴露官吏的愛財和貪污，並拿出他

---

① 茅海建：天朝的崩潰：鴉片戰爭再研究，三聯書店，北京，2005。
② 井上裕正著、胡修之譯：關於清代嘉慶、道光年間的鴉片問題，原文載：東洋史研究，第41卷第1號（收錄於《外國學者論鴉片戰爭與林則徐》一書）。

幾年來向他們行賄的賬簿作為證明。……盼望北京派遣一位欽差來審判這個案件。"①

這次以彈劾伍敦元為序幕展開的查禁鴉片行動，在廣州禁煙和鴉片貿易史上影響深遠。1821年11月12日，以伍敦元為首的公行商人，向外國方面發出通告：停泊在黃埔的鴉片走私船隻即刻退出，否則將報告官府；以後只有出具不裝載鴉片的甘結，才對該船擔保，允許進行交易。

公行商人同時還告發了停泊在黃埔的四艘裝有鴉片的英國船"墨羅佩號"（Melope）、"胡蘭號"（Hooghly）、"尤吉尼亞號"（Eugenia），以及美國船"艾米利號"（Emily）。其中，前三艘船都與馬地臣有關。

四艘船緩緩開出黃埔，退到了伶仃洋上。從1821年起，以黃埔為中心的鴉片走私活動走向沒落，鴉片貿易進入到一個新的時期：伶仃洋時代。

08 "艱難"抉擇：伶仃洋鴉片基地的確立

黃埔無以為繼，哪裡才是下一個安全而合適的鴉片貿易基地？鴉片商們一度舉棋不定、爭論不休。葡萄牙人當然希望鴉片商們選擇澳門，從而重新樹立澳門的鴉片貿易龍頭地位並直接獲益。但在這些鴉片商們看來，澳門有着顯而易見的缺點：中國只是聽由葡萄牙人使用此地，中國政府的禁煙措施隨時可以箝斷鴉片交易。

馬地臣就強烈地反對以澳門為基地。他在一封私人信件中寫道："葡萄牙居留地對中國當局的仰賴，就我們看來，是此計劃中無法克服的障礙。迄今，

---

① 1822年5月17日，參見格林堡著、康成譯：鴉片戰爭前中英通商史，商務印書館，北京，1961，110頁。

吸食者不願對中國官吏的剝削屈服時，尚可訴諸廣州和伶仃洋的市場。但是，如果照着葡萄牙人的提議及期盼，就如同把鴉片接連不斷地放到中國官吏唾手可得的範圍內，這就很難預料中國官吏可能會貪心到何種前所未聞的地步。"

此外，澳葡官方的腐敗無能，並且辦事不公，讓渣甸和馬地臣看來，除了可輕易用錢買通之外，對惟一的法官"不能假定他懂得多少法律"。要想取得"公平正義"，得向遠在歐洲的里斯本運用影響力。

渣甸認為，澳葡當局的"行事原則，完全不能使當地的外國人感到財產有所保障"。因此，利用澳門作為轉運港，顯然毫無希望。

處於中國司法管轄之外的新加坡或馬尼拉，曾一度進入渣甸和馬地臣的視線。兩者具備倉儲、保險、逾期停泊費低廉的本錢。馬地臣等人曾經設想："鴉片的總貨樓應設於馬尼剌（馬尼拉）或新嘉坡（新加坡），以小而快的好船來向中國運貨，每隔三四個月往銷貨最好的沿海各地作定期的航行。"但是，它們與中國距離頗遠，在頭年10月至次年3月的貿易季節維持船隊定期逆風往返並非易事。

台灣和廈門，澳門外海的金星門，以及香港，都曾被渣甸和馬地臣們考慮過，都各有優勢和不足。

就在這游移不定的徘徊中，馬地臣等鴉片商發現，伶仃洋其實是個非常理想的鴉片走私基地。因為廣東政府將伶仃洋視為"外洋"，所以在這裡可以逃脫中國政府的管制。這裡也不受東印度公司駐廣州大班的管制，更不受澳門葡萄牙當局的牽制。此外，也不用交納任何關稅。即使偶有中國官府的巡船到來，他們所勒索的"規費"，也比在澳門或黃埔的要少。

位於廣東珠江口的伶仃洋，也稱零丁洋，東北距虎門炮台約40公里，西南距澳門約32公里，是外國船隻進入珠江內河的必經之地。按理說，它在中國律令的管轄範圍之內，但實際上卻如馬地臣所言：“有關它可能受中國官吏箝制，我們認為根本是多慮，惟一的危險就是有組織的海盜……，但珠江已多年不見海盜蹤跡。”

　　一般而言，按當時廣州外貿管理規則，外國商船到達伶仃時，須在此等待中國引水的到來。引水對外船進行必要檢查後，往澳門同知處為外船辦理進入虎門的准照，然後官府再指派帶領外船進入內河的引水，前往廣州黃埔。因護航等各種原因來到中國的外國軍艦，按規定不得進入內河，只能停泊在伶仃及其附近洋面。除這些正常的停泊，伶仃洋及其附近水域，實際上長期以來也是來華進行非法活動的外船出沒和逗留的地區。

　　隨着西方各種來華船隻不斷增加，伶仃作為外船重要錨地的作用日顯重要，停泊外船的數量也愈來愈多。到1819年，“已成為船運正常的集合場所，尤其在冬季期間，它是大的碇泊所，可以遮蔽盛吹的東北季候風。戰艦不在穿鼻，便在伶仃，而商船則碇泊此處，將所有非法貨物卸下”。到1820年，各種外船在伶仃的停泊，已水到渠成地為建立鴉片躉船的停泊站鋪平了道路。

　　最先進入伶仃洋長期停泊的，正是馬地臣管轄的船隻“墨羅佩號”和“尤吉尼亞號”，它們均係1821年被廣東官府從黃埔逐出。當年11月，“墨羅佩號”和“尤吉尼亞號”駛離黃埔進入伶仃後停泊下來，存放從印度運到的鴉片並供前來交易者提貨。

　　隨後，麥尼克行和顛地行的一些大鴉片船也都來到了這裡。這些浮動倉庫式的大鴉片船，被稱為躉船，“每1680斤為一躉，約300躉為一船，故名躉船”。這些躉船船體寬大，同時配有精良的武器裝備及戰鬥人員。

　　可是，將這些巨型鴉片船停在這裡是否行得通，一時尚無法完全看清。棧租、維持費、水手的工資以及昂貴的保險費，使開支不堪重負。馬地臣寫信給他的加爾各答代理人說："在'墨羅佩號'初次出航的時候,我們的鄰居完全不替它保險。可是,幾個月的經驗的結果,使他們的態度幡然改變。當時(1822年7月),加爾福先生(Mr. Calyo)的'克羅加號'所付的海上保險費是1%,然而就是目前減低到0.5%的保險費,照我們看,連同棧租,也是這種貿易不勝負擔的一筆開支"。①

因此,馬地臣等鴉片商人此時依然沒有確定將伶仃洋作為鴉片基地。不過,任何替代辦法都有它的局限。到了1824年貿易季度,伶仃洋實際上已經成為一個固定的鴉片走私基地。鴉片走私船停泊伶仃已成慣例。

09 鴉片:"最有紳士氣派的投機生意"

從1825年始,伶仃洋鴉片基地開始進入快速發展的時期。這裡已經能為走私活動"提供前所未有的安全"。經營鴉片的代理行以躉船為據點,建立了一整套嚴密完整的鴉片銷售流程。

在廣州,外國代理商拿着鴉片樣品與掮客洽談價格,這些掮客是為那些躲在幕後的國內大鴉片批發商工作。價格商定後,掮客將鴉片款付清,然後外國代理商向掮客開具鴉片提貨單。掮客拿到提貨單後,有時親自去提貨,有時則由別人出面去提貨,也有時提貨單轉了好幾手後才最後到達提貨人的手中。鴉片存放在伶仃洋的躉船上,中國的鴉片煙販要去提貨,需僱一種稱為"快蟹"(又稱"快鞋"、"扒龍")的走私船。這種船的每一側有20至30支甚至更多的船槳,因而得名"快蟹"。

---

① 格林堡著、康成譯:鴉片戰爭前中英通商史,商務印書館,北京,1961,111頁。

　　“快蟹”來到伶仃洋上的躉船後，躉船根據提單發貨。孟加拉鴉片由東印度公司壟斷生產，質量與重量都有保證，煙販只要看看鴉片包裝上東印度公司的標記，一般便可以放心；但對麻爾窪鴉片則要多長一隻眼，因為這種鴉片經常短斤缺兩或以次充好。

　　躉船上的鴉片開箱、驗貨、過磅、裝到煙販的草包裡以及“快蟹”上，都以極快的速度進行，幾個小時便能完事。一艘“快蟹”有時可裝一百箱鴉片。

　　這一時期，伶仃洋上的鴉片生意做得順風順水。1830年，渣甸在慫恿他的一個朋友也來從事鴉片生意時說：據我所知，這是最安全和最有紳士氣派的投機生意。“在你簽發提貨單之前，你已拿到了現錢。此後，在將鴉片運上岸時，不管發生多少麻煩，都與你無關。當你的管賬告訴你說有多少現錢已經放進你的賬房後，你就向購貨人簽發一張相當於這些價錢的鴉片提貨單，至此你就沒事了，餘下的都是購貨人的事了。”

　　美國旗昌洋行的亨特則說，在林則徐1839年來廣州禁煙之前，“這種買賣確是在廣州的外國人最易做、也是最愜意做的。他售貨時是愉快的，匯款時是平靜的。此種生意似乎也具有了這種麻醉品的特性。從售貨中可以提取3%的佣金，從盈利中可以提取1%的佣金，沒有壞賬，一切都是那麼的使人舒心怡神”。

　　的確，這些鴉片商人此時的感覺，不亞於那些“癮君子”抽了鴉片煙後騰雲駕霧渾身舒泰的感覺。

　　伶仃基地已經成為英國散商擺脫東印度公司控制的有利條件。在1834年東印度公司對華貿易特權取消前，公司與散商一直處於一種奇特的既狼狽為奸、又互相爭鬥的關係之中。東印度公司一方面必須依賴散商在鴉片走私中賺取的白銀以保持其對華貿易資金上的平衡，另一方面又擔心散商觸犯了他們享有的貿易特權而加以防範、箝制。與此同時，散商為了在對華貿易中謀取更大利益，長期以來又想方設法擺脫東印度公司的控制。

英國散商來華貿易，須取得東印度公司的許可證。相應地，也須向東印度公司出具按公司規定條件進行貿易的保證書，這是東印度公司控制散商的重要手段。然而，1829年，散商鴉片船"詹姆西納號"船主明確向東印度公司提出，要"豁免開往中國船隻所需出具的保證書"。其理由是："我所從事航行的性質，妨礙我執行該保證書的幾項規定，因為'詹姆西納號'不駛入廣州港"，只停留在伶仃洋面，所以東印度公司"不能對我作任何管轄"。

從1825年開始，伶仃洋鴉片基地進入快速發展時期。對此，廣東政府並非一無所知。一些官員也確實想解決這個問題，但一直沒有拿出有效的應對措施。還在1823年，廣東地方政府一度以"下令封艙"停止貿易為手段，試圖逼迫走私船駛離伶仃，但收效甚微。此後，廣東官府便顯得束手無策。

對伶仃走私基地形成這樣的重大變化，廣東官府長期欺瞞隱匿，未向中央朝廷報告，遠在北京的道光皇帝一直不明真相，從而毫無反應。直到伶仃洋鴉片基地建立10年後的1831年，才由廣東籍時任湖廣道監察御史的馮贊勳向中央奏報了伶仃走私情況。馮贊勳指出，由於官方"各巡船通同作弊，按股分贓，是'快鞋'為出名帶私之首，而巡船包庇行私，又罪之魁也。"

朝廷接到奏報後，雖於1831年、1832年兩次下諭，要求廣東官員"務將來源杜絕，以淨根株"為拔本塞源、一勞永逸之計，但除此之外，並無其他跟進措施，而廣東方面則一味敷衍塞責，直到1834年，才向中央奏報查辦情形，奏摺中除了提到一些無關痛癢的防範措施之外，提出粵海關稅收"有增無減"，伶仃走私基地"遠在外洋，離省數百里，何船裝載鴉片，巡洋兵船亦不能搜查確實"。廣東地方政府的失職，使伶仃走私活動得到肆無忌憚的發展。

伶仃走私基地是由一批裝備精良的外國船隻構成的。作為走私基地核心的鴉片躉船，“一般是用麻栗木建造，……船身寬敞，備有堅牢的繩索、巨大的武器庫和閃亮的舷炮”。從事鴉片運輸的船隻，也具有極強的戰鬥力。一些鴉片運輸船裝備之精良，連當時中國的水師船也難以與之匹敵。

與裝備落後並存的，是水師的畏懼怯陣。“中國水師船常常避免向走私船進攻，因為後者都是由亡命之徒駕駛，……而前者的船員都是以低餉僱傭的人，而且經常是對各種航行情況極為無知。”

1826年，兩廣總督設立巡船，以查禁鴉片從海上走私進口。巡船船隊的建立，對鴉片走私販起到了一定的震懾作用。可是，也有史料記載，巡船建成後，並不總是查禁鴉片走私，而是“每月受規銀三萬六千兩，放私入口”。這樣，緝私的巡船便成了走私的保護者。

在珠江口，鴉片走私是公開進行的。當時馬地臣創辦的英文報《廣州紀事報》（Canton Register）等報紙就像登載其他進口商品一樣登載鴉片的價格，公開公佈那些運着鴉片抵達的船名，並且記錄鴉片交易情況。

伶仃洋鴉片基地建立後，逐漸形成了一套完整的鴉片走私體系。從內地“大窯口”的銀錢交收，到伶仃鴉片躉船上的按單發貨；從專司從印度進貨的飛剪船隊，到伶仃基地囤積鴉片的躉船，再到專事向中國沿海送貨的船隊，鴉片走私貿易迅速擴張。猖獗的鴉片走私，使伶仃洋面處於畸形的喧囂與繁忙之中。

有人如此記述這裡的鴉片走私景象：“從日出到日落，你都可以看到，在那些躉船旁邊一艘艘的走私船載着鴉片開走。……登上躉船，你更可以看到，到處都是買賣興隆、財源茂盛的景象。在你的這一側，你會看到成排成排的‘公班土’和‘剌班土’堆放在船艙上；在你的另一側，則堆放着‘白皮土’。……轉過身來，你會看到請來的中國驗銀師正將銀子從錢袋裡倒出來，進行查驗。"

　　沒有人能夠想到，曾經因南宋愛國詩人文天祥"惶恐灘頭説惶恐，零丁洋裡歎零丁。人生自古誰無死，留取丹心照汗青"聞名於世的伶仃洋，在500多年後，竟成為鴉片走私者的天堂。

10 渣甸與馬地臣在伶仃洋

　　在以伶仃洋為基地從事鴉片貿易的英國商人中，渣甸和馬地臣是後起的新秀，由麥尼克兄弟主持的老資格的麥尼克行，依然是廣州和澳門一帶最有實力的代理行。1825年，已經積攢了大量財富的渣甸，應邀作為合夥人加入麥尼克行。

　　麥尼克兄弟對渣甸的評價是："一個最認真謹慎、最正直可敬、最心地善良的人，極其大方，是此間生意場上的佼佼者，他對鴉片貿易以及大部分出口商品的經驗與知識是極為有用的。"

　　1828年初，馬地臣在伊沙瑞行的合夥人伊沙瑞去世後，也帶着資金加入了進來。

　　值得一提的是，其他一些在廣州的外國商行也在這一時期發生了重大變化。1823年，托馬斯·顛地以"撒丁領事"的身份來到廣州，作為合夥人加入達衛森行。1824年，達衛森離開中國，商行於是改名為"顛地行"（Dent & Co.），也就是後來的"顛地洋行"（寶順洋行）。作為與渣甸洋行（怡和洋行）齊名的顛地洋行，是當時主要的鴉片代理行。林則徐1839年作為欽差大臣到達廣州時，稱顛地為"著名販賣鴉片之奸夷"，"凡紋銀出洋，煙土入口，多半經其過付"。

　　在美國人開設的商行中，最著名的是日後與渣甸洋行和顛地洋行齊名的旗昌洋行（Russell & Co.）。據1829年3月加入旗昌洋行、8年後成為該行合夥人的亨特介紹，旗昌洋行成立於1824年1月1日，其前身是1818年12月26日成立、1823年12月26日結束的羅素行。

這些在廣州的外國商行，一般只是做代理業務，而非鴉片貨主。那些真正的鴉片貨主們在加爾各答、孟買等地購得鴉片後，將貨發給這些在廣州的代理行，由其代為銷售。

委託人（貨主）與代理商之間聯繫緊密，代理行經常向遠在印度的委託人寫信，告知廣州的現時商業行情。代理行從銷售的鴉片中提取佣金。

起初，代理商從鴉片銷售中一般提取5%的佣金。1825年，廣州的代理商們舉行會議，確定佣金的收費標準，並於1831年實施。在這張收費表中，我們看到，代理行的業務廣泛，收取佣金獲利的項目眾多，收費標準不一：

代銷鴉片、棉花、洋紅、水銀及寶石收取的佣金標準是3%，代銷或代購其他一切貨物收取的佣金標準是5%；發回貨物和發回金銀或匯票收取的佣金分別是2.5%和1%；代銷、代購或代運金銀條塊收取1%；承保票據、證券或其他契約收2.5%；船隻代付款2.5%；保險0.5%；代收進口運費和代取出口運費分別是1%和5%；代辦匯票和船貨抵押借款分別是1%和2%；收回債款5%；代管他人財產和代收房租2.5%；轉運貨物1%。[1]

不過，在實際的貿易過程中，由於代理行之間的競爭、委託人與代理人之間關係疏密、生意虧盈等因素，代理商所收取的佣金不盡相同。此外，遇到鴉片在印度售價極低、中國出售風險較小的情況，代理行自己會購買一些鴉片出售。尤其是日後的渣甸·馬地臣行，便是一個典型的將收取佣金業務和自營鴉

---

[1] 格林堡著、康成譯：鴉片戰爭前中英通商史，商務印書館，北京，1961，136頁。

片等貨物結合在一起的商行。

渣甸、馬地臣作為合夥人加入麥尼克行後，麥尼克行的鴉片生意更是紅紅火火。渣甸向在倫敦的麥尼克報告説：在1829-1830年這個年度裡，行號已經做了450多萬元的買賣，經營了5000多箱鴉片──約合中國市場總數的三分之一。麥尼克1830年向英國上議院聲稱，麥尼克行在廣州是規模最大的一個，所作"幾乎全部是鴉片生意，至於在中國購進貨物，只是為了適應從中國調回資金的需要"。在這幾年中，單從孟買就有50名港腳商人運來鴉片委託廣州的麥尼克行寄售。

然而，渣甸和馬地臣真正迎來其鴉片事業的高峰，則是在其合夥成立新的公司之後。對他們來説，1832年才真正是一個大時代的到來。

1. 19世紀的澳門南灣。
2. 伶仃洋上的走私鴉片船"扒龍"（快蟹船）。

1. 19世紀初的粵海關。
2. 兩個正在"騰雲駕霧"的吸鴉片者。

第三章

鴉片基地與沿海走私網

福音應該依附在有毒的鴉片上擴散嗎？上帝難道會贊同毒害無數人心靈和肉體的鴉片擴散，是從"惡中求善"？

——（英）羅伯·布雷克

1825年和1828年先後加入麥尼克行的渣甸和馬地臣，不僅相互間配合默契，而且在廣州闖出了一片天，成為有勇有謀的鴉片商販，並且是廣州僑民中極具影響力的人物。隨着1832年6月30日麥尼克行的關閉，7月1日，渣甸‧馬地臣行正式誕生。

敢於冒險和先人一步，是渣甸‧馬地臣行在鴉片買賣上的成功之道。就在以伶仃洋為基地的珠江三角洲鴉片市場日益穩固的同時，渣甸‧馬地臣行開始積極拓展中國東南沿海一帶的龐大市場。當1834年東印度公司正式結束其對華貿易壟斷權，預計有更多商人投入到對華貿易中來之前，渣甸‧馬地臣行已經開始了以更大規模、更加系統的方式從事鴉片經營的事業。由躉船、飛剪船和沿海航船構成的一支完整的鴉片貿易船隊組建了起來。

01 渣甸‧馬地臣行正式誕生

1832年7月1日，渣甸‧馬地臣行在廣州成立。這就是日後聞名東方的"怡和洋行"（渣甸洋行）。

正如第一章所述，渣甸‧馬地臣行（怡和洋行）的源頭，可以追溯到1782年"柯克斯老爺"與約翰‧里德等人合夥建立的柯克斯‧里德號。渣甸和馬地臣最早在同一行號下共事，則是在麥尼克行。

在渣甸和馬地臣成為合夥人之前，由麥尼克兄弟——查理斯、荷林華斯和丹尼爾主持的麥尼克行，是廣州和澳門一帶最有實力的代理行。據怡和洋行成立一百週年時出版的《怡和洋行百年史略（1832-1932）》記載，麥尼克兄弟的父親弗朗西斯‧麥尼克（Francis Magniac）共有8個兒子，除一個戰死在滑鐵盧、兩個夭折外，弗利（Fry）和萊恩（Lane）在東印度公司任職，另外三個兒子查理斯、荷林華斯和丹尼爾先後來到澳門和廣州經營自己獨立的公司。

弗朗西斯·麥尼克雖然沒有到過中國，但身為鐘錶匠的他，曾經為清朝皇帝（乾隆或嘉慶）製造過兩座靠機械運動並裝飾有士兵、樂師和鳥獸的音樂鐘。

在渣甸初次來到廣州的1802年，湯姆士·比爾是普魯士駐廣州領事，弗朗西斯的大兒子、26歲的查理斯是副領事。1820年，查理斯繼湯姆士·比爾成為普魯士駐廣州領事，他的弟弟荷林華斯和丹尼爾分別為副領事和秘書。

1824年，在渣甸已經在廣州商界打下根基之時，查理斯生病回倫敦、荷林華斯從倫敦趕來接手相關事務期間，早已與麥尼克兄弟相熟的渣甸被受託臨時打理麥尼克行的事務。當回到倫敦的查理斯去世後，1825年，荷林華斯邀請渣甸加入麥尼克行。渣甸二話沒說，立即赴孟買了結相關事務，1826年正式作為麥尼克行合夥人，全力在廣州發展。

1827年，急於退休返英的荷林華斯回國。隨後，麥尼克行邀請從加爾各答回到廣州的馬地臣加入。頭一年（1826）10月，馬地臣的合夥人伊沙瑞在加爾各答去世，於是他前往加爾各答料理後事。1827年3月初，馬地臣通知客戶商行日常業務由其侄子央馬地臣（Alexander Matheson）和另一名僱員處理，一般業務則由渣甸負責。9月，馬地臣回到廣州。也就是在這一年，馬地臣在廣州創辦了英文報紙Canton Register（《廣州紀事報》）[1]，除了刊登一些最新的消息和商情外，最大的特點便是刊登鴉片買賣價格。

1828年1月，馬地臣正式加入麥尼克行。由於荷林華斯還是合夥人，因此

---

[1] 亨特稱，據説創辦《廣州紀事報》的是馬地臣，但究竟是他還是來自美國的文藝青年伍德"是一個未解決的問題"。當初他投稿以及後來經常接觸，伍德"從未暗示過自己不是該報的惟一創辦者。如果我的記憶無誤，當時詹姆斯爵士正沿着海岸向北旅行"（《廣州"番鬼"錄》中文版第84頁）。按：亨特多年以後的這個記憶的確有誤。

行名未作改變，直到1832年6月30日麥尼克家族的事務處理完畢，麥尼克行關門大吉。次日，渣甸和馬地臣作為合夥人，以渣甸‧馬地臣行之名，在廣州重新開張。

在渣甸‧馬地臣行開張之前，渣甸特意租了十三行中的東生行義和館。每年租銀6500元，3年為期，期滿再簽。將"深陸大進"的東生行義和館租給渣甸，也因此時已經破產的東生行欠渣甸銀6.5萬元，現由其他行代為清還。從怡和洋行檔案中保留的《義和館租約》中我們看到，由十三行中的同孚行、怡和行、廣利行等9個商行"會館公立"的租約，簽於道光十二年（1832）三月。租約商定：館內瓦面牆壁破爛、樓閣門扇被白蟻食爛，以及館內門扇三年油漆一次，均由會館負責。牆壁及上蓋每年的粉刷，則由渣甸自理。租約同時強調："自租之後，不得攜帶夷婦在館內居住，又不得囤貯違禁貨物，如違，會館立即取回毋得異言。"[①]

02 兩個怡和洋行的不同命運

那麼，渣甸‧馬地臣行使用"怡和"（EWO）之名，始於何時？渣甸洋行與怡和洋行的稱呼是否有細微的區別？渣甸與馬地臣作為合夥人成立的"怡和洋行"，與廣東十三行行商伍氏家族的"怡和洋行"又是何種關係？

正如第一章所述，在渣甸‧馬地臣行成立之時，伍氏家族的"怡和洋行"在廣州已經叱咤風雲多時。

1832年前後，伍氏怡和洋行依舊處於鼎盛期——雖然伍秉鑒（即伍敦元）

---

① 楊聯陞：劍橋大學所藏怡和洋行中文檔案選注，載：清華學報，台北，一卷三期（1958年9月），52-60頁。

在1821年被摘去了三品頂戴，但依然是十三行的首席行商。1826年，怡和行務交由四子伍受昌掌管，伍秉鑒退居幕後，依然握有怡和行實權。1833年，33歲的伍受昌去世，行務由23歲的五弟伍紹榮接任。渣甸‧馬地臣行成立時，或被稱為"渣甸行"和"渣甸洋行"，但尚未使用"怡和"之名。①

林則徐1839年南下查禁鴉片、鴉片戰爭期間中英之間的調停和談判，伍秉鑒和伍紹榮父子都起着重要作用。伍家的雄厚財力也曾經是林則徐籌措廣東防務的重要財源。戰爭期間，伍家先後為琦善與義律、楊芳與義律、奕山與義律之間的談判協調奔走。

對於縱橫商海數十年的伍秉鑒來說，除了經營管理上有其過人之處外，在處理與政府、外商的關係方面，也顯示了嫻熟的技巧和高超的能力，在處理對外關係方面，協助化解了無數官"夷"衝突、民"夷"衝突事件。

---

① 馮邦彥所著《香港英資財團》（三聯書店，香港，1996）稱"怡和"是它在廣州註冊時所用的行號，似不確切。布雷克應怡和之約寫的《怡和洋行》（1999）指渣甸用"怡和"為中文名在1840年，似亦不確。當時，正處中英鴉片戰爭之際，且伍氏怡和行和渣甸‧馬地臣行都在替戰爭的各自一方發揮着重要作用。章文欽在《十三行行商首領伍秉鑒和伍崇曜》（1991）一文中認為，渣甸"借用"了伍氏怡和行的老字號，但未提及使用年份。格林堡以怡和檔案為主撰寫的《鴉片戰爭前中英通商史》（1951）也未對此加以說明，該書中文譯者康成稱："它的起源譯者沒有考證出來，但揣想不會在鴉片戰爭之前。"翁靜晶《怡和行與怡和洋行》（載《星島日報》2006年6月28日）稱：也許"怡和"之名是鴉片戰爭後再度復業始使用的，推論用"怡和"為名約在《南京條約》之後。二次世界大戰後怡和洋行撰寫的《怡和洋行的復興（1945-1947）》，認為"怡和"是"一百年前中國人給起的中文字號"。著名漢學家楊聯陞1958年發表怡和洋行中文檔案注釋文章時認為，"稱怡和洋行，似始於19世紀末葉。當時行商中伍家的怡和行已經衰落，所以不至於誤會"，楊猜測怡和洋行租住過義和館，"義和"與"怡和"音近，可能怡和一時有過義和之稱，後轉音而來。Cheong, W. E.（張榮洋）在Mandarins and Merchants（1979）中稱，係1842年後繼承十三行怡和行名；Maggie Keswick主編的The thistle and the jade（1982）附錄中稱，1842年繼承行商浩官的怡和行名。看來怡和洋行之稱應該在鴉片戰爭之後，一般而言，在香港稱"渣甸洋行"，在上海和華北一帶則稱"怡和洋行"。怡和在創辦150週年專刊《第一個150年（1832-1982）》中，稱1844年怡和完成了總公司搬到香港東角的搬遷工作，同年"採用'怡和'作為公司的中國名，'怡和'即愉快和諧之意"。怡和在其175週年的紀念出版物中則稱1958年在香港正式使用"怡和"這一中文名稱。

　　具體而言，經營方面，伍秉鑒在國內擁有房地產、茶園、店舖和巨額流動資金的同時，在大洋彼岸的美國進行了鐵路投資、證券交易和保險業務，把怡和行打造成了一個世界級的企業，伍秉鑒也以其巨額資財而被世人譽為19世紀的"世界首富"。

　　在應對官府方面，由於從政府手中獲得壟斷貿易特權，自然就得承擔政府要求辦理的事項，諸如代辦外商出入口貨稅、轉遞官方與外商之間的文書等等。此外，就中國的這種體制，還須以捐輸、報效、賄賂等方式，將利潤的一部分"孝敬"皇帝和中央及地方各級官員。對此，謹慎而精明的伍秉鑒處理得比較妥當。[①]不僅如此，他積極鼓勵家族成員參加科舉步入仕途，或通過捐納以獲取官職和虛銜，作為經商的"護身符"。

　　在應付外商方面，十三行既是私人商貿組織，又要代表官方管理對外貿易與相關外事機構。伍秉鑒既要面對貪腐而盲目排外的一些中央及地方官員，又要應付驕橫跋扈、狡猾傲慢的外商。但伍秉鑒對此多數時候都顯得遊刃有餘。伍秉鑒與東印度公司和美國旗昌洋行等建立了緊密聯繫。怡和行一度是東印度公司的最大債權人，如1813年東印度公司欠怡和行款項達54萬兩；與改組旗昌洋行的顧盛（J. P. Cushing）建立了良好的私人關係，旗昌的另一大股東、日後美國鐵路大亨約翰·福士（J. M. Forbes）還曾擔任其"機密代理人"和"私人秘書"。

　　然而，當禁煙運動與鴉片戰爭發生、國與國之間無可調和的矛盾激烈爆發時，伍秉鑒已經無力回天。1842年12月23日，伍秉鑒傷感地寫信給在美國馬薩諸塞州的顧盛說，若不是年紀太大，經不起漂洋過海的折騰，他實在十分想移

---

① 據廣州學者章文欽統計，在1801-1843年間，伍氏送禮、捐輸和報效的銀錢多達1600萬兩。

居美國。①

　　鴉片戰爭結束後，伍紹榮曾被召前往南京參與戰後談判，但在趕赴南京的途中，條約已經簽訂。

　　根據《南京條約》，開放廣州、廈門、福州、寧波、上海五口對外通商，十三行的外貿特權不復存在。與此同時，英國駐各通商口岸的領事官員與各地方官公文往來直接交往。清政府被英國要求巨額賠償，一部分也被轉嫁於十三行，怡和行承擔了其中的100萬兩。

　　1843年9月，當74歲的伍秉鑒在內憂外患中黯然病逝時，《南京條約》已經正式批准，香港已經割讓給了英國，渣甸・馬地臣行在香港東角的房屋也早已修建。

　　禁煙運動與鴉片戰爭已經讓十三行行商、尤其是怡和行遭到重大打擊，而戰後簽訂的《南京條約》及相關條款，更導致十三行進一步衰落。②

　　就在曾經輝煌一世、有"天子南庫"之稱的十三行逐漸走向消亡，身為世界首富的伍氏怡和洋行走向沒落之時，英資怡和洋行開始崛起。

　　兩個"怡和洋行"的衰亡與崛起，是兩個國家戰爭勝敗的體現，更是兩種制度較量得出的結果。

---

① 《伍秉鑒書信集》（馬薩諸塞州歷史學會所藏稿本），No.33，轉引自陳國棟：東亞海域一千年，山東畫報出版社，濟南，2006，290頁。
② 鴉片戰爭結束後，伍崇曜繼承伍氏家族產業，將洋行改為茶行，繼續經營大宗茶葉貿易，同時成為旗昌洋行股東，繼續在當地發揮着重要作用。在1849年英人謀入廣州城時，伍崇曜上書英國公使文翰（S. G. Bonham）促其暫時放棄入城起了重要作用；在1854年天地會起義圍攻廣州時，伍崇曜積極籌餉為政府解圍；在第二次鴉片戰爭英軍圍攻廣州時，伍崇曜曾不斷為中英之間的談判而協調奔走。

03　早期探索：鴉片直銷東南沿海

伶仃走私基地形成後，除了珠江三角洲的中國鴉片販來此購買鴉片外，沿海各省也多有鴉片走私商前來洽購。1832年，兩廣總督李鴻賓奏道：伶仃洋在“大洋之中，四通八達，不惟附近奸匪駕艇私往價買，凡通洋各省，無不航海而來，藉販貨為名，駛向伶仃，暗購煙泥（鴉片），揚帆以去，是外海分銷之路，天下皆通……今則福建之廈門、浙江之寧波、直隸之天津，俱有海船直達伶仃，與夷船私相授受”。

同時，馬地臣等鴉片商在競爭的壓力和暴利的驅使下，也以伶仃洋為基地，積極到中國東南沿海開拓鴉片市場。

早在1806年，麥尼克為逃避廣州方面對外貿的管制，曾經將孟加拉棉花運到廈門附近的沿海一帶售賣。不過，較早將鴉片運到沿海一帶進行走私販賣的，則是馬地臣。

1823年，當鴉片價格暴跌時，與西班牙人伊沙瑞合夥成立伊沙瑞行的馬地臣一度為自己“暗淡的、不幸的前途”而擔憂。在頭一年“公班土”漲價時，伊沙瑞行大量囤積、試圖壟斷“公班土”市場，沒想到廣東地方政府實行禁煙，導致“公班土”價格暴跌。在大批鴉片存貨無法脫手，而長期賒銷給煙販風險又太大之時，馬地臣決心試着派遣“一個遠征隊去開闢中國東海岸的走私貿易”。

1823年6月，懸掛西班牙旗的兩桅帆船“聖西巴斯提恩號”（San Sebastian）駛往福建沿海推銷鴉片，在泉州一帶有所斬獲。對這次試探性的沿海鴉片直銷，馬地臣在返回之後的報告中寫道：“106天辛苦的結果雖然很小，但是前途的展望，卻足可鼓勵我們再作一次冒險。”

　　"聖西巴斯提恩號"後來果然又到福建沿海進行了一次鴉片走私,當它在廣州與廈門之間的各個港口兜售鴉片時發現,這些港口的鴉片售價比廣州一帶高出許多。這次航行收穫不菲,馬地臣賣出了價值13.2萬西班牙元的鴉片。

　　在這種銷售業績的鼓舞下,馬地臣派出了更多的船隻沿着東海岸向北開拓鴉片市場。

　　馬地臣在東南沿海推銷鴉片的行動,很快引起了競爭對手的注意。顛地行等競爭對手很快步其後塵,一些澳門的葡萄牙商人也加入了進來。

　　這樣,湧入中國東部沿海的鴉片船隻增多。面對激烈競爭,馬地臣在1824年的一封信中寫道:"最為遺憾的是,我們對東部的希望,除了葡萄牙雙桅帆船'康司提圖秀號'(Constitucio)而外,又由於'猶金尼號'的羅伯遜先生和'詹姆西亞號'的顛地行布萊特(Blight)先生來到這同一市場而暗淡起來了。我們感到遺憾的理由是,枉為沿海貿易辦法的創始人,而我們同行的競爭,竟不許我們多享受一點它的利益。"①

　　自稱"打開中國沿海貿易機會的第一個人"的馬地臣,在1824年9月1日的一封信中說:"前兩三次頗為成功,我很想把貿易擴大到鴉片以外的其他商品方面。但是此間和澳門的中國官員大為忌妒,致使我們常去銷貨的沿海一帶常常發生很嚴重的干擾,嗣後我們就不得不虛費航行的開銷。……我仍然認為總還可以做一些規模的經營,但是時機不利,所以我們目前已經停止這種生意。"

① 格林堡著、康成譯:鴉片戰爭前中英通商史,商務印書館,北京,1961,126頁。

04 最佳鴉片翻譯：傳教士郭士立

印度鴉片產量的增加，愈來愈多的鴉片運到伶仃鴉片基地，中國市場上充斥着各種各樣的鴉片。時緊時鬆的政府查禁行為，導致鴉片市場價格的暴漲暴跌，競爭加劇又使得鴉片貿易利潤受壓。

渣甸‧馬地臣行成立前後，新的市場行情及運輸條件正在發生巨變：印度鴉片產量大增，價格下跌；輪船開始出現、尤其是鴉片飛剪船的出現，使運到伶仃洋上的鴉片愈來愈多，鴉片商需要尋找和拓展廣州以外的新市場。

為此，渣甸‧馬地臣行決心重新拓展馬地臣幾年前探索過的中國東南沿海市場。而"阿美士德勳爵號"（Lord Amherst）剛剛完成中國沿海試探性的貿易航行後順利回到廣州，更是激發了渣甸和馬地臣向更遠的中國東部沿海地區推銷鴉片的熱情。

1832年2月，東印度公司租用"阿美士德勳爵號"載着棉布和棉紗等貨物啟錨北行，調查中國沿海市場情況。"阿美士德勳爵號"途經南澳、廈門、福州、寧波、上海、威海衛，一直到達朝鮮沿海。這艘船上雖然沒有裝載鴉片，但裝載了兩個重要人物：一個是東印度公司的林賽，化名"胡夏米"，他身負的使命是查明這個帝國可以漸次對大不列顛商業開放最適宜的北方口岸有多遠；另一個是普魯士籍傳教士、醫生郭士立（Karl F. A. Gutzlaff, 又名郭實臘、郭士臘，中文筆名"愛漢者"，1803-1851）。由於會說中文——包括福建話和廣東話在內的多種方言，"愛漢者"在此次航行中充當翻譯。就在上一年（1831），郭士立剛乘船沿中國海岸北上到達過天津、遼東半島附近。

1932年秋天，渣甸‧馬地臣行作出重大決定，即租賃新建造的飛剪船"精靈號"（Sylph, 又譯為"氣仙號"）遠征天津以北。前往陌生的華北地區推銷鴉片，沒有好翻譯隨行斷難成功。這時，剛剛隨"阿美士德勳爵號"從北方回到廣州的郭士立闖入了渣甸的視野。這位在華傳教多年、娶了英國女子為妻的傳教士，不僅是一位懸壺救世的醫生，而且說得一口流利的中國話。能夠請到郭士立擔當此次北行的翻譯，自然是最佳選擇。

渣甸向郭士立發出了邀請。但是，以宣傳基督福音為宗旨、以"拯救中國人心靈為志業"的郭士立，能夠答應與摧毀肉體和毒害心靈的不道德的售賣鴉片為伍嗎？他的內心難道可以跨越這個巨大無比的障礙？

為了讓一個基督教傳教士參與鴉片走私，使一個醫生參與毒品兜售（其實渣甸本人當年正是從事醫生職業），渣甸開始了極有技巧的說服工作。他給郭士立寫信："我直率地、開誠佈公地告訴您，我們提供此次航行所需的費用，主要依靠的是鴉片。很多人認為，鴉片貿易是不道德的，但我們殷切期盼，您不要因小而失大。對於任何一艘船來說，如果要想有機會獲得航行所需費用，就得靠這類交易。我們相信，如果我們有勞您大駕時，您不會拒絕來為我們做翻譯。……您一定很清楚，在我們從事中國沿海貿易的過程裡，其他船貨所獲利潤都不足以吸引散商從事如此昂貴的探險。就我們所知，鴉片似乎是惟一有希望能使我們有餘力滿足沿海官吏貪得無厭的貨品。收穫讓勞苦顯得甜美，我們還可以說，收穫使參與其事的人不再感到那麼危險。"

接着，渣甸指出了問題的核心──豐厚的回報："說了這麼多，我們只想再說，對於您此行以船醫及翻譯身份所提供的服務，我們願意付給您應得的報酬。而此次遠行獲利愈多，我們所能付給您的報酬就愈多。這筆錢對於進一步實現您心中偉大的目標，或許能派上用場。我們對於您的志業深感關切，並期盼您成功。"

與此同時，渣甸還答應為郭士立正要編輯的刊物提供6個月的經費。這個刊物即1833年創辦的"中國境內最早用中文出版的近代期刊"——《東西洋考每月統紀傳》。[1]

1832年10月20日，郭士立在"經過自己心靈的衝突"後，登上了渣甸・馬地臣行的飛剪船——"精靈號"。[2]就這樣，郭士立手上拿着聖經，腳下踩着鴉片箱，心中裝着對上帝的信仰，開始了他的傳教佈道與走私鴉片的航程。

郭士立的此次北方之行，多半以探路和沿途搜集情報為主，鴉片銷售本身並沒有多少作為。倒是在回程時停泊上海及杭州灣，以及在舟山群島和福建沿岸做成了一些生意，最後，"精靈號"在1833年4月29日回到伶仃洋。

這次航行渣甸和郭士立各有所得。"精靈號"為渣甸・馬地臣行帶回了25萬多西班牙元的鴉片售貨款。雖然收入算不得豐碩，但此次遠征大致弄清了中國北方的市場狀況，那就是華北尚未像珠江三角洲地區那樣普遍售賣鴉片，鴉片消費市場潛力巨大。

郭士立則不僅拿到了那份屬於他的豐厚報酬，而且同樣發現傳教市場廣闊無垠。郭士立在他的航行日誌中寫道："目前，我們的商業關係處在這樣一個情況，使得沿海貿易得以繼續，我們希望最終有助於傳播耶穌基督的福音，許多扇門都會為此打開，屆時需要數以百萬計的聖經和教義手冊，以滿足人們的需求，上帝的恩典已推倒國界的牆，這項事功將持續下去。吾人仰望受讚美的救世主，中國數以百萬計的人民交付他手中，懷抱對主的信心，我們期盼萬民

---

① 《東西洋考每月統紀傳》曾中途停刊，1837年復刊，由郭士立與馬儒翰（J. R. Morrison, 馬禮遜之子）合作編輯。次年終刊，原因是鴉片戰爭行將爆發。

② 郭士立事後說："這個新的嘗試在某些方面非常令人不快，但我還是上了船，並充當了一個偉大的商行的醫生和翻譯。"

歸主的光輝之日，並願竭盡所能推動這項大事功。"①

但是，郭士立在日誌中始終隻字未提"鴉片"二字，甚至連"洋藥"這個詞也予以了迴避。深知鴉片毒害的傳教士郭士立在將傳教和販賣鴉片合而為一時，內心一定湧現過複雜的情感。對此，英國史學家布雷克評論道："無論如何，當手執《聖經》，腳踏鴉片箱的郭士立出現在已知道事件真相的我們面前時，並不是一個好形象。在傳教士看來，中國各省都需要福音，中國民眾需要盡快獲得拯救，但福音應該依附在有毒的鴉片上擴散嗎？上帝難道會贊同毒害無數人心靈和肉體的鴉片擴散，是從'惡中求善'？"

從中國北方遠航回到廣東沒多久，郭士立再次接受渣甸聘請，於當年夏天隨"約翰·比加號"（John Biggar）北上泉州銷售鴉片。船長麥凱（McKay）對郭士立的表現極為滿意，他向渣甸報告說："我得到郭士立醫生的大力協助……泉州灣的貿易現在可以說已經獲得了穩固的基礎。"

從麥凱寫給渣甸的信中，我們還可約略窺見郭士立是如何利用其特長，為渣甸·馬地臣行的鴉片兜售立下功勞的："海關官員不大敢找我們的麻煩。但是在（泉州）港灣和在岸上，他們查緝很嚴。我們來此不久，就有一隊六隻船的船隊停泊在我們附近。郭士立醫生穿上最好的衣服（他在這種場合總是這樣，以增氣派），在兩隻小船的護送下拜訪了他們。郭士立醫生要求對方立即駛離，並威脅他們說，如果再敢停泊在附近，將會遭到擊沉。水師船隊立即開走了，並說是由於夜間看不清才誤停在這裡的。此後，我們再也沒見到過這些水師船。"

郭士立在其《中國沿海三次航行記》中自稱"經過自己心靈的衝突"，才登上了鴉片飛剪船"精靈號"。但是，後來的他似乎已沒有那麼多內心衝突。

---

① 羅伯·布雷克著、張青譯：怡和洋行，時報文化出版公司，台北，2001，48頁。

他在1834年1月寫給渣甸的信中說："我為這樣一種貿易日益增長的普遍前景而由衷地歡欣鼓舞，但也同樣為一個村莊居民（的行為）而感到痛心。這些村民我們以前沒有接觸過，當我們的船靠岸（準備取淡水）時，他們表現出很深的敵意。這使我們對這幫群氓沒有好感。"①

05 制勝武器：鴉片飛剪船隊

1833 年，英國國會法案結束東印度公司對華貿易壟斷特權，並於次年正式生效。在更大機會到來之前、在沿海貿易成功實踐之後，渣甸·馬地臣行決定以更大規模、更加系統的方式從事鴉片經營事業。

成功在於早做準備。在1831年3月10日的一封信裡，渣甸寫道："我們的想法是，東印度公司的特許狀到期後，很可能有各式各樣的投機者加入貿易，這些人只是為了匯兌而不考慮收益，除非是大規模的經營，而且必須搶先對手一步知道消息。"

敢於冒險和先人一步，正是渣甸和馬地臣在鴉片買賣上的成功之道。此時，不僅體現在拓展中國沿海鴉片銷售市場上，也體現在運載鴉片的交通工具上——渣甸·馬地臣行打造了一支往來於印度與中國、廣州與東部沿海之間的極具競爭力的飛剪船隊。

伶仃洋上的躉船，是常年停泊的"水上倉庫"與鴉片基地。存儲在躉船上的鴉片，由港腳船從印度遠道運來。在以機器為動力的汽輪船出現之前，帆船

---

① 第一次鴉片戰爭前後，幾乎在中國沿海的每一個重大事件中都有郭士立的身影：1834年底，郭士立被任命為英國駐華商務監督的中文翻譯兼秘書；林則徐南下禁煙時，郭士立隨義律一道與林交涉；鴉片戰爭中，以翻譯身份參加了戰爭全過程；戰後《南京條約》談判中，充當英方的翻譯；之後擔任了8年香港總督、英國駐華公使（駐華商務監督）的中文秘書。

在大海上航行，主要借助於風力的推動。在印度洋及南中國海，每年10月到第二年3月的東北季風，以及夏季的西南季風，主導着海上的航運。依靠這兩種季風，每年港腳船在夏天來到中國，冬季駛回印度。也正是受季風影響，普通的港腳船一年只能到中國跑一個來回。

伶仃洋鴉片走私基地的形成和對華鴉片貿易的擴大，鴉片商們已愈來愈不滿足於一年只到中國做一次鴉片生意。如果一年之中能來中國多跑幾趟買賣，那將是翻倍的利潤。尤其是每年新年之始，更是他們倍感歎息的時候，因為東印度公司在孟加拉的鴉片開市拍賣，此時鴉片價格較低，如能運到中國銷售，獲利一定豐厚。可惜此時正是東北季風勁吹之時，港腳船無法來華。在這種情況下，鴉片商們迫切需要新型的船隻出現。再說已經在中國東南沿海的鴉片銷售中挖到金礦的渣甸·馬地臣行，也需要更多飛剪船的投入。於是，一種專為對華鴉片走私之用的新式船隻應運而生，這就是鴉片飛剪船。

速度是成功的關鍵。在鴉片飛剪船（Opium Clipper）方面，渣甸再一次跑在了其他鴉片商的前面。其中，"紅海盜號"（Red Rover）和"仙女號"（Fairy），是渣甸最值得一提的兩艘鴉片飛剪船。

1829年建造於印度的"紅海盜號"，屬曾在英國皇家海軍服役、後轉業為商船船長的克里夫頓（W. Clifton）所有。

這艘排水量254噸、全長30公尺的"紅海盜號"創造了跨洋運輸鴉片的歷史，在 86 天內完成了從孟加拉到中國的往返航程。後來，這艘飛剪船更創造過18天內完成從加爾各答到伶仃洋的紀錄。[1]

---

[1] "紅海盜號"出現後，其他鴉片商紛紛效仿，大批飛剪船被投放到對華貿易中。較著名的有："精靈號"，"格蘭特女士號"（Lady Grant），"赫伯特·科普頓爵士號"（Sir Herbert Compton），"架華治家族號"（Cowasjee Family），"愛德賽號"（Ardaseer），"愛娜號"（Ann），"羅博·羅易號"（Rob Roy），"珍珠號"（Pearl）等。

　　1833年初，在克里夫頓的周旋下，渣甸‧馬地臣行買下了"紅海盜號"克里夫頓以外的另一半股份。3年後的1836年，克里夫頓在賺得盆滿缽滿之後決定退休享受生活時，將自己的股權賣給了渣甸‧馬地臣行。於是，渣甸‧馬地臣行成為了"紅海盜號"的惟一擁有者。

　　渣甸‧馬地臣行不能不提的第二艘飛剪船，是著名的"仙女號"。她雖然比"紅海盜號"要小得多——噸數才161噸、長23.5公尺，但卻是第一艘專為渣甸‧馬地臣行建造的飛剪船。建造期間，渣甸從船內設施到船員配備，都不厭其詳地寫信提出了自己的要求。

　　1833年6月20日，滿載貨品的"仙女號"離開利物浦展開她的處女航，5個多月後停靠在伶仃洋上。隨她前來的，還有渣甸的外甥、後來成為怡和洋行合夥人的安德魯‧江斯同（Andrew Johnstone）。

　　1833年秋，渣甸派遣"楊格少校號"（Colonel Young）駐紮在泉州灣外作為定點"買賣"或"供貨"的鴉片躉船，"仙女號"則往來於泉州與廣州之間，將鴉片由伶仃洋運到泉州灣，然後再將所售鴉片銀錢運回。①

　　"仙女號"作為往來於伶仃洋與泉州灣的聯繫船，有時也直接將鴉片運送到一些沿海的城鎮和鄉村，是渣甸‧馬地臣行的第一艘"沿海航船"（Coaster）。"楊格少校號"作為鴉片躉船停靠在泉州灣，意味着渣甸‧馬地臣行又一個固定的鴉片基地的建立。②

---

① "仙女號"為渣甸‧馬地臣行僅僅服役了3年。1836年，"仙女號"攜帶着7萬元鴉片款返航時，突然不知所終。事後得知，是6名馬尼拉水手殺害了船長、大副和二副後，將船開到呂宋島附近鑿穿沉海。這些水手日後試圖在馬尼拉出售手中的贓物時，被渣甸‧馬地臣行的代理商發現而抓獲歸案。"紅海盜號"為怡和洋行服役了約20年後，1853年7月從加爾各答出發前往廣州時，同樣突然不知去向。人們猜測，或許是在孟加拉灣遭遇大風暴而沉沒。不過，像"仙女號"一樣被劫奪也未可知。

② 渣甸‧馬地臣行和顛地行的幾艘中型船隻，還有停泊在南澳島從事鴉片貿易。

由躉船、飛剪船和沿海航船構成的一支完整的鴉片貿易船隊組建了起來。渣甸·馬地臣行購買了"壯士號"、"馬葉斯夫人號"（Lady Mayes）及"小神仙號"等船隻，建造了更多造型美觀而速度飛快的鴉片飛剪船。到1836年，渣甸·馬地臣行已經有了20艘包括飛剪船、雙桅帆船和縱帆船在內的各類船隻所組成的船隊。

06 泉州鴉片基地的經營

中國東南部的沿海貿易，在渣甸·馬地臣行的鴉片生意中，佔據着愈來愈重的份量。鴉片貿易在急速發展，並不斷向北拓展。

在東南沿海一帶做鴉片生意時，渣甸·馬地臣行和顛地行等鴉片商與當地官員和鴉片販打交道要容易得多，售價比珠江三角洲一帶也要高出許多，而即使這樣，也還依然要低於一些中國二手鴉片販的價格。

1834年，渣甸要求"楊格少校號"船長里斯（Rees）前往台灣，調查走私鴉片的可能性。

1836年，渣甸希望船長去往更北的舟山開闢市場。渣甸在一封信中寫道："要是能派一艘船去舟山群島，在那裡呆上三四個月甚至半年，可行嗎？在那一帶，煙價很高，只要有股韌勁和處理得法，不忘向官員行賄，我想，我們會很成功的。"

1838年1月，渣甸下令讓"芬得利總督號"（Governor Findlay）為中國的煙販將鴉片運到長江口，同時希望能打開舟山市場。同年5月，馬地臣不無欣慰地寫道："沿海貿易如願興盛起來，新近我們已將它擴展到了舟山。"

同一年《中國叢報》上的一篇文章這樣描述："現在，從澳門到舟山的中國沿海，是20艘鴉片船經常往返航行的區域。廣州水域則變成了30多艘鴉片船的大型集合地。在澳門，除了幾家商行在大規模地從事鴉片貿易外，還有五六十個小商販也在按斤論塊地分售鴉片。"[1]

成立不幾年的渣甸·馬地臣行，在鴉片運輸和銷售領域建立起了超強的實力。如果說有什麼競爭對手的話，那就是顛地行（寶順洋行）。

在長達幾十年的競爭中，這兩大行之間善意的合作不多，更多的是兩者互不相讓的競爭和算計。不過，在1836年，它們在泉州卻有過一個罕見的合作計劃，即雙方試圖聯手與泉州的地方官員達成一個協議。顛地與渣甸聯合提議，每年支付泉州相關官員2萬元，條件是不許別的鴉片商在港內售賣。

渣甸在1835年3月曾寫信給在泉州灣的"楊格少校號"船長里斯說："如果你能設法使中國官員除了你自己一幫人之外，對別人都加以攻擊，那就太好不過了。我主要擔心的是，人數一多會使政府憎惡煙商和船夫。而各商行之間的競爭也會大大降低（鴉片）售價。"

向當地政府交點保護費，既可減少競爭，又有助於鴉片的高價售出，自然是個不錯的合作，但每年2萬元就想一勞永逸地堵住部分貪婪的當地官員的嘴，卻並不容易。泉州方面的有關官員稱，還得再交一筆錢以支付官船的開銷。

最後，這兩家大鴉片商與當地不法官員的交易未能達成。渣甸·馬地臣行與顛地行合作賄賂泉州官員一事泡湯。

---

[1] 龔纓晏：鴉片的傳播與對華鴉片貿易，東方出版社，北京，1999，271頁。

1. 沿海鴉片走私中被渣甸稱為最佳中文翻譯的傳教士郭士立。
2. 英商荷林華斯 · 麥尼克獲 "委任" 為普魯士駐廣州副領事證書的信封。
   馬地臣等散商紛紛成為他國駐廣州領事，以躲避東印度公司管制。

1. 渣甸·馬地臣行的鴉片飛剪船"紅海盜號"。
2. 清朝四平八穩的廣東官船。

第四章

律勞卑之死

全部的麻煩都是由於（英國）女王陛下的代表堅持要求（兩廣）總督做他所不能答應的事而引起的，這樣自然便引出了這場"律勞卑戰爭"，或如當地人所稱的"律勞卑的失敗"。

——（美）亨特

1834年4月，東印度公司壟斷對華貿易的特權終結，中英經貿關係開始進入一個新的時代。英國政府、廣州英商，以及廣東地方政府都試圖以此為契機，構築新的經貿關係。但是讓廣東地方官員沒有想到的是，英國方面派來了首任駐華商務監督——軍伍出身、性格暴躁的律勞卑（W. J. Napier）。這個並無外交經驗、也對中國缺乏瞭解的前海軍軍官，臨行時所帶的訓令——以公函通知（兩廣）總督——更是向廣州執行已久的由行商居中傳遞公文的慣例、以及與此相聯繫的整個中西交涉體制發起了正面挑戰。律勞卑一味地聽從對華強硬的渣甸和馬地臣等人的意見，一場新的衝突不可避免地發生了。

01 時代之變：東印度公司壟斷終結

怡和洋行成立不到兩年，即1834年4月21日，東印度公司在中國的貿易壟斷權宣告結束。[①]馬地臣在一封私人信函中宣稱："1834年4月本國貿易的開放，將形成廣州史上的一個大時代。"[②]

不過，就廣州商貿本身而言，1834年並沒有發生立竿見影的變化。正如旗昌洋行合夥人福士所指出：1834年對廣州發生的實際商業影響有限，因為那時只剩下不到一半的貿易，供一批新興的自由商人來分配。也就是說，英國對華

---

① 東印度公司並沒有完全退出廣州，仍保留了一個財務委員會，理由是還須通過對華貿易向英國匯發印度方面收進的款項。對此，渣甸認為"它和國會廢止特許狀的法令是直接衝突的，而最惡劣的是它似乎會幹出卑鄙的假公濟私的勾當"。以渣甸為首的英國廣州散商曾極力想將其趕走，多次向英國國會請願，並通過渣甸在英國的代理人——眾議員約翰‧亞貝爾‧斯密斯在倫敦暗中活動，但未能如願。這個財務委員會繼續控制着廣州的匯兌，直至鴉片戰爭爆發自動撤出。

② 1834年4月22日，第一艘"自由船"——"薩拉號"在黃埔裝上"自由茶葉"駛向倫敦，這艘船的主人正是渣甸‧馬地臣行，這意味着東印度公司在遠東貿易壟斷特權一去不復返。隨後，渣甸‧馬地臣行派出4艘滿載茶葉的船隻駛向格拉斯哥、利物浦、赫耳和法耳默思各地，一時間它成了廣州茶葉的最大買主。

貿易的半數以上已經握在了散商手中。伶仃洋走私基地的形成和發展，散商的許多行動早已在東印度公司監督和管理的視線之外；利用新加坡進行往來於英國的直接運輸，借助於美國以倫敦匯票為基礎迅速發展起來的信用機構，散商的貿易運作在相當程度上已經可以不依賴東印度公司。

東印度公司在華享有特權的時代結束了。對於渣甸和馬地臣來說，這無疑大快人心，不過對於公司特權取消後的直接商業後果則不無顧慮。他們清楚，在東印度公司壟斷貿易體制下，他們事實上是在享受着一種半壟斷的地位。而新的自由商人加入，勢必使大量的英國貨湧入中國市場，從而在廣州造成無限制的競爭。

還在1831年1月，渣甸就在一封私人信函中寫道："我們寧願照我們比較安靜的慣常辦法去繼續經營，但是公司的壟斷權一旦取消，則中英貿易必會和中印貿易糾纏在一起，使我們不能不參加進去而同時還能保持我們目前的處境。"

事實證明，東印度公司壟斷特權取消後，確實湧入中國的新行號在不斷增多。1833年英國的行號是66家，1837年已經增加到了156家，從而造成出口貨價格上揚和進口貨價格跌落。貿易過剩使得一部分新成立的行號迅速破產。不過，渣甸·馬地臣行和顛地行等老行號依然以代理業務為主，除了大力發展鴉片貿易之外，其他貨物很少自行販運，因而不曾受到衝擊。

相反，貿易量的大幅增加為它們帶來了更多佣金收入。對渣甸·馬地臣行來說，它早已做好了應對之策，加大投資力度、拓展鴉片貿易，使自身的實力急劇膨脹。正如英國歷史學家格林堡所指出，這時的渣甸·馬地臣行已經成為廣州貿易的"總焦點或中心"，承接了"口岸業務"總量的三分之一。[1]

---

[1] 格林堡著、康成譯：鴉片戰爭前中英通商史，商務印書館，北京，1961，170頁。

02 派遣駐華商務監督：英國政府的反應

東印度公司廣州商館的管理委員會，一直管理着英方與清政府商貿之間的交涉事宜。東印度公司特許經營狀取消、商館解散後，英國政府決定在廣州設立"駐華商務監督"，作為代表英國的官方機構。

這是個不小的改變。對於清朝現有的外交體制來説尤其如此。這意味着由東印度公司以商業利益為前提的對華關係，轉變成了英國政府的對華關係。

英國外交大臣巴麥尊（H. J. T. Palmerston）提名上院議員、海軍軍官和養羊業主律勞卑男爵擔任首席商務監督。

時年48歲的律勞卑，軍伍出身、性格暴躁，對外交沒有絲毫經驗，對中國更是所知甚少。英國政府之所以選中他，正如英國歷史學家考利斯（柯立斯，Maurice Collis）所説，是由於內閣感到一個有海軍經驗的人將會大派用場，因為萬一中國事務搞砸了，英國可能要派軍艦前往，律勞卑在當時似乎是最佳人選，他是惟一在海軍中服役過的貴族。[①]用英國另一位歷史學家格林堡的話説："（任命律勞卑為駐華首席商務監督）這件事情本身就具有重大意義，表明英國準備對華推行積極政策的意圖。"

律勞卑來華前得到的訓令，包括：保護並扶助英國臣民對廣州商港的貿易，設法將英國的商業勢力推廣到廣州以外的地方，遵守中國的各項規章和尊重中國的一切成見，不要求助於武裝力量。

英國駐華商務監督的設置與所定人選，事先並未向中國方面打招呼。律勞

---

① 考利斯著，吳瓊、方國根譯：鴉片戰爭實錄，香港安樂文潮出版公司，1997，101頁。本書即Maurice Collis 的 *Foreign Mud：Being an Account of the Opium Imbroglio at Canton in the 1830's and the Anglo-Chinese War That Followed*（Faber and Faber,1946）。

卑肩負的使命，也超出了單純的商務方面。

對於渣甸和馬地臣等散商所從事的沿海鴉片走私，巴麥尊對律勞卑也有交代："不必去鼓勵這種冒險活動，但也必須正視現實：你沒有力量去干預或阻止他們。"即對鴉片走私最好視而不見，順其自然。不過，這些鴉片走私是明確觸犯清朝法律的，一旦清朝官員與英國散商之間發生衝突，駐華商務監督究竟該如何自處？

訓令中還有一條更直接打破清朝外交慣例的指示："閣下到廣州後，應立即以公函通知（兩廣）總督。"①

這無疑向廣州執行已久的由行商居中傳遞中外往來公文的慣例，以及與此相聯繫的中英交涉體制提出了正面挑戰。

要知道，清朝的對外交涉向來禁止官員與外國人直接交往，天朝大臣依例不准與外夷私通信函，必須由行商居中傳遞。前此英國派遣的馬戛爾尼和阿美士德使團來華，都曾在禮儀問題上爭執不下失敗而回，巴麥尊應該心知肚明。此次他要律勞卑去執行一項清朝官員所不能接受的做法，顯而易見，一場新的衝突將不可避免。

03 強硬者抬頭：渣甸等散商的反應

東印度公司對華貿易壟斷權宣告終結時，渣甸和馬地臣已經是廣州英國商界的領袖級人物。對於英國政府決定在廣州設立駐華商務監督，他們自然是贊同的，不過讓他們擔心的是，英國政府是否繼續任命東印度公司的職員擔任這

---

① 馬士著、張匯文等譯：中華帝國對外關係史，上海書店出版社，2006，一卷，139頁。

一職務。

當渣甸和馬地臣聽説由律勞卑出任駐華商務監督時，心裡頓時無比興奮。早在1803年就加入了海軍的律勞卑，與渣甸和馬地臣一樣，是蘇格蘭人；在政治派別上，也與渣甸和馬地臣一樣，來自輝格黨。渣甸寫信給當年的老搭檔、時駐倫敦的威丁説："我希望你盡力使他（律勞卑）認清，在他和中國方面的交往上，尊嚴、堅定和獨立的舉止是必要的。他所做的這椿事情是異常艱難的。"①

相對於比較遵守對華貿易規則的東印度公司廣州商館的大班、以及對清朝的貿易體制看法相對溫和一點的競爭對手顛地而言，渣甸和馬地臣對華態度強硬，並極端蔑視清政府和一群"天朝的野蠻人"。

在渣甸和馬地臣看來，東印度公司的貿易特權取消了，但中國的公行制度依然是貿易發展的桎梏。中英貿易愈增長，公行制度（包括中國通過公行具體實施的一套對外交涉體制）就愈無法適應；中國愈像是英國製造品的龐大潛在市場，中國的貿易體制就愈令人難以容忍。他們同時還感到，仰賴於伶仃洋和東部沿海一帶的非法貿易程度愈大，中國政府查抄和封禁貿易的危險就愈大，貿易的不確定性和收入的不穩定性也會愈大。英國政府必須對清朝採取強硬態度，真正讓清廷屈服，才能確保英國對華貿易的蓬勃發展，確保渣甸·馬地臣行的長遠發展。

事實上，早在1830年，廣州的散商甚至就想到使用武力來達成他們的要求。這年12月，包括船長在內的47名英國在華散商簽署、呈遞給英國議會下院的請願書已由馬地臣起草完畢。請願書聲稱，如有一位英王陛下的代表常駐北京，受命以保護僑民利益的適當精神行事，則必獲致最有利的結果。如沒有這

① 格林堡著、康成譯：鴉片戰爭前中英通商史，商務印書館，北京，1961，176頁。

種直接干涉，恐怕對華貿易不會有多大發展。至少希望英國政府“能採取一項和國家地位相稱的決定，取得鄰近中國沿海的一處島嶼，使世界上這個僻遠地區的英國商業不再受虐待和壓迫。”

1831年，英國駐印度的一支海軍分遣隊訪問廣州。對此，渣甸在寫給威丁的信中説：“我不知道艦隊司令能夠從什麼機關奉到命令可以開始一場對中國戰爭，除非是他能挑逗中國兵船對他開火，可是這種情形不大會有。時間必須決定，但是我不能讓我自己認真設想一場公開的決裂。”

第二年2月，渣甸在另一封私人信件中寫道：“只要目前公行商人徵收強索的方式不變，英國就不可能從對外貿易上取得任何重大利益。我們一定要在拓展目前僅有的商業活動之前，和這群天朝的野蠻人訂下規章。”

1833年12月，廣州《中國叢報》（*Chinese Repository*）上一篇可能出自渣甸手筆的文章説，[①]百年來東印度公司在對抗清政府出台的八條禁令上完全失敗，東印度公司只懂得卑躬屈膝、膽小怕事。作者更要求英國政府派出代表、取代特別委員會主席，並授權這名代表採取強硬態度，與中國官方交涉。想要和中國官員接觸自是困難重重，因為中國規定，貿易代表僅能經由公行與官府往來，但這種荒謬的禮儀不該繼續存在，英國的經濟力量已經大到不該受此節制：“我們的資本、製造業、紡織業都在呼喊着，只要能幫我們找到買主，多大的貨量我們都能提供。”

文章認為：“眾所周知，清朝已經漂浮在表面平靜無波、實則暗潮洶湧的海上，她的存在全繫於百姓對威權慣於服從。清廷對此心知肚明，因而憎恨任

---

① 英國歷史學家考利斯認為，該文發表時署名“英國商人”，與渣甸後來表達的立場一致，可能出自他的手筆，參見：鴉片戰爭實錄，香港安樂文潮出版公司，1997，91頁。

何可能造成騷亂的事物。中國所尊敬英國者，海軍是其中之一。目前所需要的不是偶爾展現武力，而是最好找一個遠離廣州、靠近北方的港口，可從該地一次登陸一萬人對付北京。新政府代表的基本目標，應該是迫使中國對外貿易。過去幾任使團縛手縛腳的行為，應全面揚棄。"

1834年6月，就在律勞卑尚未到達澳門之前，渣甸在發給威丁的信中寫道："律勞卑男爵的任命……在此間和澳門造成了極大的轟動。這裡的官府還未決定是否該接見商務監督。他們心裡乾着急，而後續發展多半取決於律勞卑的行動。他們一開始可能會先派行商去見他。我深信他在行商面前會表現得彬彬有禮，但絕不會讓他們在公事上有任何置喙的餘地。兩廣總督等人接下來會將此事報告給北京，如果事情真的這樣發展，首席商務監督就可以下令他所搭乘的軍艦，準備上行至黃海，在紫禁城對天子陳述我們的不平和怨氣，要求補償與改善。如果我們能夠像個男子漢般處理這事兒，我願肩負起收拾後果的責任。這麼做有益無害。"

面對即將出現的變化，渣甸和馬地臣熱切地等待着律勞卑的到來。

04 大清朝野的懵然無知

東印度公司壟斷解除後，清朝地方政府也作出了反應，兩廣總督盧坤破天荒地決定視察"夷館"。

1834年5月2日，盧坤將此決定讓手下通知了行商。於是，浩官等人立即着手安排相關事宜。東印度公司的主要人員已經撤出，夷館的一些房間正在裝修成散商的住處和辦公室。不過，公司的一個財務委員會還保留着，同時一些僕人也還沒有離開。

　　兩廣總督及手下一眾人馬來到"夷館"後，考察了一番，並進行了一些交流。

　　在盧坤看來，東印度公司壟斷權的解除，也許是中英關係改變的契機。但是，這位總督不知道，一個海軍出身的英國駐華商務監督即將抵達廣州，並且執意要將一封任何清朝官員都無法接受的信函直接交給他。

　　早在東印度公司壟斷權廢止前三年，廣州方面對此曾表現出一些擔心和顧慮：沒有一個組織的管束將如何使廣州這群不受約束的英國商人遵守秩序。兩廣總督李鴻賓在1831年1月曾指示行商轉諭東印度公司："若果公司散局，仍酌派曉事大班來粵，總理貿易。"①然而，繼任的兩廣總督盧坤沒有想到，英國即將派來的人既不"曉事"，也非"大班"，而是新外交關係下的官員——駐華商務監督。

　　對於壟斷英國東方貿易二百多年、在廣州站穩腳跟一百多年的東印度公司特權終結這一重大變化，清朝廷並沒有真正意識到這種變化的全部意義，因而並沒有真正引起重視。

　　事實上，對於當時的中國朝野而言，沒有人真正清楚英國國內的政治和經濟制度，也並不真正瞭解東印度公司與散商之間的關係。當聽說東印度公司壟斷特權被取消後，很多人都對頗為緊張的中英關係鬆了一口氣。在當時對英國算是瞭解頗多的學者葉鍾進寫道："近聞公司之期久滿，……公司一散，海疆可保永綏。"他的"海疆可保永綏"的依據是，公司解散後，蠻夷"散後則各管各船，各自牟利，此為易制"。②卻不知早在1834年以前，英國對華貿易的

---

① 馬士著、張匯文等譯：中華帝國對外關係史，上海書店出版社，2006，一卷，100頁。
② 1834年，葉鍾進撰有《英吉利國夷情記略》上下卷。

半數以上已經握在了英國散商手中，而且這些散商們已經被亞當・斯密的經濟理論所武裝。正是他們，聯合英國國內新興的工業階級，合力破除了東印度公司的壟斷特權。雖然這些散商們極其擅長以走私和行賄等手段來逃避清朝固有的外貿體制，很少真正照着清朝的貿易規則行事。但是，東印度公司壟斷特權終結後，衝破凡事通過公行的廣州一口通商制度，將對華貿易置於一個"永久的和體面的基礎"之上，正是他們的下一個目標。

05 律勞卑：傲慢強硬與勞苦卑下

　　律勞卑在澳門和廣州的故事，充滿了許多戲劇性的情節。對於曾經是海軍軍官的這位首任駐華商務監督，帶來的訓令既含混不清，其本人又無外交經驗；既不熟悉中國國情，又一味地聽從強硬人士的主張，從而導致衝突不斷，並終於上演了一齣悲劇——既對於他本人、也對於中英兩國的關係。

下榻馬地臣私宅

　　1834年7月15日下午，律勞卑帶着妻子和女兒抵達澳門。雖然初來乍到，但英國政府給他配了熟悉情況的副商務監督，他們是前東印度公司廣州管委會的德庇時（John F. Davis）和羅治臣（又譯為羅賓臣，George Robinson）。同時，讓已在廣州生活多年的傳教士、漢學家馬禮遜任中文秘書兼翻譯，他在1817年曾擔任阿美士德使團赴北京觀見嘉慶皇帝的隨行中文翻譯。此外，阿斯特（J. H. Astell）任書記官，皇家海軍艦長義律（Charles Elliot）任船務總管。

　　律勞卑到達澳門的第一個大的舉動便不同尋常。他沒有下榻於澳門東印度公司商館，而是住進了馬地臣的私宅。

在澳門的一個星期裡，律勞卑具體入微地聽取了渣甸對中國時局和中英貿易，以及如何與清政府打交道等問題的看法。人還沒到廣州，律勞卑已經在形成和強化自己對待清政府傲慢與強硬的做派。

的確，律勞卑沒有打算遵守清政府的制度。7月23日，律勞卑一行離開澳門，搭乘"安朵瑪琪號"（Andromache）軍艦向廣州進發。按照常規，以往即使東印度公司的大班上任，也都要跟兩廣總督打招呼的。何況律勞卑乃"夷目"（即夷人頭目，後被英人譯為the barbarian eye——野蠻人的眼睛，使律勞卑心中不快），如欲前往廣州，更須"待先行奏明請旨"，即先透過行商向兩廣總督投遞稟帖，稟帖呈送兩廣總督後，再向北京奏明，等待皇帝恩准。只有在澳門收到准許前往廣州的牌照，始可繼續旅程。

其實，律勞卑抵達澳門的消息，很快就有快報報到了兩廣總督盧坤的官衙裡。盧坤於7月21日令行商親往澳門向夷目問明因何來澳，東印度公司解散後如何另立章程等，並讓行商告知夷目不得違禮擅來廣州。公行於是立即組成代表團，沿內環水路趕赴澳門，然而他們還沒有趕到澳門，律勞卑的"安朵瑪琪號"已由外環水路向廣州進發了。

7月25日凌晨，律勞卑在渣甸護送下，抵達廣州英國商館。

投函風波

律勞卑抵達廣州的第二天，伍浩官和盧茂官雙雙來到夷館，為兩廣總督傳話，稱律勞卑不待奏明即擅自前來，有違定例。兩廣總督念其初來，決定不予深究。不過，在處理貿易事畢，須立即返回澳門。同時再度申明，"事關創始，應候恭摺奏明"。

對此，律勞卑沒有絲毫退讓之意。他禮貌而堅定地表示，他來正是要開創一套全新的貿易制度。

行商無功而返。從律勞卑還沒有到達廣州開始，行商們已經知道接下來的一段日子會艱難無比。作為身處外交一線的行商，雖然只能做些穿針引線的事情，但遇到夷目和番鬼們不服管束時，卻需擔當責任。至於為律勞卑所乘小艇作保的行商——興泰行嚴啟昌，已經對此事負責，被傳入城內監禁了起來。

不過，律勞卑對於這些行商的處境並不抱任何同情，他要建立的正是直接與官方來往的制度。他的行動才剛剛開始。

7月27日，馬禮遜將律勞卑要交給兩廣總督的信函譯成中文之後，律勞卑派書記官阿斯特前去投遞。一般而言，稟帖均由行商代為投遞，更不要說律勞卑這封信函，封面係平行款式，是"函"而非"稟請"，且混寫"大英國"等字樣。

阿斯特依照律勞卑的指令，在行商陪同下，來到城門投遞。等了約一刻鐘後，官員出現了，他看了看信，沒有接受，但表示很快他的上司會來。在隨後的兩三個小時裡，一些官員走馬燈式地前來，但沒有誰膽敢違背外交政策，去接收這樣一封特殊的信函，更不要說拆開來看。

城門周圍人愈聚愈多。隨行的行商急得像熱鍋上的螞蟻，一個勁地勸阿斯特讓他們代為投遞，然而阿斯特不為所動。

就在這時，廣州將軍的副將來到，伍浩官來到副將面前耳語了幾句後，向阿斯特建議，由他和副將一同接下這封"稟帖"，然後呈交兩廣總督。

阿斯特知道這萬萬不可，因為別人看到的是他把信交到了浩官手中，而這實際上同樣是在經由公行轉交。不得已，阿斯特帶着未被接受和拆閱的信函返回英國夷館。

僵持不下

面對律勞卑一而再地不遵守清朝的外交慣例，28日，盧坤對行商訓話，律勞卑實在不講規矩，直接投遞公函是決不會被接受和拆閱的，"夷館"不能與天朝疆吏書信平行。他必須立即返回澳門，如果有商業上的什麼情況，也得先行奏明，等待皇上恩准。這個"勞苦卑下"的夷目不守規則，你們行商負有責任。必須立即將表明以上態度的公文轉交律勞卑，好讓他盡快離開廣州，回到澳門。

第二天一早，公行送來浩官的一封信函，稱下午一時，浩官將前來拜會。馬禮遜一眼就看到了這封信函中，將Napier譯成了"律勞卑"。"勞苦卑下"的名字並不是馬禮遜這位中文高手的原譯。這個名字雖然是英文譯音，但似乎含有貶損之意。[1]他當即把這個改譯鄭重地告訴了律勞卑。尚處在兩廣總督不接信函餘怒中的律勞卑，面對浩官帶來的具有侮辱性的中文譯名心中更加不快。

雙方處在僵持之中。

7月31日，浩官拿着連日來下發的數份文告來到夷館，這些文告措辭一份比一份嚴厲。然而，律勞卑就是不予理會。在渣甸等人的"顧問"下，律勞卑非但沒有打消留在廣州的決心，反而更堅定了繼續留下的意志。

已經明顯帶有渣甸行事風格的律勞卑，從內心裡愈來愈蔑視清朝官員及清朝的制度。8月9日，律勞卑在一封寫給倫敦巴麥尊的信中表示相信，兩廣總督最終將會被迫接受他的信函。在5天後寫給巴麥尊的另一封信中，律勞卑甚至要求英國外交部對清朝這個"低能"的政府下最後通牒："對此政府，我太過鄙視，以致只能覺得她可憐復可笑。"

兩廣總督方面，盧坤見律勞卑如此不守規矩且蠻橫無理。他開始採取行

---

① 當時清人為了表達不滿，對一些鴉片商人也多有貶損譯名，如將著名的鴉片販 Dadabhoy和Merwanjee譯為"打打庇"、"罵骨治"，而在當時傳教士所譯清代官方文書中，分別譯為"打打皮"和"馬文治"。

動。8月16日，盧坤下令局部停止中英間貿易。

席次之爭

這時，搭載律勞卑來華的 "安朵瑪琪號" 已停泊在虎門外海的穿鼻，另一艘準備接替將要返航回國的 "安朵瑪琪號" 的軍艦——"伊莫珍號"（Imogene）也同時來到。兩艘軍艦的到來，增加了律勞卑的底氣。合適的時候展示一下武力，不失為一個籌碼。

更讓律勞卑感到欣喜的是，兩廣總督盧坤不知何故，好像有些妥協了，因為在8月22日，盧坤讓浩官和茂官通知律勞卑，他打算派包括廣州知府潘尚楫在內的三名官員前來夷館造訪。這無疑讓律勞卑感到欣慰，因為來到廣州這麼久，連清朝官員的影子都還沒有見過。

23日上午9時左右，負責佈置現場的通事們抬着幾把官椅來到了夷館。將它們置於會客室，三把面南而放，接下來兩邊各放五把，[①]東西相向。其中，律勞卑及其隨員坐在牆上掛有英王喬治四世畫像的西邊。對於這樣擺放座椅，在清朝官員看來是理所當然，律勞卑則極為不快，因為很顯然這是以清朝官員為主角擺設的會場，沒有體現他的地位。

律勞卑立刻要求重新安排座位。他讓人搬來一張桌子，他將隔着桌子面南而坐；桌子兩側是三位中國官員和羅治臣；行商則在桌子稍後的地方坐成一排，面朝喬治四世的巨幅畫像。[②]

當浩官和茂官來到夷館，見到這番桌椅擺放法，立即要求重新擺放。浩官

---

① 考利斯的《鴉片戰爭實錄》記載的是兩邊各放四把。此處從馬士《中華帝國對外關係史》，第一卷，151頁所記。

② 考利斯《鴉片戰爭實錄》和布雷克《怡和洋行》的記載有所不同，其中 "羅治臣" 的位置上是 "德庇時"，此處依據馬士《中華帝國對外關係史》（第一卷）"一八三四年八月二十三日會議" 席位圖所記。

說，畢竟這是在清朝的領土上，應該以清朝的習慣行事。不然，官府的板子又要因為我們安排不周而打下來了。然而，律勞卑哪裡肯依，而且清朝官員沒有按時到達，已使他頗為憤怒。事實上，這是行商們費了兩個小時試圖說服他恢復原來座位擺設時，三位官員因等待座位爭執的結果而來遲。

潘尚楫等人到達後，雖然已經注意到桌椅的擺放，但還是克制住了自己，沒有讓不滿情緒流露。當落座後律勞卑對他們的遲到喋喋不休時，他們同樣以沉默應對。

會談在針鋒相對中進行，並沒有取得任何成果。律勞卑不肯口述信函中的核心內容，聲稱只要他們同意代遞給總督信函，可以先行啟閱。當然，這些官員並不會替兩廣總督接下信函。

遭受重挫

律勞卑終於取得了勝利。潘尚楫等人回去之後即被解職。

不僅如此。律勞卑在渣甸和馬地臣等人的出謀劃策下，進行了一系列的謀劃。首先是力促"意見分歧和相互之間有惡感"的廣州英國商人組織起來，其次是對兩廣總督盧坤展開"文攻"。

在廣州的英國商人並不是鐵板一塊。渣甸·馬地臣行與顛地行之間本來就矛盾重重，8月16日盧坤下令局部中止貿易後，分歧與爭吵更加激化。以顛地為首的一部分英商對律勞卑的強硬作風所引發的危機頗為不滿，而律勞卑則對顛地等商人的不滿感到憤怒。面對這些"不關心國王尊嚴，無視商務總監存在"的商人，律勞卑決定將"存在着意見分歧和相互之間有惡感"的廣州英國商人組織起來，以確保他們行動一致。

8月25日，廣州英國商會（The British Chamber of Commercial of Canton）確定

成立。商會的工作是與英國商務監督聯繫，並就有關問題與中國行商交涉，在中英外交僵局無法緩解的情況下擔負居中交涉的使命。馬地臣為商會實際負責人。

8月26日，律勞卑派人在街角張貼告示，攻擊盧坤政策"無知與頑固"，並對10天前盧坤下令局部停止中英間貿易的做法感到不滿。

對此，在外交上已表現出仁至義盡的盧坤，開始了反擊。8月28日貼出的一道沒有落款的告示稱："不法番奴律勞卑私貼告示，不知爾外國何等狗夷，膽敢自稱夷目。……煽惑百姓，違例抗上，罪大惡極，必以國法，恭請王命，斬梟示眾，以儆刁風。"

9月2日，盧坤再度發佈命令，全面禁止通商，直至律勞卑離去。這道命令不像往常透過行商和渣甸轉達，而是直接派士兵張貼在律勞卑下榻的商館大門上。律勞卑派人通知"伊莫珍號"戰艦艦長布萊克伍德（渣甸一艘鴉片飛剪船的船長），命令"安朵瑪琪號"和"伊莫珍號"從穿鼻火速駛入黃埔，並下令若在虎門被阻，必要時可強行闖過。律勞卑已經無視巴麥尊所給"非不得已不得求助於武裝力量"的指示，無視外交的基本法則。

此時正在廣州的美國旗昌洋行商人亨特對接下來的情況記載道："各事辦妥之後，（律勞卑）勳爵閣下及其隨員退回商館，並將大門上了閂。到了半夜，羅賓臣爵士離開了廣州，乘一隻小快艇去與那兩艘軍艦會合。海軍很快就到達商館，廣場上滿是中國士兵，河面上集結了許多帆船、戰船和小艇。和黃埔的所有船運聯繫都被截斷了，英國船艇禁止來城。總督還要求美國商人如無緊急事情不要讓他們船隻的駁艇駛來。不用說，整個口岸的對外貿易已完全停頓了。"

這正合渣甸之意，他要的正是雙方的攤牌。軍艦的到來，要麼是盧坤屈服，要麼是律勞卑撤退。矛盾的不可調和，對渣甸·馬地臣行的鴉片生意並不構成威脅，而且最終將會改變英國國內輿論，直至派遣遠征軍前來，打開中國對西方貿易的大門。

06 律勞卑之死

接下來發生的一切，是英國的兩艘戰艦在闖入珠江內河到達黃埔的過程中，與清軍發生了一系列零星的相互炮擊。在9月7日強行通過虎門炮台時，打了一場歷史上被稱為"虎門之戰"的戰役。11日黃昏，這兩艘戰艦抵達黃埔。

就在軍艦開往黃埔的途程中，住在廣州英國商館裡的律勞卑卻病倒了。一來廣州炎熱而潮濕的天氣，讓他難以適應；二來與兩廣總督的交往並不順利，讓他心急。但是，患了間歇性高燒熱病的律勞卑，並不願將工作交給第二商務監督德庇時而撒手不管，事實上他也很少聽從這位前東印度公司人士的意見。

9月8日，律勞卑通過馬地臣擔任主席的廣州英國商會，向盧坤遞交了一份公函。在這份盛氣凌人的信函裡，律勞卑不僅斥責盧坤獨斷專行，還就虎門之戰指責盧坤，並威脅稱兩艘戰艦將戰鬥到底，由此帶來的一系列後果，將由兩廣總督和廣東巡撫負責。

11日，也就是律勞卑的兩艘戰艦抵達黃埔的當天，盧坤發佈文告，同樣對律勞卑的行為進行了嚴厲斥責，同時就其軍艦闖入內河，並開炮打死打傷清朝官兵的惡劣行徑進行譴責，並強調清朝的軍隊已經做好一切準備。不過，如果律勞卑及時撤出廣州、前往澳門，也還來得及。

兩艘軍艦被盧坤封鎖在了珠江，盧坤的底線已經亮明。有病在身的律勞卑沒有任何辦法，渣甸和馬地臣也無計可施。充當律勞卑醫生的安德魯·江斯同勸他前往澳門，這樣至少對身體的恢復有益。14日，律勞卑通告所有在廣州的英國商人，他打算離開廣州。

　　5天後，律勞卑與行官舉行會談，渣甸、浩官、茂官均有出席。會談達成的協議是：律勞卑同意命令戰艦撤到伶仃洋，自己則向清朝申請通行證乘坐私船前往澳門。

　　26日，律勞卑與妻子、女兒在澳門會合。由於病情加重，兩個星期後，律勞卑不治而亡。

　　目睹了整個事件原委的美國商人亨特，後來在其《廣州"番鬼"錄》中寫道："律勞卑勳爵閣下不答應以行商來做與總督往來的媒介，而這卻是當時中外關係中惟一可以行得通的方式。總督不能置未廢除的制度於不顧，也不能與任何外國代表作私人的接觸。如果要這樣做，必須由帝國政府特別授權。因此，全部的麻煩都是由於女王陛下的代表堅持要求總督做他所不能答應的事而引起的，這樣自然便引出了這場'律勞卑戰爭'，或如當地人所稱的'律勞卑的失敗'。"①

07 矛盾公開化

　　律勞卑死後，德庇時繼任駐華首席商務監督職位。德庇時無意再去重叩廣州清政府的大門，而是坐等英國外交部新指令的到來。他給倫敦方面寫信說，在未得到來自外交部的訓令之前，將保持"絕對沉默的態度"。②

　　與此同時，廣州英國商會內部發生分裂。以顛地行（寶順洋行）的顛地（Launcelot Dent）為首的一派，與以渣甸‧馬地臣行（怡和洋行）的渣甸、馬

---

① 威廉‧C‧亨特著、馮樹鐵譯：廣州"番鬼"錄，廣東人民出版社，廣州，1993，98頁。
② 馬士著、張匯文等譯：中華帝國對外關係史，上海書店出版社，2006，一卷，166頁。

地臣為首的一派，將分歧公諸於眾。①

顛地對由渣甸和馬地臣操縱的商會並不買賬。1835年10月3日，與顛地關係密切的《廣州週報》（*The Canton Press*）發表長文，認為廣州英國商會完全不符合商會的本來旨趣，政治味道極濃，這個"律勞卑的商會"的失敗結局是"無須爭論的"。文中寫道："我們可以斷言，它的建立是缺乏權威性的，它被賦予的使命是這類機構從未有過的，它與一般商會的功能、優勢以及實際可行性相牴觸，也與商會約定俗成的合法目標相違背。"

渣甸和馬地臣對顛地等人的分裂商會行為憤怒不已，甚至指責顛地在律勞卑失敗事件中與廣州政府方面暗中有交易。②

不僅如此。渣甸和馬地臣對德庇時的"沉默政策"更是難以忍受。

德庇時發佈告示向在華英商宣示"沉默政策"，強調鑒於廣東當局拒絕承認其"官方身份，不允進行官方交往"，商務監督們"認為自己應該保持絕對沉默以等待國王的最終決定"，並告誡在華英商以克制的審慎行為給中國政府和人民留下好印象。

1835年1月，德庇時在一份寫給巴麥尊的報告中指出（此時巴麥尊已下

---

① 英國歷史學家格林堡認為，寶順與怡和交惡，源自1830年加爾各答商行紛紛倒閉的事件。當時傳出"普魯士藍"既便宜又好，正可取代藍靛，於是藍靛價格暴跌，不少商號因此倒閉。其中主要的藍靛交易商——柏馬行與寶順、怡和均有生意往來。怡和洋行的飛剪船將商號倒閉的消息帶到廣州，渣甸佯裝沒事而暗自部署，因此損失有限，但他並未讓顛地知道消息，致使寶順洋行損失慘重，從此結下樑子。英國史家布雷克認為，顛地和渣甸交惡，政治或許也是原因之一。顛地是英國保守黨員，渣甸與馬地臣則屬輝格黨，後來相繼成為輝格黨在阿什伯頓地區的國會議員。大致說來，來自蘇格蘭和北方勢力的輝格黨對華較為強硬，而保守黨中的一些人受有"保守黨堡壘"之稱的東印度公司傳統的影響，相對而言較為謹慎。

② 直到1836年11月雙方的爭鬥才告一段落。11月28日，"廣州外國居民全體會議"召開。顛地和馬地臣同時參會，並被安排在第一、第二個發言。顛地提議並全體通過成立廣州外僑總商會（Canton General Chamber of Commerce），馬地臣則當選為首任主席。

台，但澳門尚不知曉），與中方對抗“收效甚微，或者説完全無用”，甚至會
損害英國利益，但也不主張向本地政府的專制行徑立即屈服，“在等待國內的
意見期間，採取徹底的沉默，絕不與廣州政府進行任何談判，這樣或能產生有
利的效果”。幾個月後，德庇時辭職，羅治臣繼任。雖然倫敦方面已要求他盡
快與廣州官方直接接觸，但因為有律勞卑的前車之鑒，1835-1836年擔任首席
商務監督的羅治臣同樣只是“安靜地工作”。他的目標非常明確：保持貿易暢
通，而不是挑起事端。

　　廣州的鴉片貿易依然在繼續，伶仃洋上的非法交易愈做愈大。住在澳門
的羅治臣，看着顢頇的清朝官員和貪婪的鴉片煙販，與他的前任、東印度公司
同事德庇時一樣，對此視而不見。隨着廣州政府不時掀起的禁煙風潮，覺得在
澳門辦公有所不便的羅治臣，乾脆在1835年11月將辦公室搬到了鴉片走私天
堂——伶仃洋的一艘船上。

　　在這裡，羅治臣天天目睹着渣甸·馬地臣行等所擁有從印度駛來的飛剪
船，將鴉片一箱一箱地運到躉船上，然後再從躉船上轉售給客戶和分銷商。非
法鴉片交易是如此的猖獗，也許是感覺到自己作為駐華首席商務監督、身為
英國國家代表，羅治臣覺得有必要稍作管束。1836年2月，他向巴麥尊寫信表
示，如有必要的話，他打算採取一些措施約略地限制一下。對此，巴麥尊明確
予以否定：駐華商務監督的任務，是保護與扶助英商在廣州的貿易，而不是壓
制與阻擋英商的發展與擴張。即使鴉片貿易實為非法，但有益於英國商人而無
損於英國國家利益，也不宜橫加阻礙。於是，羅治臣繼續天天看着飛剪船在他
面前繁忙地穿梭，直至1836年年底退休，義律接任。

　　當德庇時和羅治臣在無所用心地執行所謂的“沉默政策”時，渣甸和馬地
臣則在加緊他們對於“激進政策”的要求。

08 馬地臣返英聯手工商界

律勞卑去世後，馬地臣伴送律勞卑夫人及女兒返回英國，他希望拜會外交部，催生出一個對中國採取比較強硬的政策。同時，渣甸發起廣州英商聯署請願書，要求重新指派一名官方代表代替律勞卑，並派遣一支艦隊給以軍事支持，作為對這位"不幸人士"、對英國國旗和這個國家所受羞辱的補償。

當請願書與其他有關律勞卑失敗及去世的文件到達倫敦時，輝格黨內閣已經倒台，接替它的是短命的保守黨政府。當外交大臣威靈頓公爵（Duke of Wellington）收到這些文件時，他對請願書中的激進建議興趣不大，認為將律勞卑的遭遇說成是對國家侮辱的說法更是誇大其辭。讓獲取大量稅款的茶葉生意、換取大量白銀的鴉片生意正常運轉，這種不作為也許是最好的作為。

威靈頓認為，對中英爭執帶來貿易停頓之後果應負責任的正是律勞卑，他"不應背離約定俗成的交往方式"。

馬地臣到達倫敦後，前往謁見外交大臣。他遇到的同樣是威靈頓冷淡的面孔。馬地臣寫信告訴渣甸，直罵威靈頓是"一個冷血的傢伙……一個恭順和奴性的熱烈倡導者"。

當與渣甸和馬地臣同屬輝格黨的巴麥尊重返外交部後，英國的對華政策還沒有立即作出改變，這讓對新政府抱有急切希望的馬地臣感到失望。

馬地臣轉而聯絡渣甸‧馬地臣行在英國的往來戶，即與曼徹斯特、利物浦和格拉斯哥等城市的工商界接觸，發動他們向外交部上書，對政府施壓。渣甸與馬地臣此前還同曼徹斯特棉紡織業巨頭建立了直接的聯繫，並注意爭取工業界支持他們的對華強硬政策。

1836年，馬地臣在倫敦出版了《對華貿易的現況與展望》（*Present Position*

and Future Prospects of Trade in China），要求人們注意旅華英商處在"危險的、毫無防範的地位"，並籲請英國政府"立即出面干涉並且認真監督我國對華通商制度的改造事宜"，使貿易置於"一個安全、有利、體面而又持久的基礎之上"。

1836年2月，曼徹斯特商會草擬了一份名為"我國對華貿易的無保障狀況"的陳情書，上呈外交大臣。陳情書提請注意對華貿易對於英國商業、工業和航運業的重要性，以及作為貿易媒介的旅華英商毫無保障的處境。繼而指出，對華貿易不但為英國航運業提供了十萬噸的業務，並為英國製造品提供了市場，而且提供了每年300多萬鎊印度產品的出路。同時，對華貿易有大大擴充的可能。如果沒有適當的保障，貿易就勢必任由行商或中國官吏擺佈、動輒封禁。英國財產天天處在險境之中，英國工業容易陷於癱瘓，稅收則須冒着每年500萬英鎊損失的危險。英國政府必須防止這些弊害發生。

來自英國本土工商界的力量，逐漸被發動起來，與以渣甸為首的激進的廣州英商遙相呼應。正如歷史學家格林堡所說：到1836年，英國國內工業界的力量已經被投入到了對華激進政策之中。[①]

巴麥尊顯然比威靈頓公爵更贊同廣州英商的論點，也更重視他們的聲音。隨着長期執掌外交部（1835年4月至1841年9月），巴麥尊正沿着支持採取對華強硬路線的方向邁進。

而對清政府來說，面對猖獗的鴉片走私帶來日益嚴重的社會和經濟問題，同樣採取了更加嚴厲的禁煙措施，一場史無前例的禁煙風暴眼看就要到來。

---

① 格林堡著、康成譯：鴉片戰爭前中英通商史，商務印書館，北京，1961，175-178頁。

1. 19世紀廣東十三行的同文街。街道兩旁為中國人開設的各類店舖。
2. 十三行行商伍浩官，據認為他是19世紀二三十年代全世界最富有的商人。

1. 律勞卑在澳門住過的房子──"南灣十三號"。
2. 律勞卑1834年病逝於澳門，此紀念碑為在華英商集資所刻。
3. 1834年，英國軍艦"伊莫珍號"和"安朵瑪琪號"強闖虎門炮台，發生"虎門之戰"。

第五章

從禁煙到戰爭

為了進行第一次鴉片戰爭，一些鴉片商大亨不僅幫助巴麥尊制定計劃和戰略，而且提供必須的物質援助：把鴉片貿易船隻租給艦隊使用；鴉片貿易船隻的船長給他們當領航員，而其他職員則充當翻譯；自始至終給予慇勤的招待，並出謀劃策和提供最新情報；用販賣鴉片得來的白銀換取在倫敦兌換的匯票，以支付陸海軍的軍費。

——（美）費正清

（鴉片戰爭）基本上是借助於你（斯密斯）和渣甸先生那麼慷慨地提供幫助和情報，我們才能夠就中國那邊海陸軍和外交各事發出那麼詳細的訓令，從而獲得如此滿意的結果。

——（英）巴麥尊

從1834年律勞卑事件發生、到1839年林則徐南下禁煙，中英兩國之間的來往表面上改變不大，英國駐華商務監督只是偶爾突破與兩廣總督公文的直接往來，渣甸·馬地臣行的鴉片生意依然在繼續。然而，這期間，中英兩國的政策走向實質上已發生根本改變。由於英國政府正式取代東印度公司與清政府打交道，官方關係代替此前的非官方關係，而且已不只是渣甸等廣州英商對清政府持強硬態度，英國政府的態度也日趨強硬。與此同時，清政府在鴉片帶來一系列嚴峻的社會和經濟問題後，同樣開始對禁煙持強硬態度。

其實，只要人們知道當時有多少鴉片流入了中國，又有多少白銀流出了中國，中國朝野增加了多少"癮君子"，就不難從道德風化與社會經濟等各個層面看出禁煙之不可避免、禁煙之勢在必行。

然而，禁煙卻引發了中英兩國之間的戰爭。在這場為鴉片而進行的戰爭中，無論是戰爭的發動、還是戰爭的推進，渣甸和馬地臣都表現"突出"，起到了無可替代的作用。

01 鴉片泛濫：在禁與弛之間

在中英雙方爭奪交往規則制訂權的較量中，1834年的律勞卑事件顯示，英國試圖建立對華官方關係的努力，因律勞卑的莽撞行動遭到失敗。然而，律勞卑失敗的根源，則是英國的對華政策，即單方面改變規則，強力要求官方公文直接往來及不得採用稟帖形式。

此後，德庇時和羅治臣兩任首席商務監督均選擇了"無為而治"。1836年12月，當年隨律勞卑來華、資歷尚淺的皇家海軍艦長義律接替羅治臣，正式出任高級商務監督。

與律勞卑一樣，海軍出身的義律，也是蘇格蘭輝格黨顯貴。不過，出身名門的義律對鴉片並不感興趣，對鴉片貿易也甚為厭惡。他曾在寫給朋友的信中說："如果我的私人感情對於公眾的、重要的問題無關緊要，那我可以說，沒有人比我對於這種強行的（鴉片）貿易帶來的恥辱和罪孽更為憎惡。我看不出它與海盜行為有何不同。作為一名官員，我在我的權力範圍內，運用所有合法手段對其長期不予支持，並為此在過去數年內完全犧牲了我在所屬社群中的個人舒適。"

不過，義律的公職責任其實一直在驅散這種"私人感情"，為在華售賣鴉片的英商護航，正如一位英商代言人所說："義律上校承認自己並非這種藥物（鴉片）的朋友，在原則上反對它，但他在如此重要的事務上並未讓自己的個人情感干擾他的公共職責。"①其實，我們從以後的發展中看到，在中英兩國利益發生衝突時，義律還是以武力為後盾支持鴉片貿易的主張者和以戰爭解決鴉片貿易糾紛的行動者。

義律上台後，開始力圖打破與清政府不相往來的僵局。

在沒有得到巴麥尊指令的情況下，義律在1836年12月起草了致兩廣總督鄧廷楨的稟帖，並在封面上用中文標明"稟"字，由浩官轉交鄧廷楨，從而打破了已維持了兩年多的"沉默政策"。義律在稟帖中要求鄧廷楨"給領紅牌，准由內河進居省城"，並希望以此作為兩國和睦關係的新開端。

鄧廷楨收到義律的稟帖後，發現來稟"詞意恭順"，與數年前律勞卑不打招呼就擅闖廣州有天壤之別，而且公文由行商轉交、又用了"稟"字，鄧廷楨自然喜不自勝。

---

① 吳義雄：權力與體制：義律與1834-1839年的中英關係，歷史研究，2007年第1期。

1837年1月12日，鄧廷楨向朝廷報告了義律的意願。一個多月後，道光皇帝頒旨允准。

3月18日，義律從行商處獲悉道光皇帝准許其入住廣州後，當天即寫信向巴麥尊報告。他激動地說：“一個外國君主派遣的擔任公職的官員可以在這個帝國的城市居住，這在我們對華關係史上還是頭一回。陛下政府可以信任，我將持續、謹慎且認真地推進這一事態。”①

3月29日，義律領到了由粵海關核發的赴省紅牌。4月12日，義律一行抵達廣州。

義律由行商轉交稟帖取得了作為外國官員常駐廣州的歷史性突破。然而，消息到達倫敦後，巴麥尊極為惱火，嚴斥其由行商居間傳遞公文，同時使用“稟”字的行為，並警告義律：國王派駐海外的官員，無權在沒有得到指示的情況下擅自採取行動。

11月21日，義律收到巴麥尊的信後，只得遵從訓令。29日，義律向在廣州的英國人發佈告示，告知他將中止與廣東當局的官方往來。

不能與兩廣總督正常往來，又沒有足夠的海軍展示武力，留在廣州已毫無意義。三天後，義律扯下廣州英國商館上空的國旗返回澳門，結束了自4月以來與廣東官方的關係。②

就在義律為打開廣州之門而絞盡腦汁時，渣甸‧馬地臣行運送鴉片的船隊一刻也沒有閒着，廣州英商的鴉片貿易一刻也沒有停止。1834年之後，在英國駐華商務監督處在“妾身未明”的狀態下，由於東印度公司的壟斷地位被散商

---

① Charles Elliot to Palmerston, March 18th, 1837, FO17/20, p. 52. 參見吳義雄：權力與體制：義律與1834-1839年的中英關係，歷史研究，2007年第1期。

② 一年後的1838年12月，借助於共同打擊鴉片走私問題，義律在廣州原東印度公司商館前再次升起英國國旗。

打破,並取而代之,鴉片走私在中國迅速擴展。

對清政府來說,直至1836年夏天,其官員也還在對鴉片走私是嚴禁還是弛禁而爭論不休,政府也沒有形成一套有效的禁煙對策。

1836年6月,兩年前曾任廣東按察史的太常寺少卿許乃濟向道光皇帝上奏,提出弛禁主張。他指出,禁愈嚴而食者愈多,法愈峻官吏之賄賂愈豐,不如允許鴉片照藥材納稅,鴉片進口"只准以貨易貨,不得用銀購買"。這樣,既可增加稅收,也可防止白銀外流,夷商則因"納稅之費、輕於行賄"也會樂意接受。同時,開放栽種罌粟之禁,內地種植日增,夷人利潤日減,就會慢慢達到"不禁而絕"。[①]

當月,許乃濟的奏摺發交兩廣總督和廣東巡撫,會同粵海關監督妥議具奏。9月,兩廣總督鄧廷楨、廣東巡撫祁康、粵海關監督文祥奏覆,贊同鴉片弛禁,准令鴉片交稅進口的條陳,並提出了以貨易貨,鴉片貿易應限於廣州一地等九條辦法。

當北京朝廷接到這個奏摺後,內閣學士兼禮部侍郎朱樽、兵部給事中許球相繼奏請嚴禁鴉片,駁弛禁之議。其中,許球的奏摺中列明渣甸、因義士(James Innes)、顛地、打打皮等九大鴉片商人,並建議將其拘拿。

對於北京方面對鴉片禁與弛的討論,廣州外商通過行商及時知道了爭論要點。

弛禁的前景促使廣州外商加大鴉片進口,嚴禁的傳聞又讓他們滿心憂慮。對此,渣甸的內心也是充滿了矛盾:鴉片解禁,會引起印度方面的狂熱投機和價格上漲;禁煙嚴厲,則會影響鴉片的銷售。

---

① 許乃濟因這種弛禁觀點而在後來付出了代價,被革官職,"以示懲儆"。

　　道光皇帝在接到朱樽和許球的奏摺後，責成廣東方面重新妥善籌議。對於許球奏摺中提到的拘拿不法商販，兩廣總督鄧廷楨變通辦法，並沒有捉拿渣甸等人，而是在11月、12月連續發佈將其驅逐出廣州的諭令，但渣甸等人均以商務未完為由要求推延，最後不了了之。

　　清政府在禁煙問題上展開激烈辯論後，包括商人、傳教士在內的廣州外僑也在《中國叢報》上展開了關於鴉片貿易的辯論。

　　廣東政府在朝廷嚴禁鴉片的督促下，1837年夏，鄧廷楨展開了以清理伶仃洋鴉片走私基地為中心的禁煙行動，並獲得成功。

　　渣甸和馬地臣於是用武裝船隻運送鴉片，加大了在沿海一帶的銷售。然而，即使在沿海，禁煙的力度也加大了許多。一次，清朝的官船與運輸鴉片的帆船發生交火，鴉片船上的一些人被擊斃，同時船上的鴉片也被毀。

　　1838年，廣州及沿海一帶的禁煙措施時緊時鬆。歐洲武裝走私船的使用，為當年夏季的鴉片貿易帶來了短暫的繁榮。能夠使用由精良武器裝備的武裝船隻，也只有渣甸和顛地等大型商行才能辦得到，因此鴉片價格又迅速上揚。馬地臣在一封信中興高采烈地寫道：鴉片季節已經轟轟烈烈地開始，至於“剴諭之類的裝模作樣的禁令，只不過被當作是一大堆廢紙”。

　　隨着伶仃鴉片基地受到重創，一些英國鴉片商隨即將鴉片銷售重點向廣州內河轉移。

　　但是到了9月，清政府的禁煙行動又一天緊似一天。尤其是在廣東前線，11月以後，一連串的佈告、命令、巡邏、搜查、處決的辦法全面展開。

02 鴉片·白銀·癮君子

　　其實，只要大致數一數當時有多少鴉片流入了中國，又有多少白銀流出了中國，以及在光天化日之下中國出現了多少"癮君子"，人們就不難想像鴉片給中國帶來的危害有多大，不難看出禁煙之勢在必行。

　　在1830年代，到底有多少鴉片流入了中國？

　　對於走私的鴉片來說，統計數據並不可靠。由於鴉片貿易的秘密性質，以及鴉片商販間的商業競爭，資料無疑是不完整的。不過，從當時留下的記載中，依然可略見一斑。

　　就東印度公司在華貿易特權剛取消的1833-1834貿易年度而言，馬禮遜在其所著《中國商業指南》中說，該年度英國人和葡萄牙人輸入中國的孟加拉鴉片（公班土）分別為7511箱和1000箱，共計8511箱；輸入麻爾窪鴉片（白班土）10112.5箱和1600箱，[①]共計11712.5箱。兩者相加，這一年從印度輸入中國的鴉片總數約為2萬箱。據歷史學家統計，1835-1839年，平均每年輸入中國的鴉片約2.5萬箱。

　　在1830年代，到底有多少白銀流出了中國？

　　當時中國的白銀外流，主要是流向印度，原因就在於印度的對華鴉片貿易。據印度歷史學家譚中統計，1829-1840年，中國流向印度的中國紋銀為2554.8萬元，外國銀元為2661.88萬元，黃金為361.69萬元，共計5578.39萬西班

---

① 馬地臣提及該年度英國人輸入廣州的麻爾窪鴉片為10102.5箱，東印度公司廣州商館的統計數據為10103箱，均與馬禮遜的記錄相差無幾。除了英國和葡萄牙人外，還有一些美國人、法國人等從事鴉片貿易，經他們之手販入中國的鴉片數量，人們所知不多。

牙元，平均每年為465萬元，約合白銀335萬兩。[①]

在1830年代，到底中國又有多少"癮君子"存在？

如果説在1820年代，鴉片吸食者還多局限於一定的地域、一定的人群，鴉片問題還多被清政府看作是一個社會風俗與道德倫理的問題，那麼，到了1830年代，鴉片吸食的人群與地域已經迅速擴大，鴉片已不只是一個關乎風俗與道德的問題，更是一個社會與經濟問題。

1838年，有官員在一份奏章中不無憂慮地寫道："始而沿海地方沾染此習，今則素稱淳樸之奉天、山西、陝、甘等省，吞食者在在皆然。凡各署胥吏、各營弁兵，沉溺其中十有八九。"

同年的另一份奏章則稱：鴉片流入中國，近害耗民財，遠害傷民命，可以説貽害無窮。"以中國有用之財，填海外無窮之壑，易此害人之物，漸成病國之憂"。

湖廣總督林則徐在他那份著名的奏章中甚至認為：鴉片流毒於天下，長此以往，數十年後，"中原幾無可以禦敵之兵，且無可以充餉之糧"。

03　欽差南下與渣甸離華

1838年冬，鴉片的煙霧籠罩着大清帝國朝野。全國的現實狀況顯示，不僅官宦士紳和富戶人家對吸食鴉片大行其道，一般草民百姓也傾家蕩產廁身其中，而八旗軍隊的官兵成為"癮君子"者更是日漸增多。地方大員查獲販賣和吸食鴉片的奏章，從四面八方像雪片般傳到最高統治者道光皇帝手中。

---

① 有學者認為鴉片戰爭前十年每年外流的白銀為1000萬兩，甚至有學者認為每年外流3000萬兩，但這些説法可能偏高。

面對如此現狀，道光皇帝終於下定決心，派主張嚴厲禁煙的林則徐為欽差大臣，南下展開禁煙行動。

林則徐南下廣州，是做了充分的思想準備和相應對策的，尤其對渣甸等欽點的煙販更是留意有加。道光皇帝讓他帶往廣州查辦的相關奏摺中，渣甸被列為"奸猾之尤"；林則徐尚在京城時，便"密遣捷足，飛信赴粵，查訪其人，以觀動靜"，更斷定"鴉片之到處流行，實以該夷人為禍首"。

然而，林則徐此次南來，並沒有見到渣甸的蹤影。就在1838年11月道光皇帝決定派林則徐南下廣州的同時，身在廣州多年的最著名鴉片商人渣甸正打算離開廣州、返回倫敦。已經賺足了錢的渣甸，其實早在1837年便打算返回英國，[①]在蘇格蘭買下大片土地，然後出任國會議員，翻開人生的另一頁。

渣甸將公司交給馬地臣經營，在一場廣州外商參加的盛大告別宴會後離開了廣州。

在熱鬧的歡送之後，渣甸寫了封告別信給馬地臣，"有關晚宴、演説、在大街上跳舞等等我就不説了，我的侄子大衛·渣甸會告訴你這些亂七八糟的事。有一件事我謹向你保證：我絕對相信，洋行在你的帶領之下，必如同我在時般蒸蒸日上。你只需對自己有信心，相信你自己的能力絕不在我之下，甚至超乎我。你會需要一些時間來贏得中國人的信任，不過時間不會太長。在未達到這個目標前，我對你的經營手腕信心十足，對於把洋行交到你手裡也很放心。"[②]

渣甸是1月26日從澳門啟程正式離別中國的。渣甸返回倫敦，也同樣作了

---

① 兩廣總督曾在1836年11月23日下令，包括渣甸在內的9名外國大鴉片商必須在15天內離境；12月13日再次下令，限期延長4個月，展至1837年4月4日。

② 羅伯·布雷克著、張青譯：怡和洋行，時報文化出版公司，台北，2001，90頁。

充分的思想準備和相應對策，他尤其知道北京派出欽差大臣南下廣州意味着什麼。

04 禁煙風暴與馬地臣繳煙

"鴉片這種買賣是在廣州的外國人最易做、也最愜意做的。賣出是愉快的，收款是平和的。這項交易似乎也具有了這種麻醉品的特性，一切都是愉快舒適的。賣出的手續費是3%，盈利的手續費是1%，沒有壞賬。代理商每箱可賺20英鎊，年年如此。"

旗昌洋行的亨特事後回想起當時在廣州從事鴉片代理生意時，感到那的確是段幸福時光。他説："我們不顧地方當局的命令，也不顧北京來的（命令），而且確實相信就'鴉片貿易'而論，我們將永遠不受懲罰。"

然而，這次欽差大臣林則徐的禁煙卻是真刀真槍。經過一週的縝密調查，林則徐開始密集行動起來。①

3月18日，林則徐傳諭行商，斥責他們包庇鴉片貿易，聲言如果不立即停止鴉片貿易，將拿他們問斬。

同一天，林則徐向在廣州的外商發佈諭令，三天之內，呈繳所有鴉片，並簽具永不夾帶鴉片的甘結，一旦違反，貨盡沒官，人即正法。

19日，馬地臣、顛地等人在公所與行商會面，行商傳達欽差大人的口頭命令，強調如不執行命令，後果將很嚴重。

21日晚，外商沒有理會三天的期限，最後各家行號只認繳1034箱。其中，

---

① 以下林則徐的禁煙行動以亨特1882年出版的《廣州"番鬼"錄》為基礎，並參考其他史料。

伍浩官讓旗昌洋行多交150箱，錢則由浩官出。

不過，這點鴉片被林則徐斷然拒絕。辦事不力的伍浩官與盧茂官被戴上枷鎖。林則徐同時下令截斷與黃埔的船運交通，商館附近和河面上佈滿士兵。

22日，鑒於渣甸已經離開廣州，顛地被視為理所當然的鴉片"夷目"。林則徐下令召顛地進城。

23日星期六，在英商一番討價還價後，林則徐同意顛地在週一（25日）上午十時前往面見林則徐。

從3月17日至23日一週的以上安排，可見林則徐所下決心之大。

此後，義律到達澳門，林則徐採取了進一步的措施。

24日下午，義律從澳門趕到廣州，他立即承擔起英商的保護者角色。他不許顛地次日進城，聲稱絕不容許顛地成為在華英商的"替罪羊"，他將以官方身份保護顛地。

晚上，商館的數百名各種服役人員──從買辦到廚師全部撤離。同時，在商館後面的街道和前面的廣場上滿佈清兵，禁止外商隨便進出。除非外商交出鴉片，簽具甘結，否則將持續封鎖商館。

這個所謂的"包圍"商館事件，在該年底曾被身在倫敦的渣甸、以及在國會辯論時作為藉口刻意渲染，被描繪成暗無天日的囚牢。事實上，怡和檔案顯示，這些外商住在林欽差封鎖下的夷館裡生活得相當不錯。馬地臣儲藏了大量的酪肉和麵粉，他們喝着庫藏豐富的紅、白酒。行商已說服欽差大臣將士兵撤走，由行商們的僕役看守各商館大門，他們將新鮮的蔬菜等必需品在夜裡偷偷運入夷館，一名帕西商人則將其印度廚師借給了馬地臣。

在外商被困期間，真正如熱鍋上的螞蟻的，是十三行的行商。正如亨特所說："在我們被禁錮在商館裡的6個星期裡，他們（行商）處在死亡的威脅之下，並經常在前所未聞的壓力下，盡可能去請求‘地方當局’以緩和我們的困境。所有這種做法，對他們都是極其危險的。”

義律對此一事件的應對之策是：各英商將鴉片呈繳，英國政府保證全價發還。雖然馬地臣平時對義律的評價都是貶損之詞，這次他則認為義律的命令是“一個寬大的、有政治家風度的措施”。他在寫信給倫敦的渣甸和斯密斯時說，中國人已經陷入直接對英王負責的圈套之中。因為這些鴉片已經不是商人的私有財產，而是英國政府的財產。

馬地臣借此可照英國政府所擔保的價格將鴉片脫手，免去了將存貨留在手中的麻煩。而且由於大量鴉片被銷毀，接下來的鴉片價格將會上漲。而最重要的是，英國政府這時已直接捲進了漩渦。

5月21日，外商繳齊20283箱鴉片。在所有外國商行中，渣甸·馬地臣行交出的鴉片最多，達到7000箱，其次是顛地洋行和旗昌洋行。

不過，由於有賠償保證，馬地臣們對交出鴉片並不感到可惜，相反心懷歡喜。馬地臣慶幸自己“幾乎要將鴉片船開走以脫離看似危險之地，但幸運的是沒有開走”，否則將會置鴉片於英國政府的保護範圍之外了。

6月3日，舉世聞名的虎門銷煙開始。經過23天不間斷地努力，2萬多箱鴉片全部銷毀。到此時為止，林則徐禁煙在道義和法律上、以及在實際行動上初戰告捷。

05　為戰爭奔走呼號的渣甸

當道光皇帝採取如此嚴厲的措施沒收不法英商的鴉片、並嚴懲本地交易者時，鴉片貿易的末日似乎已經來臨。

在這一時期的英國—印度—中國三角貿易關係中，罪惡的鴉片正是維持這個三角鏈條運轉的關鍵。因此，當中國一禁煙，鴉片的來源地印度、銷售工業品到印度的英國，便炸開了鍋。

中國禁煙，首先使印度財政受到嚴重影響。1839年1月，加爾各答出售的鴉片每箱超過800盧比；2月，每箱價格約700盧比。4月，當林則徐廣州禁煙的消息傳到加爾各答後，每箱鴉片的價格暴跌至400盧比以下。

對印度英籍鴉片商來說，中國的禁煙讓他們直接受到打擊。他們一方面請求印度政府推遲拍賣當年新產鴉片，使他們能將存貨賣出；另一方面向英國各大城市的東印度與中國協會以及利益相關的公司發出呼籲書，要求他們"聯合大不列顛所有的商界勢力，以最強有力的方式要求政府，利用這次機會，採取適當手段，一勞永逸地把我們對中國的商務關係安置在穩固而榮譽的基礎之上"。同時，他們向英國政府發出請願書，要求英國政府盡快採取行動，迫使中國政府賠償由於禁煙而給他們帶來的損失。

6月1日的《孟買英籍商人和居民上樞密院請願書》中這樣寫道："鴉片貿易是在不列顛政府和國會明令核准與授權的條件下，由印度政府鼓勵和推動起來的。……事實證明鴉片貿易乃印度政府的一項收入來源，在過去20年中，每年這項收入從50萬鎊增加到近年的200萬鎊。從帝國觀點上看，印度收入的茂盛，其重要性並不下於祖國更直接的財源，因為自從東印度公司對華茶葉貿易專利權廢止以來，主要的正是由於有鴉片貿易的緣故，東印度公司才能夠經常地每年從印度收進大量的款項並以如此有利的條件匯到英國去作為'國內開支'之用。也正因為同一理由，所以英籍商人才能夠順利地採購大量的茶葉，輸入到英國去，而進口茶葉卻又每年給不列顛政府獲取非常重要的茶稅收入。"

6月3日的《孟買商會致大不列顛各地東印度與中國協會書》中寫道："鴉

片貿易的突然摧殘，其結果使不列顛在華財產遭受巨大犧牲。除這項犧牲外，目前印度所存鴉片幾乎毫無價值可言，這項損失也是巨大的⋯⋯不列顛政府至今一直沒有勇氣去堅持，把我們對中國政府的商務關係置於前所未有的更安全、更穩固、更合乎不列顛榮譽的基礎之上。"

9月初，渣甸抵達倫敦。已經得知林則徐虎門銷煙行動的渣甸，決心去見巴麥尊。9月27日，在斯密斯安排下渣甸見到了巴麥尊。

為使巴麥尊 "對於對手國家有個清楚的觀念"，渣甸隨身帶來了一些關於中國的地圖、表冊。他們討論了對中國沿海實行軍事封鎖的問題，並討論了 "失敗的可能性"。此外，"艦艇的隻數、陸軍的人數、必要的運輸船隻等等，也全部討論到了"。

當渣甸在英國積極活動時，那些親歷了林則徐禁煙的廣州英國鴉片商，更是急切地希望英國政府盡快對中國進行武力干涉。他們組成了包括馬地臣的侄子央馬地臣、胡夏米在內的代表團返英遊說。10月，代表團抵達倫敦，與渣甸會合。馬地臣在寫給渣甸的信中說，要努力說動英國的主要報紙、聘請最好的法律顧問來鼓動對中國的禁煙運動進行干涉。10月26日，渣甸回覆馬地臣的信中寫道，關於要求賠償鴉片損失的問題，"《泰晤士報》正在為鼓動我們的事兒鋪路"。

12月中旬，巴麥尊決定派兵要求賠償，並要求渣甸提出一份行動方案。12月19日，渣甸寫信給馬地臣："我的建議是派遣海軍包圍長城以南到天白的中國沿海，或者說北緯40度至20度；軍力應包括專跑該航線的兩艘商船、兩艘戰艦及兩艘適於內河航行的平底輪船，並有足夠的運輸船⋯⋯以運送六、七千名士兵。軍隊應直逼北京，然後當面要求皇帝為對英國的羞辱道歉⋯⋯償還被銷毀的鴉片、簽定平等商約，以及開放北方各港自由貿易⋯⋯像廈門、福州、寧波、上海,如果可能的話,還有膠州。"①

義律在廣州以"英國女王陛下政府"的名義要求英商向林則徐交出鴉片,這就意味着英國政府要補償這些損失。而對英國政府來說,當然不可能讓本國納稅人為遠方的鴉片商們償付損失。面對鴉片商們要求賠償損失的壓力,英國政府決定讓中國政府來支付這筆費用。

1840年2月6日,渣甸與巴麥尊再度會面,討論出兵及賠償細節。20日,巴麥尊下達了向中國派出遠征軍的訓令,從印度派遣軍隊前往中國。

06 鴉片戰爭爆發

在虎門銷煙過後,鴉片的價格大幅上漲。馬地臣帶着他的侄子央馬地臣和渣甸的侄子安德魯·渣甸主動出擊,迅速扭轉了渣甸·馬地臣行近兩年來因禁煙而導致的糟糕局面。統計顯示,渣甸·馬地臣行成立後的第一個會計年度(1832-1833)淨利為30.9萬英鎊,而在禁煙高峰期的1837-1838年、1838-1839年分別跌至6.3萬和5.3萬英鎊。1839-1840年,又立即攀升至23.5萬英鎊。

而對英國政府來說,其對華政策是拒絕服從清朝的司法管轄。義律更是在撤出廣州商館前,就曾把林則徐擬好的要求外商簽具永不夾帶鴉片的甘結式樣撕個粉碎:"我立刻把它撕碎了,並叫他們告訴他們的長官,要命現成,再拿具結的事情來糾纏我和他們自己,實是徒然的。"②

1839年7月7日,一群英國水手在九龍尖沙咀酗酒滋事,不僅殃及婦女、兒童,而且毆傷村民林維喜,致使林第二天死去。這一事件迅速激化了林則

---

① 羅伯·布雷克著、張青譯:怡和洋行,時報文化出版公司,台北,2001,98頁。
② 馬士著、張匯文等譯:中華帝國對外關係史,上海書店出版社,2006,一冊,258頁。

徐和義律之間本已緊張的關係。8月2日，林則徐要求義律交出兇手，義律予以拒絕。

義律拒不交人，英商又拒簽甘結、且繼續從事鴉片貿易，林則徐於是開始對居住澳門的英商採取行動，同時發佈兩項佈告：一是斷絕居澳英商食物供應，一是所有為英商服務的買辦、僕役等必須撤離，違者即刻拿辦。澳門的葡萄牙總管也通知英商，無法保證其安全。

8月26日，包括婦女、兒童在內的英國人全部離澳，退至香港。

英商離開廣州後，已經簽具甘結的美國商人大發其財。一些不打算進行鴉片貿易的英船，對義律拒絕批准英商出具一般性的甘結感到不滿。英船"擔麻士葛號"（Thomas Coutts）和"皇家薩克遜號"（Royal Saxon）兩船船長違抗義律的命令簽具了甘結，[①]被林則徐准許經營貿易。

11月3日，"皇家薩克遜號"駛往廣州通商，當駛至虎門時，英國兵船"窩拉疑號"（Volage）對着這艘商船的頭部發射了一枚炮彈。水師提督關天培為保護"皇家薩克遜號"而進行干預。這時，義律就在"窩拉疑號"上，兵船炮口立即轉向了中國水師的船隻，在這場發生在穿鼻洋的戰役中，清朝四艘水師船被擊毀。

12月6日，中英兩國之間貿易中斷。

1840年1月5日，林則徐宣佈廣州封港，"永遠"斷絕英船、英貨或英國船

---

① 《澳門月報》（1839年10月號）刊登的兩船主甘結樣式如下：

具甘結夷人＿＿＿乃＿＿＿船之船主，今到天朝大憲台前具結：遠商之船帶＿＿＿貨物來廣東貿易，遠商同船上之伙長水手，俱稟遵天朝新例，遠商等並不敢夾帶鴉片，若察驗出有一小點鴉片在遠商船上，遠商即甘願交出夾帶之犯，必依天朝正法治死，遠商之船貨亦皆充公。但若查驗無鴉片在遠商之船，即求大憲恩准遠商之船進黃埔，如常貿易。如此良歹分明，遠商甘願誠服大憲。此結是實。

天朝道光　年　月　日　船主＿＿＿同夥＿＿＿人

船名＿＿＿僱傭＿＿＿人

貨的進口。

一個多月（2月20日）後，在倫敦，巴麥尊已經在調兵遣將開赴中國沿海。對此，遠在廣州的林則徐一無所知。事實上，英國的民眾也被蒙在鼓裡。英國國會直到4月7日才在反對黨領袖皮爾（Robert Peel）的要求下舉行辯論，皮爾已決定對政府發動不信任投票。

長期以來，英國政府對鴉片貿易採取支持和鼓勵政策，保守黨執政時亦然，因此並沒有佔據到什麼道德高地。

在為期三天的國會辯論中，並沒有就問題的核心展開，而是夾雜着黨派之間的相互攻擊。倒是年輕的保守黨議員格萊斯頓（William E. Gladstone）的一番話振聾發聵：“我不知道而且也沒有讀到過，在起因上還有比這場戰爭更加不義的戰爭，還有比這場戰爭更加想使我國蒙受永久恥辱的戰爭。站在對面的這位尊敬的先生竟然談起在廣州上空迎風招展的英國國旗來。那面國旗的升起是為了保護臭名遠揚的走私貿易。假如這面國旗從未在中國沿海升起過，而現在升起來了，那麼，我們應當以厭惡的心情把它從那裡撤回來。”①

國會最後表決的結果，對政府的不信任案因贊成票少於反對票而被否決。

1840年6月，義律的堂兄、海軍少將懿律（George Elliot）作為遠征軍總司令到達廣州海面。這時在中國海面的英國兵力有：16艘戰艦、載炮450門，4艘武裝輪船，1艘運兵艦，27艘運輸艦，4000名各兵種陸軍。

懿律和義律被任命為英王陛下的正副委員和全權公使。英國政府給予他們的訓令是：要求清政府就“屈辱和損害”做出全面賠償，割讓一個或數個島

---

① 費正清：劍橋中國晚清史（1800-1911年），中國社會科學出版社，北京，1985，上冊，212-213頁。

嶼、廢除公行制度及還清公行商欠等。

6月28日，英國軍艦封鎖廣東海面，鴉片戰爭正式爆發。英軍並沒有進攻已經做好戰鬥準備的廣州，而只是封鎖珠江口後，便揮師北上。經過渣甸參謀過的這個戰略，一開始的目標便確定了在北方作戰。在廣州呆過多年的渣甸深知，就中國的中央集權體制而言，權力來自中央，接近權力中心的效果會更加明顯。

7月5日，英軍佔領了舟山群島上的定海，知縣姚懷祥自殺。7月10日，英軍封鎖寧波，繼續北上。8月15日，抵達白河。在這裡，懿律將巴麥尊致道光皇帝的照會交到了直隸總督琦善手中。

07 林則徐、琦善和義律相繼免職

在英軍一路北上時，林則徐的命運開始發生轉變。他無懼於與英軍作戰，而且作了充分準備。然而，英軍北上，他訓練的鄉勇、新購買的200多門洋炮、巨型鐵索攔截江面，都派不上用場。英軍每靠近京城一步，林則徐受到的批評和指責就增多一分。

當英軍抵達天津附近的白河時，離京師只有百里之遙。朝廷與地方督撫責怪林則徐的聲浪漸起。林則徐外不能斷絕鴉片走私、內無法清除鴉片煙販，既沒解決問題，反而生出事端。對此，道光皇帝憤怒不已。

已經停泊在大沽口的英國人，要求皇帝撤換林則徐。於是，道光皇帝派拱衛京師的直隸總督琦善出面應對。

琦善知道，以清軍的實力遠非英軍對手。英軍在如此短的時間內便推進到了白河口，長江口和沿海全被對方封鎖，白河口親眼目睹英軍之“船堅炮利"，開戰勝算無幾。剩下的，也就只能是倚重於外交和談判了。為此，琦善隆重地接待了義律等人，同時也堅決要求，既然廣州是一切問題的發生地，那麼它也應該是解決一切糾紛的所在地，應該在那裡將雙方爭論的事實真相查清，最後把問題解決。

1840年9月15日，英軍撤離白河，琦善兵不血刃地將敵軍退卻，讓道光皇帝暫時長舒了口氣。

"措置失當"的林則徐隨即被撤掉欽差大臣銜。[①]有着柔性外交手腕的琦善取而代之，帶着道光皇帝的"撫夷"使命，南下與英軍交涉。

琦善在交涉中發現，事情遠非義律與林則徐之間的衝突這麼簡單，義律想要的與朝廷所能給予的，差距巨大。他無權讓步太多，但又必須講和。整個12月，琦善都在與義律進行着艱辛的談判。然而，雙方在香港問題上談判破裂，義律絲毫不放鬆割讓香港的要求，而琦善知道割讓土地是決不允許的事。

為了讓琦善屈服，義律於1841年1月7日突襲虎門，大角和沙角炮台隨即陷落，廣州頓時無險可守。琦善只得同意擬訂《穿鼻草約》。

1月20日，義律發佈公告，宣告已簽訂初步協定：割讓香港本島及其港口，但仍由清政府徵收捐稅；賠款600萬元；兩國官員在平等基礎上直接交往；開放廣州貿易。5天後（1月25日），英軍首批佔領者從Possession Point（佔領角，即現在上環的水坑口街一帶）登陸香港。第二天，海軍陸戰隊升起英國國旗。

對於這份協定，琦善並沒有加蓋他的官印，但同意上奏朝廷。

2月26日，當已經由主"撫"變為主"剿"的道光皇帝獲知琦善擅自割讓香

---

① 林則徐後擔任兩廣總督，1841年5月離開廣州受審，7月1日被流放到大西北的邊陲伊犁。

港，且香港已被英軍佔領，憤怒之情可以想見。他立即拒絕承認，將琦善革職鎖拿送京，並處以抄沒家產。[①]

義律單方面將草約公告於眾，也同樣是自作主張。4月10日，巴麥尊在接到送回倫敦的草約副本後稟告英國女王說："義律似乎已經把寄給他的訓令完全置之度外。"

4月13日，22歲的英國女王在致函其姻親比利時國王時說："中國的事件很使我們懊惱，巴麥尊極其感到羞辱。如果不是由於查理·義律的那種不可思議的、奇怪的舉動，我們所要求的一切或許已經到手了。……他完全不遵守巴麥尊給他的訓令，卻嘗試着去取得他能夠得到的最低的條件。"[②]

4月30日，英國內閣會議通過決議，否決義律簽訂的草約，要求中國付出更大數目的賠款，對將來貿易作出更大的安全保證，舟山必須重新佔領，義律必須召回，派璞鼎查爵士（香港譯名：砵典乍，Sir Henry Pottinger）前往接替。

08 與渣甸、馬地臣親密接觸的璞鼎查

雖然英國政府在1841年4月底便指派璞鼎查接替義律，但由於距離遙遠，直到8月，璞鼎查才帶着義律的革職函到達廣州。因此在這3個多月的時間裡，依然是義律在主導英國政策。

清朝方面，當琦善由奕山、隆文和楊芳集體接替後，廣州軍備加強，增援部隊由鄰近省份陸續調來。但統率英軍的義律則先發制人，發動了新的進攻，

---

① 在林則徐流放大西北一年後的1842年5月，琦善被判流放東北的黑龍江。
② 馬士著、張匯文等譯：中華帝國對外關係史，上海書店出版社，2006，一卷，306-307頁。

新式戰艦 "復仇女神號" 也投入了戰鬥。2月26日，虎門炮台失守，廣東水師提督關天培不幸陣亡。經過談判，雙方暫時停戰，港口貿易重新恢復。

5月21日，戰火重燃。在幾天的戰鬥中，廣州城北各要塞相繼淪陷。27日，奕山只得接受義律提出的苛刻議和條件：一週內賠款600萬元，6天內清軍退出廣州城。值得一提的是，英軍在隨後的撤退過程中，一部分在廣州城郊三元里騷擾百姓的英軍遭到當地民眾痛擊。

此時，璞鼎查帶着義律的革職信，正在前往東方的路上。央馬地臣陪着他從孟買一路來到澳門。8月9日，馬地臣舉行晚宴歡迎璞鼎查。

璞鼎查此次帶着明確的巴麥尊的訓令而來，在倫敦出發前，便與已經成為英國阿什伯頓（Ashburton）議員的渣甸會面，詳細傾聽過他的意見。正如布雷克所寫："璞鼎查並不像義律般嫌惡鴉片貿易，他被任命後的頭一件事，就是向人在倫敦的渣甸請益，他倆在海圖和地圖中用晚膳，只有央馬地臣作伴。"

璞鼎查於1841年8月佔領廈門、10月攻取定海和寧波，1842年6月佔領上海、7月佔領鎮江，漕米北運被封鎖，南京門戶洞開，[①]在前線抗戰的清朝將軍們最後不得不請求道光皇帝同意和談。

中國人民遭受西方列強羞辱和欺侮的一個世紀從此開始。

09 戰時鴉片生意

戰爭的硝煙瀰漫，並沒有影響到渣甸·馬地臣行的鴉片經營。從某種意義上說，戰爭反而使其處在了更加有利的地位。因為英商被趕出廣州後出現的動

---

① 據認為，璞鼎查揮師長江，將中國切為兩半，並在運河穿過長江之處（即鎮江）封鎖南方漕糧北運的作戰計劃，出自渣甸獻策。

盪局面，以及傳到印度真假不明的混亂傳說，讓諳熟內情的渣甸‧馬地臣行更加洞察到商機所在。

　　渣甸‧馬地臣行依靠它從馬尼拉開出的沿海船隊，來往穿梭於中國東部沿海一帶。這段時期，渣甸‧馬地臣行在印度鴉片出口中的份額，通常可以佔到總額的三分之二。

　　在動盪不寧的變化時代，再一次顯示了馬地臣善於捕捉商機的"本領"。當林則徐禁煙的消息傳到印度後，鴉片價格大幅下挫，從孟買和加爾各答運往中國的鴉片銳減。

　　馬地臣隨即運送10萬元到新加坡投資到新上市的鴉片上，同時向加爾各答訂購了同樣數目的新貨。

　　剛從廣州商館撤離5天（5月29日），馬地臣便寫信給加爾各答的"密友"，說正派渣甸的侄子安德魯‧渣甸到馬尼拉去開設鴉片業務分店，和渥太打公司合作經營。

　　在馬尼拉設分店並非供應本地市場，而是將鴉片交給帆船或飛剪船運往中國沿海。馬尼拉政府對再出口的鴉片則給予了減半徵收進口稅、甚至提供貨棧的優惠政策。

　　渣甸‧馬地臣行沿海船隊的船長們重新積極活躍在中國的東部沿海。銷量雖然不大，但利潤極高，一箱200元買進的鴉片可以賣到800多元，甚至1000元。[①]

　　當加爾各答鴉片市價快速上漲後，渣甸‧馬地臣行再次回到傳統的經營方式中。安德魯‧渣甸被從馬尼拉召回。到了1840年4月，"貿易的黃金時代已

---

① 馬士《中華帝國對外關係史》第一卷第263頁載：在十月裡，沿海一帶，每箱價格大約在一千元到一千六百元，到年底降至七百元至一千二百元。格林堡《鴉片戰爭前中英通商史》第189頁則稱：怡和文件中列出此一時段的鴉片最高價格是一千元，且只有極小部分賣到了這個價錢。

經過去了"。至此，渣甸·馬地臣行壟斷這種通過馬尼拉的鴉片貿易已近10個月之久。

在清政府禁煙最嚴厲時期，渣甸·馬地臣行在東南沿海販運鴉片，並非沒有風險和代價。該行的鴉片船"希臘號"（Hellas）曾受到當地政府的打擊，船長和水手均受傷，船也被付之一炬。沿海船隊司令里斯船長辭職，不願再進行這種冒着生命危險的貿易。

然而，當英國遠征軍到達中國海面後，隨着清軍在軍事上的節節潰敗，渣甸·馬地臣行的鴉片躉船在光天化日之下又可以接待取貨船隻了。曾經一度從《廣州紀事報》上消失的鴉片行情及價格，又赫然回到了版面上。

隨着英國軍隊北上，渣甸·馬地臣行運送鴉片的足跡也相繼跟隨到舟山、吳淞，甚至更遠的地方。[1]

面對日趨激烈的競爭，渣甸·馬地臣行祭出的法寶是，以經營代理業務為主，以及低價多售、薄利多銷。同時，進一步保持運輸工具的領先地位。為此，渣甸·馬地臣行建造了更快速的飛剪快船。

不僅如此，面對中英戰爭的持續，懸掛外國旗幟的老辦法又被重新利用起來。渣甸·馬地臣行多艘船經常變換船名及所懸掛的國旗。馬地臣作為"丹麥領事"，懸掛丹麥國旗"理所當然"，而懸掛瑞典和普魯士國旗也沒有什麼奇怪。利用一切能夠用的辦法，將鴉片貿易做到更好，最大程度地獲取利潤，正是渣甸·馬地臣行的追求。

---

[1] 鴉片並非戰時渣甸·馬地臣行經營的惟一業務。譬如，它也在沿海一帶推銷英國棉貨，並將茶葉運往倫敦。

10 怡和洋行的勝利

　　1842年8月29日，清政府的代表欽差大臣耆英、伊里布和兩江總督牛鑑，來到停泊於南京江面的英國軍艦"康華麗號"（Cornwallis）上，與璞鼎查簽訂了《南京條約》。[①]在英國艦隊的炮口和英軍即將攻取南京的威脅下，中方幾乎對英方的所有要求都做出了讓步，渣甸和馬地臣等在廣州經營了多年的英國商人，終於得到了他們所一直想要得到的。而清朝在壓力下三天之內就被迫接受的《南京條約》，不過是此後一系列不平等條約中的第一個。在西方國家不斷將其意志強加給中國的過程中，怡和洋行還會得到更多。[②]

　　而我們看到，在這最初的一幕中，可以說每一條款都使怡和洋行受益：賠款2100萬元——1200萬為軍費賠償、600萬為銷毀鴉片之賠款、300萬為償還商欠債款；割讓香港；開放廣州、廈門、福州、寧波和上海五口通商，英國並可派駐領事；兩國官員平等往來；廢除公行壟斷貿易制度。此外，制訂一項劃一而適度的進出口稅則。

　　怡和洋行並不是一個坐享其成者。當初巴麥尊的出謀劃策者中，立下大功的就有渣甸和斯密斯。因此，當《南京條約》簽訂的消息傳到巴麥尊的耳中時，已經不在外交大臣任上的他立即在1842年11月28日致函怡和洋行駐倫敦代理斯密斯："……基於你（我親愛的斯密斯）和渣甸先生熱心提供的協助和情報，我們才能給予駐華的海軍、陸軍及外交人員那些詳細的指示，從而導致後來令人滿意的結果。1839年秋天，我們從你們那兒及其他人處得到的情報，後來成為1840年2月我們訓令的基礎。那些情報是如此地精確及完整，以致於我

---

① 雙方的批准書於1843年6月26日在香港交換。
② 本書從《南京條約》簽訂後，將渣甸·馬地臣行稱為怡和洋行或渣甸洋行。

們的繼任者認為似乎沒有修改的必要。後來事情證明,決定性的軍事行動果然發生在長江,早在1840年2月我們便對海軍將領做出這樣的建議。而且和談的條件也正如同當年我們對全權代表懿律和璞鼎查的指示一樣。"

在英國發動的這場鴉片戰爭中,渣甸、馬地臣及其怡和洋行相關人員無疑扮演了極其重要的角色。誠如美國歷史學家費正清所揭示:"(鴉片貿易)這種近代史上延續最久的有組織的國際性的犯罪活動,為早期英國對中國的侵略輸了血。為了進行第一次鴉片戰爭,一些鴉片商大亨不僅幫助巴麥尊制定計劃和戰略,而且提供必須的物資援助:把鴉片貿易船隻租給艦隊使用;鴉片貿易船隻的船長給他們當領航員,而其他職員則充當翻譯;自始至終給予慇勤的招待,並出謀劃策和提供最新情報;用販賣鴉片得來的白銀換取在倫敦兌換的匯票,以支付陸海軍的軍費。"①

怡和洋行的一個鮮明特徵,是與政治緊密關聯,在其以後的一百多年歷史中這一特性若隱若現、時強時弱。在很長一段時間裡,怡和洋行既是大英帝國海外擴張的實踐者,也是擴張主義的維多利亞女王政府海外利益的享有者。

自由貿易的思想一旦與工業擴張的力量相結合,東印度公司壟斷東方貿易的體制阻擋不住,鄙視商業與身處農業社會的清朝,更是無法擋住這批亞當·斯密信徒的海外擴張的洪流。讓人無法接受的是,邪惡墮落的鴉片充當了急先鋒。鴉片與槍炮的結合,迅速打開了清朝虛掩的大門。

從今天看回去,一邊是日漸衰敗的王朝,一邊是工業革命後的西方第一強國。無論從國際視野、政治經濟體制,還是武器裝備、軍隊戰術本身,此時的

---

① 費正清:劍橋中國晚清史(1800-1911年),中國社會科學出版社,北京,1985,上冊,233頁。

大清帝國與大英帝國都不是在一個層次上，器物層面、制度層面和思想意識層面的差距，堪比鴻溝。因此，當中西碰撞日益激烈之後，從1782年處在"天朝上國"的乾隆盛世，一個甲子（1782-1842）過去，清朝已經跌入向"番夷"割地賠款的境地，而這只不過是清朝遭受恥辱的開始。在接下來的一個甲子（1842-1902）裡，清朝的統治者將不得不面臨一場又一場的戰爭，簽下一個又一個喪權辱國的條約。在"三千年未有之大變局"的形勢下，開始從一個專制集權的古老帝國向現代社會痛苦轉型。

1. 1841年外商下旗撤離後的廣州商館區。
2. 在中國賺取巨額金錢後，渣甸家族在蘇格蘭購置的豪華莊園。

1. 對華強硬的英國外交大臣巴麥尊（1784-1865）。
2. 南下廣州禁煙的欽差大臣林則徐（1785-1850）。
3.《南京條約》文本，其正文第三條訂明割讓香港島予英國。

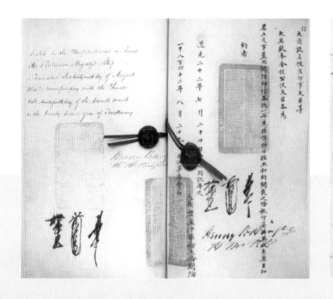

一因
大英商船一路涉洋往來，有損壞欲次修補者自應給予近海一處，
以便修舡及存守所用物料，今
大皇帝准將香港一島給予
大英君主暨翻嗣後世襲主位者常遠據守主掌往便立法治理

一因
大清
欽差大臣等奉道光十九年十二月間往將
大英國領事官及民人等強留粵省嚇以致累害，吸片焚燬貨食
大皇帝准補洋銀六百萬元償補原價

一兀

第六章

香港上海時代

一八四二年之後，香港一躍而為商業重鎮。接下來的三十年，鴉片貿易急速成長，而怡和洋行在其中獲利甚豐。

——（英）布雷克

上海因此成為當時清朝進口鴉片的第一大港，鴉片貿易發展的迅速和中外大鴉片商財富的增長同步，都源自這種買賣。

——（法）白吉爾

從1782年“柯克斯老爺”在廣州推銷他的“打簧貨”，到1842年《南京條約》簽訂，轉眼60年過去，“尊貴的東印度公司”消失了，輝煌富有的十三行衰落了，中國的大門被敲開了。展現在怡和洋行眼前的，是平坦的大道。在“日不落帝國”庇護下，怡和洋行憑借其在中國大陸和香港擁有的特權，及其大班堅韌的毅力、冒險的勇氣、靈活的身段、積極參與政治和全力追逐利潤的經營手段，以香港為基地，展開了下一個60年迅猛的發展旅程。

第一次鴉片戰爭及《南京條約》簽訂，讓怡和洋行進入到一個新的發展階段。渣甸和馬地臣在賺得巨額金錢後回到英國，做起了國會議員和大莊園主。他們的子侄輩則帶領怡和繼續構建其東方鴉片帝國的大廈。而隨着香港被割讓、上海成為通商口岸城市中的佼佼者，怡和“鴉片帝國”從廣州、澳門時期，走向了香港、上海時代。

01 鴉片貿易：合法與非法

由鴉片而引發的戰爭，在戰爭結束後簽訂的《南京條約》中，卻無一字提及鴉片本身。事實上，在《南京條約》簽訂的前兩天（8月27日），璞鼎查曾向清政府正式提出了鴉片貿易合法化的備忘錄。不過，遭到了中方簽約人的斷然拒絕。在條約簽字之後，兩國全權大臣之間對此曾繼續有過討論。璞鼎查提議，中國如果聰明的話，就應該將其合法化，因為這樣一來，中國方面既可有效控制它，又可以增加稅收。其實他背後的潛台詞則是：既可保證英國方面穩定的盈利收入，又可避免因鴉片走私而和中國發生外交糾紛。但道光皇帝堅決反對鴉片貿易合法化，認為“如果令行禁止，不任陽奉陰違，吸食之風既絕，興販者既無利可圖”。於是，璞鼎查稱英國政府只是在訓令中提出這項要求，並不強求鴉片貿易合法化。

事實上，在1842年12月28日，璞鼎查曾對英商說，他抱有一種希望，"雖然我承認是一個淡薄的希望，我將會有力量使鴉片交易借物物交換的方式為中國皇帝所允准"。

但是，他的努力並沒有結果。第二年6月，璞鼎查趁欽差大臣耆英訪問香港時，又一次提出了鴉片合法化的建議。耆英當即提出，要求英方保證每年只運進3萬箱左右的鴉片，限期10年，每年預付鴉片稅300萬元（210萬兩），璞鼎查只得作罷。

璞鼎查告訴怡和等英商，鴉片並不像他們所建議的那樣，包含在未列入稅則而按"值百抽五"交納關稅的商品清單中，因此鴉片交易依然是違法而受到禁止的。任何英國人從事這項交易時，將不受英國官員支持和保護。

與此同時，璞鼎查對駐廣州的欽差大臣伊里布說：他已接獲命令不許鴉片帶至香港、甚至進入香港海面，但是他表示這勢必使鴉片貿易走入秘密的途徑。

最後，1843年10月簽訂的《虎門條約》，也沒有對鴉片貿易作出具體規定。英國政府雖然沒有執意要求中國方面讓鴉片貿易合法化，但並不阻止英國商人販運鴉片，也沒打算讓他們遵守中國法令。

對於鴉片貿易應否合法化，怡和洋行曾經猶豫不決、搖擺不定。

1843年7月，已經執掌怡和洋行的央馬地臣曾反對將鴉片合法化。他在一封信中寫道：該藥（鴉片）貿易合法化的希望已全部告吹，你盡可放心，一旦合法化，就不再有利可圖。這件事愈困難對我們就愈好。……不管有什麼障礙，我們總會找到辦法幹下去的。但是，不久，央馬地臣又相信，合法化可以降低公司的運費，"也可減低小煙商受投機風潮吸引，蜂擁而至香江的熱度"，轉而支持合法化。

　　不過，隨後央馬地臣又改變了態度，雖然他仍然深信合法化有助於降低運費，但不確定這樣對怡和洋行是否必然有利，因為怡和已經獨佔鰲頭，合法化或許只會增加競爭。

　　10年前，怡和洋行為打破東印度公司的壟斷，曾全力鼓吹競爭。但是一旦會危及自身的利益，怡和可就不那麼熱心了。怡和不願見到“小資本商人”加入，要做這椿非法買賣所費不菲，只有資金雄厚如怡和、寶順者才做得起來。合法化也有可能出現鴉片貿易集中香港的情況，這同樣會剝奪兩大洋行寡頭獨佔沿海貿易的利潤。

　　此後十幾年中，鴉片貿易繼續以怡和洋行滿意的走私方式獲得急劇發展。英國對華的商業入侵，以合法貿易與非法鴉片貿易雙管齊下的方式在中國展開。而已經成為英國殖民地的香港，正是怡和洋行從事鴉片貿易的基地和鴉片轉運的中心。

02 怡和洋行總部移港

　　香港成為英國殖民地，具有歷史的偶然性和必然性。在英國依靠其強大的海上力量向東方擴張的征途中，相繼把直布羅陀、馬耳他、錫蘭、檳榔嶼、新加坡收入囊中，或作為軍事基地、或成為通商據點。這個有着“海島和半島收藏家”之稱的海上帝國，一旦被中國的廣闊市場所吸引，割佔一塊土地作為通商據點的心思便流露了出來。

　　還在1792年馬戛爾尼使團訪華時，馬戛爾尼便以照會形式向清政府提出，將舟山附近一個不設防的島嶼和廣州附近“一塊類似的地方”讓予英國。不過，在乾隆盛世時代的中央朝廷看來，這無異於癡人說夢，馬戛爾尼無功而返。1816年踏上前往北京旅程的阿美士德使團，同樣有獲取島嶼的設想。只是他的北京之行比馬戛爾尼還要失敗，因而獲取島嶼之事更只是水中月而已。

在當時的英國商人看來，要想進一步擴大對華貿易，就必須打開中國東部的門戶。因此中國東部海島、尤其是舟山群島，成為英國人蓄謀已久的目標。與此同時，香港也開始進入英國人的視野。

1834年8月，或許是渣甸或馬地臣的主意，身在廣州的律勞卑曾致函倫敦，要求從印度調軍艦前來，"佔領珠江東部入口處的香港島，它令人讚歎地適合於各種用途"。然而，這時別説是佔領清朝的島嶼，就是連一封信函律勞卑也沒能送到兩廣總督手中。英國真正將理想變成現實、將模糊的目標清晰化，則是在鴉片戰爭開始以後。

鴉片戰爭爆發前，英國方面提出擬奪取中國的一個島嶼，"作為遠征部隊的一個集結地點和軍事行動的根據地，而且以後作為貿易機構的牢固基地，因為我們對這樣的某個地方想要保持永久佔領"。[1]但在地點選擇上，英國政府和軍方內部意見不一、在華英商意見相左，台灣、福州、廈門、舟山都成為了候選目標。其中，舟山的地位日益凸顯。但是，由於種種原因，香港最後取代了舟山。

1841年1月26日，英國國旗在香港島上升起，馬地臣出席升旗典禮，並於三天後隨義律乘坐"復仇女神號"繞港島得意地巡駛了一圈。四個多月後（6月7日），義律發出公告，宣佈香港為自由港。

先人一步的怡和洋行在英軍佔領香港島一個月後，便在海岸邊搭建起一座大型草屋作為倉庫。不久，倉庫改為石築，成為島上英國人的第一棟堅固

---

[1] 巴麥尊致義律函（1893年10月18日），見胡濱：英國檔案有關鴉片戰爭資料選譯，下冊，中華書局，北京，1993，522頁。

建築物。

6月14日，義律在澳門首次拍賣香港土地，冀望透過賣地獲取資金，並利用洋行商人開發港島。這次拍賣中，售出海旁地段（Marine Lot）39塊土地。[①]怡和與顛地等英國商行以低廉的價格在港島北部購置了地產。其中，顛地投得灣仔地段，馬地臣的代理人摩根（Morgan）船長投得東角（East Point）。[②]

自從英軍強佔香港後，戰時香港經濟一度極其繁榮。尤其是義律歸還舟山後，香港轉而成為英軍的駐屯基地，後勤供給龐大。璞鼎查到來後，進一步使其成為補充給養、修養傷病員、援軍中轉站等軍事基地，從而吸引了各地供應商到來。另一方面，由於廣州貿易的戰時停頓，香港成為眾多外商屯貨、轉口之所。一項統計顯示，1842年，停泊香港的船舶總噸位達到13.63萬噸，1843年更增至18.05萬噸。[③]

1842年2月，英國駐華商務監督署由澳門遷往香港。當月的《廣州週報》曾報道港島的建設規劃："沿北面海灣由西（徂）東約四英里，東面是怡和洋行的建築物所在的半島（東角），西面是孟加拉志願軍駐紮的營盤（西角、西營盤），一條馬路聯結東西兩據點。"

繼怡和洋行建成第一座石結構房屋後，政府的幾棟房屋也相繼落成，皇后大道1842年建成。同時，在這個名為"女王城"（1843年正式命名為Victoria City，域多利城）的小鎮上，還出現了一個攤販雲集的市場。

《南京條約》簽訂後，香港正式成為英國殖民地。陸軍少將薩爾頓（Lord Saltoun）接替郭富出任總司令，他在香港所租房屋的房東正是怡和洋行。薩爾

---

① 何佩然：地換山移，商務印書館，香港，2004，26頁。
② 東角所在地因地形向北突出，自中環向東眺望，有如一隻角而得名，包括今銅鑼灣的東角道、怡和街、渣甸坊一帶。英國人最初稱之為勿地臣角（Matheson Point），後改稱東角（East Point）。
③ 郭衛民：鴉片戰爭時期英國對華侵佔地的目標轉換，載：民國檔案，1997年第2期。

頓在1842年秋的一封信中曾這樣寫道：“我正要去海灣北端拜訪摩根先生，他負責管理怡和洋行，現在是我的房東。他住在北端泊船處，有如皇宮一般……。據說，這個怡和洋行以走私毒品起家，自從戰爭以來大發橫財……。由於他們只收現金，所以風險很低，應該是淨賺一筆非常可觀的財富。他們擁有自己的船，非常漂亮的帆船，叫飛剪船，航向各方。”

1843年7月，央馬地臣在一封信中興奮地寫道：“新稅則和港口章程的確是非常適當和有利的，如果中國方面嚴格照辦，那我們和英國之間的貿易一定大量增加。鴉片貿易也繼續興旺。”

鴉片戰爭之前，廣州為中國惟一開放口岸，香港屬於廣州開放貿易圈中，澳門曾經是英國商人與中國官方衝突的緩衝地。如今，香港成為英國殖民地之後，怡和總行便在香港生下根來。

1844年，香港街道破天荒地安裝了路燈。同年，域多利城的建築物達到100幢。也就在這年3月，怡和洋行將總部正式遷到了香港島。

在馬地臣回英國後出任怡和大班的央馬地臣這樣寫道：“我們現在差不多在此安頓下來，我想我們在很短的時間內，就會發覺這裡和澳門一樣舒適，而且更便於做生意。我們的船隊與辦公室近在咫尺，所以不論是派船到中國沿海或廣州、黃埔都不致浪費一分一秒，而船長晚上也不再有藉口從自家船上消失。現在只有非常少的中國商人在此落腳，但無疑他們遲早會這麼做。”[1]

然而，隨着戰爭結束，條約簽訂，軍隊撤離和五口開放，香港戰時的繁榮景象開始消失。

---

[1] 羅伯·布雷克著、張青譯：怡和洋行，時報文化出版公司，台北，2001，119-120頁。

03　香港的起死回生

在香港早期，發展並非一帆風順。海盜活動隨着鴉片走私的猖獗而加劇。譬如，1843年，怡和洋行為保衛其在東角的辦事處，便僱傭了12名武裝人員護衛。而在1844年6月18日，150名海盜襲擊了香港倉庫。

而真正威脅香港生存的，是戰後經濟的衰落。隨着軍隊撤離，五口通商，香港經濟從1844年開始萎靡不振，戰爭期間繁榮一時的商業漸趨蕭條。1846-1847年香港的經濟進一步跌至谷底，香港的前途一時黯淡起來。

上海等五口通商後，新開闢的商埠同時使一些商業路線改變，商號和資金外移，香港於是有逐漸被邊緣化的態勢。

與此同時，香港非法走私貿易猖獗，合法貿易衰落不振。港英政府中文秘書郭士立在1844年度的香港地方貿易報告中指出，"比最感失望的商人所做的估計還要糟得多"。

1845年，31家英商聯合上書英國政府殖民地部，訴說香港已無可發展。1847年，怡和洋行大班央馬地臣在下議院陳述：如果不是因為在房產上已投下大筆資金，那麼全部英國商人就會放棄香港。[①]

然而，以怡和為首的英資洋行終究沒有撤離，一則香港已經成為鴉片貿易中心，一則香港開始成為苦力貿易中心，從而一掃五口通商後經濟衰退所形成的陰霾。

1847年，就在香港官商界對經濟的衰退一籌莫展之際，遠在大洋彼岸的美國加利福尼亞發現金礦的消息傳來，急需大量廉價勞力前去開採，一個巨大

---

① 怡和等洋行感到在香港生意難做，還有一原因是接替璞鼎查的港督德庇時，與怡和等洋行的關係不甚和諧。直至1848年文翰（又譯作文咸、般含、般咸，Samuel George Bonham）接任總督，官商關係才得到改善。

的商機開始降臨香港。第二年,即有大批華工從香港出發,前往舊金山(三藩市)淘金。1851年,又從南半球的澳大利亞傳來發現金礦的消息,珠江三角洲等地的人們紛紛出國打工,從而掀起了廣泛的淘金狂潮,開始刺激香港作為苦力貿易中心的興起。

事實上,在廈門、汕頭、上海、澳門等城市,苦力貿易均普遍存在。不過,由於香港規定任何人都有不受限制出洋的"自由",加上英美商輪雲集於此,航運異常方便,因此去美國、澳大利亞的中國苦力多集中於此。

而香港的出洋苦力,並不局限於前往以上兩地淘金。這些俗稱"賣豬仔"①的華工從香港出發,前往西印度群島、南美洲、東南亞等地種植場幹牛馬活的,也所在多有。

據歷史學者研究,最初經營加利福尼亞苦力客運的兩家行號是和行與興和行,隨後怡和、顛地等洋行也加入其中。②船東們從苦力貿易中獲得的利潤之大不言而喻。1854年,怡和洋行的一次航行即獲利9萬元。

史載1851-1872年間,從香港運往美洲、大洋洲和東南亞的華工苦力達32萬人之多。③

在這些華工出洋的過程中,巨額利潤刺激着船東們添置新船,推動了香港輪船業的發展。與此同時,苦力貿易的興盛,促進了香港對外貿易和金融業

---

① 所謂"賣豬仔",指當時前往美洲、澳洲等地的華工。這些到國外打工的苦力待遇極差,常常是住進擁擠不堪的"豬仔館"等候遠洋船期。在漫長的航程中,整日囚於艙底,加上飲水、食品不足,空氣污濁,死亡率極高,十有二三到達不了目的地,因而運載苦力船又被形容為"海上浮動監獄"。

② 余繩武、劉存寬:十九世紀的香港,中華書局,北京,1994,264頁。

③ 苦力貿易與鴉片貿易一樣,通過《天津條約》同時獲得合法化。繼19世紀四五十年代華工赴舊金山淘金掀起第一次高潮後,1863-1869年美國修建中央太平洋鐵路,掀起華工赴美第二次高潮,僅1868年美國入境華工即達10萬人。

的發展。譬如，舊金山的物價隨着源源而來的華工增多而暴漲，當地華工的大米、糖、布匹、鹹魚、蝦乾、冬菇等生活品均仰賴香港供應。而這些華工需要將其辛苦節省下的血汗錢匯回家鄉以濟家用，這些匯款多通過香港的錢莊轉送回鄉，從而造就了香港金融業的發展。

香港終於一掃五口通商所帶來的陰霾。在日後的很多時間段裡，我們看到，香港總是一次次被危機所逼迫，也總是一次次走出危機。

04 香港：新鴉片集散中心（一）

香港作為鴉片貿易中心的地位，在鴉片戰爭期間已經奠定。當炮火在廣州和中國東南沿海一帶燃燒時，裝運鴉片的船隻並沒有停止進出香港。

戰爭結束後，雖然鴉片依然是非法的違禁品，但在香港一路暢通。清政府的文告無法發揮作用，港英政府所發文告也只是給英國國內的一些反對者做做樣子而已，同時藉以緩和一下對清朝的外交關係。

1843年4月13日，璞鼎查在給兩廣總督祁墳的照會中，稱對取締走私表示合作。4月21日，馬地臣在一封寄往倫敦的信中寫道：璞鼎查“發佈了一份措辭激烈的反對（鴉片）走私的文告，不過我認為那……只是說給英國的‘聖徒’們聽的。亨利爵士（璞鼎查）從未打算照公告辦事，而且毫無疑問私下把它看做是個大笑話。無論如何，他允許把洋藥（鴉片）運到岸上，並存放在香港。”

一般而言，怡和載滿鴉片的飛剪船，飛馳在中國東南沿海，通常將鴉片運送到停泊在五個通商口岸附近水面的躉船上，而不是直接運送到口岸城市之內，從某種程度上說，這正是“尊重”香港總督所頒佈的禁止走私的公告。

　　而港英政府禁止鴉片走私的實際情形，則從執行政策的英國海軍艦長賀布（Hope）被撤換一事可見一斑。1843年4月，賀布發現怡和的"雌狐號"帆船出現在當時尚未正式開放貿易的上海口外，賀布認為船上載有鴉片曾試圖攔截。當攔截未果後，賀布把其他四艘英國商船逐出了長江口。對此，香港外商一片譁然，反對這種未經授權就干涉鴉片運輸的行為。璞鼎查也斥責賀布這種死板執行政策的舉動。賀布曾為自己的行為辯解，結果一個多月後他被調離香港。

　　賀布的教訓無疑是深刻的，正如布雷克所說：不管法律條文如何規定，海軍若只知按字面執行港督命令而不知變通，就太沒腦筋了。嚴格執法緝拿鴉片走私，絕非青雲發達之路。[①]此後，英國海軍對鴉片貿易所採取的態度，自然是"視而不見"。

　　對此，怡和洋行也進行了反思。剛經過補選成為英國國會議員的馬地臣致信怡和船隊指揮官麥克明尼（McMinnies），要求船隊不得誇耀對海軍的"勝利"，更不要對此事大肆渲染。同時，"要盡力討好清朝官吏，如果他們要求我們從一個停泊處開到另一個停泊處，我們就要照辦，並且不要太靠近他們的城市。鴉片貿易現在在英國很不得人心，因此得保持沉默，盡量避人耳目，為此目的，不論怎樣小心都不為過分"。[②]

　　1843年，怡和洋行的5艘飛剪船往返於香港和印度之間，另6艘來往於中國沿海的鴉片躉船停泊處——廣州的黃埔、廈門外的六島、寧波外的舟山、上海口外的吳淞、福建泉州及閩粵交界處的南澳等，滿載鴉片來回穿梭，一片繁忙

---

① 羅伯‧布雷克著、張青譯：怡和洋行，北京，時報文化出版公司，台北，2001，129-130頁，同時參見費正清：劍橋中國晚清史（上卷），中國社會科學出版社，北京，1985，244-245頁。
② 《中國沿海書信集》22/4/43，怡和洋行檔案。參見費正清：劍橋中國晚清史（上卷），中國社會科學出版社，北京，1985，245頁。

景象。

當香港戰時經濟的繁榮消退而轉入蕭條時，鴉片貿易依舊紅火，成為對華鴉片貿易的轉運中心和走私基地。1844年，第二任港督德庇時上任時發現，幾乎所有在港商行都參與了鴉片貿易。

1845年，港英政府年度工作報告顯示，鴉片已經成為其出口的主要貨物。同年，71艘走私鴉片的飛剪船中，怡和洋行佔到19艘，它的競爭對手——顛地洋行也達13艘。

在五口實現通商而苦力貿易尚未興起的幾年間，鴉片成了香港經濟的支柱。1847年，香港22.61萬英鎊的出口總值，鴉片佔到19.56萬英鎊。這時從印度運來的鴉片，約有四分之三儲藏在香港，然後由裝備精良的飛剪船，從這裡運向中國東南沿海一帶。

對怡和而言，如果說鴉片飛剪船此時正進入到它的全盛時期，那麼鴉片躉船在香港則開始日薄西山。鴉片存放在岸上的倉庫裡，無疑要比存放在躉船之上安全、節省。因此，躉船在香港的使用大大減少，岸上的倉庫成了"不沉的鴉片躉船"。

香港作為鴉片貿易中心，不僅為早年的香港起死回生"貢獻"了力量，也讓作為壟斷性鴉片經銷商的怡和洋行與顛地洋行迅速壯大。擁有精良裝備的船隊、操控着鴉片壟斷價格，怡和洋行與顛地洋行維持着香港鴉片貿易"雙雄"的角色長達十餘年。直到1853年大英輪船公司來往港滬間的鴉片運輸輪船增多，怡和與顛地的壟斷地位才逐漸被打破。再過數年，清政府在與英國簽訂的條約中明確鴉片合法化，新的競爭對手逐漸崛起，鴉片貿易才呈現出另一種新格局。

顯然，鴉片貿易的獲益者不只是港英政府及在港鴉片商人，事實上，印度政府從鴉片貿易中獲取的收益更為龐大。英國議會事後彙編而成的有關對華鴉片貿易文件顯示，1840-1841年印度從輸華鴉片獲取純收益87.42萬英鎊，1857-1858年達到591.83萬英鎊，1859-1860年為516.97萬英鎊；鴉片收入在印度財政總收入中的比重，也由當初的5%左右而擴大到14%左右，增長不可謂不迅速。[①]

而英國政府的茶葉進口關稅佔比也大致相仿，而提供茶葉進口財源的正是鴉片貿易。顯而易見，在相當長的時間內，中、英、印三角關係依然延續着鴉片戰爭前的格局，即"印度鴉片輸入中國，中國茶葉輸給英國，英國統治印度。"[②]

05 上海：新鴉片集散中心（二）

1843年下半年，作為《南京條約》的補充，《中英五口通商章程》和《通商章程善後條約》先後簽訂，除廣州之外，廈門、福州、寧波、上海作為通商口岸對外開放，渣甸、馬地臣等英國商人夢寐以求的"五口通商"終於成真。

前面我們看到，五口通商給香港帶來了巨大衝擊。然而，衝擊最大的，則是壟斷對外貿易多年的廣州。不僅作為惟一對外貿易中心的地位被打破，而且通行多年的公行制度被取消，大批廣東商人、買辦、通譯流向新的通商城市。此外，與英國人的"入城"、"反入城"之爭，成為此後許多年廣州對外關係

---

① 余繩武、劉存寬：十九世紀的香港，中華書局，北京，1997，262頁。

② 譚中：英國—中國—印度三角貿易（1771-1840），載：中外關係史譯叢，上海譯文出版社，1985，206頁。

的主題。在與英國人的交往中，廣州有着不屈服的歷史。律勞卑的狼狽而回，三元里民眾的奮起，都是人們記憶歷久彌新的例子。因此，在一些英國人的眼裡，廣州是個桀驁不馴的城市。

與廣州的城市性格不同，在上海的外國人明顯感到這裡的生活要愜意得多：不存在 "入城"、 "反入城" 的問題，英國的租界建在上海城牆與河流之間的城郊，即現在的外灘一帶；也沒有像過去廣州商館那樣的限制，受狹窄生活空間的束縛——遊歷的範圍可以是一天內往返的路程。除了生活環境有所改善外，這裡還具備了創造財富的天時、地利與人和諸要素。上海地處萬里長江入海口和中國海岸中間站之兩條貿易航道的交匯處，既是海上航運的樞紐，從廣州、天津和日本海路往返方便；也是長江流域的龍頭，以及有着肥沃富饒的長江三角洲腹地。開放通商後，大批原先在廣州的外商開始湧向上海，大批廣東買辦、通譯等也流入上海。

作為中國最北的開放城市，上海顯然是新開放城市中最重要、最有潛力的一個。怡和洋行與其他商行一樣，在上海開埠後，快速地在上海成立了分行。達拉斯（A. G. Dallas）[①]成為上海怡和洋行的首任經理。

1845年7月成為怡和洋行合夥人的達拉斯，由馬地臣家族任命，是怡和早期合夥人中少數與渣甸和馬地臣兩位創始人沒有血緣關係的，可見他必有其過人之處。達拉斯不僅在怡和洋行中樹立了自己的地位，也在上海僑民社會中有着相當的地位。上海租界內靠近英國領事館的一號租地，由怡和洋行購得。

值得一提的是，上海等五口通商剛開放時，英國國內的商人一想到要和數億人口的清朝展開貿易，是滿懷欣喜和激動的。在樂觀情緒支配下，他們充滿

---

① 達拉斯1851年回國，怡和上海大班職位由央馬地臣的妻子的親戚波斯富（Alexander Perceval）接替。

期待地把鋼琴乃至吃西餐用的刀叉大批運往中國：只要每人用一套餐具、每個家庭買一架鋼琴，市場就會是多麼龐大。至於棉紡織品，只消每個中國人每年用一頂棉織睡帽，那英格蘭現有的工廠就已經供應不上了。

　　然而，這些商人無視於中國絕大多數人生活在貧窮之中，也無知於中國是個自給自足的農業社會。結果是：開埠頭幾年運到中國的商品，很快便堆積如山，鋼琴、餐具、棉睡帽的市場從未顯現；英國舍菲爾德一家知名商行運到中國的刀叉，賣價還抵不上運費；倫敦一家商行運來的鋼琴的命運也相似，無人問津；棉睡帽則非但不是每人一頂，而是幾乎一頂也未賣出。

　　這些英國商人還忽視了另一種渣甸、馬地臣等在中國經營已久的商品——鴉片，正如1847年的一份英國下議院的調查報告所認為："妨礙這種貿易發展的，根本不是由於中國不需要英國商品，也不是其他國家日益增長的競爭；花錢買鴉片——這消耗了所有的白銀而使中國人一般的貿易遭受巨大的損失；他們不得不用茶葉和絲來支付其他商品。"

　　就此而言，上海開埠後，怡和洋行贏得了先機。它在上海的一個核心收入，正是擁有絕對實力的鴉片。

　　早在五口通商前，怡和洋行的鴉片船便已經在這些城市活動了多年，武裝的鴉片躉船也早已停泊在這些城市的沿海。正如費正清在《劍橋中國晚清史》中所說，英國對華的商業入侵，正是合法貿易與非法鴉片貿易雙管齊下地進行的。合法貿易是在新開闢的五個條約口岸進行。鴉片貿易則使在這些港口之外的沿海一帶的接收站多了一倍，那裡通常都停泊着二三十艘鴉片接收船。到1860年為止，鴉片貿易額翻了一番，每年進口由3萬箱增至6萬箱。

　　從1839年至1858年鴉片貿易合法化為止，鴉片貿易在一種半秘密、半公開的狀態下進行。

　　上海與香港一樣，也是一個主要的鴉片集散中心。我們從在吳淞的躉船上所進行的鴉片貿易可見一斑：1847年在上海進口16500箱，價值834.944萬元；1848年進口16960箱，價值1180.129萬元；1849年進口22981箱，價值1340.423萬元……；1853年從躉船交貨2.42萬箱，約值1440萬元；1857年增加到3.19萬箱，值1308.2萬元。[①]

　　就怡和洋行而言，由五個通商口岸和殖民地香港串聯起來的中國東南沿海，是其鴉片躉船和飛剪船馳騁的疆場。通過巨額投資和大量收購印度鴉片，並將之運往沿海口岸，這一運作方式對怡和洋行來說可謂駕輕就熟。猖獗的海盜活動，雖然嚴重威脅着販運鴉片的船隻，但有着優良武器裝備的怡和船隻可以無懼於海盜的襲擊。

　　鴉片貿易的這種特點，對於像怡和與顛地洋行等實力雄厚的大型商行是如此有利，以至怡和洋行在香港進入低迷之年的1844年曾考慮將其鴉片業務北移。對於上海的重要性，怡和洋行已經充分感受和領悟到。沿海原有的幾個鴉片交易中心，如伶仃洋、南澳或廈門等，已經統統無法與上海相比。

　　因此，以上海黃浦江入口處的吳淞口為中心向長江流域或內地一些省份輻射的重要性得到強調。怡和已委派常駐經理處理相關業務，停泊在吳淞的躉船供應着這一帶持續增加銷量的鴉片供應。

---

① 馬士著、張匯文等譯：中華帝國對外關係史，上海書店出版社，2006，403頁。

06 金錢、土地與權力：返英後的渣甸和馬地臣

渣甸和馬地臣無疑都是成功的蘇格蘭人。金錢、權力和土地，一個成功的蘇格蘭人所應擁有的這些，渣甸和馬地臣都擁有了。

在林則徐南下禁煙之前離開廣州回國的渣甸，在倫敦曾多次會見巴麥尊和璞鼎查等人，為鴉片戰爭的推進及《南京條約》的簽訂 "貢獻" 良多。

利用在東方經商積攢下的金錢，[①]渣甸在蘇格蘭伯斯郡（Perthshire）的朗里科（Lanrick）買下一塊地，成了蘇格蘭大地主。渣甸在倫敦的住處則在海德公園附近的一處高級住宅裡。

渣甸1839年從東方回國後，成了麥尼克·斯密斯公司的合夥人。兩年後的1841年，當他買進斯密斯家族股權後，行號更名為麥尼克·渣甸行，這也就是日後的馬地臣行——怡和洋行的倫敦聯號。

然而，渣甸擔任國會議員僅僅一年多後，便一病不起。1843年2月27日，59歲的渣甸在倫敦寓所去世。

馬地臣說他的搭檔渣甸 "好像是一位真正的鐵鑄的人"。美國商人亨特對渣甸也記憶深刻，稱他是 "一個精力充沛而且非常慷慨的人"。亨特多年後談到渣甸的獨特性格時稱：渣甸在廣州的辦公室裡，從來不放椅子——表示在辦公時間內，誰也不能以閒談與偷懶來打發。

渣甸逝世後，在為他寫的許多頌揚文章中，怡和洋行在紀念成立100週年

---

① 有人統計，從渣甸離開東印度公司自己經商，20年中，積累了大量財富。當他回到倫敦時，已經成為百萬富翁。見汪敬虞：十九世紀西方資本主義對中國的經濟侵略，人民出版社，北京，1983，45-46頁。

的書中引用的這樣一段評語令人印象深刻："他的誠實和榮譽永遠潔白無疵。在與他相識的人中，沒有一個人能想得出他在品格上有任何一點不足之處。你隨時可以清楚地看到像粗野或狹隘一類的東西與他的天性顯然毫無關係，而且這些壞的品質在他的心中是絲毫不存在的。"

渣甸在東方多年從事鴉片貿易，損害了無數中國人的體質和心靈，這段頌詞不能不說是個莫大的諷刺。

渣甸離開中國後，馬地臣執掌怡和洋行，度過了從廣州撤離後到鴉片戰爭期間的幾年動盪不寧的生活。1842年3月，鴉片戰爭尚未結束，馬地臣離開中國返回倫敦。

渣甸過世後，阿什伯頓市的國會議員席次出缺。早就有野心的馬地臣看到機會來臨，1843年3月1日，馬地臣在隔日登出的競選宣言中寫道："我向各位毛遂自薦，我是已故前任議員渣甸先生的合夥人及朋友，我在政治方面的見解傾向推動務實積極的改革，我自認是公民、宗教及商業自由的熱烈支持者。我深信，以我在商務上的關係，將有助於我促進貴市貿易的穩定和繁榮。我希望在選舉日之前，向每位選民致以個人最誠摯的敬意。"他如願當選，並一直出任該市國會議員，直至1847年轉任羅斯可麥郡的國會議員。

1844年，馬地臣以50多萬英鎊買下蘇格蘭西方海岸的路易斯島，並投下巨資對其進行修建。馬地臣出任羅斯可麥郡（Ross and Cromarty）的議員直到1862年，從1843年以後的19年裡，馬地臣一直是英國下議院議員。1851年，馬地臣被封為準男爵。1878年的最後一天，82歲的馬地臣去世。

07 子侄們：兩個家族的權力交接

　　馬地臣回到倫敦後，怡和洋行的管理權轉由下一代執掌。由於作為合夥制公司的兩位創始人均無子嗣，權力移交到了跟隨他們經商多年的外甥或侄子身上。馬地臣的繼任者是其外甥央馬地臣（1805-1886），當時他大部分時間在澳門掌控全局。馬地臣的侄子唐納德‧馬地臣負責香港事務，渣甸的侄子大衛‧渣甸負責廣州事務。①

　　央馬地臣是馬地臣的姐姐瑪格麗特之子。唐納德‧馬地臣則是馬地臣的大哥謝里夫‧馬地臣之子。1844年，有點暴躁易怒的央馬地臣曾致信唐納德，怒責接替璞鼎查擔任香港總督兼駐華商務監督德庇時，拿朋友的名字命名香港街道，而這些人根本就沒有到過香港。在他看來，為英國割佔並建設香港立下汗馬功勞的渣甸和馬地臣們卻沒有享受到此等待遇，實在有些過分："雖然英商創建了香港，但沒有一條街是以商人來命名的，想想'雪利街'是某個混蛋的名字，渣甸街、顛地街、吉布街等聽起來不是自然多了嗎？不，要不是為了有利的投資，別想要我在香港投入一毛錢。"②

　　1847年，央馬地臣離開東方回國；唐納德則於1849年離開了怡和。

　　馬地臣家族與怡和洋行的關係相對簡單，渣甸家族則要複雜得多。渣甸有

---

① 羅伯‧布雷克著、張青譯：怡和洋行，時報文化出版公司，台北，2001，123頁。在馬地臣家族中，除了央馬地臣接任怡和大班外，央馬地臣夫人的親戚波斯富後來也曾出任過怡和大班。唐納德是怡和洋行的合夥人，他的弟弟休‧馬地臣後來則是馬地臣行的合夥人。

② 當時怡和洋行抱怨說香港街道沒有以其名字命名，其實後來留下的最多。至少有9位怡和洋行人員擁有以其名字命名的街道：William Jardine：渣甸街（Jardine's Bazaar）、渣甸坊（Jardine's Crescent）、渣甸台（Jardine Terrace）；James Matheson：勿地臣街（Matheson Street）；James Johnstone Keswick：敬誠街（Keswick Street）；Irving：伊榮街（Irving Street）；Alexander Perceval Jardine：波斯富（Percival Street）；David Landale：蘭杜街（Landale Street）；Charles Edward Anton：晏頓街（Anton Street）；William Jardine Gresson：機利臣街（Gresson Street）；J. J. Paterson：百德新街（Paterson Street）。

兩個姐姐、一個哥哥，分別是瓊·渣甸（Jean Jardine）、瑪格麗特·渣甸和大衛·渣甸。此外，還有一個妹妹伊麗莎白·渣甸。

渣甸的哥哥有7個兒子，其中4個相繼成為怡和洋行的合夥人，即安德魯·渣甸（1812-1889）、大衛·渣甸（1818-1856）、約瑟夫·渣甸（1822-1861）、羅伯特·渣甸（1825-1905，又名加律治）。[①]

除了幾個侄子與怡和洋行關係密切之外，渣甸的外甥與怡和的關係也同樣密切。最年長的外甥安德魯·江斯同（1798-1857）比渣甸小14歲，是渣甸大姐瓊的兒子，與渣甸的生活經歷相似：先是在東印度公司的中印貿易船上擔任醫生。1831年前後，離開東印度公司自己經商。1833年，35歲的江斯同成為渣甸·馬地臣行的合夥人。1836年4月，富有的江斯同辭別怡和洋行，從澳門啟程回國。從此，這位終身未娶的鑽石"王老五"買下鄧弗里斯郡附近的哈利茲（Halleaths）產業，過上了鄉紳般的莊園主生活。

江斯同的妹妹瑪格麗特嫁入凱瑟克家族後則子孫滿堂。從1870年代渣甸大姐瓊的孫子克錫（William Keswick）開始的一百多年裡，這個家族大部分時間掌控着怡和洋行。

渣甸的二姐嫁給了另一個渣甸家族，她的兩個兒子大衛和羅勃在印度創業。大衛和安德魯·江斯同的弟弟約翰·江斯同（1822-1884）合作，1843年在加爾各答創辦了渣甸·斯金納行（即後來的渣甸·哈德遜行），羅勃隨後也成了該行合夥人。獨立運作的渣甸·斯金納行是怡和洋行在印度最重要的鴉片供應商，在怡和成為鴉片帝國的過程中扮演了重要角色。

---

① 此外，渣甸的哥哥有兩個女兒的後代也有多人成為怡和洋行的大班或合夥人。瑪麗·渣甸的兩個兒子約翰·比爾—歐文和詹姆斯·渣甸，比爾—歐文先後成為公司合夥人，次女伊麗莎白的長孫威廉·渣甸·格里森也是怡和洋行的合夥人。

　　通過鈎沉史料，對渣甸、馬地臣家族與怡和洋行有直接關係的第二代進行梳理，可以看到，在繁雜紛亂的關係背後，有一根主線相當明晰，那就是這兩大家族的子侄們，在此後的20年裡，輪流領導着怡和洋行，繼續保持各項業務蒸蒸日上，進一步鞏固了怡和鴉片帝國的根基。

　　同時可以看到，一般情況下，怡和洋行的大班在東方打拚，賺得巨額金錢後返回英國，或購置莊園或進入議會，成為莊園主或國會議員。

　　1843年，安德魯·渣甸回國，繼承其叔父渣甸的朗里科莊園，並購買了科里（Corrie）的巴羅尼莊園。

　　1847年，央馬地臣回國，同年任艾弗尼斯市（Inverness Borough）議員。[①]這時，金融危機開始席捲倫敦。在倫敦的麥尼克·渣甸行業務全面告急，[②]央馬地臣和安德魯·渣甸及時注入資金，使公司渡過難關。1847年12月31日，麥尼克·渣甸行關閉。第二年1月，馬地臣行誕生，繼續擔當香港怡和洋行和加爾各答渣甸·斯金納行的代理行。麥尼克家族和斯密斯家族退出公司管理層，馬地臣行主要由馬地臣和渣甸家族控制，公司合夥人為安德魯·渣甸、央馬地臣、修·馬地臣（Hugh Matheson）和威廉·弗雷澤。[③]

　　1851年，已經是國會議員的央馬地臣以77.3萬英鎊巨資，買下了蘇格蘭羅斯郡的大片產業，包括洛哈爾什鎮及阿泰德鎮。同年6月，央馬地臣退休，大

---

① 央馬地臣於1868年選舉中接任其叔叔馬地臣在羅斯可麥郡的議員席位，直至1884年。其中，1882年受封男爵，4年後去世。

② 當時麥尼克·渣甸行的合夥人有麥尼克家族的荷林華斯，斯密斯家族的約翰·亞貝爾·斯密斯、托馬斯·查理斯·斯密斯，以及威廉·弗雷澤。

③ 值得一提的，是馬地臣兩個侄子的"良心發現"。在馬地臣剛回到倫敦的1843年，他曾為22歲的侄子修·馬地臣在怡和洋行安排了一個職位。但是，出乎馬地臣意料的是，修·馬地臣一想到那是受到人們抨擊的鴉片貿易，便毅然放棄了高職厚薪。不僅如此，在香港督導怡和營運的哥哥唐納德也開始懷疑這種生意的道德正當性，並於1848決定不再出任怡和洋行合夥人。對此，身在倫敦的馬地臣怒不可遏。但是，唐納德主意已定，於1849年辭職退出了怡和洋行。

衛‧渣甸正式成為怡和大班。

在為怡和的事業奮鬥了幾年之後，1856年，年僅38歲的大衛‧渣甸去世。5年後的1861年，不到40歲的喬瑟夫和他那不滿50歲的哥哥安德魯也雙雙去世。這3個侄子與渣甸一樣，全是忙於鴉片事業的單身"鑽石王老五"，因此他們在怡和洋行的股權和在蘇格蘭東南部低地的大片地產，全部轉給了最小的弟弟加律治（羅伯特‧渣甸）。加律治不僅繼承了三個哥哥怡和洋行的股權及大片地產，也在1856年接任了怡和大班職位。

生於1825年的加律治，18歲時成為倫敦麥尼克‧渣甸行的一員。1849年5月，24歲的加律治來到東方。三年後，成為怡和洋行合夥人（與他一同成為怡和合夥人的還有波斯富）。加律治既是幾個兄弟中惟一娶妻生子者，也是活得最長的。加律治返回英國後，擔任議員，獲封準男爵，一直活到了80歲。

加律治於1860年返回英國後，怡和大班職位由波斯富接任。在鴉片已經合法化的新背景下，怡和鴉片帝國雖然依舊處在鼎盛時代，但是一場深刻的變革正在發生。西方對華貿易即將迎來巨變，怡和這個鴉片帝國開始轉型，並將其強有力的觸角伸向了更廣闊的領域。

1. 1870年代的香港東角（現在的銅鑼灣）。背靠的小山為鵝頭山（後來的
   利園山），渣甸花園坐落山上。
2. 渣甸洋行（怡和洋行）大班在鵝頭山上的花園及府邸。

1. 1860年代建造的上海怡和大樓。
2. 渣甸的子侄們（左起）：安德魯·江斯同（1798-1857）、安德魯·渣甸
  （1812-1889）和羅伯特·渣甸（加律治，1825-1905）。

第二部　大陸風雲

第七章

逐鹿航運

儘管怡和作出了擴大在中國水域航運業務的決定，但是，在把企業的
資本大量投入這一行業時，它仍然是小心翼翼的。

—— （美）劉廣京

　　1846年來到中國的怡和大班波斯富，在攢下巨額財富後，於1864年返回英國。與怡和洋行兩位創始人毫無淵源的惠代爾（James Whittall）開始執掌怡和，直至1873年卸任。在惠代爾的十年任期內，西方在華企業的經營格局發生了巨大變化。對怡和而言，作為競爭對手的寶順洋行，在時代浪潮的沖刷下破產；匯豐銀行的成立，逐漸取代了怡和在金融方面的優勢；沙遜洋行崛起，則將怡和逼出了主要鴉片市場。

　　第二次鴉片戰爭及北京條約簽訂後，長江沿岸多個城市開放通商。長江航運帶來的商機，吸引着在華外商的目光：旗昌洋行棋先一着稱雄長江；新秀太古輪船公司則異軍突起，實力日益強大。首家中國現代企業——輪船招商局誕生，也在與外資輪船公司的競爭中崛起。

　　不過，作為中國最大外資企業的怡和，一開始並未在航運領域放開手腳。雖然曾經擁有無與倫比的鴉片飛剪船隊，但此時的怡和尚未從鴉片帝國的光環中走出，因而在進軍航運業時行動遲緩。不過，一旦怡和意識到航運業的巨大商機及其廣闊前景時，便花大氣力投身其中，並組建了晚清、民國時代具有強大競爭力的航運公司。

01 東西方貿易巨變

　　19世紀六七十年代，是西方對華貿易發生巨變的時代。

　　第二次鴉片戰爭中國戰敗，清朝與英、法簽訂的條約規定：外國公使常駐北京；增開牛莊、淡水、漢口等十城市為通商口岸；外人可前往內地遊歷、通商；外國商船可在長江各口岸往來；修改稅則，減輕商船噸稅；增開天津為商埠，同時賠款和割地（割讓九龍司予英國）。

在遭受對外戰爭打擊的同時，清王朝還遭到了無數次國內起義的打擊，其中太平天國運動從1851年起持續達14年之久。直到1864年以後，清王朝才得以長舒一口氣。隨後在不改變政治體制的基礎上，開始了軍事和經濟方面的自強求富運動，致力於國家的重建與振興。清朝近代化的探索，給了怡和等西方在華企業更多的機會和可能性。而運輸工具的革命、蘇伊士運河的開通和歐亞電訊業的出現，更使遠東貿易方式和企業發展方向發生着深刻變化。中國國內形勢的變化和全球一體化的加深，徹底改變了在華外資企業的發展方向。

飛剪船的輝煌時代因輪船的不斷改進而宣告結束。1869年，蘇伊士運河通航，通過運河的輪船於1870年首次抵達中國，使倫敦到香港和上海的航程，較繞道南非好望角的舊航程大大縮短。便利的交通吸引着更多外國企業參與到對華貿易中來，商品貿易的擴大反過來要求航運力量更加強大。

1871年歐洲與中國間的電訊業開通，迅速改變了中歐之間遲緩的通訊狀況。原來倫敦與港滬間訊息的傳遞，通常需時六至八個星期，現在則可朝發夕至。即使在英國本土的商人，也已經能夠控制對華貿易的局面，因為他只要拍個電報，便能在幾個星期後接到他在英國所需的訂貨。這樣，訂貨貿易代替了原先自存自銷的貿易，必須等到貨物起岸出賣後才能收到貨款的情況，已經成為歷史。

科技的變革導致貿易方式的變化，中國被動地擴大開放和主動開展自強運動，中國經濟更深地捲入到了西方所主導的世界經濟體系之中。當東西方貿易方式發生巨變時，西方在華企業的格局相應地發生着深刻變化，怡和的命運也發生着時代之變。

02 鴉片帝國的終結

1858年，中英《天津條約》簽訂。條約的一項重要內容，是鴉片貿易的合法化。光天化日之下，鴉片接貨船可以"合理合法"、肆無忌憚地停泊於中國已開放的港口城市，並分銷於全國各地。

市場的擴大，刺激着各類印度鴉片和中國本土鴉片的供給。雖然中國國產鴉片的供應量日增、競爭力日強，但印度鴉片仍然保持着相對穩定並逐步上揚的價格。1861年，印度麻爾窪鴉片以近20年來的最高價——每擔840兩出售。這一年，據記載，怡和洋行單單在廈門的銷售總額就達19萬兩之多。而對怡和來說，廈門只不過是個比較次要的鴉片市場而已。

1860-1864年，波斯富擔任怡和大班時，遇上的就是這樣一個鴉片暢行的大好時代。怡和洋行投入大量自有資金於鴉片貿易，所得回報自然不菲。在1863-1864年中，怡和洋行的總營業額為1223萬兩，其中鴉片銷售佔了五分之三，達到732萬兩。

然而，惠代爾接替波斯富擔任怡和大班後，中國鴉片市場雖然繁榮依舊，但是曾經長期保證怡和生意興隆的鴉片基礎開始動搖，並最終瓦解，怡和被另一個在鴉片貿易中更強大的競爭者——沙遜洋行擊敗而退出。

英籍猶太商人沙遜家族在東方經營的沙遜洋行和新沙遜洋行，曾經風雲孟買、香港和上海。1832年，當渣甸和馬地臣在廣州成立渣甸‧馬地臣行時，從祖居的巴格達遷至印度的大衛‧沙遜（David Sassoon）在孟買創辦了沙遜洋行。很早就對鴉片貿易感興趣的沙遜家族，曾以貸款給印度各邦鴉片種植者的方式經營鴉片業務。至少從1834年起，沙遜洋行便以自有資金將鴉片運往廣州。香港殖民地初具規模後，沙遜洋行又把陣地擴大至香港。與蘇格蘭籍洋行大班相比，英語説得不太地道、出身於東方的沙遜家族，一開始並沒有被香港上流社會所接受，也沒有被那些蘇格蘭籍洋行大班看在眼裡。不過，大衛‧沙遜及其兒子們雖然生活低調，鴉片生意卻在迅速崛起。

怡和與寶順洋行仰賴其無與匹敵的飛剪船隊，在早期的對華鴉片貿易中強大無比。他們在沿海一帶形成的價格聯盟，一直左右着鴉片市場的交易價格。

不過1850年代大英輪船公司①把航線擴展至中國沿岸後，怡和與寶順洋行的優勢被削弱；1860年後，輪船逐漸取代帆船，飛剪船隊稱霸海上的鴉片時代宣告結束。

交通運輸條件的改變，鴉片貿易合法化時代的到來，鴉片貿易競爭的重心，開始從交通工具和銷售方轉向鴉片生產地。這意味着需要將更多精力集中到印度的罌粟田裡，而非中國的鴉片窟中。印度的鴉片價格和成本成為鴉片商人能否繼續成功的關鍵。

沙遜洋行正是在印度鴉片產地有着比較優勢的鴉片經銷商。與怡和相比，總行設在孟買的沙遜洋行不僅更靠近印度鴉片產地，而且與購銷罌粟的印度商販們建立了直接的密切聯繫。對於那些願意正常交貨的收購商，沙遜洋行可以給到高達成本四分之三的預付貨款。不僅如此，沙遜還透過有經驗的代理商赴鴉片產區預購尚未收割的罌粟。

怡和洋行以往經營鴉片的成功，一是對中國銷售市場的熟悉和瞭解，二是有着一支優於其他洋行的船隊和靈通的市場信息。在印度鴉片貨源方面，1840年以後的20多年裡，怡和擁有數量眾多的鴉片供貨商，包括關係密切的孟買吉

---

① 大英輪船公司（The Peninsular and Oriental Steam Navigation Company, 也稱大英火輪船公司），因其在香港的分公司周圍有一鐵製走廊，故又稱“鐵行輪船公司”（鐵行火輪船公司）。

吉皮行和雷明頓行、加爾各答的渣甸‧斯金納行。

不過，這些在孟買和加爾各答的大型供貨商，並不關注罌粟種植本身，不從種植鴉片的農民或販子手中直接收購或預先訂購。當怡和洋行有效掌控着銷往中國沿海的通路時，這套體系的運作尚稱順暢，但是到了1860年代，形勢已經開始發生變化。

如果説怡和此時在鴉片經營上還有優勢的話，那就是它的"一條龍"服務，以及在匯兑方面還具有一定優勢，即在孟買和加爾各答的拍賣市場中，以盧比對銀元的有利比價預付貨款，在中國境內銷售則回籠銀元。與此同時，怡和船隊運送鴉片的費用較低，自己經營的保險公司承保也可節省費用。然而，這些優勢在沙遜的強大攻勢下開始失去競爭力。

事實上，還在波斯富就任大班之時，怡和已經感受到了來自沙遜的競爭壓力。1863年，怡和曾寫信給加爾各答的渣甸‧斯金納行：鴉片價格持續飆升，密切注意沙遜及一些可疑者顯得格外重要，他們的活動已嚴重擾亂了此地的價格。而鴉片價格持續飆升的原因是：還在第二次鴉片戰爭期間，沙遜在加爾各答的代理商高價收購鴉片，然後在中國囤積，抬高售價。

1864年，大衛‧沙遜去世，其在孟買的沙遜洋行總部由長子阿爾伯特‧沙遜（Albert Sassoon）接掌，次子伊利亞斯‧沙遜（Elias D. Sassoon）負責洋行在上海方面的業務，在鴉片貿易中風頭日盛。

掌控了鴉片收購價，也就掌握了鴉片貿易主動權。1871年初，沙遜洋行被公認為印度和中國鴉片庫存的主要持有人，是各類鴉片總數70%的擁有者和控制者，可以輕易壓價低售，把對手逼出市場。這時，在印度與怡和往來頗具規模的鴉片商，已從150多家萎縮至只剩孟買的吉吉皮行一家。

怡和曾打算放手一搏。在與吉吉皮行來往的一些信件中，怡和曾建議吉吉皮行在鴉片產區——而不是在孟買採購。同時，鼓勵組織類似沙遜的鴉片辛迪加與之抗衡。然而，吉吉皮行並未成功。

1872年11月，與怡和有着數十年商貿往來的吉吉皮行倒閉，意味着怡和大規模經營鴉片的時代結束。也就在同一年，沙遜洋行的伊利亞斯自立門戶，新沙遜洋行在上海宣告成立。

在惠代爾卸去怡和大班職位的1873年，無論在中國還是在印度，怡和都已不再是一家重要的鴉片洋行。

03 敗退後的轉型

在逐漸失去鴉片市場份額的這段歲月，怡和逐步將重心轉向了貿易商品代理，以及航運、金融和保險等業務方面，成功地推動和實現了怡和鴉片帝國的轉型。

1860年代，大型外資洋行開始演變成管理性機構，對與貿易相關的航運、保險、開放口岸基礎設施建設及銀行業的關注，已遠遠超過對貨物買賣本身的關心。怡和在鴉片領域敗退時重心的轉移，正反映了西方在華企業19世紀60年代末70年代初期的新動向。

雖然怡和洋行從創辦時起，就經營着航運、保險和匯兌業務，但這些只是鴉片貿易的附屬業務而已。此時，這些行業開始逐漸獲得獨立或享有更加重要的地位。

怡和上海分行經理約翰遜（F. B. Johnson）提出，考慮到對華貿易的利潤日趨下降，怡和應考慮是否一定要將大量資金繼續投資在從中國裝運茶葉、生絲等類商品的出口上。他認為，對華貿易利潤下降，主要是由於有了遠洋輪船、蘇伊士運河以及電報等新的交通和通訊技術。這樣一來,本身只有很少資本的經紀行,就可以在上海通過電報來往,承接英國國內買主的訂貨;至於資金籌集事宜,更易從設立在香港和上海等地的銀行獲得解決。就商品貿易而言,怡和最好還是恢復到由來已久的代理行原則上去。

1872年7月,約翰遜寫信給香港的怡和大班惠代爾:"如果我們自己經營貨物並承擔很大風險而一般只獲利4%到5%時,那還不如經營不冒任何風險就能獲利2.5%到3%的業務。我認為,合理的發展是,佣金會逐漸成為我們可靠的收入來源,過去那種完全獨資運作的情形將逐漸消失。"

同時,一直關注中國航運業發展的約翰遜極力建議惠代爾:在削減直接經營商品貿易的同時,怡和應毫不猶豫地將資金轉移到航運業務上去,比如貸款9萬兩給北清輪船公司。在1872年8月的一封信中,約翰遜向惠代爾寫道:"我建議你贖回北清輪船公司的輪船抵押契據,主要是為了進一步確定我們對其控制。同時,我也估計過這項抵押品的價位足以抵償債款,利率也是有利的,以及這種貸款會帶來佣金的業務性質。關於這一點,希望你今後要將其作為我們業務的正常發展方向來對待,尤其是在目前沒有資本他人照樣能在土產和洋貨上和我們競爭的時候。"

正如旗昌洋行的F.B.福士於同一時間寫給其巴黎客戶的一封信中所說:"當這種過渡時期結束後,大部分資金雄厚和信譽卓著的大商行,無疑將會從經營土產品貿易轉向工業和金融業,並且會成為私營銀行。它們中最幸運的是那些和我們一樣經營航運和保險業務的商行,值得注意的是,怡和、瓊記和另外一些洋行,全都在為發展這方面的業務而奮鬥。"

在怡和、旗昌和寶順三家最著名的洋行各自轉型過程中,怡和面對長江航運開放所帶來的商機,一開始並未能放開手腳;旗昌洋行則抓住機會,在排除各種阻力後率先組建遠東規模最大的輪船股份公司，迅速取得了長江航運的統治地位；寶順洋行雖然是英國洋行中最早闖入長江航線者，但在轉型過程中飽受金融危機打擊而最終覆滅。

04 長江爭奪戰

第二次鴉片戰爭後，長江口岸城市的開放，新的廣闊的航運和貿易前景展現在洋行面前，從而激起了在這條河流上展開航運的瘋狂角逐。

旗昌稱霸

長江航運的巨大商機及其廣闊前景，首先是由美國商人的銳利眼睛捕捉到的。1860年代初，年輕的美國商人已經把股份公司的原則運用到了這項事業中。為取得足夠資金，從一開始便依靠了中國的買辦商人——他們既是公司股票的持有者，又是貨運捐客。同時，憑藉良好的經營管理和堅韌不拔的毅力，美國人成功建立起東亞最大的商業船隊。

1861年初，美國瓊記洋行的“火箭號”輪船開進長江，據認為這是第一艘在長江上展開經營的外商輪船。隨後，瓊記將其在珠江上航行的“江龍號”也開進了長江。1862年，瓊記提出了籌資80萬兩白銀開辦輪船公司的計劃，但因未能籌足資本而擱置。

獲得成功的是美國的旗昌洋行。與怡和洋行的高層常常是“領事商人”不同，旗昌洋行的許多成員是“商人領事”，即擔任美國駐中國各口岸城市的領事。第一次鴉片戰爭之後開放的五個通商口岸中，廣州、寧波、上海的第一任美國領事均出自旗昌洋行。

1861年1月，旗昌洋行上海經理金能亨（E. Cunninghom）對上海旗昌洋行作出新的規劃，從傳統的代理商轉型，集中財力在中國水域經營航運業務。金能亨在1861年2月1日寫給旗昌洋行主要負責人P・S・福士（Paul Sieman Forbes）的信中稱，長江航運業大有可為，"營業額幾乎是難以估量的。目前南京與沿海之間的國內貿易已經停頓（正處太平天國時期），長江上游貿易也遭到破壞，處於蕭條狀態。但外商貨輪參與運輸，可望立即恢復一部分貿易……即以原棉一項而論，估計長江流域的產量便大大超過美國全國的產量"。

1862年3月27日，吸引到上海的華商和中小英國商人資本的旗昌輪船公司（Shanghai Steam Navigation Company）在上海正式成立，旗昌洋行作為經理人，經營並負責整個公司的日常運作。以100萬兩白銀作為資本，旗昌輪船公司成為當時遠東規模最大的股份公司。由於資本充足，有良好的碼頭和倉庫，以及在1862年6月設立了揚子保險公司（Yangtze Insurance Association），旗昌在長江上的航運生意如火如荼。

在英國洋行中，最早闖入長江航線的是寶順洋行。1861年，寶順曾以"總督號"輪船在上海至漢口間試航。在體驗到有豐厚的利潤可賺時，寶順又加派了"飛似海馬號"、"氣拉度號"和"哥素麼布禮號"航行長江。[1]

緊接在以上三大洋行之後，怡和的船隻也出現在了長江上。1864年，怡和洋行的"快車號"和"羅納號"駛入長江。

此後，同孚、廣隆、吠禮查等美英洋行的商輪紛紛駛入長江。大量輪船蜂擁而入，貨源嚴重不足。於是，以減低運價為手段的競爭激烈展開。一些洋

---

[1] 樊百川：中國輪船航運業的興起，中國社會科學出版社，北京，2007，93頁。

行開始由盈轉虧，隨即將輪船出售或撤離長江航線。寶順在長江航線上只剩下"飛似海馬號"和"氣拉度號"，瓊記則只剩下"火箭號"在長江航運。1865年，吠禮查、同孚、廣隆洋行或將輪船售予旗昌、或將輪船撤離長江航線。到1866年6月，長江上剩下的12艘輪船中，旗昌已經佔到了5艘，約控制了整個貨運業務的一半至三分之二，開始處於絕對的優勢地位。

在激烈競爭中，旗昌的策略是：一方面降低運價以擠垮對手，有時甚至聽由貨主面議運價；一方面一改怡和等英國洋行對華商的傲慢態度，竭力交好華商，招徠貨運。旗昌在靠近華商地段興建的寬達300呎的碼頭與容量達到3萬至3.5萬噸的金利源倉棧，便是它與寶順、怡和等展開競爭的一大優勢。

旗昌一度格外擔心怡和、寶順與瓊記聯合對付自己。事實上，這些洋行之間也的確有聯合對付旗昌的意圖。1865年12月，瓊記洋行曾探詢怡和洋行對三家商行輪船業務進行合併的意見。瓊記指出，如果三方合作組成輪船公司，將會"無敵於世界"。然而，怡和洋行聲稱"寧可獨自經營"。怡和與寶順除了曾經在壟斷鴉片價格方面有過默契之外，一直是摩擦多多的"仇家"。因此，三方聯合的想法只能擱置。

1866年6月，怡和的"羅納號"和"格蘭吉爾號"因承接不到足夠的貨運而生存艱難，開始考慮與瓊記合作的可能性。此時，瓊記已與寶順達成諒解，因此再次建議怡和實行三家洋行聯合。瓊記洋行大班A·F·赫德（Heard）說："固然，我一方面擔心他們（怡和與寶順）雙方難以融洽共事，但另一方面擔心他們兩大商行落入旗昌洋行手中。"

然而，寶順已經飽受倫敦金融危機的打擊而難以為繼。11月，寶順的財務狀況進一步惡化。同月，怡和決定，不再繼續經營無利可圖的長江航運業務，將輪船移往香港至上海間的沿海航線。怡和並在寶順日陷困境之時，答應為寶順出具票據擔保，提供貸款，寶順則將其長江上的輪船抵押給怡和洋行。

無意在長江航線上發展的怡和大班惠代爾找到旗昌，希望它將寶順長江航線上的輪船買下，並提出就如何劃分在華航運業的"勢力範圍"進行協商。

1867年1月底，旗昌、怡和與寶順三大洋行在香港達成協議：怡和與寶順同意在10年內，不在長江航線行輪，也不經營輪船代理業務；旗昌則同意10年內不在上海以南的沿海航線行輪（上海至寧波航線除外）。

寶順洋行將其長江航運的全部財產併入旗昌輪船公司，怡和洋行則將其在長江上航行的兩艘輪船撤往沿海航線。在此情況下，屢次籌組輪船公司未果的瓊記洋行，也不得不與旗昌簽訂退出長江航線的類似"協議"而轉向華南。

幾家大洋行輪運勢力瓜分中國領水的局面初步形成。旗昌在長江航線上的壟斷地位得以確立。

寶順覆亡

當初，受鴉片貿易衰退影響，寶順為了轉型而購入大型昂貴輪船，運行剛剛開放的長江航線。在金融和航運方面，寶順與怡和在轉型期走着各自不同的道路。金融業方面，寶順放棄了獨立經營金融業務而採取組建專業銀行的方式，這便是參與發起成立了匯豐銀行。航運業方面，寶順邁出的步伐也較怡和要大。因此，在旗昌輪船公司崛起之時，旗昌的最主要競爭對手並非怡和，而是怡和的冤家——寶順洋行。

1864年，寶順的大型輪船"飛似海馬號"與旗昌開打運費價格戰。當時，寶順正打算擴大它在長江的航運業務，並從美國訂購了另一艘噸位更大一些的輪船"氣拉度號"。旗昌視此兩輪為眼中釘，認為是長江航線上"足以形成核心力量對付旗昌輪船公司的惟一兩艘船隻"。

然而，接下來的一場厄運把寶順的雄心徹底澆滅。事實上，貿易的蕭條在1865年便已顯現在這家洋行的身上。這年初，寶順已經背上巨額債務，流動性緊缺，大量資金為房地產、輪船和其他非生產性資產所佔用。

寶順在思考着自身的出路，不過與旗昌競爭的想法並未消失。它想到的最佳出路是與其他同行合作，將船隻實行聯營。寶順與瓊記曾一度協商，尋找其他夥伴加盟。瓊記的"江龍號"是長江上最好的輪船之一。在"飛似海馬號"、"氣拉度號"和"江龍號"之外，另加一艘輪船便可組成一條完整的4輪航線，然後另籌款項，在航運業界的顧慮有所緩和，流動性轉好、投資又有了吸引力之時，將船隊合併為一，組成新的輪船公司。

然而，寶順、瓊記想組成一個新輪船公司的計劃並未實現。貿易的不景氣，資金流動性不足，寶順與瓊記沒能像旗昌輪船公司成立時那樣幸運地募集到資金。

1866年，香港、上海出現被割佔、開埠20多年來的首次金融大恐慌，曾經叱咤風雲的寶順由此陷入困境，並於1867年宣告破產。

怡和圖謀

寶順、瓊記洋行敗落，旗昌輪船公司在長江航線上的壟斷地位牢固確立。之後，旗昌將實力雄厚的怡和列在了"潛在威脅"的頭號名單之上。

1867年初，怡和與旗昌簽訂合約時，曾承諾10年內不經營長江航線。不過，已經稱霸長江的旗昌依然擔心：怡和或許會遵守諾言，但如果它支持一家旗昌的競爭對手從事長江航運，則不算違約。怡和存在聯合其他輪船公司"曲線"開闢長江航線的可能性。

事實上，新上任的上海怡和洋行經理約翰遜在1868-1869年的確想採取行動進入長江航線。就在1867年旗昌與寶順、怡和簽訂劃分 "勢力範圍" 的合約時，另一家小型的英國軋拉佛洋行（Glover & Co., 1869年改為Glover Dow & Co.）依然有一艘由其代理的華商輪船 "惇信號" 行駛在長江上，並且在怡和買辦唐廷樞等參與下，於1867年7月從怡和洋行購進 "羅納號" ，組成了公正輪船公司（The Union Steam Navigation Co.）。

鑒於公正輪船公司實力有限，以及回應上海輿論（主要來自英商）希望看到競爭局面，旗昌容忍了它在長江航線上的存在。1868年初，旗昌與公正輪船公司簽訂合約，雙方在長江航線上徵收相同的運費，後者承諾其長江船隊不超過兩艘，並且每週每艘輪船僅航行一趟。

但是到了8月，公正輪船公司預計新茶上市貨運噸位的需求勢必激增，因此打算在長江航線上添置第三艘輪船，與旗昌爭奪貨源，而此時怡和洋行正欲出售其舊船 "格蘭吉爾號" 。約翰遜不僅同意將輪船售予公正，並且準備貸款給它購買該船，借此削弱旗昌。

約翰遜在當月28日寫給克錫的信中說： "我認為，他們（公正）有了我們的資助，明春以前，力量將會大大增強，到時可望打一場勝仗。如果能以好的價錢將 '格蘭吉爾號' 賣給公正，同時在長江上建立起一支真正的對抗力量，那我們便如願以償了。" ①

然而，怡和的願望並未實現。由於公正輪船公司對 "格蘭吉爾號" 的價格猶豫不決，直到1869年3月才以14.5萬兩成交。當旗昌獲悉公正將在長江行駛第三艘輪船後，立即部署反擊，調低運費，重新開打價格戰。在旗昌削價競爭的

---

① 劉廣京著，邱錫榮、曹鐵珊譯：英美航運勢力在華的競爭（1862-1874年），上海社會科學院出版社，1988，83頁。

壓力下，公正被迫取消原來計劃，將"格蘭吉爾號"留在了長江，而將"羅納號"調往華南航線，長江航線上依然只保留了兩艘輪船。

旗昌在挫敗公正新計劃的同時，向其幕後支持者怡和提出了強烈抗議。上海旗昌洋行經理金能亨於5月31日致信約翰遜稱：5年的經驗表明，只要存在競爭，大家都要賠錢，而增加船隻就意味着競爭。

金能亨強調，英國人和美國人之間並沒有利害衝突。"如果在中國輪船運輸業中有什麼鬥爭的話，過去或將來都不是存在於不同的外國人之間，而是存在於外國人和中國人之間。如果我們之間的競爭，妨害了外商經營，那麼生意必將落到中國人手中，而一旦落在他們手中，那還有什麼保障和利益可言？"

在旗昌的抗議下，怡和除了向公正提供一筆貸款讓它買下"格蘭吉爾號"之外，沒有再給其他經濟援助。不過，旗昌中的一些人仍然認為，怡和依然在尋找機會插足長江航運業務。

1870年6月，社會上流傳公正又準備在長江航線上增加一艘輪船，形成三條輪船的長江航線。接替金能亨出任上海旗昌經理的H·H·沃登於當月8日致信P·S·福士説："我認為，我們肯定將於月底被迫參加長江競爭。……為時究竟有多長，很難預料。因為照我看，我們的競爭對手暗底下由怡和洋行撐腰。"

不過，沃登的擔心純屬多餘。1869年，公正輪船公司營業額大幅下降，作為公正代理人的軋拉佛洋行自身也因經營困難於1870年9月接近破產。因此，1871年3月公正的股票持有者決定，中止軋拉佛洋行代理經營，改由對長江業務感興趣的同孚洋行代理。

沃登認為，同孚雖屬美資洋行，但其取得公正輪船公司的代理權時，怡和洋行提供了財力援助，同孚與怡和之間將來有結成聯盟的危險。因此，旗昌決定買下公正輪船公司，以除後顧之憂。

但沒想到在旗昌出手之前，新成立的太古輪船公司搶先一步，於1872年8月高價將公正的船隊及設施購入，並於翌年4月，正式接過這些船隊，開始在長江上航行。

太古崛起

當1866年底旗昌、怡和與寶順等洋行着手劃分在華航運業勢力範圍時，英國約克郡商人老斯懷爾（John Samuel Swire, 1825-1898）作為約翰·斯懷爾父子公司（John Swire & Sons Co.）的第二代掌門人，[①]正在上海籌建太古洋行（Butterfield & Swire Co.）。

1867年1月1日，太古洋行正式開業。在接受和銷售來自英國的紡織品的同時，將中國的茶葉和絲綢運往英國、美國及澳大利亞。除了商品貿易外，太古洋行還在開業不久即獲得了利物浦專門經營遠洋航運的海洋輪船公司的代理權。此外，太古聯合一些船主組織了一個名為"中國海船組合"的公司，用5艘輪船在上海至福州及東南各口岸城市間航行，與其代理的遠洋航線相配合。

與此同時，經營航運業務的貿易商行如怡和、旗昌、瓊記和寶順洋行，正在中國的水域展開激烈競爭，旗昌輪船公司正着手購買長江航線上所有其他競爭對手的船隻，以圖壟斷長江航運。[②]

在老斯懷爾看來，長江展示着輪船航運業的輝煌前景，它那寬闊的水域還

---

① 1832年，渣甸和馬地臣在廣州創立渣甸·馬地臣行時，約翰·塞繆爾·斯懷爾的父親在利物浦正式將他所經營的商行命名為約翰·斯懷爾父子公司。在1847年第一代斯懷爾去世時，公司由約翰·塞繆爾·斯懷爾及其弟弟威廉·斯懷爾（William H. Swire）繼承。

② 張仲禮、陳曾年、姚欣榮：太古集團在舊中國，上海人民出版社，1991，12頁。

可以容納更多的船隻。中國商人已經逐漸接受輪船替代帆船的現實，他們不僅用輪船裝載貨物和出門旅行，而且購買了旗昌等輪船公司的股票。老斯懷爾相信，在中國建立航運公司的機會就在眼前。

已經回到倫敦的老斯懷爾開始盤算着開辦長江航運公司的計劃：要想與旗昌展開競爭，那麼新成立的公司至少需要4艘輪船才可一搏。他估算着初期可能面臨的不利形勢，但他自信能夠成功。於是，老斯懷爾開始為新公司籌集資金。與寶順、瓊記洋行無處籌資不同，老斯懷爾很快便從英國的農場主、紡織廠主、輪船公司老闆等手中籌集到了36萬英鎊。

1872年1月，在老斯懷爾自信而堅毅的目光注視下，太古輪船公司（The China Navigation Company）在倫敦註冊成立。

在太古輪船公司成立之時，旗昌輪船公司已與其競爭對手達成協議，即旗昌擁有長江航線，怡和擁有上海以南的沿海航線，儘管後來旗昌允許力量較小的公正輪船公司進入長江，不過以上協議仍然有效；上海至天津航線，則由旗昌與怡和共享。

太古輪船公司決定無視協議，闖入禁區。太古輪船公司成立之初，即在英國訂造了3艘輪船。1872年7月，太古搶在旗昌動手之前，以26萬兩白銀高價買下了公正輪船公司在上海和長江的船隊及全部航運設備，以便立即投入長江航線的搏擊。

1873年4月1日，接過公正輪船公司船隊的老斯懷爾，正式開始了長江航運的歷程。

就在太古的輪船駛入長江之前，旗昌已經為激烈的運費戰做好了準備。壟斷長江航線多年的旗昌可謂身經百戰，它要給太古一個下馬威，將上海至漢口的運費每噸由5兩降到2.5兩。旗昌的老闆們以為，只要發動一場短暫的運費戰，就可以迫使太古將船隊限制在2-3艘輪船之內，並認為有可能迫使老斯懷爾將3艘新船賣給旗昌。這樣，局面將煥然一新，旗昌的壟斷地位將進一步穩固。

不過，旗昌的算盤打錯了。太古採取了比2.5兩更低的運費，每噸僅2兩，當旗昌的輪船在港口停泊時，甚至更低。

不僅如此。旗昌還發現，老斯懷爾正千方百計從中國商人那裡兜攬生意，甚至"對所有的貨運捐客，不論大小，都設宴招待"。

太古敢於如此不計成本，是因為它已做好心理準備，要與旗昌放手一搏。太古除了有遠洋和沿海輪船聯運及其代理的保險公司提供保險等有利條件外，還因為老斯懷爾找對了合適的經理和買辦。

太古上海經理威廉·蘭（William Lang）不僅是太古搶在旗昌之前收購公正輪船公司的建議者，而且他為太古找到了在瓊記洋行工作多年、全面負責沿海航線的美國人晏爾吉（Endicott）擔任貨運主管。能說一口流利中文的晏爾吉，對中國的託運商極為諳熟。

而相較於旗昌年事已高、且體弱多病的總買辦陳竹坪和一群"毫無值得稱道之處"的買辦人員，[1]太古組織了一套極有效率的買辦班子，攬到了幾乎與唐廷樞、徐潤一樣聞名的買辦——鄭觀應。

與唐廷樞、徐潤同樣生於廣東香山的鄭觀應（1842-1923），1859年通過世交徐鈺亭、徐潤進入上海寶順洋行工作。第二年，18歲的鄭觀應開始在寶順管理絲樓、兼營輪船攬載等事宜。在寶順工作期間，鄭觀應與"氣拉度號"船主

---

[1] 1872年6月11日，F·B·福士在一封信中稱："竹坪周圍都是一群可愛的廢物，他們除了誠實可靠外，別無值得稱道之處。"同時，他開始尋找取代陳竹坪的人選，但在此後兩年多的時間裡，旗昌也沒有解決好買辦問題，而是一直在抱怨買辦的無能。

麥奎因（MacQueen）交情深厚，受其賞識。當1872年太古輪船公司成立，身在旗昌輪船公司的麥奎因被太古挖來出任公司總船主，隨後，麥奎因力邀鄭加入太古。

1873年，鄭觀應出任太古洋行買辦。"公司所有輪船攬載用人事務"由鄭觀應與總理船務的晏爾吉商辦，他們採取了許多靈活招攬華人客源的辦法。鄭觀應指出，辦好輪船公司，除用人要得當外，主要是加速船運週期、降低消耗和多攬客貨。[1]

太古用新辦法招徠中國人的貨運，旗昌的一些老主顧也被慢慢拉了過去。幾個月下來，到1873年底，太古的船隻已承運了長江貨運約半數的貨物。

太古的出擊，讓旗昌不得不妥協。1874年2月，當老斯懷爾訪問上海時，旗昌接受他提出的聯營建議，雙方達成齊價合約，即兩家公司在長江航運上實行收益聯營。旗昌雖然保住了壟斷性運費，但不得不與太古平分秋色，"一家獨大"的局面一去不返。

招商局新生

就在太古躍躍欲試之時，中國的巨輪也開始啟航。1872年，直隸總督、北洋大臣李鴻章任命以沙船為世業的淞滬巨商朱其昂另立條規，在上海設立一家中國輪船公司，這就是近代中國第一家股份制企業——輪船招商局。

1873年1月，輪船招商局正式開局。由官、商聯合興辦的輪船招商局以挽回利權和追求利潤為目標，採取"商為承辦、官為維持"的官督商辦模式。[2]

---

① 張仲禮、陳曾年、姚欣榮：太古集團在舊中國，上海人民出版社，1991，153頁。
② 成立之初名為"輪船招商公局"，由"設局招募商股"而來，同時政府撥借部分官款。

但是，開張之初，招收華商入股便極不順利。總辦朱其昂以舊式沙船為世業，對沙船和漕運諳熟，但對輪船航運"未盡得訣"。已經購買或訂購的四艘輪船，價高質次，顯示其對經營現代輪船航運業的陌生。華商對輪船招商局心存狐疑，不僅難以召集到新的華商入股，在籌辦過程中有意入股的大商人李振玉、胡雪巖，也都以各種藉口退卻。

在此情況下，既有豐富經驗、諳熟輪船業務，又有廣泛人脈、懂得現代經營管理的怡和洋行買辦唐廷樞，在輪船招商局開局半年後，承擔起了這一新式航運企業繼續向前的使命。

1873年7月，李鴻章委派唐廷樞為招商局"總辦"，總理招股及輪運諸業務，改朱其昂專管漕運事務。接着，唐廷樞稟請曾經做過寶順洋行買辦多年、同樣諳熟輪船業務並懂得現代經營管理的大商人徐潤入局為會辦，協助其經理各務。與此同時，李鴻章另加派其幕僚盛宣懷為會辦，協助處理招商局與政府間的關係。

唐廷樞的到任，無論對唐本人，還是對輪船招商局，都值得大書特書。對唐而言，這是他一生的重大轉折，從此告別了十年怡和買辦生涯，投身於中國企業的近代化運動；對輪船招商局來說，則開始了在這個新式企業家主持下官督商辦、以商為主的新階段。

唐廷樞(1832-1892)，號景星，廣東香山縣唐家村（今珠海市唐家灣鎮）人。由於父親受僱於香港馬禮遜教會學校，唐廷樞10歲時得以與哥哥唐廷植（茂枝）、弟弟唐廷庚（應星）入校就讀，並以優異的成績畢業。

1851年，唐廷樞在香港巡理廳、香港大審院先後當過翻譯。1858年，經清朝海關總稅務司李泰國（H. N. Lay）引薦赴上海，在江海關任職。

經過香港和上海的多種歷練後，1861年，唐廷樞辭去海關職務，受僱於怡和洋行。兩年後，獲聘為怡和洋行買辦，負責管理錢款、收購物資、開展航運、擴大市場等。隨後，唐廷樞為怡和洋行整頓和設置出一套有效的買辦機構，在貿易、航運、金融、保險等方面為怡和大力拓展業務。尤其在航運方面，1872年為怡和洋行創辦華海輪船公司立下汗馬功勞，並成為該公司四名董事之一。對怡和來說，"唐景星簡直成了它能獲得華商支持的保證"。

事實上，早在1860年代，唐廷樞便對航運投資有着強烈興趣，並涉足其間。在擔任怡和買辦期間，他曾在上海投資過錢莊和地產業。1867年後，唐廷樞投入大量資金在航運業上，先後成為兩家小的英國輪船公司──公正輪船公司和北清輪船公司的大股東，並出任董事。此外，自己另購置了"洞庭號"、"漢陽號"等輪船，來往於長江各口岸城市。

出身於買辦世家的徐潤，也是廣東香山人。14歲時，徐潤便進入其伯父徐鈺亭擔任買辦的寶順洋行。1861年，23歲的徐潤出任寶順洋行副總買辦。徐潤為寶順管理過輪船航運，直接參與了長江航運的激烈競爭。在服務於寶順的同時，徐潤本人經營絲茶和各種雜貨，大力投入房地產和錢莊業，財力更在唐廷樞之上。寶順洋行倒閉後，徐潤開始專心打理自己的生意，在上海愈做愈大。

唐廷樞和徐潤入招商局後，重訂章程，改"公局"為"總局"。這兩位當時最熟悉西方經營方式的中國企業家，力圖按商辦原則改組招商局，因而無論是局規還是章程，均強調"用西法經理"、"照買賣常規辦理"。

招商局改組，翻開了中國企業史上的新一頁。唐廷樞接過了朱其昂在任時買下的4艘輪船和一些岸上設施，並開始籌集股本。1873年7月，招商局"永寧號"輪船從上海駛向漢口，開始了長江航線上的首次航行。

此時，在約翰遜和克錫的堅持下，怡和大班惠代爾也已同意在中國的航運業方面鬆開手腳，放手一搏。隨着1873年1月華海輪船公司成立，怡和將經營重心放在了津滬航線上。

05 打造津滬航線

當旗昌輪船公司將長江上的一半地盤丟失給太古之時，旗昌壟斷的津滬航線也遇到了來自怡和的競爭。1873年1月1日，由怡和洋行創辦的合股企業——華海輪船公司正式成立。

當1866年旗昌在長江航線上勝券在握後，一開始，它在津滬航線上的競爭對手主要是由德國商人在英國註冊的惇裕洋行。從1866年起，惇裕洋行便有2艘輪船在上海和天津等北方口岸間定期航行。1868年8月，惇裕從華商和當地外國僑民中籌集資金，成立了北清輪船公司。

旗昌與北清輪船公司也訂立了齊價合約，進行雙頭壟斷，保持高額運費。然而，這樣的好日子持續了兩年之後，津滬航線上迎來了新的有力競爭者——怡和洋行。

怡和在長江航線上撤離後，開始在沿海航線上步步為營。雖然香港總部此時並不熱心在華航運業，也不太看好它的前景，但身在上海的約翰遜深信，在代理貿易已不賺錢的當下，經營航運業及其衍生的碼頭、保險等大有賺頭。長江流域一時無法進入，開闢沿海航線同樣有利可圖。

1868年底，約翰遜認為怡和至少應該有一艘輪船在上海和福州間定期行駛，同時在上海與天津之間也應該有一艘定期行駛的輪船。

1869年1月，怡和洋行花5.5萬兩買下"久綏號"（Kiusiu），同時着手從英國訂造了兩艘新船。3月，"久綏號"正式投入天津航線。

當怡和開始定期經營天津航線時，旗昌輪船公司和惇裕洋行的北清輪船公司立即以價格戰"迎接"。然而,約翰遜有備而來,不僅怡和自運貨物較多,同時有買辦唐廷樞招攬華商貨運,因此"久綏號"並未服輸。

約翰遜設想,一時無法鬥敗旗昌,但可以先建立一支3到4艘輪船的船隊,從取代北清輪船公司着手。他甚至已經迫切地認識到怡和本身應擴大航運投資,設立一家由怡和管理的新的股份公司。不過,這些想法當時並未得到香港怡和大班惠代爾及合夥人克錫的認同,他們並不把航運業看作是安全或有利可圖的投資。隨後,約翰遜開始利用中國商人的資本擴展怡和的在華航運業。

1870年2月,怡和在唐廷樞的買辦間增設"貨運代理處",進一步發展壯大津滬航線。同月,約翰遜勸説購入"天龍號"輪船的華商,將"天龍號"委託給怡和經營;隨後又説服買辦唐廷樞及其友人購買北清的"南潯號",將其委託給怡和代理。加上怡和訂購的"亞平號"抵達上海,1870年5月,怡和洋行已經如願以償地組織起了一條有4艘輪船定期行駛的津滬航線——雖然一半的輪船只是受委託經營。

激烈的價格戰使北清輪船公司首先敗下陣來。到1871年初,北清輪船公司只得將全部財產抵押給匯豐銀行。這時,早就想從惇裕洋行手中取得北清代理權的怡和,終於找到了機會。怡和提供2萬兩貸款如願以償地接管了北清船隊。至此,"天龍號"、"亞平號"、"南潯號",[①]加上北清的2艘輪船,怡和在津滬航線上有了一支由5艘輪船組成的船隊(總噸位3443噸)。

不過,在津滬航線上,旗昌此時擁有6艘輪船,總噸位達6041噸。無論是輪船的數量,還是噸位,均超過怡和。

①"久綏號"此時已調往上海至福州航線。

對此，約翰遜一直試圖組建輪船股份公司，與旗昌一爭高下，但始終沒有得到身在香港的怡和大班惠代爾及合夥人克錫的支持和認可。

1870年10月-1871年5月，約翰遜離華休假，克錫代理怡和上海經理職務。在上海"前線"，克錫感同身受，開始認同約翰遜的計劃。怡和應該吸收華商和當地外商資本組織一家輪船股份公司。

然而，由於惠代爾的反對，約翰遜和克錫組建輪船公司的計劃依然無法實現。雖然惠代爾已逐漸感到有成立輪船公司的需要，但他提出的計劃與約翰遜及克錫的計劃相左，因此在此後一年多的時間內，怡和組建輪船公司的計劃被擱置。

1872年，當太古洋行組建輪船公司闖入長江航線後，約翰遜更迫切地感到必須盡快建立一個由怡和控制的輪船公司。而據約翰遜估計，包括佣金、煤和碼頭收入在內，1871年怡和洋行在航運業務上的總收入已達到10萬兩。約翰遜認為，即使僅僅為保持對託管輪船的控制，怡和洋行也應該採取行動。1872年7月30日，約翰遜再次致信惠代爾，說："目前我們船隻的盈利相當可觀，有關人員均感滿意，我看不出北洋航線馬上就會發生任何爭奪的跡象，但我們同旗昌之間隨時都有可能產生不愉快事件，來自其他方面的麻煩也可能會出現。當明年一家新公司（太古輪船公司）開始長江航運時，我們目前存在的這種穩定局面，確實將經受一番考驗。當我們遭到抗爭，航運收入大幅度下降時，那些不屬於我們的船隻勢必會發生麻煩。"

在約翰遜和克錫的堅持下，隨着形勢發展，儘管惠代爾對投巨資於航運事業仍然熱情不高，但是在10月初已同意約翰遜發出籌建新公司的發起書。10月31日，創建華海輪船公司的發起書（日期為10月26日）廣告登在了上海的《北華捷報》上。

　　1873年1月1日，華海輪船公司正式成立，由上海怡和洋行"總理"。公司額定資本50萬兩，分5000股，每股100兩，先收65兩，總共實收32.5萬兩。怡和自身投入大量資本的同時，也吸收了大量華商和在華外商的資本。

　　華海輪船公司成立之後，怡和擁有的船隻依然是6艘，一艘定期航行於上海至福州一線，5艘（總噸位4569噸）航行於上海至天津之間。旗昌在津滬航線上雖有5艘較大的輪船運行（1874年6月時總噸位6238噸），但已明顯地感受到了來自怡和的壓力。

　　華海輪船公司成為航運業界強有力的競爭對手，既在於約翰遜的深謀遠慮，也由於唐廷樞的卓越貢獻。

　　被時人稱為"說起英語來就像一個英國人"的唐廷樞，此時身兼上海絲業公所、茶葉公所、洋藥局、廣肇公所、仁濟醫院、格致書院的董事，在華商中具有無與倫比的影響力。

　　1872年，唐廷樞招攬俄商和華商在長江各埠託運的貨物、特別是茶磚轉口天津，然後從陸路運往俄國，為怡和天津航線做出了巨大貢獻。鑒於怡和受合約限制不能在長江行輪，唐廷樞於1872年4月將自己的"洞庭號"投入長江航線，在上海至漢口航線上行駛，與旗昌爭奪直達天津的貨運。

　　對此，約翰遜在寫給怡和洋行漢口經理安德森的信中說："'洞庭號'接受怡和天津各輪的貨物聯運。自從怡和洋行在輪船業務上投入較多資本以來，唐的建議和貢獻多多。1873年3月初，唐曾訪問香港並同惠代爾會談多次，力促華海輪船公司的工作能順利進行。"

　　在精明幹練的買辦唐廷樞協助下，怡和洋行開始顯示它能夠在中國商人中成功地開展航運業務。而與怡和及太古相比，旗昌在華商中的業務推動工作已經落在後面。

就在唐廷樞辭去怡和買辦職務8個月後，[①]1874年2月，華海輪船公司與旗昌訂立"齊價合約"。至此，怡和在中國航運業中已經牢牢地站穩了腳跟。

人們注意到，一開始，太古有意避開了與經營北洋航線（津滬航線）和沿海航線的怡和的競爭，專攻長江航線，防止一開始就四面樹敵。因此，太古對怡和的方針是"小心翼翼地避免一切可能會引起怡和惱火的行動"。直到1875年7月2日，老斯懷爾在寫給太古洋行的合夥人斯科特的信中也還在說："如果可能的話，我們應與怡和和諧地一起工作。"

與此同時，新改組的輪船招商局雖然此時已有5艘輪船在津滬航線上，不過總辦唐廷樞曾擔任怡和買辦多年，且此時依然是華海輪船公司董事，因此開始階段招商局一度與怡和在北洋航線上展開合作，將主要精力投入到了與旗昌、太古在長江航線上的競爭。

06 重返長江

太古、華海輪船公司和輪船招商局的出現，改變了中國航運業格局。不僅旗昌在上海至天津航線上被怡和與招商局迎頭追趕，其在長江航線上的霸主地位也受到了太古與招商局的強勁挑戰，並且怡和開始重返長江。

旗昌敗退與招商局崛起

1874年2月，經過一番激烈角逐後，旗昌不得不分別與太古和華海輪船公

---

① 1873年6月，唐廷樞離開怡和洋行、出任輪船招商局總辦，怡和上海買辦一職由其兄唐茂枝繼任。唐廷樞保留華海輪船公司董事席位至1877年，一直與怡和在津滬航線上密切合作。

司訂立"齊價合約",在長江航線上失去半壁江山,並在津滬航線上眼睜睜地看着怡和發展壯大。

一個月後,1874年3月,又一個強大對手——招商局的兩艘輪船開進長江水域,與旗昌、太古展開面對面的競爭。

面對"本土作戰"的招商局,旗昌與太古開始在長江航線上聯手實施價格戰,力圖在招商局腳跟未穩之時,給以毀滅性打擊。

6月12日,旗昌的F·B·福士在一封信中寫道,美國人和英國人已聯合起來抵制招商局:"這家中國公司給我們造成了極大的困難——當它們的輪船開航之日,我們將運費降低了一半,這樣我們的收益就少了許多,然而這是無可奈何的事。"6月13日,上海太古洋行經理在寫給倫敦的信中也說:"我們正與旗昌考慮抵制這家中國公司的措施,希望競爭能平息下來。他們在長江上現有4艘輪船。"

面對太古、旗昌的全面削價競爭,招商局回敬以更低價格的運費,就像當年太古初闖長江航線時對付旗昌一樣。當年夏天,上海至漢口每噸貨物的運費跌至2兩,僅相當於旗昌和太古輪船公司所訂協議價格的一半。

隨着招商局的輪船出現在更多航線上,削價競爭也相繼出現在多條航線上。由於價格大幅下降,輪船噸位的需求彈性又低,一個必然的結果是:所有輪船公司的收益都呈下降態勢。

對太古來說,激烈的價格戰使其在當年上半年的利潤驟減,下半年只得將其中的一艘輪船從長江航線調往沿海。即使這樣,長江航線依然收益有限。不過,沿海開闢出的牛莊(今遼寧營口)至汕頭新航線,讓太古所獲不菲。

對怡和而言,就像招商局給太古留下了牛莊至汕頭航線一樣,招商局也給怡和留下了上海至福州航線。一直到1877年,招商局的船隻才出現在這條航線上。不過，在重兵投入的津滬航線上，怡和與旗昌、招商局激烈競爭，導致紅利逐年減少，公司股票下跌，以致怡和洋行的合夥人在1876年11月前後，一度打算將華海輪船公司的船隊賣給招商局。

對旗昌來說，情況更加不妙。在長江、上海至天津、上海至寧波三條航線上，都遇到了來自招商局的競爭。1874年之前的數年裡，旗昌股東每年都能獲得可觀的紅利。而在1874-1876年，紅利下降，連船隊必要的維修費用也得從儲備中支取。面對利潤大跌、經營虧損、股票跌落，加上美國內戰後經濟繁榮，一些股東離華返美，使旗昌感到與其在中國冒險競爭下去，不如抽回資金投資國內，因此，自感設備陳舊、競爭乏力的旗昌決定將船隊乃至全部資產出售。

1876年12月，旗昌向招商局發出出售信號。對此，唐廷樞、徐潤和盛宣懷當機立斷，齊心協力，辦成了這件"千百年來創見之事"。

1877年2月12日，招商局總辦唐廷樞與旗昌洋行正式簽署購併合同。3月1日，旗昌輪船公司產業換旗過戶，轉歸招商局所有。3月2日的上海《申報》就此發表評論："從此中國涉江浮海之火（輪）船，半皆招商局旗幟。"

招商局之所以不懼與三家外資輪船航運業巨頭競爭，正如其章程所指出：一是有漕米裝運，二是經費、棧房、員工、輪船用度、駁船扛力均較洋商成本為低，三是以本國人攬本國貨，"取信自易，利便實甚"。

事實上，除了可以高價承運政府漕糧、成本相對低廉和更易攬載華人貨物之外，招商局還享受到了比錢莊貸款低得多的政府低息貸款，更因為有新式企業家唐廷樞、徐潤掌舵實行擴張戰略，從而招商局不但抵住了惡性競爭的不利局面，還在這幾年中實現了大擴張。

收購旗昌之後，招商局迅速壯大，在七條國內航線上行駛着29艘輪船，另有1艘輪船投入華南各口至新加坡航線，搭載中國移民。在長江和津滬航線上，招商局的噸位和船隻在數量上已經超過怡和與太古的總和。

一些西方在華人士於是議論紛紛，"清政府準備接管所有外資輪運企業"、"清政府即將收購華海輪船公司"、"清政府準備壟斷長江航運"等傳言一時四起。太古、怡和則將矛頭對準招商局，進行了更猛烈的削價競爭。1877年6月，從漢口至上海貨運價格竟降至茶葉每噸五角，到了連船運及轉運費用都難以彌補的程度。

對此，招商局的應對之策是：繼1875年成立濟和保險公司後，另設仁和水火保險公司，將原來六成歸洋商代保者歸己自保，開闢利源；由李鴻章奏請將官款190多萬兩的利息緩繳3年紓困，並奏請沿江、沿海各省海運官方物資需輪船裝運者，統歸招商局輪船承運；將各輪船重新規劃和整合；以北洋運漕盈餘專補跌價最猛的長江航線等。如此猛烈的價格戰，無論是招商局，還是太古與怡和，都無法維持長久。經過一番博弈，1877年12月，招商局與太古訂立了為期三年的合同，長江航線，招商局佔55%、太古佔45%；上海至寧波航線，雙方各佔50%。

1878年7月，招商局又與怡和簽訂了為期三年的合同，上海至天津航線，招商局佔60%、怡和佔40%；上海至福州航線，雙方各佔50%。

簽訂齊價合約不過是三家公司在新的均勢狀態下的暫時聯合，合作能否持續，取決於均勢能否維持。在此後近20年的時間裡，招商局與太古、怡和鼎足而立，成為航運業三巨頭。

怡和重返長江

齊價合約不只是統一運費、以及如何劃分市場份額，它還是統一步驟對付新競爭者的利器。齊價合約簽訂後，從1878年起，客貨運輸恢復原來的高運費，三家輪船公司開始了一個“經濟頓形寬裕的短暫和平相處階段”。

對怡和來說，當年被迫與旗昌簽下的十年內不入長江的協定，無疑是怡和在中國航運業發展初期遭受的一次挫折。如今十年過去，怡和對航運業的重視程度及胃口之大，已經今非昔比。況且，激烈競爭的硝煙也暫時散去，長江運費提高，經營已有利可圖。而太古與招商局新簽訂的齊價合約，並沒有對怡和在長江航線上的權利作出規定。

怡和認為它現在已完全具有分享長江航運的權利，於是，開始訂造新船，準備重返長江航線。

1879年，怡和洋行招募到約30萬兩資本，創辦了航行長江的揚子輪船公司，並與1862年創設於浦東、當時上海最大的船廠——英國祥生船廠（Boyd & Co.）合作，建造了3艘適合長江航行的輪船。同年，闊別長江多年的怡和第一艘輪船再次駛入長江。

這無疑是對太古的挑釁和公開宣戰，老斯懷爾怒不可遏。不過，怡和並未停下腳步。到1880年底，揚子輪船公司獲利6.8萬兩。同一年，怡和還積極籌劃開設了牛莊至汕頭航線，與太古一爭高下。

不僅如此。怡和高層已經一改以前對航運業投資猶疑的心態，開始對航運業作出整體發展規劃，對其所有航線上的輪船及相關資產進行整合。怡和在英國國內、在華外商及華商中募集資本，於1881年底在倫敦組建了一個號稱資本總額達到120萬英鎊的輪船公司——印中輪船公司（Indo-China Steam Navigation Co., 一般稱“怡和輪船公司”）。新公司合併華海輪船公司、揚子輪船公司和怡和洋行的香港、加爾各答航線，以及牛莊至汕頭航線上的輪船。怡和航運業的面貌煥然一新。

對此，已經與旗昌和招商局惡戰過的老斯懷爾自然不會善罷甘休。怡和與招商局的齊價合約中同樣沒有限制太古進入北洋航線（津滬航線）。太古首先便是在津滬航線上加強力量，重新開始削價競爭。同時，仿照怡和洋行集中資本、整合資源，將此前單獨經營的"中國海船組合"公司與太古輪船公司合併，以應對激烈的競爭。

老斯懷爾聲稱：將在力所能及的範圍內，採取一切手段使怡和遭受損失、被削弱和陷於難堪地步。

太古對怡和的回擊是全方位的：不僅來自航線上，也來自貨源、保險及造船等方面。為了打破怡和對食糖市場的控制，新設立太古車糖股份公司；[①]為了挑戰怡和所屬的保險公司，新成立了一家保險公司；為了挑戰怡和主導的香港黃埔船塢公司，新創立太古造船廠[②]……。

但是，老斯懷爾深知，"把怡和趕出去是不可能的事，把金錢花在不可能成功的嘗試上是愚蠢的。反之，太古輪船公司應該在津滬航線上要求份額。應同招商局、怡和一起徹底開放長江和北洋航運業務。應強調這樣的事實，即三者之中的任何一方，都沒有可能把其他一方趕出去"。

於是，太古與怡和開始形成一致對付招商局的默契。而此時，招商局體制上的弊端已開始顯現。憑關係安插進的大批冗員，損害了企業應有的效率。同

---

① 1875年怡和在香港建立了製糖公司（China Sugar Refinering Co.），三年後又在汕頭建立了糖廠。於是，太古決心建造一個超越怡和的糖廠。1881年6月，太古車糖股份公司（簡稱太古煉糖廠）在英國登記註冊，1884年，在香港開業。雖然遇到怡和的強烈反對和嚴酷競爭，但最後取得了成功。

② 1863年成立的香港黃埔船塢公司，怡和大班惠代爾時任董事長，到1880年左右在香港已居壟斷地位。對此，太古洋行的合夥人提出在香港設造船廠，當時太古煉糖廠所購土地超出需求，建造船廠既可為太古輪船公司提供保養、維修、改裝和建造的工場，也可形成對怡和的挑戰。不過，這遭到了不打無把握之戰的老斯懷爾的否決。直到1900年，太古造船廠才正式在香港誕生。雖然遭到香港黃埔船塢公司的打壓和無情競爭，但從1912年開始，雙方回到了談判桌上。

時，貪污腐敗和浪費的空氣四處瀰漫。事實上，一百多年後的中國國有企業，依然少不了同樣的弊病和沉屙。

雖然在1879年初，唐廷樞、徐潤着手實施節省成本和壓縮開支的改革計劃。但是，改革並沒有從根本上解決這家官商合辦企業的深層次問題。

1882年春，鄭觀應毅然辭去太古買辦職位，接受李鴻章委任，就職招商局幫辦。日後曾提出"以商立國"、與西方進行商戰的鄭觀應，在離開太古輪船公司進入招商局後，向李鴻章提出了慎選專管攬載之人、隨時探聽各埠行情以定運費、加強監管稽核等16條整頓建議。熟悉輪船航運業務、富有競爭經驗，並瞭解太古、怡和內情的鄭觀應一入招商局，便隨唐廷樞一道參與到對太古及怡和的談判中去了——激烈的競爭已使三方均希望達成和解。

鑒於怡和在長江、太古在津滬航線的擴張現實，航運業三巨頭在上一次齊價合約期滿後，簽訂的第二次齊價合約同意將競爭激烈的航線締約方由兩方變成三方，重新劃分各方的航運份額。

1882年5月，怡和、太古和招商局訂立合同，有效期3年。長江航線，招商局佔42%，太古佔38%，怡和佔20%；上海至寧波航線，招商局、太古各佔50%。12月，三方訂立補充合同。津滬航線，招商局佔44%，太古佔28%，怡和佔28%；上海至福州航線，招商局、怡和各佔50%。

總體而言，與巔峰時期相比，招商局在長江和津滬航線上的比例均有下降，不過其份額依然領先。怡和則在總體實力上大幅提升，尤其是突進了長江航線，並且分得了二成份額。

07 順勢擴張

1881年底，新的怡和輪船公司組建後，業務穩步發展。在第二次齊價合約中，怡和雖然在津滬航線上讓出了12%的份額，但在長江航線上分到了20%的比例。但怡和的目標並不止於此。

招商局 "易幟"

對招商局而言，1882年添置和改裝了大量輪船，同時花鉅款完成了對上海碼頭的擴建和對香港辦公樓的新建，繼續走着規模擴張的進取之路。第二次齊價合約雖然使招商局在長江和津滬航線上的份額下降，但依然領先於太古與怡和。此時的唐廷樞雄心勃勃，計劃將航線進一步擴展至歐美。為此，他於1883年3月出洋考察，遊歷美歐，以圖發展。

然而，就在招商局繼續大走擴張之路時，一場危機開始逼近。這場危機源於1883年上海股市崩盤和金融風潮爆發。在金融風暴打擊下，唐廷樞和徐潤個人遭受慘重損失，挪用局款也被揭露，由此深刻地改變了招商局的前進方向和發展路徑。

1884年1月，上海金融風潮使經濟進一步蕭條。招商局被迫向怡和洋行、天祥洋行借款74.3萬兩，以解一時之急。

中法戰爭的爆發，更使唐廷樞的擴張戰略遭到毀滅性打擊。1883年秋，招商局的兩艘新輪 "福生號" 和 "廣利號" 抵埠。然而，原計劃走新加坡和西貢航線，由於中法戰爭在即而只能放棄。實際上，1884年1月以後，招商局的幾艘輪船因擔心遭到法國海軍劫持，都停泊在了香港。

1884年6月底，中法戰爭的炮火從中越邊界燒到中國東南沿海地區。招商局新上任不久的會辦、曾留學法國的馬建忠在李鴻章支持下,按照國際法安排,着手辦理將招商局的船隊售予旗昌洋行事宜。7月29日達成"售產換旗協議",8月1日正式換旗過戶,船隊改懸美國國旗。一年後,即1885年8月,招商局從匯豐銀行借款將船隊重新買回。此時,李鴻章已免去唐廷樞和徐潤在招商局的職務,由其最信任的盛宣懷出任大權獨攬的督辦,招商局由此成為名副其實的"官督商辦"之局。

怡和平分秋色

就在招商局飽受金融風潮和中法戰爭侵害之苦時,怡和與太古並未受多大影響。當1886年3月招商局與太古、怡和訂立第三次齊價合約時,由於簽訂合同前夕,招商局內憂外患交相煎迫,競爭力大大降低,因而在訂立合同的談判中處於不利局面,長江航線招商局再減4%,太古減3%,處於積極擴張狀態下的怡和新增7%。

第三次齊價合約有效期為1887年1月至1890年1月。在長江航線,怡和佔27%,招商局佔38%,太古佔35%;津滬航線、上海至寧波航線、上海至福州航線與第二次合約相同。

此次齊價合約的簽訂,怡和成為最大贏家。雖然航運實力還遜色於招商局和太古,但在順勢擴張中,怡和不斷提高着市場份額。

在輪船航運業的早期發展史上,怡和表現得相對保守和穩健,招商局走的是跨越式發展道路(盛宣懷出任督辦之前),太古輪船公司則最具戰鬥性格。從挑戰旗昌開始,老斯懷爾先後與招商局、怡和展開了激烈的削價競爭,每次價格戰幾乎都由他率先挑起。憑着老斯懷爾的鬥志、經理人的出色經營,以及多半由老斯懷爾主導推行和完善聯營形式的齊價合約,太古輪船公司日漸強大。

眼見得到1890年春天，上一次齊價合約就要到期，實力有所上升的太古準備重簽合約時多得些份額，因此早在半年前便開始了策劃。1890年初，在幾輪談判沒能達成一致後，2月，丟下一句"既難説合、只可分手"的話，老斯懷爾便發起了猛烈的削價行動。太古降低運費和船票打折，怡和與招商局也隨即跟進，此前的合約宣告失效。

太古在未打招呼的情況下，便將輪船駛入了福州航線。怡和針鋒相對，也將輪船駛入寧波航線。寧波航線及長江航線的價格隨即大跌。

1891年，怡和自恃實力有所提高，堅持長江航線要增加到27%的份額，比上次議定的多出3%，而天津航線31%的份額則不能減少。對此，盛宣懷表示"斷不能允"，寧可虧本再鬥，也不能為大局失此體面。

1892年，為扭轉與怡和、太古競爭時所處的劣勢地位，盛宣懷再次請參加過第二次齊價合約談判、1884年離開招商局的鄭觀應加盟，擔任招商局幫辦。

跌價競爭從1890年一直持續到1892年。航運業三巨頭的利潤大減，招商局損失尤其慘重。李鴻章在《論商輪洋輪爭載》（1893年9月7日）中説："因怡和、太古自光緒十六年春（1890）至十八年（1892）冬底跌價三年，思欲傾軋中國商局，以遂其壟斷之心。局中吃虧銀一百數十萬兩，幾至不能自持。"

鬥得也有些疲憊不堪的太古、怡和於是見好就收，與招商局簽訂了第四次齊價合約：長江航線上，招商局的份額由38%增至40%，怡和讓出2%，太古35%不變；北洋航線上，招商局讓出7%，怡和、太古各增3%和4%，分別達到31%和32%；上海至寧波、上海至福州航線份額依舊。

就此次齊價合約的結果來看，在長江和津滬航線上，首先挑起價格戰的太古增加了4%的份額，與太古和招商局既爭鬥又合作的怡和增加了1%的份額，只有被迫應戰的招商局淨失5%的份額。不過，此時的招商局早已失去了曾經的鋭

表7-1：怡和、招商局、太古四次齊價合約份額一覽

	怡和	招商局	太古	合計
一、長江航線				
1. 1877年		55	45	100
2. 1883年	20	42	38	100
3. 1886年	27	38	35	100
4. 1892年	25	40	35	100
二、北洋航線（上海—天津航線）				
1. 1877年	40	60		100
2. 1883年	28	44	28	100
3. 1886年	28	44	28	100
4. 1892年	31	37	32	100
三、寧波航線（上海—寧波航線）				
1. 1877年[注]		50	50	100
2. 1883年		50	50	100
3. 1886年		50	50	100
4. 1892年		50	50	100
四、福州航線（上海—福州航線）				
1. 1877年	50	50		100
2. 1883年	50	50		100
3. 1886年	50	50		100
4. 1892年	50	50		100

注：馬里納和海德著《老斯懷爾》一書稱"寧波航線平均分派"。但1877年的招商局稟稿稱："寧波口岸，彼欲分走未允，繼始議定，第一年由職局專走，第二年准太古分走，其水腳仍然長江局得五五，彼得四五之例。"參見張仲禮、陳曾年、姚欣榮：太古集團在舊中國，64頁。

氣和收回航權的進取之心，而是滿足於與競爭對手的和平相處，滿足於分取一杯羹的狀態。

到中日甲午戰爭爆發的1894年，三家輪船公司的船隊數量、噸位分別是：招商局31艘，3萬餘噸；太古29艘，3.45萬噸；怡和22艘，2.39萬噸。

08 世紀之交：新機遇與新對手

中日甲午戰爭中國戰敗和《馬關條約》簽訂，宣告了洋務派苦心經營30多年的自強運動徹底失敗。中國國際地位的進一步矮化和列強掀起的瓜分狂潮，改變了遠東的政治版圖，也改變了中國航運業的原有格局。

除割地賠款之外，《馬關條約》規定開放重慶、沙市、蘇州、杭州為通商口岸，並開闢內河新航線。這樣，不僅日本輪船可以在上海至重慶幾千里的長江水道上暢行無阻，也可以"從上海駛進吳淞江及運河以至蘇州府和杭州府"。歐美列強則根據片面最惠國條款，享受條約規定的特權。

受日本方面的"激勵"，擁有怡和與太古這樣強大的輪船公司的英國，隨後更尋求外國輪船在中國任何地方都能自由航行。

1897年，中英緬甸條約附款，開放了西江梧州至廣州和香港的航運。第二年，清朝海關稅務司發佈的"內港行船章程"，將所有內河的通商口岸和所謂停泊口岸全部對外開放。4年之後（1902），中英《續議通商行船條約》進一步規定，外國輪船有在所有內河兩岸各口設立棧房碼頭之權。而且匪夷所思的是，規定外國船隻不能航行的淺水河道，中國輪船也一律禁止航行。

隨着中國內河航行權在世紀之交的數年間一步步淪喪，怡和輪船公司的船隊駛向了更廣闊的中國內地水域，也遇到了更多日、德、法等國的新競爭對手，尤其是日益強大的日本船隊。

在1892年怡和與招商局、太古簽訂第四次齊價合約後，三家公司運費迅速回升、利潤大幅提高。尤其是怡和與太古，即使是中日甲午戰爭爆發後，利潤也仍然在繼續增加。由於三方均比較滿意對方執行合約的情況，1896年齊價合約到期時得以續簽。

1898年長江通商章程的修改，外國商船獲准在通商各埠往來貿易，意味着一個新的競爭浪潮即將到來。也就在這一年，大阪商船會社的輪船在日本政府的津貼補助下航行長江。擴展長江航運業，被日本政府視為爭奪中國利權的關鍵。而在接下來的兩年裡，德國的漢堡亞美利加公司（Hamburg American Co., 又譯為亨寶公司）和北德勞依德公司（Nord Deurscher Loyd Co., 又譯為北德意志公司）的輪船也駛入了長江航線。

面對日、德輪船侵入長江，怡和、太古和招商局繼續已經續簽的齊價合約，同時與另外兩家已經在長江上從事航運的小公司——英國的麥邊洋行和中英合資的鴻安商輪公司（掛英國旗）簽訂合約，以對抗新進入的競爭者。

從1902年8月26日怡和、太古和招商局達成的新協議中我們看到，三方同意按照協調一致的原則，經營各自在長江航行於上海至漢口之間和漢口至宜昌之間的輪船，比例分別為：在長江下游，每100航次中招商局佔38航次，怡和與太古各佔31航次；長江上游，每100航次中招商局佔40航次，怡和與太古各佔30航次。協議還明確：三家公司為了共同利益"組成聯營，以抵制所有試圖對航運的干擾，並且在必要時可採取壓低運費至可以迫使入侵者退出的程度"。

在這種局面下，日本大阪商船會社和兩家德國公司一時受到壓制。不過，大阪商船會社有日本政府雄厚的資金補助，繼續與怡和等三公司跌價抗衡。

1903年5月，另一家日本公司——日本郵船會社收購了經營不佳的麥邊洋行的水陸設備，開始從事長江航運。對此，太古與怡和曾反覆阻撓其輪船使用原麥邊洋行所用碼頭。同時，借助於英國外交部和駐華公使及領事的力量，加強對日本郵船會社、大阪商船會社和德國公司的競爭。

1906年4月，法國東方輪船公司準備使用新建造的高速輪船投入長江航線，並與京漢鐵路聯運，各國航運勢力的競爭更加激烈起來。

有鑒於此，1907年3月，在長江幹流和支流上航行的大阪、日郵長江航路和大東汽船會社（1896年設立時稱大東新利洋行）及湖南汽船會社，在日本政府直接參與下正式合併，組成日清汽船株式會社，在長江流域展開更有力的競爭、更猛烈的擴張。

日清汽船株式會社的成立，使長江航線上船舶噸位過剩的狀況更加突出，競爭進入白熱化。這時，長江客運票價和貨運費用已經只是3年前的六分之一和三分之一。在長期激烈的運費爭奪戰中，德國的兩家公司和法國東方輪船公司相繼從長江航線上撤離。後起的日本航運勢力則站穩腳跟，並迅速擴張，成為僅次於英國的第二大長江航運勢力。

事實上，在日清汽船株式會社成立的1907年，日本在長江各口岸城市的進出口噸位，就已經超過東道主中國、僅次於英國位居第二，在法國東方輪船公司退出長江航線的1911年，也即清朝覆亡前一年，日本在長江各口輪船進出口噸位更是中國的兩倍，形成與英國兩強分霸長江航運的局面。

甲午戰爭後，華商開始了興辦輪船公司的高潮。擁有幾十萬兩資本金的大中型航運企業，陸續出現在江海主航道上，各地內河幾萬兩乃至幾千兩資本金的小輪公司更是大量湧現。此時，收回利權的時代潮流，成為驅動中國民族資本航運業發展的動力之一。鄭觀應等人提出的“商戰”，孫中山等人宣揚的民族主義，有了更廣闊的土壤和生存空間。然而，令人唏噓的是，在1925年民生輪船公司興起前的30年時間裡，整個長江幹流航線上，除了與太古、怡和聯營的招商局外，竟無一家新起的民族資本航運公司崛起。以太古、怡和為代表的英國輪船勢力，與以日清汽船株式會社為代表的日本輪船勢力，迅速成為英、日兩國控制中國經濟命脈、傾銷本國商品和掠奪中國原料的主力。

中國沿海與內河港口開放，條約所賦予外國商人的特權，影響了近代中國對外貿易和整個中國經濟發展的進程。在鐵路大規模出現之前，大部分商貿一般經由水路（尤其在華中和華南地區），主要河流及其支流可謂商業的動脈和毛細血管。隨着中國對外貿易不斷擴大，中國航運業也在迅速發展。然而，直到20世紀初，依然是外國輪船公司在主導着這一發展進程，怡和便是主角之一。

與此同時，就在修改長江通商章程的1898年，一場對華鐵路投資競爭的狂潮掀起，怡和以更大的熱情參與到了鐵路利權的狂熱追求之中。

1. 將怡和逼出鴉片市場的強勁對手——沙遜洋行創立者大衛·沙遜（坐）和他的兒子們。
2. 1930年代漢口長江碼頭邊的怡和躉船。

1. 怡和歷史上的重要人物克錫（威廉‧凱瑟克，1834-1912），克錫是凱
   瑟克家族入主怡和洋行的第一代。
2. 怡和買辦唐廷樞（1832-1892），後出任招商局總辦多年。
3. 招商局與怡和、太古簽訂 "齊價合約"。

第八章

鐵路悲歡

世界上的不發達國家沒有一國比這裡更需要鐵路，也沒有一國的鐵路比這裡更有利可圖。

——（英）毛里遜

怡和在中國輪船航運業方面沒有及早覺悟並爭到第一，但在獲取中國鐵路權益方面則拔得頭籌，並且自始至終積極進取。從中國第一條鐵路——淞滬鐵路的修築與被拆除，到堅持不懈地獲取中國鐵路網建設的各項權益，怡和可謂不遺餘力。尤其是與匯豐銀行聯合組成中英公司後，更顯示出強大的競爭力。中國最有權勢的外資公司怡和與最有地位的外資銀行匯豐的結合，最大程度地為英殖民帝國在中國鐵路權益方面贏得了利益。而當初中國的鐵路建設，則是那麼離奇地展示了中國現代化進程的艱難與曲折。

01 拆毀了事：中國第一條鐵路的命運

怡和對中國的鐵路修築其實覬覦已久。早在1844年，怡和等在華外資企業就曾設想修築一條從印度加爾各答到廣州的鐵路。之後也陸續有人提出一些鐵路建設的草案。然而，鐵路涉及一國主權與安全，中國的閉塞與戒心，外敵的侵略與野心，使之長期只是停留在設想階段，火車一直不曾開進中國。

將近20年後的1863年，怡和等英、美、法三國20多家洋行聯名向時任江蘇巡撫的李鴻章提出修築一條從上海到蘇州的鐵路。對此，李鴻章致信總理衙門稱："三國同聲造請，必有為之謀者，未必盡出於商人。" 隨即，怡和等洋行的要求被拒絕。

1864年，怡和洋行請來在印度從事鐵路建設多年的英國鐵路工程師麥克唐納‧史蒂文森（MacDonald Stephenson），設計中國的鐵路網。怡和極力推薦史蒂文森提出的以漢口為中心的中國鐵路規劃，然而同樣沒有得到清政府的任何響應，其鐵路網計劃被總理衙門束之高閣。

怡和對在中國修築鐵路的好處有着獨到的理解，正如其鐵路工程師毛里遜

（James Morrison）所認為："世界上的不發達國家沒有一國比這裡更需要鐵路，也沒有一國的鐵路比這裡更有利可圖。"

清政府拒修鐵路，列強和外商又無在華築路之權，於是美駐滬副領事白拉福（Oliver B. Bradford）在1872年以修一條"可以通車的道路（車路）"為名，悄悄發起了修築一條從吳淞口至上海公共租界的窄軌鐵路行動。然而，築路事繁費巨，隨即轉給了一直對鐵路興趣滿滿的怡和洋行負責。由怡和牽頭的吳淞道路公司，着力建造這條尚未取得"合法身份"的鐵路，以便盡快地將上海這個巨大的貿易中心與它東面約12英里的外港相連接。同樣，由於成本遠遠超出預算，公司遭到清理，鐵路工程在1874年上半年一度停工。

1874年下半年，吳淞道路公司捲土重來，並僱用毛里遜為吳淞鐵路總工程師。1876年初，當鋪築鐵路所需鋼軌、枕木等器材，以及"先導號"（Pioneer）機車和車廂陸續從英國運到上海時，怡和洋行通過上海海關向清政府"要求對在英國訂購、供外國人使用的機車、車輛等器材實行免稅"，第一次正式向中國官員提及鐵路之事，上海普通市民這才知道原來吳淞道路公司是為修築鐵路而成立的，從上海到吳淞的一段路基，也是為修築鐵路而建。上海新上任的道台馮俊光於是展開了交涉。[1]

在上海出版的英文報紙《北華捷報》稱："每一個人都知道，清朝官員總是反對鐵路，正像他們反對任何一件革新一樣。向他們提出建造鐵路這個課題，得到的總是乾脆的拒絕；向他們勸喻從歐洲輸入（鐵路的）好處的答覆，總是鐵路適合於歐洲各國情況，而不宜於中國。……想從中國政府得到正式的許可是徒勞的。因此，便有這樣一種想法，先正式買地，然後突然把鐵路建造

---

[1] 約瑟夫·馬紀樵著、許峻峰譯：中國鐵路：金融與外交（1860-1914），中國鐵道出版社，北京，2009，48-49頁。

起來，也許能受到（中國當局的）容忍；而且還可以把這樣一條鐵路作為一個範例去教育中國人。當時的上海道台（沈秉成）……私下是知道這個計劃的，並且説在他的任期內將不加阻撓。但是，當這個事業還沒有完成前，他就離任了，於是'aqres lui le deuge'（在我死後哪管洪水滔天）"①

雖然中英雙方就鐵路問題在交涉中，但鐵路工程依然在加速進行。1876年6月30日，上海至江灣1.6公里長的路段正式通車，並舉行了盛大的通車典禮。其實這時與世界上第一條鐵路在英國誕生之日（1825）已相距半個世紀；在美國東部沿海一帶，也已經有3萬英里長的鐵路了。

鐵路通車當天，有記者報道稱："初次開行之日，登車往遊，惟見鐵路兩旁，觀者雲集，欲搭坐者，已繁雜不可計數，覺客車實不敷所用。……坐車者盡面帶喜色，旁觀者亦皆喝彩，注目凝視，頃刻間車便疾駛，身覺搖搖如懸旌矣。"

這條短短的鐵路，給上海市民帶來了極大愉悦。火車一旦出現在古老的農業大地上，很快便成為人們爭相圍觀、一睹為快的對象。"遊鐵路"成了上海的一個新旅遊項目，儘管票價不菲（一張中等坐票要二斗半米的價錢），依然客如潮湧。鐵路7月份每天的平均收入在40元至60元之間。經營者説營業情況"令人非常滿意"。

然而，這卻給兩江總督沈葆楨和上海道台馮俊光帶來巨大壓力和苦惱，外國人擅自在中國修築鐵路當然侵犯了中國主權。口子一開，得寸進尺勢所必然。一些鄉紳士大夫則認為，火車轟鳴，打破了傳統秩序的寧靜。而當地一些居民則抱怨，鐵路損毀田廬、破壞風水，乃至驚擾墓中祖先；吳淞道路公司

---

① 北華捷報館：中國之回顧（1873-1877年），轉引自宓汝成：中國近代鐵路史資料（1863-1911），中華書局，北京，1963，一冊，35-36頁。aqres lui le deuge即"在我死後哪管洪水滔天"，借用法國路易十四語。

的工作人員趾高氣揚地沿鐵路騎馬揮鞭抽打路人，[①]更激起沿路居民的義憤。1876年6月間，江灣一帶居民鳴鑼"聚集數百人"，一舉搗毀了公司設在該地的辦事處所。1876年8月初，有人在軌道上行走而被火車軋死。出了人命，事情更是鬧大了。

於是，清朝官方開始了一系列交涉。這時，中英間正在展開"馬嘉理（Margary）事件"的交涉。英國公使威妥瑪（Thomas F. Wade）要挾中國方面負責該案交涉的李鴻章答應一併解決吳淞鐵路案，作為最後了結馬嘉理案的一個條件。威妥瑪與李鴻章在煙台舉行會談的結果，是李鴻章建議由中國政府買下這條鐵路，因為該路線的動工未經官方批准，而且鐵路建築需由清朝政府控制。1876年11月，清政府以規平銀28.5萬兩作為"買斷銀"購買鐵路結案，款項在一年內清償。

如果説收回鐵路從某個方面説來還算是長了國人志氣，那麼，接下來的一拆了之就不能不令人扼腕歎息。

1877年夏秋間，一年期限將至，英、美在上海的領事與商人探悉中國當局收回鐵路後將予以拆毀，便多方活動，以圖留下鐵路。因為留下了鐵路，也就留下了機會。但是上海方面的"買斷銀"一旦付訖，路軌立即被拆毀。[②]英國駐上海領事在其商務報告中論述吳淞鐵路案時寫道："在這個國家裡，最近幾

---

① 公司人員的趾高氣揚是一點也不奇怪的。在6月30日舉行的第一期工程落成典禮上，英國駐上海領事麥都思（Medhurst）發表演説，宣稱它"是一件最重大的事件"時，就公開表示"（西方）優越者不能進入一種後退的路程去適應（東方）低劣者"。

② 鐵軌後被海運至台灣打狗港（今高雄港），供修築從基隆至台南的台灣鐵路之用。後因經費無着，奏請修建台灣鐵路的福建巡撫丁日昌因病離職，台灣鐵路修築計劃流產。堆放在打狗港海灘的淞滬鐵路器材，任憑日曬雨淋，不堪再用，直至劉銘傳出任台灣巡撫回收利用了部分器材。

年內，不可能建築鐵路。"

以維護國家主權的名義，中國第一條鐵路就此消失。

02 騾馬拖載：中國自建鐵路的步伐

中國第一條由怡和等外商建造的鐵路，由其非法性的開始，我們看到了它的不妙的結局。當幾年之後中國第一條自造的鐵路——唐胥鐵路建成時，很長一段時間內卻是以騾馬拖載車廂而不是由火車頭牽引運行。這樣一條"馬車鐵道"，似驢非馬，這種情形在中國雖說是頭一回，但絕不會是最後一次。

自從第二次鴉片戰爭之後，清政府內部出現了以曾國藩、李鴻章、左宗棠等為代表的所謂"洋務派"。雖然朝廷上下阻力重重，洋務派自己的思想觀念也是一步步革新轉變，但他們以"自強求富"為口號，主張學習西方科技，創辦近代軍事工業，同時着手創辦近代工礦企業和交通運輸業。在同治皇帝在位期間（1862-1874），中國迎來了被西方學者稱為"同治中興"的時代。

1877年，為解決輪船招商局和北洋艦隊的用煤問題，直隸總督李鴻章派怡和洋行前買辦、輪船招商局總辦唐廷樞籌建唐山開平煤礦。所採開平之煤，除礦局自用及就地銷售外，主要銷往天津。唐山距天津120公里，煤要從陸地先運到蘆台，然後再改為水路，由大沽口入海到天津。運輸既麻煩，運費且高。如果由唐山至蘆台修築鐵路，用火車運煤，既可減少運輸難題，還可降低和節約成本。因此，1879年，唐廷樞稟請直隸總督李鴻章，由礦務局出資，修築唐山至蘆台的鐵路，並先築唐山至胥各莊一段。修築鐵路的上奏獲得朝廷批准，並派英國鐵路工程師金達（W. Kinder）督修。不過，朝中一些保守派人士則視之為洪水猛獸，認為火車飛馳會震動東陵。理由牽涉皇家祖墳，太歲頭上動土，不可謂不嚴重。於是，籌辦中的鐵路因朝中大臣諫阻而擱置。

鐵路修不成，唐廷樞於是打算在唐山至蘆台間開鑿運河，與蘆台到天津的薊運河相接，以水路代替陸運。然而只開鑿了一段，即因地勢較高而無法開河。1880年，唐廷樞再次奏請修建運煤輕便鐵路，聲明為免於震動東陵，不用機車車頭，而以騾馬拖載。李鴻章並為此積極斡旋，最後，清廷網開一面。

1881年6月9日，中國自築的第一條鐵路——唐胥鐵路（唐山至胥各莊）開始鋪軌，總長9.7公里。3個月後的11月8日舉行通車典禮，從此開始了用騾馬充當火車頭、在鐵軌上拖曳煤車的歷史。

李鴻章和唐廷樞這對幽默大師讓騾馬拖着火車車廂在鐵軌上 "爬行"，固然是一個笑柄，但可笑程度絕對超不過當年由李鴻章談判、動用政府大批金錢買回來拆毀的淞滬鐵路的命運，而且他們當然不會滿足於騾馬拖載車廂在鐵路上緩行。出此下策，不過是以退為進，先將鐵軌鋪設起來。

隨着開平煤礦的全面投產， "馬車鐵道" 已無法滿足運輸的需要。1882年，開平礦務局的工人根據英國工程師金達的設計，利用開礦機器的廢舊鍋爐，成功試製了一台小機車（火車頭）。工人在機車兩側各刻飛龍一條，因此這台機車被稱為 "龍號"。①

當 "龍號" 機車行駛了幾個星期後，又有朝中官員彈劾稱 "機車直駛，震動東陵，且噴出黑煙，有傷禾稼"。奉旨查辦的結果，是禁止用機車牽引。直至李鴻章上下斡旋，唐廷樞四處奔走，加上當時已是中法戰爭前夕，清政府的輪船、軍艦均急需用煤， "龍號" 機車牽引的火車才又在鐵軌上奔跑起來。

---

① 這輛機車的英文名字為 "Rocket of China"，因此也稱 "中國火箭號"。

怡和洋行從這條短短的鐵路中看到了新的希望。隨着開平煤炭產量的不斷增加，運力和產量的矛盾突出，擴建唐胥鐵路勢在必行。況且中國更廣大的土地上都需要機車動力的牽引。

於是，怡和再度在北京和天津等地活動。尤其是從唐胥鐵路開始鋪軌的1881年夏天開始，怡和洋行在其香港總部和上海分行之間，上海與天津之間，以及在香港、上海與倫敦之間，就鐵路和貸款事宜頻繁活動。

然而，羅馬不是一天建成的。在中國朝廷內部和封疆大吏之間，修路與反修路的論戰一天也沒有停止。中國鐵路里程的再次延伸，是6年後（1887）津沽鐵路的修建。

03 津沽鐵路：首開借外債築路先河

1885年，在中法戰爭中吃了海上大敗仗的清政府痛定思痛，成立總理海軍事務衙門，加快建設北洋海軍。同時，李鴻章、左宗棠、曾紀澤等洋務派官員紛紛上書，籲請修建鐵路。因為，鐵路與海關密切相關。

經李鴻章奏准，海軍衙門兼管鐵路。李鴻章身為海軍衙門會辦，又與總理其事的醇親王奕譞（光緒皇帝的父親）關係融洽。在海軍衙門支持下，唐胥鐵路開始繼續向前延伸。

為改善運煤條件，1886年，李鴻章、唐廷樞着手成立開平鐵路公司，將唐胥鐵路展築至蘆台。屬於官督商辦的開平鐵路公司，招商股銀25萬兩，由伍廷芳等主持，不歸開平煤礦管轄，是中國首家獨立經營的鐵路企業。開平鐵路於第二年修好後，開平鐵路公司從開平煤礦手上將唐胥鐵路買下，統一管理已建成的鐵路。

接着，洋務派在海軍衙門的支持下再進一步。1887年3月16日，醇親王奕譞、兵部右侍郎曾紀澤代表海軍衙門，以《天津等處試辦鐵路以便調兵運械疏》上奏慈禧太后，奏請開平鐵路向天津延伸，以利"軍旅商賈"。

奉旨允准後，開平鐵路公司改組為中國鐵路公司，並發行招股計劃書，計劃增招股銀100萬兩（共募1萬股、每股100兩），承建唐沽鐵路（蘆台至天津）。

開平鐵路距離較短，又是運煤急需，籌集商款並不太難，但修築津沽鐵路時遇到了資金難題。儘管有聲名顯赫的匯豐銀行承擔股票經紀人，但"唇敝舌焦，僅招得商股銀十萬八千五百兩"。李鴻章動用官款，也僅墊付銀16萬兩，與100萬兩相去甚遠。不得已，清政府開始謀借外債。

對此，怡和洋行、法蘭西銀行和德國華泰銀行等紛紛與海軍衙門接觸，相互間展開競爭。對怡和而言，機會不僅是這條鐵路本身，而是極其有利可圖的龐大的中國鐵路網建設。

1887年春夏之交，怡和洋行上海分行經理詹姆士·江斯同·凱瑟克（James Johnston Keswick）訪問天津。他馬不停蹄地走訪了李鴻章及其"洋顧問"天津稅務司德璀琳（Gustav Von Detring），天津軍械局總辦、李鴻章的外甥張士珩，天津海關道劉汝翼等人。凱瑟克對中國鐵路建設及其他公共工程建設的前景感到鼓舞。

在這種大的時代背景下，怡和洋行向津沽鐵路項目積極提供貸款，不過是其龐大計劃的一部分而已。1887年，中國鐵路公司向怡和洋行、華泰銀行共借銀107.6萬兩，其中怡和63.7萬兩、華泰銀行43.9萬兩，年息五厘。

1887年夏天，怡和聽說美國辛迪加（主要成員為旗昌洋行）正在向清政府提交一個詳細的鐵路計劃，聲稱準備以很低的利率（年息四厘）提供資金。對此，怡和讓其代理人向李鴻章和北京的官員們指出這一計劃的危險性。怡和鐵路工程師毛里遜把他對鐵路計劃的批評譯成上好中文，通過怡和特別代理宓吉（Alexander Michie）將其送呈保守派領袖敦親王奕誴（道光皇帝第五子），期待挑起他在廷議時反對這種 "以財政收入作抵押" 的交易。

與此同時，毛里遜草擬了一份詳細的中國鐵路建設計劃書，在英國駐華公使華爾身（Sir John Walsham, 1830-1905）爵士建議下，由宓吉送呈曾紀澤。遺憾的是，曾紀澤認定在中國任何全國性的鐵路計劃當前都不會被接受。

在怡和就其鐵路計劃展開公關的同時，1888年，中國首條借外債修築的鐵路——津沽鐵路竣工。這筆鐵路外債的利息不算高（五厘），同時除規定所需鐵路材料由英、德進口外（中國當時尚生產不出這些設備），並無其他苛刻條件。

對此，上海怡和洋行經理 J·J·凱瑟克向倫敦的馬地臣行解釋說：雖然只能從匯兌上得到一些好處，但是這筆交易在其他方面極有價值，"會在即將來臨的中國鐵路建設高潮中，樹立怡和洋行的突出的地位"。[1]

04 太監牽引：中南海裡的小鐵路

在津沽鐵路竣工的1888年，一條經慈禧批准在皇城御苑之中修築的袖珍型鐵路——西苑鐵路也宣告建成，它的起點在中海的瀛秀園，終點在北海鏡清齋，全長1510.4米，成為中國第一條皇家鐵路。

西苑鐵路的建成，係李鴻章等人用心促成。修建鐵路的決斷權掌握在慈禧手中，而慈禧並未見過鐵路，也沒有乘坐過火車。為了打開局面，李鴻章等人

---

① 勒費窩著，陳曾年、樂嘉書譯：怡和洋行——1842-1895年在華活動概述，上海社會科學院出版社，1986，104頁。

趁重修西苑三海（北海和中南海）之時，建議在此修建鐵路，以引起這位最高統治者對於鐵路事業的興趣。

事實上，怡和洋行的特別代理人宓吉和法國一家鐵路公司早就打算把鐵路作為禮物送給慈禧太后。

1884年，代表法國德康維爾鐵路公司的加利（Gaston Galy）與怡和簽訂十年合約，由怡和出任代理，在中國推銷其鐵路系統。1886年，為引起李鴻章等實權派的注意，也是為了得到更多中國人的認同，他們在天津英租界一塊空地上築起近二三英里、30英寸軌距的鐵道，並加以演示，希望能藉此引起中國官員們的興趣，以圖打開局面。

但與宓吉的期望相反，李鴻章並沒有作出積極反應。於是，加利前往北京，以獲得在京城展示輕便鐵道擴大影響的機會。活動幾個月下來，仍然一無所獲。這時，有北京官員提議他們把鐵軌、車輛等送給慈禧作為禮物，以說服最高統治者有引進鐵路的必要。

把鐵路送給清朝最高統治者作為禮物，其實早有先例。1873年，同治皇帝婚期將至時，一些英國商人準備以慶賀婚禮的名義，送給同治帝一條“婚禮鐵路”當作展覽品，藉此使火車開進中國。但是，清廷不願接受“鐵路禮物”後，才未成為事實。①

宓吉和加利都同意把全部設備充作禮物。他們認為，在宮內展出，必然會帶來“遍及全國廣泛使用”的大量訂貨。兩人於是寫信給上海怡和洋行經理 J‧J‧凱瑟克。不過，凱瑟克予以否定。他回信稱：即使當作禮物贈送成功，“惟一的結果不過是允許由我們出資在紫禁城內、或者由紫禁城至萬壽山鋪設一

---

① 伯爾考維茨著，張載華、陳衍譯：中國通與英國外交部，商務印書館，北京，1959，134-135頁。

條試驗性的鐵路，得到的惟一的報償，不過是日後的一些值得懷疑的好處"。

　　凱瑟克要求必須取得清政府確實有意發展鐵路的具體證明。他告訴宓吉，必須先拿到一份確切訂單，或讓清政府另行考慮一筆英鎊借款以示誠意，才能將禮物饋贈。宓吉隨後與曾紀澤會見。曾紀澤建議怡和將鐵路設備作價4000兩賣給宮廷，以推動中國鐵路事業的發展。然而，凱瑟克對原價25000兩的設備廉價出售心有不甘。

　　加利堅持認為如果在宮廷展出，必然會帶來大量訂貨。凱瑟克則認為，虧本送禮並不能引來大批鐵路交易，也不會緩和那些在原則立場上反對修建鐵路的官員們的態度。當然，如果鐵路的無償贈予能與諸如特許修建津京鐵路相聯繫，則可以考慮。凱瑟克在1887年5月的一封信中對加利說："我們需要的是有形的交換，而不是曾紀澤的空洞保證。"

　　兩年後，火車開進了皇家林苑，西苑鐵路建成通車。

　　就這樣，慈禧太后不時坐着這條吐着白煙的"小鐵龍"，來往於北海與中海之間。據記載，慈禧的車廂是黃綢窗帷，宗室、外戚的車廂是紅綢窗帷，王公大臣的車廂則是藍綢窗帷。被長久以來認為是"怪物"的火車，噴火吐煙地在皇家御苑裡跑來跑去。慈禧對鐵路不置可否的態度，開始轉向支持修築鐵路。不過，讓人啼笑皆非的是，慈禧太后討厭宮院之內火車轟鳴，也害怕機車鳴叫會破壞宮城氣脈，所以列車不再用火車頭牽引，據說改由太監拉着走，"每車以內監四人貫繩曳之"。太監們拉着車廂載着最高掌權者在軌道上慢慢滑行。但是，世界不會如此長久地等待中國。1894年，中日甲午戰爭中國戰敗後，列強群起對手無縛雞之力的清政府予取予求，大肆攫奪中國的各種權益——包括鐵路權益。

　　中國不得不付出更多代價。

05 強強聯合：中英公司的組建

1894年，中日甲午戰爭爆發。中國軍隊在海、陸戰場上連連敗北。自強了30多年的清政府腐敗無能的本質顯露無遺。日本將自己千年來師法的中國打敗之後，徹底改變了東亞政治格局，取代中國成了遠東名副其實的頭號強國。

戰敗的光緒皇帝深感 "當此創巨痛深之日，正我君臣臥薪嘗膽之時" ，朝廷上下也痛感鐵路為 "通商惠工之本" ，因此戰爭一結束，清政府即着手籌建事關國計民生的盧漢鐵路，並冀望以此為契機，推廣鐵路建設。

然而，此時中國的國際地位驟然下降，國力衰弱。戰後簽訂的《馬關條約》規定，中國應償付日本軍費2億3000萬兩。如此巨額賠款，不但在中國幾千年的歷史上所未見，在過往的世界歷史中也罕有所聞。

在此背景下，鐵路資金的籌集成為一道時代難題，官款無着，商辦無力，看來只有借款一途。於是商界開始紛紛流傳，湖廣總督張之洞有意向外借款，利用外資從速修建討論已久的盧漢鐵路。

事實上，怡和檔案顯示，戰爭尚未結束，張之洞已經向怡和洋行電詢能否考慮一筆年息6厘的100萬英鎊借款。對此，怡和洋行雖然是求之不得，但倫敦的馬地臣公司拒絕在戰爭尚未結束時向中國提供貸款。[1]

甲午戰爭後，社會上盛傳盧漢鐵路會盡快修築、並會推廣鐵路建設的消息，怡和洋行對此自然是格外關注。為此，怡和專門聘請著名的在華傳教士李提摩太（Timothy Richard），幫助打探清政府的鐵路規劃內容，提出怡和的應

---

[1] 勒費窩著，陳曾年、樂嘉書譯：怡和洋行── 1842-1895年在華活動概述，上海社會科學院出版社，1986，114頁。

對之策。

然而，鐵路貸款和修建，並不只是財政問題，而是政治和外交的大課題。清政府在借款對象的選擇和修築工程的考慮上，外資企業及其背後的外國政府在爭奪和獲取在華鐵路項目的手段和權益上，比拚的都不只是公司或銀行的借貸能力和技術水平本身，而是國家實力。

日本在《馬關條約》中所要求的巨額賠款，就當時中國的財力而言，就是拿整個國家全年的財政收入支付賠款也不夠，何況時限迫切、條件苛刻，清政府遭遇到的困難之大可想而知。在借款以交付賠款的過程中，英、俄、法、德等國之間展開了激烈爭奪。通過政治性的貸款，列強在獲取高額利潤的同時，盡可能多地榨取到了貸款 "保證" ，以債權人的地位對中國施加各種影響。

清政府舉債償還對日賠款伊始，是把英國放在有限考慮的位置上的。同時與海關總稅務司赫德達成了某種協議，準備由匯豐銀行經辦。但是因為俄、德、法在脅迫日本將遼東半島歸還中國，三國為謀求各自的利益而向清政府施加影響，英國的優先地位喪失，俄、法贏得了清政府的第一筆巨額貸款。

與政治性借款的激烈爭奪一樣，鐵路建築權的爭奪也同樣異常激烈。貸款背後的種種政治勢力，以及勾心鬥角的外交活動，使匯豐與怡和確信必須有英國外交部更多的支持，單憑私人銀行與公司很難在借款活動中勝出。在各國不遺餘力地瓜分中國的過程中，英國政府也正需要有自己得力的公司與銀行相配合。

怡和與匯豐深感有必要建立起更緊密的合作關係。過去多年來，怡和與匯豐的合作都是基於個案，但現在顯然有必要釐清各自負責的範疇。雙方的董事們同意，與對方形成緊密的合作與明確的分工，怡和推動匯豐的金融業務，匯豐促進怡和的商業利益，從而在中國獲取最大利益。

1895年秋，怡和與匯豐簽訂協議，雙方同意在各國爭奪中國市場的新階段中，採取一種穩定但仍然不帶有契約性的合作。

在清政府隨後進行的第二、第三次大借款中，英、俄、法、德等國之間展開的爭奪更加激烈。列強們使出了戰爭恫嚇、金錢賄賂、外交訛詐等種種手段，最後，英、德取勝，於1896年3月和1898年3月先後訂立英德借款和英德續借款，從而增強了英德特別是英國對中國政治、經濟的控制。

鐵路貸款及修築權的爭奪，這期間主要圍繞盧漢鐵路和關內外鐵路進行。張之洞、盛宣懷等對盧漢鐵路這條腹地幹線不敢掉以輕心，最後選擇了比利時。張之洞們以為，小國比利時"於中國無大志"，不會有像美、英、德、法、俄等大國那樣的狼子野心。事實上，比利時的後台是法、俄資本，向比利時借款實際是法、俄的勝利。

"俄、德、法、美辦中國鐵路，英獨向隅，實不甘心。英公司必欲承辦自滬至寧鐵路。"1898年4月24日，英國駐華公使致電督辦鐵路大臣盛宣懷時稱。

就在盧漢鐵路草合同簽訂的1898年5月，[1]怡和與匯豐聯合打造的中英公司正式成立。[2]公司章程第三條指出："怡和與匯豐共同擔任中英公司的經理代理人，各自任命一人擔任公司董事。"其中，怡和的代表是馬地臣公司經理克錫，匯豐的代表是該行倫敦經理嘉莫倫（Ewen Cameron）。

中英公司創設的目的，是要"在中國獲得各項權益，推動公共工程企業，進行金融周轉"，主要目標是取得和開發鐵路修築權。怡和的角色是承包商，負責修築鐵路、提供鐵軌車輛、招募人員與工程師以及監督鐵路的實際運作；匯豐則負責募集必需的資金。兩者互補，強強聯合，政策上則聽命於英國駐華

---

① 盧漢鐵路借款合同正式簽訂時間是1898年6月26日。
② British & Chinese Corporation（中英公司），也譯為"中英銀公司"，在一些文獻中又稱"英國銀公司"，本書統一稱"中英公司"。

公使。

中英公司創設時資本定為25萬英鎊。嘉莫倫在它成立之前一個月，就預言公司將成為一個"有代表性和影響力的強大辛迪加"。然而，在它開辦之時，實付資本不過額定的5%，即1.25萬英鎊，直到1907年也才付足了一半，即12.5萬英鎊。資本如此之小而口氣如此之大，奧秘就在於它的後台是兩大實力雄厚的公司，以及英國政府的強力支持。在隨後展開的列強對中國鐵路修築權的爭奪戰中，中英公司鋒芒畢露。

06 頻頻得手：贏取多條鐵路修築權

在近代中國，鐵路貸款中的外國企業並不只是收取利息這麼簡單，而是依附着一系列的特權——管理權、用人權、購料權、存款權、稽核賬目權、線路展築權、礦山開採權、續借款優先權等等，不一而足。

1898年6月26日，中國和比利時正式簽訂《盧漢鐵路借款合同》。英國在這條被時人稱為"鋼鐵長城"的鐵路修築權競爭中敗北，視長江流域為自己勢力範圍的英國自然不會善罷甘休，雖然此時怡和洋行與清政府草簽了關內外鐵路借款和滬寧鐵路借款合同，但這遠不能滿足英國人的胃口。8月21日，英國駐華公使竇納樂（C. M. MacDonald）向總理衙門書面提出了"請貴國准英國公司承辦"的五路承築權。[①]

竇納樂提出的五路要求，主要是把津鎮鐵路[②]、滬寧鐵路、蘇杭甬鐵路

① 宓汝成：中國近代鐵路史資料（1863-1911），中華書局，北京，1963，二冊，433-434頁。
② 津鎮鐵路（天津至鎮江）日後改為津浦鐵路（天津至浦口），1908年8月開工，1912年11月竣工。津浦鐵路的借款合同由英國華中鐵路公司和德國德華銀行奪得，華中鐵路公司則是中英公司和英國福公司聯手的產物，其成立時的10萬英鎊登記資本，由中英公司和福公司均攤。

（日後改為滬杭甬鐵路）連貫起來，使之成為縱貫中國東部的南北幹線。同時，打通和連接盧漢鐵路幹道。中英公司正是實現英國"五路承築計劃"的主要實踐者。怡和洋行希望擁有的滬寧鐵路、九廣鐵路、滬杭甬鐵路承築權，事後均得到了實現。

中英公司成立後正式簽訂的第一個鐵路借款合同，是與俄國展開激烈競爭後獲得的關內外鐵路借款。英國出手"五路承築計劃"之外的關內外鐵路借款，目的在於首先楔入俄國勢力範圍，然後確保在中國、特別是在長江流域保持優勢地位。

1898年10月10日，關內外鐵路大臣胡燏棻與中英公司在北京簽訂《關內外鐵路借款合同》。合同規定：借款總額230萬英鎊（約合1700萬兩庫平銀），年息5厘，九折付款，45年還清；借款用於備還津榆（天津至山海關）、津盧（天津至盧溝橋）鐵路欠款；津榆鐵路三年內添設工程，增造車輛之用費，關外鐵路幹支線建造所需費用；鐵路總工程師由英國人擔任等。

中英公司與中國方面雖然早在1898年即草簽了滬寧鐵路（上海至南京）借款合同，但此後英國因忙於對南非布爾人的戰爭、中國因八國聯軍侵華戰爭擱置，直到1902年10月，英國方面才派人到上海商談滬寧鐵路借款合同事宜。

1903年7月，中英公司與中國鐵路總公司正式簽訂《滬寧鐵路借款合同》，取得滬寧鐵路修築權。滬寧鐵路修建，使英國在長江流域的勢力得到鞏固，也使怡和與匯豐獲得巨大好處。合同明確規定：不容許在長江三角洲地區鋪設與其競爭的鐵路，"把這個地區特殊地看作是英國勢力範圍"。

1905年4月25日，滬寧鐵路正式開工。3年後的1908年4月1日，滬寧鐵路通車。當時的《申報》報道通車典禮時稱："中西官紳到者甚多，頗極一時之感"。

　　九廣鐵路作為英國"五路承築計劃"的一部分，1899年3月，怡和洋行（代表匯豐銀行、中英公司）與中國鐵路總公司督辦盛宣懷簽訂九廣鐵路貸款草合同。後因英國忙於南非戰爭，加上廣東方面一直反對借款，以及中國發生庚子之變，草約一擱多年。遲至1907年3月，才訂立正式合同。規定中方借款150萬英鎊，年息5厘，期限30年。當時正值粵漢鐵路收回後，中英公司在借款中有所讓步，付款按九四折扣，且放棄了路成後貸款期內的行車管理、分取餘利權。不過，合同規定借款以路作抵押，鐵路開工時由兩廣總督核准聘請英國工程師及總管賬。中英公司辦事出力，收取酬金3.5萬英鎊。[①]

　　九廣鐵路以深圳河為界，尖沙咀至廣東羅湖的九龍段由港英政府修築，廣東段則由清政府借中英公司款修築。

　　1905年12月，九龍段鐵路破土動工，1910年10月建成通車。

　　1907年8月，廣東段鐵路破土開工，1911年10月建成通車。[②]

　　1908年3月，中英公司與清朝外務部、郵傳部在北京簽訂《滬杭甬鐵路借款合同》，取得了10年前怡和向清政府索要的蘇杭甬鐵路（本準備從蘇州經杭州到寧波，後因滬寧鐵路修築在先，故此路將起點改為上海）的貸款修築權。[③]

　　怡和洋行在中國所獲取的利益，隨着更多鐵路的修築更快捷、更深入地向

---

① 宓汝成：中國近代鐵路史資料（1863-1911），中華書局，北京，1963，第二冊，790頁。

② 由於粵漢鐵路廣東段為商辦廣東粵漢鐵路公司所修，反對讓粵漢鐵路與廣九鐵路接軌，因此當時的粵漢、廣九鐵路脫節，直至1937年才實現接軌通車。

③ 1936年5月，國民政府鐵道部為完成修築滬杭甬鐵路最後區段（從錢塘江西岸閘口越江到曹娥江東岸百官段並錢塘江大橋）的經費，應中英公司要求，就採購國外材料簽訂借款合同，款額為110萬英鎊，年息六厘，八八扣發行，借期25年，以該營業收入及錢塘橋收益的70%作為還本付息基金；設立一個由中國委員三人、英國委員二人混合組成的基金保管委員會管理；借款的2/3供在英國採購築路材料用，1/3充作現地建築工款；實際動用額為88萬英鎊。

四面八方延伸。通過大量鐵路貸款、鐵路修築及管理權的獲得,怡和不僅獲得了豐厚的直接回報,而且增強了對中國政府和社會的影響力,並為英國對中國政治、經濟控制爭得了更多國家利益。而就長遠的發展而言,鐵路的出現和增多,帶動和促進工礦企業和商業貿易的發展,也正符合怡和在中國的長期發展戰略。

1. 1876年中國第一條鐵路淞滬鐵路通車後的情景。

1. 怡和大班詹姆士·江斯同·凱瑟克（1845-1914，克錫的弟弟）。
2. 滬寧鐵路之上海北站。

1. 1908年，滬寧鐵路通車時，清朝官員和怡和人士等在南京火車站合影。
2. 1916年，九廣鐵路之九龍尖沙咀火車總站落成。

第九章

金融強權

根據怡和的經歷，大型西方企業顯然既不去觸犯官僚，也不願冒風險去投下資本幫助中國的金融家和商人們實現部分國內經濟的"西方化"。

——（英）勒費窩

當怡和洋行從以大量自有資金投資於鴉片及進出口貿易，回到以收取佣金為主的代理業務時，怡和開始以貸款為媒介，愈來愈多地介入到中國的軍國和政經大事中來。尤其是自1870年代中期以後，怡和洋行開始力圖通過行政性貸款和軍事貸款，使自己成為李鴻章等洋務派及其他重要官員的代理人。怡和把洋務派的自強措施，視為中國工業化和經濟發展的進行曲。在怡和看來，清朝的這場自強運動所需軍火、交通設施、工業設備等，規模如此龐大，毫無疑問可以為怡和等在華外資企業提供各種機會。只要能參與其中，就可以大獲其利。

因此，怡和洋行的貸款，除了本身的商業性獲利之外，也是結交清朝權貴的媒介，以及對握有權力的清朝官員施加影響的有力手段。

01 貸款：結交清朝權貴的媒介

在19世紀八九十年代，上海、天津和北京三地是怡和洋行與清朝官員們保持聯繫的地理中心。在上通清朝皇宮內廷、下聯封疆大吏的過程中，怡和以貸款為手段力圖建立起人脈關係的，主要有醇親王奕譞、李鴻章、張之洞、左宗棠、曾紀澤、劉銘傳、盛宣懷，以及內務府的官員們。代表怡和洋行展開公關及談判的主要人物，則主要有怡和上海和倫敦的負責人凱瑟克兄弟、宓吉、F·B·約翰遜和門德爾（Herman Mandl），李鴻章的德籍顧問德璀琳，以及怡和洋行的鐵路工程師毛里遜等。[1]

在中日甲午戰爭之前，怡和幾乎每年都認為中國工業和金融業的發展高潮即將到來，然而高潮總是遲遲未至。不過，怡和依然信心滿懷。正如1895年約

---

[1] 勒費窩著，陳曾年、樂嘉書譯：怡和洋行—— 1842-1895年在華活動概述，上海社會科學院出版社，1986，57頁。

翰遜所奉行的指導方針： "怡和洋行要在中國官方與外國人之間的任何有關交通運輸和通信聯絡設施的財務安排，以及在創辦各種企業的交往方面保持領先地位。"

在怡和看來，雖然清朝的洋務派官員們熱衷於引進西方的資本和技術，以此注入清朝衰弱而貧血的身軀，但他們防止或阻止洋人在各種大型項目中獲取控制權的意圖和決心也同樣顯而易見。怡和明白這些官員的所思所想：如果洋人取得控制權，不僅使這些自強派的強國夢落空，也會使自己的根本利益受損，並遭受守舊派的攻擊。對此，怡和有耐心、也有手段打開局面，獲取更多利益。

1883-1885年的中法戰爭，在某種程度上已經宣告了洋務運動的失敗。軍事、技術上有限的現代化，沒能使中國強盛到足以抵抗西方列強的侵襲和欺侮。中法戰爭的失敗，也沒能讓更多的清朝官員覺悟到需要進行徹底的經濟改革。一些改革派人士由於官督商辦企業的經營腐敗、軍工企業的管理不善，以及朝廷和地方多數官員的因循守舊而情緒低落。面對怡和洋行等外資巨頭們雄心勃勃的努力和對中國巨大市場的期待，中國官方反應各異：從少數高級官員的謹慎自強，到多數官員對改革的深懷疑慮。

商業和政治利益之間的關係向來密切。權錢交易、行賄受賄在中國官場中可謂屢見不鮮，靠人脈辦事也一向是中國政治的特性。對此，怡和諳熟於胸，並極力加以運用。怡和在金融方面的努力，除了與匯豐銀行競爭、以及在1885年試圖與清政府建立合資銀行之外，就是貸款給清朝宮廷及主要洋務派官員，作為建立人脈的潤滑劑和爭取重要項目的工具。

怡和洋行根據清政府的訂單，不斷地引進鐵路、工廠、新式採礦設備、機器、軍火和防洪設施項目。對怡和來說，不論其貸款金額多大、利息多高，都不過是對有權就重大事務作出決定的官員們施加影響的一種手段而已，不過是在激烈競爭中為獲取像修築鐵路等重大項目合同的砝碼而已。

對利用種種機會爭做政府業務的怡和來說，一些貸款在於解決清政府對內、對外戰爭所需經費，另一些貸款則實際上屬於直接或變相行賄，謀求的正是當時中國的鐵路、航運、礦產、防務等權益。

02 西征借款：怡和得與失

1864年，太平天國運動被鎮壓後，清王朝解除了威脅政權的最大隱患。但是，全國的局勢並不平靜，各地起義和叛亂依然此伏彼起。1866年，左宗棠由閩浙總督調任陝甘總督，奉命出關西征，率軍挺進陝甘直至平定新疆的叛亂，歷時14年之久。戰爭規模大，戰費耗資巨。為解決經費問題，左宗棠以與上海洋商及華商打過多年交道的商人胡光墉（胡雪巖）為經辦人，借巨款充軍需，從而出現了連續六次舉借外債的"西征借款"。

左宗棠西征及其借款，成就了左宗棠與胡雪巖這兩位晚清風雲人物各自的事業。前者的政治和軍事生涯因為有了"西征"而越加輝煌，後者的財富人生則由於成為"國家生意"的經紀人而終成赫赫有名的"紅頂商人"。怡和洋行則因提供借款而獲利不菲。

1867年，怡和洋行對清政府承做了一筆金額可觀的貸款。這筆為左宗棠提供的貸款，正是此後延續多年的左宗棠西征借款中的第一筆，也是怡和第一次向清朝提供的巨額貸款。

這筆以海關稅收為擔保的貸款，海關總稅務司赫德起了關鍵作用。當時，由胡雪巖向包括怡和洋行在內的上海外商展借此筆貸款。在總數120萬兩款項中，怡和承擔了60萬兩。債券由相關省督撫簽署，向海關登記並由各海關稅務司簽證。其中,閩海關代借24萬兩、粵海關24萬兩、浙海關42萬兩、江海關18萬兩、江漢關12萬兩。如各省不能及時償還,則由海關收入保證抵付。

對於這種新的借款方式,左宗棠頗為滿意:各省只是按月應協之款,並非提前;各關旋墊旋收,並無增損;各督撫只經手過目,並無煩勞。這筆於1867年4月達成的月息一分三厘的貸款,其條款為日後外資銀行或洋行借款給清朝方面提供了樣板。有了海關收入擔保,為那些願意向清政府提供貸款的外資企業提供了新的可能。

1868年1月,左宗棠的第二次西征借款正式簽訂。由於大部分資金"投資於鴉片上",怡和此次沒能參與其中,只得"為下一次機會作好準備"。

1874年,怡和洋行歷史上最重要的人物之一——克錫執掌怡和大權。[1]這年11月,左宗棠在西北的軍事行動再度急需資金,令胡雪巖在上海展開第三次西征借款。經過5個多月的籌辦和談判,1875年4月,胡雪巖從怡和洋行借得100萬兩,從最早在中國開設分行的英國麗如銀行處借得200萬兩。由江海關、粵海關和浙海關各出具100萬兩印票作保,經各有關督撫加蓋關防,利率為年息一分五毫,借期3年,每半年償付本息一次。對於這筆交易,克錫感到滿意,因為它既可作為一筆投資,又是一次公關,能使自己在同清政府的交往中處於"有影響的地位"。

1877年8月,總理衙門議准第四次西征借款,借銀500萬兩。對此,英、德、俄、美和日本等國家的在華公司和銀行展開了激烈競爭。最後,匯豐銀行

---

① 克錫是怡和打開日本市場的功臣。1859年7月,克錫載着一船中國商品,由上海抵達日本新開放的通商口岸橫濱,並於同年11月採購了一船當地貨物駛向上海。第二年(1860)初,克錫為怡和在橫濱買下了第一號租地。三年後(1863),克錫參與幫助了日後成為日本首相的伊藤博文等人前往歐洲學習。

與怡和洋行如願以償：匯豐提供全部貸款，怡和則因協助談判而分得一杯羹。

在左宗棠的西征借款中，前三次承借的對象是怡和洋行與麗如銀行等老牌機構，並沒有匯豐銀行的身影。此後的三次西征借款，則基本上都是向匯豐銀行所借，而這正是匯豐歷史上最出色的總經理昃臣（Thomas Jackson）及其屬下努力的結果，同時也是匯豐對清政府產生更大影響力的開始。

也正是在這一年，香港兩大英資財團——匯豐銀行與怡和洋行走到了一起。怡和洋行大班克錫加入匯豐董事局，他通過出任匯豐董事，彌合了自1865年以來存在於匯豐與怡和之間的嫌隙。

這是一個重大轉變。鑒於怡和與匯豐的競爭與合作將在日後時常出現，因此有必要在這裡追述一下雙方早期矛盾的由來。

對怡和來說，銀行業務從其成立之初就是一項重要業務。當時在中國尚沒有專業的銀行，銀行家由洋行商人兼任。墊付款、匯兌、存貸款是怡和經營的主要銀行業務。以獲取高額利息而貸款給廣州十三行商人的事例史不絕書，匯兌業務則是怡和圍繞鴉片、茶絲貿易發展起來的主要附屬業務。第一次鴉片戰爭前，中國的國際匯兌業務由怡和、寶順等大洋行兼營，它們以鴉片貿易中所獲現金展開匯兌和放貸業務。上海等五口通商後，怡和的銀行業務更上一層樓：不僅商業匯款，連英國政府的匯款也由其經手，各國領事匯到香港的公款，直到1855年還在用它的匯票。為了保持與中國商界和政府的密切關係，怡和還曾積極貸款給中國的錢莊和地方政府。

從1845年開始，成立於孟買的東藩匯理銀行（又稱東方銀行、麗如銀行，Oriental Banking Corporation）將總行遷往倫敦，同時在香港、廣州設立分行。1858年和1859年，總行分別設在印度和倫敦的有利銀行、渣打銀行（麥加利銀行）相繼在香港開設分行。這些專業銀行雖然侵蝕着怡和等大洋行的經營地盤，但其總行設在倫敦或印度，經營重心並不在香港和中國大陸，因此怡和尚未感受到太大威脅。但是，隨之而來的香港第一家本土銀行——匯豐銀行開業，則讓怡和大班惠代爾大傷腦筋。

1864年7月28日，香港報紙刊登了開設一家香港本土銀行的消息，並公佈了擬設中的銀行計劃書和臨時委員會名單，牽頭者為大英輪船公司監事蘇石蘭和寶順洋行。創辦時銀行資本500萬港元，發行2萬股，並聲稱股東要囊括當時香港所有的大洋行。

1865年3、4月，匯豐銀行相繼在香港和上海開業，其初始名稱為“香港上海匯理銀行”，顯示其從一開始即以香港和上海為主要業務基地。

匯豐籌辦之初，怡和與旗昌洋行並沒有加入其中。準備以全體領袖商人相號召的匯豐銀行，實際上遭到了這兩家領袖洋行的抵制。怡和不願與其主要競爭對手寶順洋行合作，更無意放棄它所經營獲利豐厚的匯兌業務。因此，怡和不僅沒有加入匯豐，而且竭力阻撓。匯豐正式成立須香港總督頒佈特許令、在香港完成立法，並獲倫敦的英國政府批准。當時受交通條件限制，更受到怡和針對匯豐經營匯兌權力過大而在香港和倫敦兩地展開一系列活動阻撓的影響，直到1866年8月匯豐銀行才取得英國政府頒發的營業執照。

1880年，怡和大班克錫加入匯豐董事局三年後，當選為匯豐董事局主席。自此，兩大財團開始了較為緊密的合作。特別是在謀求對清政府業務時，怡和與匯豐合作，達成了許多非正式協議，譬如規定雙方在與清政府進行交易時的各自業務範圍。同時，怡和與匯豐通過各自在上海和香港等地辦理業務時收集到的有關中國官員和商人的資料提供給對方，實現商業信息的分享。

不過，匯豐與怡和的合作，並不代表它們之間已不存在競爭。事實上，怡和在貸款和投資方面繼續以匯豐為主要競爭對手。

　　1878年，左宗棠開始讓胡雪巖着手籌措第五次西征借款。由於第三、第四次舉借外債後，引來眾多責難，清政府當時曾聲明以後不得再借外債。為此，左宗棠囑胡雪巖向華商議借銀款300萬兩。當華商湊資到175萬兩時，匯豐銀行自請以同等數目的銀款"附入華款出借"，合成350萬兩。匯豐最終成功貸出，左宗棠則一解燃眉之急。而事實上，怡和洋行一直留意着第五次西征借款的籌資進程。有史料顯示，怡和並不願意看到匯豐如願以償。

　　清朝廷在核准第五次西征借款時，諭旨中有"惟此次照准該督（左宗棠）所奏，本係萬不得已之計，嗣後不得動輒息借洋款，貽累將來"等語。但是，三年後的1881年，左宗棠再次向匯豐借款400萬兩白銀，是為第六次西征借款。

　　這筆向匯豐銀行提出的借款依然由胡雪巖辦理。未能參與其事的怡和洋行曾向胡雪巖提出強烈抗議。胡雪巖回覆：下次借款會把機會留給怡和，並且借款可能會在短期內展開。

　　在"紅頂商人"胡雪巖辦理第六次西征借款之後，清朝大規模展借外債的又一波高峰，發生在1884-1885年中法戰爭期間。而就在戰爭烏雲壓城的1883年，上海股市崩盤和一場席捲中國的金融風暴，使當時中國金融體系支柱之一的錢莊遭到重大打擊；投巨資於房地產市場和股市的輪船招商局總辦、大商人徐潤因樓市和股市泡沫破裂而遭受滅頂之災；與外商展開生絲貿易戰的胡雪巖也同樣陷入了破產絕境。

03 日益壯大的水險與火險

　　1883年金融風暴襲來之前，上海股市氣氛熾熱。股價快速上升，市民以購買股票為發財捷徑，一有股票發行便爭相搶購。當時的《申報》載文稱："每一新公司起，千百人爭購之，以得股為幸，股票價格扶搖直上。"

　　事實上，上海股市從1881年下半年起已經開始升溫。一位署名"旁觀不平人"的作者在《申報》上發表文章，為買不到股票者代鳴不平。[1]其中，特別談到怡和旗下的保險公司招股之事：1881年12月20日，怡和洋行發出新設專保海險的保險公司告白，招集股份1萬股，每股250元，先付50元，欲入股者，每股付定洋10元先為掛號。

　　文章寫道："中外諸商咸思入股，照其告白先付定洋，或數十股，或數百股不等。滿望得附股份將來可以得利，並可各為招羅，乃近日竟有回絕，將定洋退還者，中外諸商客洋以去而不得入股者甚多。"

　　與銀行業和航運業一樣，怡和的保險業也是直接從對華貿易中產生出的重要代理業務。在經營保險代理業務的同時，怡和也成立了自己的保險公司。

　　1881年，怡和將其旗下的諫當保險公司改組為有限公司。作為中國第一家現代意義上的保險機構，諫當保險公司的前身──諫當保安行[2]1805年成立於廣州，由顛地行和麥尼克行輪流負責經營，每5年（另一說為3年）結算一次並改組換屆。1832年後，諫當保安行繼續由顛地行與新成立的渣甸‧馬地臣行輪流擔任經理。三年後（1835），顛地洋行退出，另組於仁保安行（Union Insurance Society of Canton）。1836年，渣甸‧馬地臣行則將諫當保安行改組為諫當保險公司（Canton Insurance Co.），獨家經營。

　　1840年以前，由於難以處理遠行隔重洋、周折需時的中國保險業務，外國保險公司在華業務更多地委託有往來的在華洋行代理。渣甸‧馬地臣行獨家經

---

① 旁觀不平人：招股不公，申報，1882年1月27日。
② 諫當保安行又稱廣州保險行、諫當保險行，"諫當"為Canton一詞的直譯。

營諫當保險公司後，它在保險方面的代理客戶仍然有8家之多。[1]

1857年，諫當保險公司率先在上海開設分支機構，吸引了大批華商投保，公司在華商中售出的保單甚至比在華外商中售出的還要多。

此時，在華洋行對那些進出口貿易中的附屬部門——航運、保險及銀行業的關切，已經超過了對貨物買賣本身的關切。他們已經意識到保險業、銀行業如同航運業一樣，是洋行未來的發展方向。在這種時代背景之下，19世紀六七十年代，各大洋行掀起了一輪投資和經營保險業的浪潮。

1866年，由於公司承保的險種範圍擴大，怡和洋行創立了香港第一家火險公司——香港火燭保險公司（Hong Kong Insurance Society），生意興隆，頭幾年的年均盈利達到50%，股票更是大幅飆升。總行設在香港的火燭保險公司，隨後將分公司陸續擴展到了上海、廈門、廣州、漢口、北京、汕頭、青島、重慶等城市。

另一方面，1875年，怡和洋行在上海和香港開設諫當保險公司華人部，為希望在外商輪船中的貨物投保的華商服務。華人部開業後生意興隆，開給中國人的保單明顯多於開給外商的保單。[2]

值得一提的是，1882年，怡和買辦何東出任香港火燭保險公司和諫當保險公司的總買辦（chief compradore），統管兩家公司在華保險業務。這一年，何

① 勒費窩著，陳曾年、樂嘉書譯：怡和洋行——1842-1895年在華活動概述，上海社會科學院出版社，1986，129頁。香港開埠後，諫當保險公司從澳門遷往香港，成為最早將公司總部設立在香港的保險公司之一。

② 勒費窩著，陳曾年、樂嘉書譯：怡和洋行——1842-1895年在華活動概述，上海社會科學院出版社，1986，131頁。到1890年，諫當保險公司已經在中國大陸的廈門、廣州、煙台、福州、漢口、九江、寧波、上海、汕頭和天津等十多個城市設有辦事處或代理點。

東年僅20歲，可謂少年得志。①

04 中法戰爭與怡和

從1840年到1900年一個甲子的時間裡，清朝被迫迎戰的大型戰爭一個接着一個：第一次鴉片戰爭、第二次鴉片戰爭、中法戰爭、中日甲午戰爭、八國聯軍侵華戰爭……戰爭爆發、借錢打仗、戰敗賠款、借債歸還賠款，成了晚清財政史上的一個突出特點。

中法戰爭由法國侵略越南並進而侵略中國而爆發。時間從1883年12月一直延續到1885年4月，戰火從越南北部燃燒到中國東南沿海。雙方軍隊在戰場上展開激戰並互有勝敗：1884年8月馬尾海戰，法國海軍在一小時內便把由11艘兵船組成的南洋水師擊毀，並摧毀了由法國幫助建造的福州馬尾船廠；1885年3月鎮南關戰役，清軍在越南諒山一帶大敗法軍，迫使法國總理茹費里下台，兩國重啟談判。然而，簽訂的《中法新約》卻令法國取得越南宗主權，並按法方要求重開兩國貿易，因此這場戰爭被稱為"法國不勝而勝，中國不敗而敗"。

對於這場戰爭，美國華裔歷史學家徐中約在《劍橋中國晚清史》中寫道："事實證明，清廷的優柔寡斷和舉棋不定造成了災難。堅定的作戰政策本來可能制止法國的侵略；如果堅持和平政策，本來也可以保住福建水師和馬尾船塢。可

---

① 與擔任過十年怡和買辦的唐廷樞一樣，17歲的何東從香港中央書院畢業後，因操得一口流利的英語而進入海關工作。1880年，何東從海關辭職進入怡和洋行（Maggie Keswick(ed.), *The thistle and the jade*, London：Octopus Books,1982, p.259）。兩年後，受到怡和大班賞識的何東破格升為買辦，不久便擔任起香港火燭保險公司和諫當保險公司的總買辦，統管兩家公司在華保險業務（鄭宏泰、黃紹倫，香港大老──何東，三聯書店，香港，2007，83-84頁）。1900年辭去怡和買辦時，何東在怡和長達二十年，為怡和賺取了巨額利潤，同時自我創業與拓展生意，成為香港首富。

是，庸碌無能的領導層卻毀了這兩者，而且還喪失了安南這一朝貢國。"

就中法戰爭本身而言，它是近代中外大型戰爭中清朝惟一沒有賠款的一次戰爭。然而，中法戰爭所造成的財政困難則有目共睹。戰爭耗費白銀一億多兩，清政府欠債多達兩千萬兩，[1]其中相當部分是以海關稅收為擔保，向外國銀行和洋行所借的債款。

就怡和洋行而言，在戰爭期間與清政府做成了兩筆較大的貸款，即"輪船招商局借款"和"神機營借款"。

1884年1月，上海爆發的金融危機引起經濟危機，導致經濟大蕭條。在經濟蕭條和戰爭的雙重影響下，總部位於上海的輪船招商局損失慘重，招商局被迫以上海資產為抵押，向怡和、天祥等洋行借銀74.3萬兩，完成了中國歷史上的第一筆抵押實業貸款。[2]

同年11月，戰爭在台灣、越南境內同時展開，清政府軍費急增。神機營赴近畿一帶設防，"新增用款頗巨"，於是向怡和洋行等借款524萬餘兩。不過，這次借款只有100萬兩用在了中法戰爭中，其餘則主要用在了戰後購買槍炮和戰艦上。在海戰的慘烈失敗面前，清政府深深地意識到海軍的重要性，戰後正式成立了北洋艦隊。1885年8月，慈禧太后批准從神機營借款中撥付洋款248萬兩，購買了北洋水師中著名的"致遠"、"靖遠"、"經遠"、"來遠"四艦。

此外，怡和洋行還在一定程度上參與了匯豐銀行做成的多筆貸款談判，從中分取了一杯羹。

值得一提的是，戰爭期間，怡和洋行除了向清政府貸款之外，還以其中立

[1] 邵循正：中法越南關係始末，河北教育出版社，石家莊，2000。
[2] 許毅：清代外債史資料，中國檔案出版社，北京，1990，上冊，181頁。

國公司的身份進出台灣，接受天津海關道盛宣懷所託轉匯銀十萬兩，轉交給了在台灣抵抗法軍的福建巡撫劉銘傳。

1884年10月23日，法軍在進犯台灣被劉銘傳挫敗後，宣佈封鎖台灣海峽，切斷台灣與大陸的聯繫，企圖置劉銘傳和台灣於孤立無援之困境中。在此情況下，盛宣懷於是託怡和洋行設法轉匯銀兩接濟劉銘傳。在寫於1884年10月28日託克錫轉致劉銘傳的親筆信中，盛宣懷寫道：[①]

"適有怡和洋行東家機昔（即克錫——引者）來津。職道知其台南北俱有洋行，與之密商，設法匯兌。查公法：封海後，如該國發給護照，仍可進口。機昔為英國巨商，有行在台已久。託名買糖，便可運銀入口。如法官不允，怡和即空身到台，以其洋行出票，向富戶借銀，送至鈞處濟用。當於今日回明中堂（即李鴻章——引者），在于長蘆鹽課項下，速撥庫平足銀十萬兩，交與怡和。刻已親向匯豐兌匯銀票，面交機昔。並請中堂印發護照二紙，一交怡和查收，憑此解銀。一交怡和行連銀兩護照，賫投台北府、淡水等處，呈交行轅。"

盛宣懷在信中還說："此次怡和如果辦得妥當，下次當再令其源源接濟。目前華人斷難轉運，機密之事，非託洋人不可。怡和係體面大商，台灣富商或信洋行而畏官，似可令其出頭借款。"

付出就有回報。戰後怡和洋行與劉銘傳有着密切往來，獲取了一系列的商業好處。

中法戰爭結束後，清廷鑒於台灣的重要戰略地位，於1885年10月建立行省，以保有國土、拱衛東南。首任台灣巡撫便是中法戰爭中守衛台灣的功臣劉銘傳。

[①] 盛宣懷的信件和李鴻章發給克錫的護照保存在怡和檔案中，見楊聯陞《劍橋大學所藏怡和洋行中文檔案選注》，載台灣《清華學報》新一卷第三期（1958年9月），52-60頁。

劉銘傳深感亟需加強台灣與大陸之間的聯繫。作為洋務派的代表性人物，劉銘傳在台積極推行洋務運動，制定了以 "興造鐵路為網紐、輔之以電線郵政" 建設台灣、加強台灣與大陸聯繫的策略。1886年，劉銘傳在台北設立電報總局，任張維卿為總辦，並指示台北的通商委員李彤恩與外國公司交涉架設事宜。同年5月，怡和就劉銘傳所需12尊防衛用的 "要塞大炮" 簽訂合約，這些大炮合約60萬兩。9月，李彤恩與怡和洋行簽訂了在台灣和大陸之間鋪設一條深水電報電纜、一艘供鋪設電纜和維修之用的鋼製汽艇的合同。

隨後，怡和洋行與台灣巡撫的討論範圍，逐漸擴大到台灣的鐵路系統、其他電報線路的規劃，以及為這些規劃籌集資金等方面。

憑藉強大的實力及與劉銘傳的良好私人關係，怡和在與德國和美國商行的競爭中始終處於領先地位。作為台灣巡撫劉銘傳武器採購的代理人，怡和於1887年6月拿到了台灣鐵路的承包合約。怡和檔案顯示，事前，怡和曾向李彤恩等劉銘傳的兩名得力幹將放過一萬兩和三萬兩、期限為3年的私人貸款。對此，怡和洋行的特別代理人斯賓士（William Donald Spence）[1]在一封私人信函中不無得意地寫道： "毫無疑問，今後兩人都會更加賣力。"

拿到台灣的鐵路合同，則可以奠定怡和的地位： "……這是通過合約方式所取得的最大成就，因為經營鐵路物資，在人們心目中具有特殊的重要性。" [2]

---

[1] 斯賓士1869年來華，一度任英國《泰晤士報》駐華記者、怡和洋行駐天津代表。

[2] 勒費窩著，陳曾年、樂嘉書譯：怡和洋行——1842-1895年在華活動概述，上海社會科學院出版社，1986，79-80頁。

05 合資銀行的流產

眾所周知，中國第一家現代銀行是1897年在上海開業的中國通商銀行。不過，在此12年前的1885年，怡和便已經籌劃在北京開設一家現代銀行。[①]

怡和洋行除開設錢莊、並大量貸款給清朝中央和地方政府之外，在1880年代曾試圖將銀行引入北京，李鴻章也一度有開辦銀行的設想。在怡和代理人宓吉的穿針引線下，雙方決定合作創辦銀行。銀行英文為Bank of China（中國銀行），業務包括銀票發行、官款存放和官款匯兌，特別着重涉外方面的業務。

在向慈禧太后奏明時，李鴻章呈上了怡和洋行所擬在京師設立合資銀行的章程和計劃："銀行應有權利，須令大小各戶之銀行盡存於內"，"國家庫存現銀亦可交存行內，設有需用，即由銀行領取"，"國家毋庸收發現款，凡遇進出各皆由銀行經辦。即已銀紙成交，俾免國家勞心"，"中國常有與外洋各處交涉銀款之事，亦即可令為經理。即後欲借巨款，更不須乞別家銀行承辦"。

同時，具體規定：國家借款及購買軍火、器械等件銀兩，並出洋大臣廉俸，皆歸銀行辦理匯兌；海關各省所有稅銀，皆交銀行收存；應准銀行開寫銀票，其數目由督辦酌定，隨時可向取現銀。各省關交幣納稅，皆可以銀票上兌。以上業務，"在五十年限內，只銀行獨沾利益、他人不得分潤"。

---

① 中國銀行史上最早建議設立銀行的人是太平天國干王洪仁玕，1859年他在《資政新篇》中提出了"興銀行"的建議；第二年（1860），中國最早的留美學生容閎也曾向太平天國建議"創立銀行制度"；1876年，上海《申報》報道了唐廷樞等籌劃在華南設銀行的消息；1770年代初，天津、上海等地出現過設立新式銀行的建議和籌劃，但均只停留在設想中。見楊端六編著《清代貨幣金融史稿》第344頁；中國人民銀行上海市分行金融研究室編《中國第一家銀行》第2頁；汪敬虞著《外國資本在近代中國的金融活動》第420-421頁。

從上述規定來看，這家計劃中的銀行權力之大，不僅要求擁有發行貨幣，代理國庫權力，且要求享有壟斷權，"五十年不變"。

計劃一出籠，即遭到了朝臣的群起反對。戶部認為怡和"所云各節，無非陽借代為謀利之名，陰為包攬併吞之計，居心叵測，禍國害民"。尚書崇綺表示"官可罷，此議斷不可行"，甚至"願繼之以死"。

在朝廷重臣及各方反對之下，這一計劃化為泡影。

就在怡和欲聯合李鴻章合辦銀行的1885年，怡和其實已經在金融保險業領域投入了巨資。雖然進出口代理業務依然是此時怡和的主要經營方向，但自1870年以來，它對貿易的服務性行業投資已有飛速增長。到1885年4月，怡和洋行旗下的合股企業及其所持匯豐銀行股票（1000股，每股票面價值125元）的價值已超過220萬兩。①

據估算，怡和資本總額的一半以上投資在了輪船、通商口岸不動產、銀行、保險和製造業。業務廣泛、資金雄厚的怡和在中國四處尋找投資機會，除了鐵路外，它的目光還投向了礦業。

---

① 1885年怡和洋行旗下合股企業及所持匯豐股票價值一覽

名稱	價值	名稱	價值
順泰碼頭	213846兩	上海公和祥碼頭	30962兩
怡和碼頭堆棧	331000兩	怡和輪船公司	817560兩
諫當保險公司	36000兩	匯豐銀行	463968兩
香港火險公司	44100兩	中華煉糖廠	109858兩
香港黃埔船塢有限公司	81568兩	呂宋糖廠	119850兩
省港澳輪船公司	39672兩		

資料出處：勒費窩著，陳曾年、樂嘉書譯：怡和洋行——1842-1895年在華活動概述，上海社會科學院出版社，1986，67-68頁。

06 涉足中國礦山

　　"船炮機器之用，非鐵不成、非煤不濟，……閩、滬各廠，日需外洋煤鐵甚夥。"李鴻章1872年在奏摺中寫下的這番話，顯示隨着軍事工業的擴展和輪船招商局規模的擴大，煤、鐵之重要，正所謂"設有閉關絕市之時，不但各鐵廠廢工坐困，即已成輪船，無煤則寸步不行"。而購買外洋煤鐵價格昂貴、籌款不易，同時訂購轉運需時、緩不濟急。於是在"必先富而後能強"的時代背景下，清朝開始了用新式機器開採煤鐵的歷史。

　　從1875年開始，一些新式煤礦已經陸續出現。這一年，李鴻章創辦了直隸磁州煤礦、盛宣懷創辦了湖北廣濟興國煤礦；1876年，沈葆楨創辦了台灣基隆煤礦；1877年，張曜創辦了山東淄川煤礦。但是，在當時所有的煤礦中，最出名者則是1878年李鴻章委派唐廷樞創辦的開平煤礦。

　　1876年11月，奉清廷諭旨、受李鴻章委派，時年44歲的輪船招商局總辦唐廷樞帶着英國礦師來到開平勘察煤鐵礦務。跋山涉水的辛勞，換來了令人欣慰的發現。在探得開平蘊藏有豐富礦藏後，唐廷樞接連寫了《察勘開平煤鐵礦務並呈條陳情形稟》、《請開採開平煤鐵並興辦鐵路稟》呈給李鴻章。一個對中國工業化影響深遠的大型工程開始啟動。

　　1877年9月，唐廷樞擬定《開平礦務設局招商章程》十二條。第二年6月，唐廷樞率英國礦師和工匠再次來到開平。20多天後，由唐廷樞擔任總辦的開平礦務局宣告成立。

　　自1881年正式出煤，開平煤礦逐漸成為中國最大的煤礦，開平礦務局成為第一個大規模運用機器採煤的礦局。

　　與開平煤礦相關聯，中國第一條國產鐵路——唐胥鐵路，第一台蒸汽機車——"龍號"（中國火箭號）機車，在唐廷樞的積極謀劃下先後誕生，開運河、築鐵路、興修秦皇島港口碼頭，為開平煤礦的產、運、銷建起了完整的產業鏈條。

持續關注中國採礦業的怡和洋行，自1870年代起曾陸續聘請採礦工程師來到中國，勘探地下礦產資源並有意進行開採。對開平礦務局的運轉和經營狀況，給予了極大關注的怡和洋行並不陌生。

1885年秋，J·J·凱瑟克多次會見李鴻章，討論在中國開礦的問題。這年，開平礦務局一度因資金緊張，於是試探性地向怡和提出借款。怡和欣然答應，但條件是由其負責經營管理開平礦務局。

對於將開平礦務局事務交由怡和洋行管理，李鴻章曾有過考慮。歷史學家勒費窩引述怡和檔案稱，[①]開平礦務局英籍總工程師金達曾將J·J·凱瑟克接到礦上，告訴他該礦每天可出煤600噸（年產量約20萬噸）。金達支持怡和洋行全面控制開平礦務局，同時告誡說，這無可避免會遇到相當大的阻力。

金達透露，天津輪船招商局的王經理"竭力反對由在華外國人控制中國的企業"，而且已經去北京就怡和企圖控制開平礦務局一事向朝廷報告。

怡和洋行於是要求在天津和北京活動的宓吉對王經理的北京之行提交報告，盡一切努力消除不良影響，同時提請清朝官員注意，如沒有得到官方的同意和支持，怡和不會貸款給開平煤礦，雖然這種支持並不意味着怡和洋行要求完全掌握由其負責管理的財產，而只是要求清政府對貸款起保證作用，同時將管理權和監督權交給怡和洋行。

---

① 勒費窩著，陳曾年、樂嘉書譯：怡和洋行——1842-1895年在華活動概述，上海社會科學院出版社，1986，73-74頁。

　　李鴻章的顧問德璀琳也贊成由怡和洋行管理開平煤礦，並在 J·J·凱瑟克與李鴻章晤談時，從旁幫其説好話。能説漢語的德璀琳自1864年來華後，在中國海關工作多年。1877年12月由赫德所在的海關總税務司署委任為天津海關税務司，從此長期把持着天津海關。與此同時，在李鴻章直隸總督任期內，德璀琳與李鴻章保持着密切的聯繫，在各種有關地方、國家乃至國際事務方面為李鴻章出謀劃策。

　　曾經擔任怡和洋行買辦多年、現任開平礦務局總辦的唐廷樞於1885年11月也一度同意上書李鴻章，支持將開平礦務局局務交由怡和洋行經辦。不過，唐廷樞後來又寫信告知怡和，對開平煤礦，李鴻章已經決定不讓外商取得不受監督的經營權。

　　雖然 J·J·凱瑟克與李鴻章的會談，最後達成了宓吉與開平礦務局之間議定的一筆貸款（75萬兩）。作為交換條件，怡和洋行被委任為開平礦務局在上海的代理行。但來自朝廷上下的反對力量，挫敗了怡和為獲取開平煤礦經營權的努力。

　　不僅如此，怡和洋行“偷雞不成反蝕一把米”。怡和在同清廷上下打交道的半年中瞭解到，由於怡和企圖獲取開平礦務局控制權，使李鴻章的一些幕僚和中央朝廷的部分官員確信，怡和的各項建議都可能懷有不可告人的目的。怡和曾投標供應開平鐵路延長線的鋼軌，但敗給了德國辛迪加。對此，怡和相關人士認為，這“無疑是這種懷疑的另一後果”。

07 角逐旅順防務工程

　　1875年，李鴻章奉命督辦北洋海防後，開始組建一支新式海軍，由此先後向英國和德國購買了一批炮艇、巡洋快船和鐵甲戰船，北洋海軍實力大增。然而，"鐵甲東來，尚無船塢"，出現"有鳥無籠"的局面。軍艦避風、停泊或修理，使船塢顯得格外需要。

在海軍大發展和港塢不足之下，北洋當局下定決心，修建一個近代化的海軍基地。位於遼東半島南端、形勢險要的旅順，於是作為中國近代第一座軍港走上了歷史舞台。

旅順港的修建，從1880年開始，十年磨一劍，到1890年始告完工。其中，在船池與船塢的修建過程中，所需機器眾多。機器的採購在西方列強及其在華公司之間展開了激烈競爭，怡和同樣積極參與其中。

光緒十一年（1885）十月，工程局幫辦、德國土木工程師善威（Samwer）要求親赴海外採購。對此，德璀琳認為"派人往購不如專託洋行"。於是，他推薦了怡和洋行的宓吉。與此同時，法國方面也派出人員前往天津、旅順活動。一場為包攬旅順船塢工程的激烈競爭在德、英、法三國之間展開。

從1886年初開始，宓吉便主要忙於洽談旅順防務工事合約的談判。中國向來是個"人治"國家，宓吉所要做的一項重要工作，便是力圖弄清李鴻章集團內外人員的情況，通過他們獲取更多情報、更快實現目標。宓吉將搜集到的各種情報和信息及時提供給了上海怡和洋行。不過，在清朝高官之間游走的宓吉不會說漢語，這成了他的最大弱點和苦惱所在。因此，他不斷勸告怡和訓練和吸收能說漢語的歐洲人加盟。[1]

1886年5月，李鴻章認為北洋水師已經訓練成軍，奏請朝廷派大臣前來巡閱。

---

[1] 宓吉極力主張歐洲人學說漢語的建議，得到了怡和洋行高層的重視。隨後，怡和指定兩名英籍員工在北京學習漢語。

於是，總理海軍（事務）衙門大臣、醇親王奕譞離開北京赴天津、旅順港巡閱。

醇親王奕譞的巡閱，使一些外資公司相互間的競爭硝煙四起。對此，怡和做足了準備。

在上海，怡和洋行剛收到盛宣懷的一筆20萬兩年息6厘的定期存款，盛宣懷已決定派一個親戚前往天津迎候醇親王，以便為其爭取復任天津海關道的機會，同時把怡和洋行要在所有發展規劃中成為優先權的代理人的計劃向前推進一步。因此，在盛的這名親戚動身前往天津之前，上海怡和洋行經理 J·J·凱瑟克特意約見了他。

與此同時，克錫親赴天津，希望通過德璀琳的努力，會見醇親王奕譞，商談海軍合約事宜。

5月12日，宓吉向 J·J·凱瑟克報告説：法國的工程師已經取得若干進展。他同時建議：“弗利奇（怡和洋行代理人）來此愈快愈好，以便在法國工程師之間進行挑撥。”

一個星期後，克錫抵達天津，但醇親王奕譞此時已從旅順口登上汽輪前往煙台，直至兩天後返回大沽。德璀琳作為隨行中惟一的“洋人”，對怡和不無有利。但是克錫在與宓吉、德璀琳交談後感到，雖然一個新時代似乎就要到來，但並不能指望從這次訪問中獲得具體成果。醇親王既沒有與怡和洋行討論發展計劃，更沒有簽訂什麼談判合同。

但是，怡和依然在積極爭取。此時，李鴻章似乎有意將防務工事委託給法國辛迪加。將近7月份，據傳法國人在旅順因“工作人員的無能”而遇到麻煩。宓吉於是立即抓住這一有利時機，每天走訪總理衙門。

西方在華公司在爭奪合同和訂單時，採取各種不正當手段是常有的事。1886年7月29日，宓吉便在寫給 J·J·凱瑟克的信中透露：“有16頁法國辛迪加的合約已在我們手中，對此，我們精明的弗利奇會予以嚴厲的指責。他與總督會見時將提請其注意若干弱點，當然會避免指名道姓。"

　　同時，宓吉強調需要軍火生產商阿姆斯特朗公司的合格的技術人員。他寫信說："我推測阿姆斯特朗公司要求確切地知道中國人究竟需要哪種類型的魚雷艇，但這正是中國人自己所不瞭解的。如果阿姆斯特朗能立即派來技術人員，我們就能擊敗其他競爭者。"他認為最明智的做法是阿姆斯特朗公司等四家英國軍火供應商聯合起來，而不要相互間展開激烈競爭。

　　阿姆斯特朗公司是怡和洋行在這項交易中的主要客戶，但雙方關係一直不夠融洽。怡和洋行經常抱怨它在發送樣品藍圖時動作太慢，並且不願向中國派遣技術顧問。此外，阿姆斯特朗還與別的代理人合作，也使怡和感到不爽。

　　然而，所有的努力看來都是白費勁。當1886年10月答案揭曉時，器材和工程費用高達125萬兩的旅順防務工事合約被宣佈給予了一家法國辛迪加。

　　對此，怡和洋行天津分行的卡曾斯（Cousins）把法國人的成功歸之於"慷慨而明智的賄賂"，他後來發現在談判旅順工事時，法國辛迪加曾通過天津道台貸款給山東官員60萬兩。他指出，條件優厚的貸款正是法國人贏得合同的有效手段。

　　中法戰爭雖然在一年之前已經結束，但越南的通商及劃界問題並未完全解決。此時中國竟然將如此重要的國防工程從德國人手中收回，交給不久以前尚為交戰國的法人辦理，令許多人費解，這是否出於政治和外交方面的考慮不得而知。不過在召集洋商舉行投標時，法國公司開價最低，且願意擔保，因此中標。①

---

① 此項工程的意義不只在工程本身。旅順工程建成後，一位法國記者宣稱"這是法國人贏得其敵對者一次真正的勝利"。他進一步預測，中國的官員們已深知旅順工程的困難以及法國工程人員的能力，相信"一旦當其他的工程諸如海港、鐵路、開礦等機會來臨的時候，法國人定可與其他國家立於同等的地位去獲得中國政府的考慮"。

法國中標，自會引起英、德兩國的失望與不快，尤以德璀琳和怡和高層為甚。在當時英國人辦的《北華捷報》和後台主要是德璀琳的天津《時報》（*The Chinese Times*）上，便經常出現對旅順工程冷嘲熱諷的報導。[①]

對於費了老大勁卻只獲得參與旅順次要的初步工程承包合約（怡和洋行此前已將水泥和鋼材售予負責初步工程的中國官員），J‧J‧凱瑟克非常惱火。1886年11月5日，他指令宓吉給英國駐華公使華爾身爵士寫信，說明法國人取得合同的危害和對英國利益所形成的威脅，同時說明怡和洋行沒有贏得合同的因由，以及李鴻章手下人的口是心非：“希望爵士能在適當時機，對總理衙門及時露些口風，使李鴻章日益感到為難。”

怡和洋行決定通過外交渠道施加政治壓力，給李鴻章一點顏色看看。事後看來，來自北京的外交壓力果然起了作用。幾天後的11月10日，李鴻章向卡曾斯保證，法國人是以正當的方式獲得合同的。與此同時，李鴻章表示，計劃中的津沽鐵路一旦需要採購物資，他將“優先考慮”怡和洋行。

08 黃河決口與鄭工借款

在旅順防務工程角逐中收穫不大的怡和，在黃河堵決工程借款的競爭中也遇到了強大的對手。

1887年初秋，山東正遭受着嚴重的黃河水災。河南巡撫倪文蔚奏稱：“三省地面約二、三十州縣盡在洪流巨浸之中，田廬人口漂沒無算。”僅豫、皖兩

---

① 旅順的命運恰似多難的中國，建港之後4年（1894）即為日軍攻陷，7年（1897）為俄租借，14年（1905）再度為日本佔領，接着由俄轉租於日本。第二次世界大戰末期，重為蘇聯軍隊所據，直至1954年蘇軍撤退。四分之三世紀裡數易其手，超過三分之二的時間為列強據有。

省受災最重的十五個州縣災民總數即接近兩百萬人之多。

水災發生後，清廷對舉辦堵決工程（即當時各類文獻中頻繁提到的"鄭工"）高度重視，對工程負責大員的懲處力度和調動規模也相當之大。同樣，工程經費方面所需資金巨大。而這，對於極力在中國提升政治影響力和投資廣泛的怡和來說，無疑是個好機會。消息靈通的怡和洋行開始積極尋找機會，就清政府所需巨額資金與其他外資公司展開競爭。

在法國、德國以及本國的匯豐銀行等強大競爭對手中，怡和視匯豐銀行為具有威脅性的競爭者。因為它與怡和不一樣，無需求助於倫敦就能在中國籌集資金，並且與怡和的強項一樣，它與歐洲一些工程和製造商的聯繫相當密切，因而成為怡和的重點防備對象。

1887年黃河特大水災發生，"鄭工借款"傳言四起，各種消息從接近權力中心的北京和天津向怡和上海分行及香港總部彙集。門德爾匯報說清朝中央和地方的銀庫已無法滿足需求；宓吉則電告"大臣們已提出一筆由皇上降旨，以關稅作保償還的六百萬兩的借款，並徵詢貸款的條件"。①

在這種背景之下，怡和與倫敦的馬地臣公司就貸款的利率、匯率及發債方式進行了密切溝通。然而，1888年2月，身在天津的宓吉連續向上海的 J·J·凱瑟克報告，河道總督成孚已籌款200萬兩作為救災和重建工程款，半數來自匯豐銀行，其餘來源不明，因而他認為未必還有另一筆600萬兩的借款。

事實上，正如宓吉所打探到的，早在1887年10月，第一次鄭工借款已經進行。在清朝戶部財用匱乏、各省協款不濟的情況下，為應急向匯豐銀行以週息

---

① 勒費窩著，陳曾年、樂嘉書譯：怡和洋行——1842-1895年在華活動概述，上海社會科學院出版社，1986，82頁。

7厘借款96.05萬兩，是為第一次鄭工借款。^①1888年5月，清政府因用款不敷，再向匯豐銀行以週息7厘借款100萬兩，即第二次鄭工借款。此時的匯豐在總經理昃臣的率領下，已經成為亞洲最知名的銀行，在中國外資銀行中的老大地位也早已確立，並且已成為清政府對外借款的主要提供者。

門德爾就治理黃河的相關規劃，與李鴻章手下進行了多次會談。美國旗昌洋行和法國辛迪加也都在頻繁地造訪李鴻章及其衙門。在這種情況下怡和洋行開始與匯豐合作。J‧J‧凱瑟克在1888年8月30日致信香港總部的麥格雷戈稱，已 "與匯豐銀行一起對工程的執行部分保持接觸，以便將法國辛迪加排除在外，並且防止匯豐銀行越過我們直接去找倫敦的工程師和承包商"。

此後，怡和洋行的卡曾斯、毛里遜等繼續走訪李鴻章和親往決口所在地訪問河督，推銷怡和的治河計劃。不過，由於怡和的規劃方案要求獲取管理權，遭到了李鴻章及河督婉拒。

怡和的治河計劃被束之高閣。不過，怡和並非一無所獲，譬如堵住決口的水泥，部分便是通過怡和所訂購。

09 "太后的機密財務官"

我們看到，怡和洋行在與中國打交道的核心人物中，有權勢的李鴻章、左宗棠、劉銘傳等地方封疆大吏，佔據着重要位置。然而，深諳中國政治文化和官場之道的怡和知道，權力的最終源頭，必須到朝廷之上和宮廷之內才能找到。

為此，怡和洋行在密切注視中央朝廷權力變化的同時，沒有放棄窺視宮廷

---

① 許毅等：清代外債史論，中國財政經濟出版社，北京，1996，657頁。

內的動向。這方面，怡和在北京和天津極其活躍的代理人宓吉，經過多年來不斷努力斬獲不小。①

　　往返於京、津之間，經營怡和洋行設於兩地的通源錢莊、主編兩家天津報紙的宓吉，謀求在宮廷內獲得影響的手段，除了結交和打點相關人員、建立起個人的關係網絡外，主要便是借錢給內務府的各司、院。

　　清代內務府是宮廷專為服侍皇室而設，內務府的經費來源，主要來自"部庫"的皇室經費、鹽業和権關收入、貢品、沒收、罰贖、捐納，以及恩賞、借貸營運"生息銀兩"等內務府的商業活動。

　　宓吉主要通過怡和洋行的通源錢莊與內務府官員聯繫。1870年在京津兩地成立的通源錢莊，以小額貸款有組織地借給商界和政界人士，是一個與官場聯繫的媒介和潤滑器。1884年以前的歷次貸款談判，使宓吉與北京的官員有了初步接觸，並為以後的宮廷借款打下了基礎。怡和上海經理 J‧J‧凱瑟克在1886年9月的一封信中寫道："我們的特別代理人宓吉先生直到現在仍然在北京聯繫有關內務府的貸款事項。他們之間的特殊銀錢關係存在已久。"

　　不會講中文的宓吉，物色了一位陳姓翻譯，以方便與北京官場聯絡和往來。逐漸地，宓吉和陳姓翻譯與內務府的一些中下層官員建立了良好關係。雖然未能與內務府的高層打通關節，但宓吉覺得自己走的"中下層路線"也不錯。他甚至建議怡和洋行與內務府各司、院來往，而不是直接同"總管大臣"打交道；在放貸時應該同意各司、院的印章作擔保，而不一定要所謂的"府堂官印"。因為內務府所屬司、院印章擔保的放貸，不僅可靠性無須懷疑，且不會引起人們的注意，既可起到保密作用，又能打開許多官府大門。

---

① 參見勒費窩著，陳曾年、樂嘉書譯：怡和洋行——1842-1895年在華活動概述，上海社會科學院出版社，1986，89-99頁。

　　宓吉強調，一旦加蓋內務府官印，很容易引起人們注意，使總管大臣成為被攻擊的目標，很顯然中國不能容忍外國洋行的觸角伸向宮廷、影響宮廷。

　　克錫當然知道權力的源頭所在和風險所在。他同意小額貸款可以接受司、院的印章，但大額貸款必須由內務府簽押方可。

　　一般情況下，怡和洋行貸給內務府的款項金額較小，每次通常為20萬兩，因此無須倫敦的馬地臣公司同意或支持。

　　1886年7月，宓吉同內務府所屬司、院做成了六筆小額貸款。他強調這種關係的價值："除貸款業務外，我認為重要的是必須在北京保持一個陣地，因為這是暗底下觀察滿人動向的一種最合適的方式。"

　　宓吉的想法沒錯，維繫了一種關係，就等於打開了一扇門，可以廣泛知道北京官場及競爭對手們的種種動向。既然宮廷內部的高層人士不易靠近，那麼維繫與中低層官員的關係未嘗不是一種好的辦法。況且，北京的對外貿易雖然不大，但"天子腳下"的地位日益重要。1885年和1886年，匯豐銀行和法蘭西銀行先後在北京設置分支機構，使得外資機構在北京的競爭更加激烈。

　　宓吉遇到的最強大的對手，正是同樣諳熟中國官僚政治之道的匯豐。隨着匯豐北京分行的設立，其北京分行會說漢語的熙禮爾（Guy Hillier）顯然比宓吉更具優勢。而且，匯豐北京分行已經開始對內務府展開公關。

　　不僅如此，利息過高的神機營借款事件讓宓吉幾乎下不了台。1886年1月，清政府要求延期支付神機營借款年息一分的利息15萬兩。經談判，宓吉與神機營很快達成協議，全部借款利息結至1885年10月31日，此後全部借款包括前欠15萬兩在內按季付款。宓吉認為這次延期付息是旗昌洋行和匯豐銀行人士所為，企圖使清廷高層官員相信，中國方面已付出過高代價，以此敗壞怡和的名聲。宓吉在憤怒之餘，想法平息了各種聲音，並取得內務府的信任。

不久，宓吉安排了一筆年息10厘的50萬兩貸款。在1886年9月的一封信中，宓吉寫道："鬥爭是劇烈的，至今可能尚未結束，我們只得採用傳統的辦法向官員們支付佣金。"50萬兩貸款已由內務府廣儲司蓋印，並由"六位大臣簽押"作保。雖然這只是廣儲司的印章，而不是內務府的官印，但宓吉認為它具有同等效力。

在把內務府廣儲司所出債票送往天津並存入怡和洋行的保險箱之後，宓吉祝賀克錫已把怡和洋行確立為"太后的機密財務官"，祝賀他成為向皇室的一個部門出借金額最多的私營公司的領導人。

不過，克錫依然堅持，其他大額貸款必須見到內務府的官印。

通過宓吉的活動，克錫見到了一些"歐洲人無法接近"的清朝上層人物，並且得到許多承包開發合同的許諾，包括一項鐵路建築的巨額借款合同。看來，這些正是清朝官員們對怡和長期以來提供小額貸款的"回報"。

然而，克錫不久又開始對風險和虧損感到焦慮："我急於想從宓吉那裡知道，所有這些放款是否還要繼續下去，而他所期望的若干大額貸款是否有可能成功……在所有這些交易中，必須毫無風險才行！"

1888年，宓吉為了取悅於內務府官員，又做了幾筆由次要印章作保的小額貸款。同時，建議怡和洋行對催促內務府盡快歸還90萬兩貸款一事，只能施加輕微的壓力，不然會適得其反。宓吉強調，同怡和洋行與清朝皇室保持密切關係所取得的最終利益相比，這點金錢實在算不了什麼。因為中國亟待發展，中央官員的排外主張正在發生變化，洋務派官員即將展開大規模的改革。在即將到來的經濟大變革中，怡和無疑將大獲其利。

但是，隨着時間的推移，清朝宮廷中並無示惠於怡和的具體表示，清朝洋務派的改革高潮也遲遲不見到來。克錫又開始寫信給宓吉，告訴他上海方面需要資金，敦促他力催內務府採取行動或歸還貸款。

這時，匯豐銀行轉來的一封滿族人來信更使克錫感到不安。來信指責宓吉的陳姓翻譯兼助理以偽印提供內務府借款擔保。1888年6月14日，克錫致信宓吉，強烈要求他"竭盡所能將我們的貸款放在正常的基礎之上"。

宓吉辯稱，中國自有它的國情。內務府的交易是一種私人合約和私人交情相結合的產物，不能硬把它納入到西方商業程序的狹隘渠道中。

克錫堅持說，怡和洋行從來不打算花錢去冒險追求不可捉摸的利益。過期未還的貸款已有44.5萬兩，內務府各司、院應立即歸還，而那些由司院以下部門蓋章的債票，必須全部還清，或用較高一級的印章以年息一分二厘或不低於年息一分的利率轉期。

宓吉抗議道，這些要求會被內務府有關司、院官員認為是強制性的，很可能會敗壞怡和洋行在宮廷裡的名聲。

1888年8月，趁曾經經手內務府債務的恩佑陞遷，克錫認為清償債款或以更高一級印章進行利率轉期的機會來臨。他立即要求宓吉及其助手門德爾抓住機會趕緊處理。克錫告誡說，怡和洋行寧願放棄那種依賴官員許諾而帶來的盼望中的派生利益，而不宜冒險投入大量有用的資金。

對此，宓吉憤怒不已。他對恩佑及其他官員說，怡和洋行已經威脅要對那些無條件期票拒絕履行義務，除非接受一種重新清理這些借款的取代辦法。門德爾在1888年10月12日的一封信中描述官員當時的反應是："感到憤慨"和對怡和的意圖"深表懷疑"。

宓吉的結局可想而知，一星期內便被怡和洋行解職，由斯賓士接任。斯賓士奉命從天津趕往北京，以扭轉"宓吉放任自流所造成的絕望局面"。

斯賓士立即果斷採取"手術"：首先將陳姓翻譯撤換，隨後將已經不被戶部和內務府官員信任的"通源錢莊"改為"怡和錢莊",並向官員們保證原先的期票仍然有效,同時保證怡和隨時準備滿足他們目前和今後的需要。

接替克錫(1874-1886年在任[①])擔任怡和大班的約翰・麥格雷戈(John Macgregor, 1886-1893年在任)上台後,怡和與內務府官員打交道時更加謹慎,特別是怡和已經看出內務府在左右清朝政策方面的權力實際有限。不過,從1889年到1890年代初期,怡和依然與內務府保持着密切聯繫。因為內務府和戶部的關係,很可能是達成大額交易的關鍵。

怡和洋行告訴內務府和戶部官員,怡和願意承做有皇上諭旨作保的貸款。因為這種貸款不僅可以提高經紀人的聲譽,而且對海關稅收可以提出無可爭辯的留置權。怡和尤其希望提供包括鐵路建設和大型工程計劃方面的貸款,因為這些貸款仍然被視為一種可影響朝廷高層決策的手段。

斯賓士改變宓吉只與內務府中下層官員來往的辦法似乎已經奏效,他與內務府總管大臣福錕等人的關係已經日益密切。福錕等內務府高官開始成為怡和獲取清朝情報的一個重要渠道,同時幫助怡和弄清了一些北京官場中曖昧不明的關係。譬如:怡和曾極力"公關"的曾紀澤已不居於制定國家政策的地位;醇親王被證實是具有決定權的人物;包括"洋務派"在內的許多官員都反對李鴻章及其追隨者⋯⋯

這些機密消息,使怡和能及時掌握清朝官僚政治內部的派系之爭,知道誰正處在權力的核心,誰已經退居權力的邊緣,怡和在與各種勢力交往時便能及時對症下藥。

---

① 克錫1886年卸任,回到倫敦後成為馬地臣行的合伙人,實際負責該行事務。

1. 1830年代倫敦金融中心倫巴第街，馬地臣行（前身為麥尼克·斯密斯行和麥尼克·渣甸行）坐落於此。
2. 1880年代怡和在汕頭發行的銀票。
3. 清朝總管內務府印。為獲取各種利益，怡和多次貸款予內務府。

1. 諫當保險公司發行的股票。
2. 怡和火險公司徽章。
3. 怡和"大班合影"。中為凱瑟克家族怡和第二代的亨利·凱瑟克（1870-1928），其膝上、右前方的小孩分別為日後的怡和大班約翰·凱瑟克和威廉·江斯同·凱瑟克，最右邊為1918年擔任怡和大班的約翰·江斯同。

第十章

工貿制勝

我們（怡和）從中國出口產品到世界各地，除了福建傳統的茶葉業務依然很重要之外，還包括種子、毛皮、絲綢、植物油和雞蛋等產品，它們並有工廠相配合：在上海，有一個繅絲廠，一個打包廠，兩個冷藏及蛋品加工供歐洲市場的冷氣堆棧，數個棉紡織廠。機緣巧合，還有一個頗為成功的啤酒廠。

—（英）約翰·凱瑟克

從1870年代實現全面轉型，經過半個世紀的經營，怡和洋行的業務像章魚的爪，伸向了航運、碼頭、倉儲、鐵路、金融、保險、製糖、繅絲、棉紗、機器、軍火等眾多領域。在建立起一張無所不包的貿易網絡的同時，還建立了多種不同類型的公司和工廠，成為英國在遠東強大的寓貿易、工業於一體的多元化集團。

進出口貿易是怡和洋行的發家業務，也是它的看家本領。即使怡和在中日甲午戰爭之後建立起門類多樣的工廠，其工業投資的步伐也始終是跟隨着貿易步伐展開的。但就像當年的鴉片貿易一樣，在1858年清政府承認其合法之前，依然明中暗裡大肆經營，並不按條約和法律行事，怡和在1895年外商投資設廠權獲得合法地位之前，一些工廠也已經在中國沿海的一些城市建立起來。

01 世紀之變：從合夥制到股份公司

從19世紀30年代正式成立，到六七十年代順利轉型（在這次轉型時，與其同樣知名的大企業寶順洋行倒閉），再到安然渡過1890-1893年世界經濟危機（在這次危機中，鴉片戰爭前誕生的旗昌洋行破產），怡和洋行在多元化的道路上愈做愈大。當中國從鴉片戰爭、中法戰爭、中日甲午戰爭的失敗中一步步走到衰弱的世紀盡頭，怡和則是相當順利地走過了19世紀。

當滿載怡和進出口商品的輪船駛向中國的各個口岸和世界各地時，它的工廠廠房也在香港、上海等地大肆興建之中。由於中日甲午戰後簽訂的《馬關條約》規定"日本臣民可在中國開設工廠，從事工業和各種製造業"，在各國享有最惠國待遇下，怡和洋行的絲廠和紗廠開始合法地在上海陸續興建；鐵路修築方面，則因在英國政府的強力支持下與匯豐聯合成立中英公司而具備了強大的競爭力；

在航運方面，怡和的船隊繼續在長江航線和沿海多條航線上充當要角。

與此同時，怡和開始在房地產界崛起。揭開了此後長期執香港地產牛耳的序幕。中環填海也正在如火如荼地進行之中。

在1898年英國強迫清政府簽訂不平等的《展拓香港界址專條》後，從中國強行租借來的新界近1000平方公里土地，為香港提供了龐大的經濟發展空間和勞動力市場。在香港新版圖確立後，怡和開始了新的擴張。在新世紀即將到來的1899年，怡和創辦了香港棉紡織染公司，[1]在銅鑼灣擁有一個55000錠和700名員工的大紡織廠；建在東角寶靈頓道的中華火車糖局，使用先進技術和最新的機器經營蔗糖精製加工，在經過20多年的發展後，此時已是世界最大糖廠之一；香港黃埔船塢公司和以製冰和冷藏著稱的香港雪廠，其業務也都在進一步擴展中，前者在1899年建造的船舶達到21艘，1900年僱工人數多達4510人；後者則在1900年修築了一系列冷庫，銷售的優質冰塊獨步亞洲。

怡和洋行所經營的進出口商品更是無所不包。出口方面，怡和洋行設有茶葉部、生絲部、中國土產品出口部。怡和洋行自稱，其出口的中國產品網羅了從寒冷的華北，到暖和的南方所產的各種適合市場銷售的土特產。進口方面，怡和洋行運到中國來銷售的商品，幾乎無所不包。

當新的世紀以義和團運動和八國聯軍侵華揭開中國的序幕時，怡和洋行除了其北京分部員工稍受驚嚇外，並沒有受到什麼損失。當《辛丑條約》簽訂後中國主權大量喪失、巨額賠款償付、國家尊嚴喪失殆盡時，怡和的業務則在進一步發展壯大，從進出口貿易到工業、地產、金融保險、航運、鐵路等等，形成為一個業務龐大的多元化企業集團。

---

① 公司使用新的技術和機器生產，開業後一度發展良好，後因競爭激烈，1914年工廠遷往上海。

　　1905年，怡和創辦人渣甸的最後一位侄子加律治去世。加律治是渣甸的幾個侄子中惟一結婚有後代者。加律治去世後，公司的所有權與絕大多數股份由其37歲的兒子羅伯特·布恰南—渣甸繼承，羅伯特既對包括中國在內的東方一無所知，也對經營企業毫無興趣，因此雖然他對公司的重大政策及高層人事具有最終決策權，但他對公司的掌控只是掛名而已。

　　1906年11月，怡和洋行的法律地位發生重大變化，由原先的合夥公司轉變為股份有限公司，合夥人一變而為董事。克錫、威廉·渣甸·格里森、亨利·凱瑟克、蘭杜（David Landale）、羅伯特·布恰南—渣甸等，成為新股份公司的董事。

　　1908年，倫敦的馬地臣公司追隨怡和洋行的腳步，也改組為股份有限公司。

　　20世紀之初，馬地臣公司的合夥人中已經不再有馬地臣家族的成員，但馬地臣家族仍然握有重要股份。1912年，怡和買下馬地臣家族持有的股權，成為最大控股人，其餘股份則歸凱瑟克家族所有。

　　1912年3月9日，凱瑟克家族中首位擔任怡和大班的克錫在香港去世。就在他過世前夕，怡和大班蘭杜[①]在怡和股東大會上宣佈：未來常務董事將定居上海，上海分行將取代香港成為怡和總部。曾在蘇格蘭皇家銀行和東印度特許銀行工作多年、1890年加入怡和洋行的蘭杜，1902年成為怡和洋行的合夥人，十年後晉升為怡和大班。在清朝覆亡進入中華民國之際，怡和迎來了它的新掌門人。

---

① 現今香港灣仔有"蘭杜街"（Landale Street），即以蘭杜的名字命名。

02 怡和大班蘭杜的上海歲月

蘭杜是在一場金融風暴過後就任怡和大班、並將總部從香港移至上海的。這場風暴，就是中國金融史上著名的"橡皮風潮"。

1910年爆發的這場金融風暴，規模之大、影響之深，較使"紅頂商人"胡雪巖和著名買辦、企業家徐潤破產的1883年上海金融風潮有過之而無不及。

風潮爆發的直接原因，是上海商界和金融界參與了國際資本的橡膠投機活動。時人將"橡膠"稱作"橡皮"，因而此次風潮又稱"橡皮風潮"。風潮迅速波及富庶的江浙地區以及長江流域、東南沿海的大城市，清朝經濟受到重創，破產的商號和企業不計其數。據相關統計，華商在上海和倫敦兩地股市損失的資金在4000萬至4500萬兩白銀之間。

事實上，從1909年起，這場巨大的金融風潮已經在上海灘醞釀。1909-1910年間，隨着歐美新興汽車工業的快速發展，國際市場對橡膠的需求激增，橡膠股票隨之水漲船高。國際金融資本紛紛在適合橡膠生長的南洋地區設立橡膠公司，其中約三分之一的公司總部設在上海。

面對國際市場對橡膠需求的這種變化和價格增長情況，上海的外資公司當然不會視而不見。身為上海外商總會會長的蘭杜抓住機會，投機炒作橡膠類股票，同時在爪哇開設公司，積極置身於投機熱潮之中。

從1909年開始，到上海來招募股份、發售股票的外國橡膠公司迅速增加，股票交易日益熾熱。搶購狂潮讓很多人一夜暴富，更加激起人們的投機慾望，甚至一些完全沒有股票交易經驗和"不知橡皮為何物者"，也爭先恐後地加入到了購買橡膠股票的行列中。

暴利的誘惑和貪婪的本性讓投資者失去了理智，金融機構也深陷其中。

錢莊、銀號、票號紛紛向投機者提供貸款。除信用貸款外，他們甚至讓投機者用橡膠股票作抵押，獲得新的貸款再去購買新股票。抵押的股票不斷升值，錢莊的貸款不斷放大，因此，錢莊加快了向外資銀行拆款的速度。在強大資金的支持下，上海橡膠股票投機風潮愈演愈烈。不僅如此，錢莊的巨額資金還直接流入股市。一些錢莊不僅傾其家資購買橡膠股票，同時利用錢莊莊主身份，調用大量資金套購橡膠股票，甚至不惜向外資銀行和洋行借貸，進行橡膠股票投機。這還不夠，更從素有往來的同行調劑頭寸。

據相關統計，在買賣高潮中，橡膠股票的投資總額約為6000萬兩。其中，中國人的投資額約佔70%至80%。一些國人在上海搶購的同時，更調集資金遠赴倫敦。市面上的流動資金短缺，尤其是錢莊的流動資金幾乎被橡膠股票吸納殆盡。

就在人們如癡如醉之時，世界橡膠的最大僱主美國實行橡膠限制消費政策，其他國家也因價格過高而控制使用，國際橡膠價格開始迅速跌落，上海橡膠股票隨之狂跌。上海的錢莊損失慘重。

而這時，與1883年上海金融風潮相似的一幕又開始重演：向這些錢莊提供貸款的外資銀行停止拆款，並"忙於催索貸款"，錢莊資金枯竭，正元、謙餘、兆康等八大錢莊在幾天的時間內全部倒閉。隨着清政府救市政策失敗，大批錢莊和企業相繼破產。

不過，蘭杜本人已經在賺足一筆後及時從"橡皮風潮"中抽身。從怡和1911-1912年的收益看來，怡和也同樣顯示已及時抽身。統計顯示，1907-1908年，怡和的收益是80萬港元，1908-1909年翻了一倍達到170萬港元；1910-1911年既無盈餘亦無虧損。1911-1914年間，怡和的利潤介於80-120萬港元之間。

就在蘭杜升任怡和大班前後，中國的政局和東方的政治格局也在發生着劇烈變化。

　　1911年10月10日，武昌起義的槍聲響起。1912年1月1日，中華民國在南京宣告成立，由從海外回來的孫中山出任臨時大總統。然而，被清廷任命為總理大臣、主管軍務的袁世凱，在幾個翻雲覆雨的動作之後，擺平了北平的清廷和孫中山的南京臨時政府。1912年2月12日，清朝末代皇帝溥儀退位；13日，孫中山辭去中華民國臨時大總統；3月10日，袁世凱在北平就任中華民國臨時大總統，繼而一步步朝着專制獨裁的方向邁進：破壞責任內閣、鎮壓國民黨、強迫國會選舉其為正式大總統，進而解散國會、廢除《臨時約法》，直至將1916年定為"洪憲元年"，就任中華帝國"洪憲"皇帝。

　　對怡和而言，儘管中國的政局在發生急劇的變化，儘管隨着日本在1904-1905年日俄戰爭中首次作為一個亞洲國家擊敗了歐洲強國，但東亞的政局變化並沒有對怡和產生太大影響。即使在袁世凱大做皇帝夢的過程中，日本強迫袁世凱簽訂幾乎把中國變為日本保護國的"二十一條"，也沒有對怡和的商業利益直接形成威脅，來自日本企業的競爭壓力要到多年以後怡和才感受得到。

　　對怡和來說，中國最大的商業城市上海具有特殊的重要性，怡和在這裡擁有龐大的產業，並從這裡指揮着怡和各地的分行。上海租界的存在，可以使其享受特權保護。

　　在度過一段相對平凡的歲月後，1914年第一次世界大戰爆發，怡和開始迎來暴利時代。怡和從中國搜購豬鬃、羊毛、棉花、大豆、油脂等大量戰略物資運往英國，並且隨着戰爭的繼續，怡和進一步拓展了一些具有重要戰略價值的商品。此外，作為軍火代理商，怡和在大戰期間更是狠狠地賺了一筆。

　　龐大的市場需求，使怡和獲得了前所未有的利潤，財務表現極為出色：1915-1916年達到530萬港元，1916-1917年為450萬港元。接下來的3年裡，平均每年也有310萬港元。而如此亮麗的業績,要到第二次世界大戰爆發後才再次出現。

蘭杜帶領怡和走過了怡和洋行歷史上財務最出色的年代。在出任大班6年後,1918年,蘭杜光榮交班,由渣甸姐姐的後代凱瑟克家族繼續怡和的事業。

03 雙喜臨門:1922年的怡和

雖然中國不似印度等國家一度被西方列強所統治,但自鴉片戰爭後一個甲子的時間裡,中國的主權受到了一次比一次更大的損害,虛弱的清政府在內外交困中走向覆亡。進入民國時期,形式不同的"條約港口"、租界、租借地和列強的勢力範圍依然遍佈各地。

在上海公共租界,工部局①擔任着租界內政府的角色,享有向中外居民徵稅和維持治安的權力。它由一個以英國人為主的董事會領導,一直到日本全面侵華,英國人始終擁有工部局的絕對控制權。

商業從來與政治權力相連。怡和勢力的強大,不僅表現在其商業上的王者地位,也反映在對當地政治的參與。在香港,自1850年6月大衛·渣甸成為香港立法委員會非官方委員開始,怡和大班在港英政府時代成為香港立法和行政委員會(立法局和行政局)成員幾乎成為一種慣例。在上海,怡和的成員也同樣積極參與管理工部局事務。

正如1929年加入上海怡和洋行、日後成為怡和大班的約翰·凱瑟克所説:"怡和站在商業活動的最前線。在公共事務領域,怡和的人也一直扮演領導角

---

① 1943年,汪精衛政府接收上海公共租界,工部局不復存在。

色。我的祖父、叔祖、父親及兄長全都擔任過上海工部局總董,怡和在香港的負責人也常常出任行政局和立法局議員。"

不僅如此,怡和在上海公共事務及商業活動的重要性,因巴爾敦(Sidney Barton, 1876-1946)1922年出任英國駐上海總領事而得到更大提升。

1895年就來到北京的巴爾敦,在1904年與怡和洋行合夥人麥克艾恩(A.P. MacEwen)之女結婚。1911-1922年,出任英國駐北京使館的漢務參贊。巴爾敦長期與中國外交機構打交道,在英國使館中發揮了重要作用。他被當時倫敦《泰晤士報》駐華通訊記者莫里循(G. E. Morrison)形容為"受制於老婆的思想狹隘的"巴爾敦,對華主張採取強硬路線,與怡和洋行的傳統頗為合拍。美國歷史學家費維愷(Albert Feuerwerker)在《劍橋中華民國史》中,稱他"是一個精力充沛、不管具體情況的英國利益的捍衛者,主張採取強硬的措施,這使他受到在華的英國社會的鍾愛,但他不得不與之打交道的中國人卻不喜歡他"。

工部局常被稱為是"大班寡頭政治",但其每年納稅人會議的決定依然要得到上海的領事使團和北京的外交使團批准。工部局與領事使團及外交使團的摩擦屢見不鮮,有時甚至是公開衝突。作為"上海灘最有權力的人",巴爾敦任英國駐上海總領事直到1929年,這對怡和的發展自然是增加了便利。

對怡和而言,1922年的喜事不只是在政治上多了一重靠山,而且位於上海外灘的新大樓橫空出世。

這是怡和在上海灘的第三棟大樓。1844年,怡和在上海外灘租下一塊地皮,建起一幢英國鄉村式的二層小樓。19世紀60年代,上海經濟快速發展,重要性日增,外灘的建築物開始更新換代。1861年,怡和將舊樓翻新。翻建後的新樓雖然也是一幢二層磚木結構建築,但已成為外灘當時最大的一幢建築物。

進入20世紀後，外灘新一輪舊樓擴建工程陸續啟動，並最終奠定了今天外灘建築輪廓的大致面貌。新的怡和洋行大樓始建於1920年，竣工於1922年11月。樓高五層的新大樓進一步提升了怡和洋行在上海灘的形象。[①]

值得一提的是，與上海新怡和大樓竣工的同月（1922年11月），上海公共租界工部局新大樓也正式竣工。

04 無所不包的進出口貿易

進出口貿易是怡和洋行的看家買賣。以資金足、實力大和擁有強大運輸能力著稱的怡和洋行，其內部不僅設有進口部、出口部等業務部門，還建有倉庫、碼頭及產品加工廠和打包廠等。隨着實力增強，怡和除了在南方的主要茶絲貿易中佔據主要位置外，還控制了中國主要的山貨、土貨及農副產品收購、販運、銷售等出口貿易全過程。

在出口商品方面，茶和絲一直是怡和引以為傲的兩大出口商品。從景色如畫的老福州和美麗的台灣島，以及繁忙的上海灘，遠洋貨輪周而復始地裝載着怡和洋行貴重的茶箱。這些印有祁門、烏龍等標記的茶箱，源源不斷地運往倫敦和歐美大陸。怡和作為全球最大私人茶商之一，它所僱傭的"品茶專家"薪金之高在業界有名。同樣，一百年來怡和從上海裝運生絲，持續運往西方世

---

① 太平洋戰爭爆發後，怡和洋行大樓被日本三井洋行佔用，1946年始恢復營業。1955年以後，大樓由上海外貿管理局及下屬公司使用（該樓因此又稱"外貿大樓"）。1983年，在第五層上方原有的平台上，拆除穹頂，加高至七層，改變了大樓頂部的原有風格。2007年，全球頂級百貨公司——美國薩克斯第五大道百貨公司宣佈，選擇此大樓為中國的旗艦店。入駐前，斥巨資進行內部整修，以恢復大樓當年的歷史風貌，重現其在舊上海的輝煌。

界,它的生絲檢查員具有熟練的技術,同樣聞名於業界。

此外,怡和專門成立有土產部。多年來,怡和在中國各地遍設堆棧,收集土特產品。為保證出口貨物的質量和規格,怡和在上海、天津、青島、漢口和香港等地修建了大規模的貨棧。來自北方的羊毛、毛皮和南方地區的桐油、茴香、肉桂、生薑等,以及來自廣大農村的植物油、蛋製品和豬鬃等,對這些商品的加工和銷售,怡和有着豐富經驗。

在進口商品方面,大宗的進口貿易多半通過香港和上海,同時怡和的所有分行均代理進口業務。就進口部經營的商品範圍而言,木材、食品、紡織品、醫藥、化肥、葡萄酒、女性化妝品、機械設備、軍火,無所不包。

隨着工廠的建立、鐵路的修築、礦山的開採,機器五金的進口連年增加。怡和洋行的一些分行很早便設立了機器部,專門辦理軍火、機器和五金進口。1923年,怡和洋行原有的內設機構已經不能適應其業務發展的需要,於是把旗下的工程業務組成一家獨立的公司──怡和機器有限公司。總部設在上海的怡和機器有限公司,擁有包括杜邦財閥在內的英、美數十家大型製造商產品的經銷專利權。

從20世紀開始,怡和洋行便經常從國外各地向中國進口木材,包括澳大利亞的硬木、美國的阿利崗松和曼谷的麻栗木。它和滬寧鐵路訂有長期包銷合同,供應鐵路枕木及路面硬木。同時,怡和在上海楊樹浦設有製材廠,在漢口、牛莊、鎮江、南京等地設立分廠,對進口木材進行加工。

1920年,怡和洋行在上海楊樹浦設立冷氣堆棧,經營蛋粉和冰蛋的加工和出口,並兼營其他冷藏和食品加工,其生產的大量精製蛋品遠銷海外。

怡和經營的進出口貿易,很多具有"一條龍"性質,如其所經營的絲棉貿易,不僅有專門的收購部門,也有專門的工廠,更有專門的打包公司。1919年在上海獨立經營的怡和打包公司（EWO Press Packing Company），坐落在交通便利的蘇州河口，經營範圍包括原棉、棉紗、廢絲、羊毛、皮革，及其他適合裝運和貯藏的商品的包裝。除提供打包設備之外，怡和同時還設有光線充足和通風良好的廠房，為各種規格的貨物包裝、供各種型號的貨物貯存。

05 門類眾多的工廠

　　1930年，怡和洋行總部重新回到香港。在香港商界，怡和有着巨大影響力。怡和輪船公司總部設在香港，香港置地股份有限公司、香港一九龍碼頭貨棧有限公司、天星輪渡有限公司和香港電車有限公司等各董事會的主席，均由怡和大班兼任。

　　上海作為中國最大的商業城市，雖然怡和已將其總部移往香港，但重要性並沒有降低。怡和在上海和香港各有不同領域的子公司和持股公司。在上海，主要以輕工業、鋼鐵等工業投資為主；在香港，則以航運、保險等流通服務部門為主。

　　在廣泛經營進出口貿易的同時，怡和洋行設立了航運、碼頭、製糖、繅絲、棉紡、釀酒、機器等多種類型的公司和工廠。據筆者不完全統計，自1870年代以後的半個世紀裡，怡和僅在香港和上海設立的工廠便達20多個（見表10-1）。

　　與進出口貿易相伴而生，怡和的輪船公司和碼頭的擴張，銀行保險業的不斷發展，同時它的很多工廠也同樣是圍繞着貿易而興起的，如絲廠、紗廠、打包廠、糖廠等等。其中，值得一提的是，怡和在民國政府時期頗有名氣的上海啤酒廠，卻是因為德國人買了怡和的茶葉還不起款而抵押過來的。

　　對此，約翰·凱瑟克回憶道：1930年代初，怡和向德國人銷售了大量茶葉。但是，由於大蕭條時代的通貨膨脹，德國人無法還款，而是以啤酒廠代之。怡和接手後，在德國啤酒釀造師的經營下，怡和啤酒逐漸聞名東方。

06 作為紡織業巨頭的怡和

在怡和開設的各類工廠中，紡織廠格外引人注目。外國企業在中國設立的紡織廠中，怡和成立最早、做得最大。從怡和在上海開設的絲廠和紗廠，可見其實力之一斑。

怡和紡絲局的開與關

怡和在上海絲織業方面的最初篇章，可追溯到1860年代初怡和紡絲局的設立。

1859年，怡和洋行聘請英國商人約翰‧梅傑來上海試辦紡絲局。將機器繅絲廠設在上海並非怡和的初衷，它原本想在江浙養蠶區設立機器繅絲廠，在未獲當地政府批准後，怡和憑借條約制度的庇護，將繅絲廠設在了與長江三角洲養蠶區有水運之便的上海租界。

經過兩年努力，1861年，以蒸汽為動力的近代繅絲廠──怡和紡絲局建成投產。繅絲設備購自法國和意大利，以機器繅出的絲（俗稱廠絲）取代了土法繅絲（俗稱土絲）。

在試辦了10年後，怡和紡絲局因原料供應及儲繭設備未如人意，無法維持常年生產，1870年工廠關門。[1]

---

① 由於中國的手工繅絲質量粗糙，在世界市場上受到冷遇，在一定程度上迫使中國採用西法繅絲。1895年上海的繅絲廠大部分原料供應是由代理人到產區購買新鮮蠶繭，在外國人的監督下就地烘乾後打包運滬。但是在1894年，中國機器繅絲產量尚不到中國絲業的1/10。

表10-1：怡和洋行香港和上海部分工業投資一覽

名稱	成立時間	設立城市	備註
香港黃埔船塢公司	1863年	香港	怡和參與創辦，1866年成為有限公司時，怡和大班惠代爾出任董事長
香港中華火車糖局	1878年	香港	設立時資金60萬港元，1894年增至200萬港元
香港雪廠	1879年	香港	製冰和冷藏
上海新閘怡和絲廠	1882年	上海	設立時資金50萬兩
香港牛奶冰廠有限公司	1887年	香港	設立時資金225萬港元
上海怡和絲頭廠	1888年	上海	專營廢絲的清理加工
上海怡和紗廠	1895年	上海	1921年合併
香港棉紡織印染公司	1897年	香港	1913年遷往上海
上海怡和製材廠	1905年	上海	合資開設，為滬寧鐵路等加工枕木
怡和打包公司	1907年	上海	與華商合辦
怡和打包公司	1919年	上海	由怡和獨辦
上海公益紗廠	1910年	上海	1910年由華商創辦，1921年合併
楊樹浦紗廠	1914年	上海	1921年合併
上海怡和冷氣堆棧	1920年	上海	冷藏及蛋品加工
香港冰廠有限公司	1921年	香港	
上海怡和各紗廠有限公司	1921年	上海	合併怡和旗下紗廠而成，資金1100萬兩
怡和機器有限公司	1923年	上海	
上海怡和啤酒有限公司	1936年	上海	資金200萬兩，為當時遠東最大啤酒公司

資料來源：根據公開資料整理。

怡和絲廠的開辦

從1870年代中期開始，國際市場上"廠絲"較"土絲"的價格高出二至五成，面對高額利潤的誘惑，怡和繅絲廠再度籌備上馬。

1882年，怡和在上海新閘設立的絲廠開業，機器設備係全套進口。與先前的怡和紡絲局不同，怡和絲廠吸收華商入股，發揮了中外商人互補互利的實效。生絲的產地在江南，而市場主要在歐洲，華商雖有資金而無直接的海外聯繫。怡和的短處則在於原料難求，華商除了提供部分資金外，更大的作用便在於赴江浙農村收購蠶繭。

上海著名絲商徐鴻逵（字棣山）以怡和絲廠股東身份兼任董事，是怡和絲廠成功的關鍵之一。徐鴻逵既熟悉洋行業務，與洋人關係密切；又有深厚的商業背景，尤其在上海絲界縱橫多年。怡和絲廠的蠶繭收購，主要由徐鴻逵等華商出面解決。

華董在外商企業中所起的作用，有時表現在資本的籌集上，有時表現在與官府的協調上，有時表現在業務的相互關係上。

由於徐鴻逵在絲廠籌建和原料供應上所發揮的特殊作用，他不僅一直擔任怡和絲廠的董事，而且從1895年起兼任怡和紗廠董事，直至去世後，董事席位由其長子徐貫雲繼任。

怡和紗廠的建立

1894年，怡和洋行多次試探在上海開辦紗廠。這年3月初，怡和向外國訂購紡紗機運滬受阻。6月，怡和再次以訂購紡織機為試探，同樣受阻。1895年初，怡和洋行紗機進口上海又連遭南洋大臣張之洞兩次電阻。4月，張之洞作出讓步，允許其紗機運滬，由華商出資購存。

1895年《馬關條約》簽訂，外商覬覦已久的在華投資設廠權正式獲得合法地位。當年就有4家大的外商紗廠招股籌辦，楊樹浦成為紗廠集中地。這些紗廠公開向華人募股，並得到華人的積極響應，怡和紗廠（The Ewo Cotton Spinning & Weaving Co., Ltd.）便是其中的一家（俗稱 "老怡和"）。

怡和洋行接着於1913年又將香港棉紡織印染公司清理後的設備運到上海，創辦了楊樹浦紗廠，額定資本150萬兩，擁有紗錠2萬枚（俗稱 "新怡和"）。

這時，上海的私營棉紡織工廠迎來了快速發展期。不出10年，上海已有不下12家紗廠。其中，包括怡和紗廠在內的外資紗廠4家，華資商辦紗廠5家，中外合資紗廠3家。棉紡織工業潛在的廣闊市場，使紗廠成為上海中外工業投資的熱點。

紗廠整合：滬上最大企業

怡和洋行紡織業的擴張，走的是自身建廠與兼併收購的雙向策略。早在1908年上海華新紗廠拍賣時，怡和洋行便有意兼併，但未成功。後來，怡和洋行兼併公益紗廠。隨後，創立楊樹浦紗廠，同時在原怡和紗廠中設立怡和毛織廠。

1921年，怡和洋行正式成立怡和各紗廠有限公司（EWO Cotton Mills Ltd.），統轄各廠，形成棉、麻、毛紡織綜合企業集團，成為當時英國在上海投資的最大工業企業。公司使用的織機均為當時世界最先進的機器。同時，怡和不斷擴大經營範圍，包括廢棉產品加工、黃麻織品、毛紡品和布匹等。

07 工人罷工與怡和業務

就在怡和的中國業務蓬勃發展之時，中國的民族主義思潮也在廣泛興起。新興工業和企業的快速發展，新的商人階層和產業工人階層的形成，意味着怡和必須面對工人的各種權益要求。受過西方教育或影響的中國新知識分子群體的壯大，政治上覺醒的工商階層和已達數百萬之眾的產業大軍的崛起，強烈渴望擺脫遭受帝國主義欺侮的壓抑，也同樣需要在中國享受着特權的怡和直面相對。

1919年，五四運動爆發。上海工人開始大規模罷工，以響應學生。隨後，工人的罷工運動波及全國各地。民族主義、公眾輿論、群眾遊行開始成為中國政治的新內容。

不僅如此。1921年7月，中國共產黨成立；1923-1924年，中國國民黨改組。兩股政治力量均致力於將國家從帝國主義欺侮和軍閥混戰的雙重苦難中拯救出來，大城市中正在成長的工人階級日益成為運動的"主角"，遊行示威和罷工成為爭取權利的新的表達形式，民族主義則成為一股重要的精神支撐力量。

對怡和來說，雖然其英籍員工依然繼續凌駕於中國人之上，上海公共租界事涉華洋的民事和刑事案件依然被視為工部局附屬機構的會審公廨處理，但對於中國日益高漲的民族主義，不能不感到一些擔憂和沮喪，尤其是1925年的"五卅運動"、1926年的"省港大罷工"，以及1927年漢口等英租界的收回，均發生在上海、香港、廣州和武漢等怡和的重要據點，直接影響其業務發展。[①]在這種背景下，怡和出現連年虧損。1924-1925年，怡和虧損180萬港元；

---

① 香港行政局和上海租界工部局內一直沒有華人代表。1925-1926年運動之後，這一局面得到改變。1926年，周壽臣被任命為香港行政局第一位華人非官守議員；1928年，上海工部局也產生了首位華人董事。

1925-1926年、1926-1927年，分別虧損125萬港元和70萬港元。

在國民革命軍北伐過程中，1927年2月，英國同意放棄漢口和九江租界，雖然怡和洋行對此強烈不滿，認為英國外交部在捍衛國家利益上太過軟弱，但英國外交部實在是迫不得已。事實上，除上海之外，英國大部分在華租界如鎮江、威海衛、廈門等，在隨後兩三年內均交還給了中國。

不僅如此。中國還在很大程度上收回了關稅自主權。1928年7月，國民政府宣佈：已過期的條約和協定將由新的條約和協定取代，尚未過期的條約和協定將根據法律程序予以廢除或重新簽訂。隨後，美國、德國、比利時、意大利、英國、法國和日本先後在一年之內簽訂了新的關稅協定。根據這些協定，各國承認中國的關稅自主，並進而原則上同意放棄領事裁判權。

接踵而至的，是1929年爆發的全球經濟危機。不過，怡和的業務依然興旺，1928-1929年的獲利達到100萬港元，各地分支機構也有所增設，上海租界裡依然是醉生夢死。

08 與張作霖父子的軍火生意

怡和洋行的業務無所不包，其所打交道的高層更是廣涉中央和地方軍政要員。作為大軍火供應商，怡和是英國阿姆斯特朗著名軍火製造商的銷售代理人。在晚清和民國時期中國進口的軍火中，通過怡和之手進口的不在少數。

當年，胡雪巖為左宗棠採辦軍需、特別是西洋新式軍火時，便多得力於怡和的供應；李鴻章雖然以德國軍火為其第一採購對象，但怡和也同樣是其軍火採購的重要一員。進入中華民國時代，其軍火交易，依然是怡和洋行的一項重要業務。其中，奉系軍閥張作霖及其兒子“少帥”張學良也是怡和推銷軍火的重點對象。

張學良與怡和的關係，從他與怡和洋行天津分行買辦梁炎卿家的故事可見一斑。

在晚年回憶自己的人生時，張學良曾特意提起自己"非常喜歡梁九小姐"。張學良說："你也許能知道，天津最有名的梁家，梁家有四位小姐。這個梁老頭是真有意思，他有很講究的大樓，樓上不點電燈，都點油燈。為什麼呢？怕電燈走火。那麼闊氣，沒有汽車。他是天津怡和的買辦，是何東（長期擔任怡和買辦，時為香港最著名的華人──引者）最好的朋友。他有四個小姐，我非常喜歡他的九小姐，他這個九小姐嫁給葉公超的哥哥，自殺死的。"①

張學良所說的"梁九小姐"，正是天津怡和洋行買辦梁炎卿（1852-1938）之女。怡和洋行是天津歷來所有洋行中最大的一家，梁炎卿則是天津歷來所有買辦中最大的一個，在天津素有"買辦之王"之稱。

1870年，18歲的梁炎卿進入香港皇仁書院學習，1872年隨唐廷樞進上海怡和洋行。兩年後（1874），梁由上海調至天津怡和洋行任大寫，1880年任副買辦，1890年升任買辦。直至1938年去世，在怡和洋行任職長達66年。梁炎卿接受過高等教育的三個兒子，以後也都走上了父輩的道路，成為怡和洋行買辦。直到1952年怡和洋行在天津停業，梁炎卿及其三個兒子為怡和服務累計超過100年。

早在張作霖控制東北時，怡和便與他建立了良好關係。怡和在瀋陽和哈爾濱等地開設的分行在東北有着眾多農產品和軍火機械方面的生意。1928年，張作霖被日本人炸死後，"少帥"張學良走上前台。在為東北軍採購軍火的過程中，張學良經怡和之手購買了大批新式英國武器。

---

① 張學良口述、唐德剛撰寫：張學良口述歷史，中國檔案出版社，北京，2007。

　　後來成為怡和大班的約翰·凱瑟克對張學良印象深刻。1932年，從怡和紐約分行來到上海、並已學會說漢語的約翰·凱瑟克被公司派遣，前往北平向張學良追收一筆張作霖在世時所購軍火的債務。在等待了幾個星期之後，約翰·凱瑟克見到張學良，並順利地收回了款項。約翰·凱瑟克事後稱：怡和洋行本已對此不做奢望，沒想到張學良重情重義竟然還款，實在是讓怡和的每一個人都感到意外。

09 凱瑟克兄弟在上海

　　日後我們看到，向張學良追收相關軍火債務的約翰·凱瑟克，在很長一段時間內都是怡和洋行的核心人物。

　　出生於1906年的約翰·凱瑟克，年少時就讀於英格蘭著名的伊頓公學。隨後就讀於劍橋大學三一學院。劍橋人才輩出，當時的多數在校生都有着建功立業的遠大志向。對約翰·凱瑟克而言，家族企業怡和洋行更是其實現遠大理想的用武之地。

　　劍橋畢業後的約翰·凱瑟克剛進怡和不久，便於1929年由倫敦派往紐約怡和分行。約翰·凱瑟克說："我雖然畢業於英國的兩所名校，但真正教我謀生本領的，卻是社會大學。"

　　在美國期間，約翰·凱瑟克經歷了美國的經濟大蕭條時代。在那裡歷練了兩年後，1931年，約翰·凱瑟克搭乘遠洋輪船，航抵上海。[①]在這裡，他的哥

---

① 布雷克著《怡和洋行》第239頁稱：約翰·凱瑟克"在美國待了二三個月"，之後經由溫哥華前往上海。而 *Jardines:175 Years of Looking to The Future*，第19頁記載：約翰·凱瑟克"大學畢業後加入怡和，先在倫敦和紐約工作，1931年前往上海"。本書採納後者的記述。

哥威廉·江斯同·凱瑟克（William Johnstone Keswick, 1903-1990）正在迎接他的到來。威廉·江斯同·凱瑟克1927年加入香港怡和洋行，沒多久，調來上海。

約翰·凱瑟克的生活軌跡，一如其父亨利·凱瑟克。1870年生於上海的亨利，自伊頓公學和劍橋大學三一學院畢業後，也同樣是先去紐約怡和分行，在那裡工作兩年後派往中國。

在上海怡和洋行，約翰上班後被安排在會計部。在這裡上班的第一天，葡萄牙籍會計師科斯達（Costa）把一支約翰的父親和哥哥使用過的自來水鋼筆交給了他。熟悉財會是瞭解企業的捷徑，正如約翰事後回憶說："商業就是金錢，金錢就是賬本。會計人員可以發展出對商業情況瞭如指掌的本事。"

約翰·凱瑟克是怡和洋行高層中第一位學習漢語的人。約翰寫道："在我走進外灘辦公室的第一天，就詢問可不可以學習漢語，（當時的大班）比思（B. D. F. Beith）說：'好主意——從來沒有人這樣做。不過，是個好主意。'他要買辦潘澄波幫我找個老師，結果找來一位一直教上海英國淑女講北京話的老教書先生。他一句英文也不會。不過，儘管我進步有限，我確實從他那兒學到了北京腔。"[1]

京味漢語對日後約翰的事業帶來了便利，這在前面所述向"少帥"張學良追討一筆陳年款項時派上用場可見一斑。事實上，他的哥哥威廉·江斯同·凱瑟克後來也是下工夫學習漢語，以利於更好地拓展中國市場。

幾年後，凱瑟克兄弟倆都順利地進入上海怡和洋行的高層。1937年，日本發動侵華戰爭。威廉·江斯同·凱瑟克返回了倫敦，上海的業務便由約翰負責處理。

---

[1] John Keswick: Two decades in China, *The thistle and the jade (2008)*, p.229.

　　那時，上海淪於侵華日軍的統治之下。不過，此時英國與日本的關係並未破裂，英國商人在上海公共租界內依然行動自由。儘管當時中日戰爭硝煙瀰漫，上海租界內依然歌舞昇平，燈紅酒綠。怡和龐大的進出口貿易依然在繼續，它那眾多的工廠也依舊在高速地運轉。

　　但是，怡和在上海的好日子馬上就要到頭了。

1. 遠處的煙囪所在地為位於香港東角的怡和糖廠。
2. 上海怡和絲廠的生產車間。

1. 怡和從中國出口的大宗商品之一——桐油。
2. 怡和啤酒廣告。

第十一章

轉折年代

珍珠港事變後的數月，大英帝國許多位於東（南）亞的殖民地似乎已處於解散狀態。第一個陷落的是香港，這對怡和及所有在華英商的利益而言，其影響比上海淪陷還要嚴重得多。

—— （英）羅伯·布雷克

看來，我們的好日子是過去了。將來從香港和中國大陸打交道，怕也不能按着我們的老規矩辦事了。

—— （英）約翰·凱瑟克

1941年12月8日，日軍偷襲珍珠港，太平洋戰爭爆發。同一天，日軍對香港和上海也發動了突然襲擊。當天，日軍開進上海公共租界，結束了上海"孤島"歲月；17天後香港淪陷，開始了三年零八個月的日本軍國主義統治時期。

凱瑟克兄弟顯然比匯豐大班祁禮賓（M. Grayburn）幸運得多。祁禮賓在香港陷落後淪為階下囚、並在一年多之後含恨去世，而凱瑟克兄弟則替英國政府在華擔任要職。不過，太平洋戰爭爆發後，怡和同樣受到重創，在香港和中國大陸的業務幾陷於停頓。

二戰結束後，怡和重整香港和中國大陸業務，再次高調宣稱："在中國任何一個地方，只要那裡有貿易活動，就會有怡和洋行。"然而，就在怡和宣佈"今日的怡和洋行將永久地安全屹立在香港、上海和中國的其他城市"時，歷史的風雲再次變換。當新生的中華人民共和國成立後，怡和在中國的特權喪失殆盡，生存空間日漸逼仄。1954年，怡和這個"被監押的帝國主義"關閉了其在中國大陸的所有辦事處。

怡和從中國大陸撤離，標誌着一個時代的結束。

01 不祥之兆：怡和大班遇襲

1937年7月7日，駐北平日軍悍然發動了震驚中外的盧溝橋事變，中國抗日戰爭全面爆發。

中國近代以來的每一次對外戰爭，怡和都是不折不扣的受益者。英國親自發動的對華戰爭自不必說，像第一次鴉片戰爭及簽訂的不平等條約，英國不僅獲得割讓香港和開放上海、寧波等五口通商，而且獲得片面最惠國待遇、協定關稅和領事裁判權等，怡和在中國的各項業務開始蓬勃發展；第二次鴉片戰爭及簽訂的不平等條約，清朝不僅割讓九龍予英國，而且對外貿易的大門開得更大，怡和的勢力得以從東南沿海五口，擴展到沿海各省以及西進到長江中游，同時取得了鴉片貿易合法權、內河航運權、內地自由行動權等，更進一步成為涉獵廣泛的多元化工貿集團。而1883-1885年中法戰爭、1894年中日甲午戰爭及其簽訂的不平等條約，根據片面最惠國待遇，怡和洋行同樣享受到了條約所規定的相關權益。如《馬關條約》規定開放沙市、重慶、蘇州、杭州為商埠，可在通商口岸開設工廠等，不僅使怡和的觸角更進一步深入長江上游，而且名正言順地取得了在中國直接投資設廠的權利。

怡和洋行的戰時貿易同樣獲利不菲，如鴉片戰爭期間廣泛從事具有暴利的鴉片交易，中法戰爭和中日甲午戰爭期間從事的軍火及其他戰略物資貿易，均使怡和在戰爭年代的盈利大幅攀升。

對於日本侵略中國的野心，英國其實早就心知肚明。還在日本佔領東三省、建立"偽滿洲國"，中國向國際聯盟提出控訴時，英國堅決地採取了綏靖政策。當日本發動全面侵華戰爭後，英國依然施以姑息政策。在英國和以怡和洋行為代表的英國在華商人看來，"反帝反殖民主義"的中國國民黨和中國共產黨，以及具有強烈民族主義情緒的中國人是近在眼前的威脅。對於英國在華的巨額商業利益，特別是在上海地區，一再嚷嚷着收回租界及其他帝國主義特權的蔣介石和國民政府的威脅似乎更大、也更直接。

1937年8月13日，日軍進攻上海，淞滬戰爭爆發。三個月後，日軍攻入上海市區，上海淪陷。怡和在中國的大本營——上海被日軍佔領後，上海租界地區成為漂浮在日本佔領區中的"孤島"。與租界之外被日軍佔領的華界形成強烈對比的是，戰爭並沒有過多地影響到租界裡的生活，日本雖然已經開始覬覦租界統治權，但一時難遂己慾，公共租界仍然由英國人掌控的工部局管理，租界裡的人們依然生活在燈紅酒綠中；大批難民和資金湧入，租界內的市場需求驟然擴大，怡和的各類工廠依然在高速運轉。

與處於"孤島"中的上海相較，怡和總部所在地的香港在1941年太平洋戰爭爆發前，一直處在不同尋常的繁榮中。日軍從北往南、從東向西地蹂躪着中國大陸，但香港與上海租界一樣，未受戰爭直接干擾。內地大量人口與資金源源不斷地流入香港，使得工商業突飛猛進，進出口貿易倍增。怡和繼續保持着良好的財務數據，盈餘持續增加：1936-1937年盈利150萬港元，1937-1938年盈利170萬港元，1938-1939年盈利290萬港元。

儘管如此，日本人畢竟已經成為主宰上海的統治力量，公共租界的前景就像上海夜晚的霓虹燈一樣閃爍迷離。早在1937年11月27日，日本首相近衛文麿發表談話，稱"關於上海公共租界問題，在必要時，日本或將以武力從事"。在此後的數年中，日方從租界警察權開始，繼而爭奪公共租界行政權。其中，怡和大班威廉·江斯同·凱瑟克遭受日本人的襲擊，便是怡和將受不測的不祥之兆。

據怡和洋行在二戰後編撰的《怡和洋行的復興（1945-1947）》記載：在1941年中日戰爭期間，怡和大班、工部局總董威廉·江斯同·凱瑟克主持納稅人年會。一個日本人對工部局維護上海租界中立的努力非常惱火，他推開面前的麥克風，連擊兩槍，然而凱瑟克奇跡般地躲閃開，只受了點輕傷。

英國歷史學家布雷克對此有着更詳細地記述：1941年時，他（威廉·江斯同·凱瑟克——引者）是上海工部局總董。當時由於工部局長期入不敷出，儘管上海日本人反對，但是增加市政總捐勢在必行。1941年1月23日，公共租界納稅人大會在上海跑馬場舉行，凱瑟克負責宣佈這項徵稅的決定。結果日本納稅人協會會長林雄吉掏出左輪手槍，對着講台上的凱瑟克連發兩槍。當日天氣嚴寒，凱瑟克身上的禦寒衣物極厚，包括一件毛皮襯裡大衣，子彈射穿他的胸膛，擦傷一根肋骨，大會在一團混亂中散場。凱瑟克被救護車送往醫院，很快就痊癒。多年後，他在一場宴會上開玩笑說："上回我演講時被打了一槍。"①

怡和大班遇襲，可謂怡和成立以來最大厄運的開始。此前，每一次戰爭對怡和來說幾乎都是一次發展壯大的機會，但即將爆發的太平洋戰爭將不會如此幸運。

1941年12月8日，日軍偷襲美軍珍珠港基地，太平洋戰爭爆發，英國在香港和東南亞的殖民地相繼淪陷，遠東局勢徹底改變，怡和的命運出現逆轉。

02 香港陷落與怡和受創

1941年12月8日，日軍在突襲珍珠港的同時，對香港和上海也發動了攻擊。

當日凌晨，日軍向停泊在黃浦江江面上的英美軍艦發動攻擊，美艦"威克號"不戰而降，英艦"彼得烈號"在反擊時被擊沉。日軍輕而易舉地擊潰了上海公共租界脆弱的防線。天剛剛亮，日軍在濛濛細雨中開進公共租界，所謂上海的"孤島"時期宣告結束。

日軍進駐公共租界後，改組工部局。1942年1月，日本人岡崎勝男就任工部局總董，工部局英、美籍職員全部離職。雖然英、美要在一年後的1943年1月與中方簽署關於取消英美在華治外法權、收回租界的文件，正式放棄在華治外法權、交還租界，但此時英美經營近百年的租界特權已經喪失殆盡。

---

① 羅伯·布雷克著，張青譯：怡和洋行，時報文化出版公司，台北，2001，246-247頁。

隨後，日本把租界內所有外僑按國籍劃分為"敵性"與"非敵性"兩類。與日本交戰國的英美僑民，自然屬於"敵性"。1942年10月，日方禁止13歲以上英美等國僑民進入戲院、電影院、舞廳、夜總會、酒吧間、回力球場、跑馬廳等公共娛樂場所。1943年以後，英美等男性僑民更被拘禁於敵僑集中營。

與此同時，英美商各棧房被日商接管。其中，怡和洋行經營的公和祥、順泰兩棧房碼頭，改為日本海軍倉庫。

而香港的陷落，對怡和及其他英國企業而言，其利益損失之大和後果之嚴重，更是上海租界淪陷所不能比擬的。

1941年12月18日晚，首批日軍登陸香港島。50多歲的怡和大班帕特森（J. J. Paterson）曾率領一批義勇軍抵抗日軍而被俘。在經歷了一個星期的抵抗後，12月25日，香港的英國人迎來了歷史上最黑暗的一個聖誕節。當晚，港督楊慕琦前往九龍半島酒店日軍指揮部向日軍無條件投降。英國在香港的百年經營，被日軍一舉摧毀，連中環皇后像廣場上的維多利亞女王銅像也被作為戰利品，拆下運到了東京。

對於上萬名遭到監禁的被俘英軍而言，條件極差的集中營是他們的死亡牢籠。而對被拘禁在港島南端赤柱集中營和其他地方的怡和員工來說，生活也頗為艱苦。這些包括怡和職員及其家屬在內的平民，無法與外界接觸。當初他們被抓時，沒能隨身攜帶更多東西，對於衣服、被褥、藥品、食物等方面的生活必需品，日本人只是給以小量配給。好在有怡和買辦羅長肇[1]及其他華籍員工冒着生命危險暗中幫助，才總算使他們的處境得到改善。

---

① 羅長肇在19世紀後葉出任怡和洋行買辦，曾獲"太平紳士"稱號，是最早的華籍太平紳士之一，生有羅文錦等子女，其家族在當時已頗為顯赫。二戰後，香港有所謂的"四大家族"之稱，即何東家族、羅文錦家族、利希慎家族和高可寧家族。港人之所以以羅文錦之名代表其家族，或許是因為羅氏家族多出狀師（律師），是香港歷史最悠久、影響最大的狀師世家，其中以娶了何東長女何錦姿為妻的羅文錦最為著名。

怡和洋行在2007年紀念公司成立175週年時寫道："在殘酷的三年日據時期，勇氣和決心使那些監禁在赤柱集中營的人們保持着忍耐。這些倖存下來的怡和員工説，他們決不會忘記怡和買辦羅長肇及其他怡和華籍員工，冒着個人危險給他們提供的幫助和支持。"

此外，史學家林賽（O. Lindsay）對怡和董事紐比金（D. L. Newbigging）在赤柱集中營中維持日常秩序中扮演的重要角色讚許有加，同樣被日本人囚禁於赤柱的前港英政府布政司詹遜（F. C. Gimson），也在日記裡肯定了紐比金在分配食物方面盡心盡力而使拘禁者受惠的行為。

香港陷落使怡和損失慘重。在香港保衛戰中，怡和有12名員工死亡、6人受傷。二戰期間怡和共有19名員工罹難，怡和輪船公司則損失了35名員工。怡和輪船公司的"禮和號"[①]於1942年2月在新加坡外海的海戰中，撞擊一艘日軍運輸船後遭日艦擊中，與日軍運輸船同沉海底。

太平洋戰爭爆發後，怡和在香港和中國大陸的業務陷於停頓，置地公司在港島中區的物業被日軍接管，九倉在尖沙咀的碼頭貨倉遭受嚴重損毀。怡和旗下11.3萬名職員有的離職從軍，有的服務於英國政府，有的則遭拘禁或成為戰俘。只剩下在怡和業務框架中不起核心作用的重慶、加爾各答和孟買等辦事處在維持着業務運轉，倫敦的馬地臣股份有限公司則承擔起了怡和總部的職責。

事實上，幾乎所有香港的大型英資財團在這場戰爭中都遭到了重創。匯豐銀行在中國和東南亞等地30多個分行被日軍接管，只剩下在匯豐利潤貢獻率中微不足道的加爾各達、孟買、科倫坡、紐約、舊金山等分行，各自在經營着；

---

① "禮和號"由香港黃埔船塢公司於1938年建造，1940年被英國皇家海軍徵用。因"面對敵人時表現出了卓越勇氣"，船長威克遜（Lieutenant Wikinson）死後獲授維多利亞十字勳章。

太古洋行在遠東的絕大部分分支機構和固定資產，包括上海的國光油漆廠、香港的太古糖廠和太古船塢等，均落入日軍之手。

不過，中國的抗戰在繼續。着眼於未來和長遠，正是怡和洋行的重要特性。在戰爭結束後，中國大陸業務恢復、香港的地位與怡和的發展，正是凱瑟克家族所重點考慮的問題，也正是戰爭期間被英國外交部派往重慶擔任要職的約翰‧凱瑟克所極力籌劃的。

03 蔣介石怒斥怡和大班

在日軍進駐上海公共租界、改組工部局後，英國經營近百年的租界特權喪失殆盡。怡和在中國的絕大部分業務也遭到日本的劫奪，惟一的商業活動在大後方，即國民政府的陪都重慶。

與此同時，怡和在重慶最重要的人物，是擔任公職的約翰‧凱瑟克。早在1939年歐洲戰爭爆發後，約翰‧凱瑟克便離開公司，返回倫敦加入了英國政府的作戰經濟部(the Ministry of Economic Warfare)。在重慶，約翰‧凱瑟克負責英國在華特別作戰執行部(Special Operations Executive)，後調往蒙巴頓所在的東南亞戰區司令部，擔任對華事務政治聯絡官 (Political Liaison Officer)。

約翰‧凱瑟克對華政策的強硬態度，英國外交部似乎並不滿意。與外交部派來的參謀相比，蒙巴頓則更看重約翰‧凱瑟克的意見。研究戰時英美在華關係的著名歷史學家索恩（C. Thorne）寫道："無數次的訪談及史料證明下，清楚顯示蒙巴頓對凱瑟克意見的仰賴，遠遠超過對首席政治顧問丹寧。不過，同樣明顯的是，凱瑟克對於中國問題的看法，要比英國外交部本身來得'強硬'，可外交部對於凱瑟克的立場及其與怡和洋行的關係並不完全放心，而且布雷克在《怡和洋行》一書中指出：所謂"強硬"，指的是採取一種更堅定的路線，反對為了安撫蔣介石、做出戰後無法履行的承諾，但這並不包括反對放棄治外法權。

其實，約翰‧凱瑟克的"強硬"，指的是對蔣介石政府採取強硬態度，最重要的是反對歸還香港給中國，不接受中國要英國作出戰後承諾的要求。

二戰期間曾在東南亞美國和平隊服務、1989年擔負研究東南亞現代史的邁克爾‧比林頓撰文透露，美國總統羅斯福主張在東亞廢除歐洲國家的殖民主義統治，遭到英國丘吉爾政府的強烈反對。其中，蔣介石對凱瑟克的所作所為極為憤怒："羅斯福1941年設立的戰時美國戰略情報局主管美國在中國的情報機構的行動，這個機構不斷受到派別活動的重大干擾，這些人中一派是支持羅斯福政策的，即美國支持建立強大的中國人的國家；另一派則支持英國人所作出的努力，要使中國變得軟弱，進而達到分裂中國的目的。英國在中國的情報機構負責人是臭名昭著的約翰‧凱瑟克，他是英國設在殖民地香港的怡和洋行的董事長。1942年4月，蔣介石和他的情報頭子戴笠命令凱瑟克和他的所有機構撤出中國。凱瑟克竭力要求美國保護他，但是羅斯福拒絕了。"①

香港淪陷後，英國在遠東和東南亞的殖民體系迅速瓦解。到1942年6月初，英國軍隊已先後退出馬來亞、新加坡、緬甸等地。英國在香港和東南亞大潰敗的同時，蔣介石成為盟國中國戰區最高統帥，民眾對廢除不平等條約的呼聲漸高，美國羅斯福政府也主張殖民地現象必須結束，香港應該交還給中國。

1942年，在恥辱的《南京條約》簽訂一百週年之際，國民政府開始與英美

---

① 邁克爾‧比林頓：英國的冷戰對羅斯福總統的總計劃：東亞戰區，1943-1963，載美國：政企首要情報評論，1999年10月15日。

就盡早廢除以前強加於中國的舊約、另就簽訂平等互利的新約進行談判。通過中英之間幾個月的博弈，1943年1月11日，《關於取消英國在華治外法權及其有關特權條約》在重慶簽訂，英國正式放棄在華治外法權、交還租界。但是新約中沒有涉及香港的任何內容，蔣介石政府期待的香港回歸問題沒能得到有效解決。

對此，蔣介石在1942年12月30日的日記及"本月反省錄"中稱，"對英外交，頗費心神"、"以九龍（新界）交還問題英堅不願在新約內同時解決，余暫忍之。待我簽字以後，另用書面對彼說明，交還九龍問題暫作保留，以待將來繼續談判，為日後交涉之根據"。

蔣介石在這篇日記中一方面對英國的態度感到"此可忍孰不可忍"，同時寫道："只要正約簽訂後，則九龍香港必為我軍先行進佔，造成事實，雖無文字之保留，亦何妨耶。"①

蔣介石考慮在盟軍反攻時，中國及時派兵進入香港，接受日軍投降，造成中國收復香港的既成事實。

1943年，丘吉爾在第一次魁北克會議上成功地設立了一個英國東南亞司令部，司令便是路易斯·蒙巴頓上將。邁克爾·比林頓說，許多美國人開始相信，東南亞司令部實際上是為了拯救英國在亞洲的殖民地。隨即約翰·凱瑟克被調往蒙巴頓上將所在的東南亞軍事指揮部，擔任對華事務政治參謀兼聯絡官。

事實上，蔣介石一直想早日收回香港。他在參加1943年11月有美、中、英三國首腦參加的開羅會議上，曾向美國總統羅斯福再一次爭取英國歸還香港。

---

① 韓曉蓉：復旦聯手斯坦福全面解密"蔣宋孔陳"民國絕檔，載：東方早報，2007年12月26日。

參加會議的史迪威將軍在離開開羅前會晤羅斯福總統時，羅斯福也曾談到計劃讓香港成為一個自由港，"不過還是先升起中國國旗，然後第二天蔣介石就會做出高姿態讓它成為一個自由港。就要這樣處理！"[①]

然而，在英國首相丘吉爾表達出"只要我還在首相任上，就別想使大英帝國解體"、"只有在我死後，香港才會從大英帝國的版圖上消失"時，蔣介石及國民政府收回香港的努力再次落空。

04 英國接收香港與怡和重建

1945年8月15日，日本宣佈無條件投降。蔣介石決定乘此機會，恢復對香港行使主權。但英國早在1944年初即成立專門機構，籌劃接管香港事宜。為此，在日軍投降前後，中英雙方展開了一系列的外交角力。

相較於蔣介石國民政府，英國方面重佔香港的行動迅速而周密。當美國向廣島和長崎投下兩枚原子彈和蘇聯對日宣戰，同時中國軍隊也在積極向前推進時，英國政府設法聯絡囚禁在赤柱的前港英政府布政司詹遜，指示其在日本投降後立即恢復英國在香港的行政機構，直至英國海軍抵達香港成立軍政府。

當日本宣佈投降後，英國迅速命令距香港最近的英國太平洋艦隊海軍少將夏愨（C. H. J. Harcourt）率皇家海軍特遣艦隊開赴香港。約翰·凱瑟克被蒙巴頓派往香港，負責東南亞軍事指揮部與夏愨少將及英國駐重慶代表之間的聯繫協調工作，英國殖民地部的麥克杜格爾（D. MacDougall）也同時被派往香港，負

---

① 巴巴拉·W·塔奇曼著，萬里、陳曾平譯：史迪威與美國在中國的經驗：1911-1945，商務印書館，北京，1985，420頁。

責協助夏慤處理行政事務。

與此同時，在外交上，英國駐重慶使館向蔣介石政府遞交備忘錄，單方面宣佈英國正派遣軍隊重新佔領香港並恢復港英政府，英國新任首相艾德禮（C. Atlee）電告美國總統杜魯門，英國海軍正開赴香港，並得到同意。

8月28日，已經接到英國政府授命成立過渡性政府訓令的詹遜，通過廣播電台宣佈，作為英國在港主要代表，已在市內成立政府機關。30日，英國皇家海軍特遣艦隊駛入維多利亞港。在淪陷三年零八個月之後，香港重新回到英國的殖民統治之下。

在謀劃搶先一步重新佔領香港的同時，英國同樣在香港日軍受降問題上展開攻勢。香港並不屬蒙巴頓指揮下的東南亞戰區，而屬於中國戰區，香港日軍理應向被盟國公推為中國戰區最高統帥的蔣介石及其代表投降。然而，英國以對香港享有主權、同時事關英國國家榮譽為由而要求受降權。事實上，英國當年通過不平等條約強行割佔或租借，英軍僅在抵抗十幾天後便繳械投降使香港淪陷，"主權"和"榮譽"從何談起？

然而，英國在美國無條件支持下無所忌憚。蔣介石及國民政府在作出讓步後要求以中國戰區最高統帥的名義授權英方到香港受降，也遭到了蠻橫的英國的拒絕。最後香港地區接受日本投降，採取"雙重授權受降"方案，英國海軍少將夏慤代表中國戰區最高統帥和英國政府，接受日軍投降。

1946年5月，前港督楊慕琦返港重任總督，從夏慤軍政府手中接過行政權，恢復文官政府。在約翰·凱瑟克向英國外交部遞交辭呈之前，關押在赤柱等地的D·L·紐比金等怡和員工已經走出集中營，打開了關閉已久的怡和大門。1941年起即移往倫敦的怡和總部也重返香港，開始了山河重整。

事實上，隨着英國勢力重回香港，匯豐銀行、太古洋行等英資大行均已回到香港，並迅速恢復它們在中國的業務。1946年，匯豐銀行將總行從倫敦遷回香港，積極向香港的公用事業公司和主要企業貸款，協助香港重建。匯豐銀行資產快速增長，分支機構迅速擴大；太古的重建工作也同樣得到快速推進。1946年擔任英國太古集團主席的施約克，前往香港主持太古重建。當年7月，太古在香港創辦太古貿易有限公司，主要從事進出口貿易和代理業務。太古船塢和太古糖廠的重建工作也相繼完成。恢復生產的上海國光油漆廠於1948年移往香港，與永光油漆廠合併。與此同時，太古在戰後發展的一項新業務是代理航空公司的售票業務，將活動領域從航運擴展到了空運。

在二戰結束後的幾年時間裡，香港迅速恢復了它作為遠東貿易轉口港的地位，怡和在香港和中國大陸的業務也一天天恢復和發展起來。

05 怡和大略：戰後復興

香港繼續成為英國的殖民地，繼續成為怡和牢固的總部所在地。安放在銅鑼灣東角的禮炮，每天正午鳴放的慣例，在日軍佔領香港後，大炮被日本人拆除，再也聽不到禮炮聲了。日本投降後，英國皇家海軍贈給怡和一門新的禮炮。從1947年8月30日起，每天正午的禮炮聲又響起來了，正如怡和在香港的業務，又開始興旺起來了。

長期以來怡和的收入主要來自中國大陸，上海是戰前怡和在大陸最主要的基地。雖然上海公共租界已經被國民政府收回，雖然中國國民黨和中國共產黨的摩擦不斷，但怡和上海的事業在約翰・凱瑟克（其兄弟威廉戰後返回倫敦）管理下，依然在不斷地恢復和發展。

作為國民黨歷任上海市長中最年輕的市長，53歲的吳國楨於1946年5月走馬上任。在幫助怡和重建方面，吳國禎提供了大量協助。而對怡和買辦顧乾麟來說，從曾祖父顧福昌到父親顧叔蘋再到自己，有"買辦世家"之稱的顧家，幾代服務於怡和。在怡和戰後業務重建時，顧乾麟起了重要作用。其實，1941年太平洋戰爭爆發、日軍佔領上海租界後，當怡和被關進集中營的英籍員工倍受磨難時，顧乾麟便想方設法為其送去了大量衣食包裹。

對於中國市場的恢復重建和發展，怡和充滿信心。它特意編撰了《怡和洋行的復興（1945-1947）》一書向全世界的朋友們致意，並表示要寄送一個信息："我們正在充滿信心地和成功地重建永遠是我們傳統的、愉快的和自由的貿易關係。"

書中信心滿懷地表示："今日的怡和洋行將永久地安全屹立在香港、上海和中國的其他城市。在中國任何一個地方，只要那裡有貿易活動，就會有怡和洋行。"

怡和的反應是敏捷的。在旺季，怡和的航運大約佔中國茶葉出口總量的50%。怡和還簽訂了第一批戰後出口冷藏蛋品和乾縮蛋品的合同，並且是致力於銷售東北出口的大豆的第一個船主。在中國的台灣，台北辦事處不僅在向歐洲、亞洲和美洲的茶葉出口中佔領先地位，而且還經營航運業和一般進出口貿易。在日本，當1947年夏天一經當局許可，怡和便立即重新進入了日本。

在廣闊的中國各地，怡和在廣州、汕頭、福州、漢口、重慶、青島、天津、台北均設有分行。在昆明、廈門、北平和長江流域的通商口岸鎮江、南京、蕪湖、九江、宜昌、沙市以及長沙，也都設有代理行。其中，過去最大的兩個分行——漢口分行和天津分行，前者已經大部分被毀，只留下一座可怕的戰火的紀念物；後者在戰爭中倖存而未受損失，戰後逐漸恢復了它在華北通商口岸的領導地位。青島分行在戰爭期間損失也不大，戰後迅速恢復了它在中國貿易中的重要作用。

在怡和最著名的進出口貿易業務中，出口方面：遠洋貨輪周而復始地運載着來自上海、福州、台灣等地的貴重的茶葉和生絲，以及羊毛、大豆、桐油、豬鬃、蛋製品、肉桂和生薑等土特產品。這些貨物通過怡和洋行從中國外運外銷，源源不斷地投向了倫敦和歐洲大陸、非洲及美洲大陸。進口方面：從木材到食品，從紡織品到醫藥，從金屬到化肥，從葡萄酒、酒精到女士化妝用品，由怡和進口部經營的商品範圍同樣極其廣泛。

以下所列，是《怡和洋行的復興（1945-1947）》對其進出口貿易之外一些營業的記述：

航運與碼頭　怡和的航運業信譽卓著，至少有15家國際馳名的英國、加拿大和美國航運公司將其代理業務委託給怡和的航運機構。鑒於中國的出口貨物大部分是出自本國的自然資源，怡和在各地的分行聘任了大量的中國職員。此外，二戰以來，怡和又開闢了從澳大利亞開往香港和上海的澳大利亞──中國航線。

在香港，香港九龍碼頭貨棧有限公司以效能著稱的九龍碼頭能同時停泊10艘吃水32呎以上的遠洋貨輪。九龍碼頭備有容量約75萬噸貨物的倉庫，並且全都安裝了運貨電梯和起重機。公司還備有汽艇和駁船，為船隻卸貨，並經營一般貨物的轉運業務。

在上海黃浦江畔，怡和佔據的最有價值的碼頭能同時容納10艘大型遠洋貨輪。怡和擁有的大部分貨棧雖然被日本人破壞，但恢復工作進展迅速。

鐵路與航空　與匯豐合建的中英公司與上海辦事處仍然在經營，並準備為恢復被戰爭破壞了的中國鐵路系統提供建議和援助。

同時，怡和開設了航空部，並在香港建立了一家具有現代化技術的航空維修公司。此外，英國海外航空公司（The British Overseas Airways Corporation）已委託怡和為其在香港和中國的總代理行。

金融與保險　怡和洋行為總代理行的諫當保險有限公司，已在世界許多地方建立了代理機構；怡和1866年建立的香港火燭保險公司，此時已擴大了營業範圍，除承保火災外，還承擔水災和其他事故的保險。

工程與機械　怡和工程有限公司在上海、香港、天津、重慶和南京等城市建立了辦事處，其業務包括提供完整的工程場地和裝備的供應。

冷藏與蛋品　怡和屬下的怡和冷氣堆棧能加工各種蛋製品，每年生產大量精製蛋品銷往國外。

棉紡織業　戰爭期間，怡和紗廠的機器遭到重大損失，但如今它的產品又開始重返市場。

啤酒　怡和啤酒有限公司生產的啤酒遠近聞名，在遠東"無與倫比"。

就在怡和着力於中國市場的恢復重建和發展時，國共內戰爆發，國民政府統治區經濟惡化，開始讓怡和憂心忡忡。

1947年7月5日，當時總部在陝北延安的新華社據美聯社上海訊轉發了"上海英商會會長分析：蔣區經濟不斷惡化，官僚資本逞兇，民營企業凋殘"的消息："上海英商會會長、怡和洋行老闆開思威（即約翰·凱瑟克——引者），在二日（即1947年7月2日）發表的年度報告中，指出蔣管區經濟危機正日趨嚴重。開思威稱：上海的經濟情況正在不斷惡化，而且還要壞下去。"

不僅如此，中國時局的發展，在怡和大班看來，前景正變得越來越暗淡。

06 轉折：從中國大陸撤離

進入1948年，在怡和看來，中國的形勢變得更加糟糕了。內戰的炮火從東北、華北開始轉向長江三角洲。國民黨軍隊在戰場上節節敗退，人民解放軍向上海步步進逼，讓怡和着實感到憂慮。而國民政府在另一條同樣重要的戰線——金融戰線上也已潰不成軍，貨幣完全失控，通貨膨脹已使法幣幣值貶到了不到它本身紙價和印刷費的成本。國民政府隨即發行新的貨幣——金圓券以挽救其貨幣危機，但這卻是一種更加惡性通貨膨脹的貨幣。短短10個月，金圓券的發行量增加了34萬倍。貨幣不穩，生意無從做起。

1949年4月21日，中國人民解放軍在千里長江上發動渡江戰役；5月27日，共產黨進入上海。蔣介石政權大勢已去。是全面撤離，還是繼續留在中國？這是包括怡和在內所有英資大企業均必須面對的問題。

對怡和而言，中國市場實在太重要，只要中國大陸還存在着某種做生意的可能性，怡和就不能放棄，就不會全面撤離。況且共產黨已經聲明，將會公平對待留下的外資企業。約翰·凱瑟克及其同事覺得在共產黨政權下，無論如何會比眼前的混亂局面強。因此，怡和可以陸續撤走一些英籍員工，但不能全面撤離，中國大陸大量的資產和業務需要繼續。

1949年8月30日，上海市市長陳毅會見上海英商公會主席、怡和大班約翰·凱瑟克，鄭重表示中共不會將外國人驅逐出境，外國人對上海的未來應有樂觀的期望。

對此，上海商業儲蓄銀行董事長陳光甫在1949年10月5日的日記中寫道："怡和之John Keswick不惟不欲撤退，且再招收人員往滬，因怡和在我國經商已有歷史，滬地有紗廠、啤酒廠，有倉庫、碼頭，復有各種船隻往來各港口，又有運輸、保險、進出口各機構，一俟吾國時局安定，則彼等經營可以先人一着，故其曾送交上海市長陳毅以備忘錄，建議吾國對外通商應取之政策。"①

對英國政府來說，還在1949年3月時，英國內閣便已決議"支持英國工商界只要有可能就在中國站穩腳跟的願望"。根據上海英商公會的粗略估計，至1949年，英國在華投資總額約為3億英鎊，其中1.9億英鎊集中在上海。巨大的商業利益，決定了英國政府採取"不退出中國"的政策。

眾多英國工商企業的根基在中國內地和香港，一旦從中國內地撤離，就意味着這些企業將倒閉和破產。如果不得不從上海等地撤離，香港將是這些工商企業最後的基地，因此維持香港的地位更是至關重要。從英國在中國的經濟利益、尤其是香港的前途來看，英國各界確信應該尋求同中共合作，而不應是對立。

在8月份陳毅會見約翰·凱瑟克之後，英國駐華大使館認為北京正在克制任何損害英國利益的傾向、並願同英國建立商業關係。英國政府亦認為，英國不承認一個已有效控制大部分中國的政權，"在法律上是站不住腳的"，且在保護西方在華利益時將面臨嚴重的實際困難，拖延承認可能嚴重損害西方在華利益而得不到任何補償。

中華人民共和國成立之初，怡和在中國的生意一度呈現生機。怡和的商船"永生號"仍定期駛往上海，輸入暢銷的棉紗、香煙與啤酒、小量的五金和機械，並輸出中國的土特產品。

新華社1950年4月24日播發的一條電訊稱，4月初，經中央人民政府貿易部批准，中國蛋品公司與英商和記有限公司、怡和洋行及茂昌股份有限公司簽訂

① 上海市檔案館編，陳光甫日記，上海書店出版社，2002，233-234頁。

冰蛋加工合同，合同規定本年由中國蛋品公司供給3家公司鮮蛋原料，由其生產冰蛋兩萬噸，並負責出口，完成時期為自本年3月至12月。[1]

據當時怡和中國貿易部一位資深職員回憶："在1949-1952年間，我們辦貨輸入內地，生意十分好，那時我們賣了五船大豆、兩船花生、兩船芝麻、四千噸酒精、八千噸票糧及其他物資，其後我們給中國引進了國內第一批為數六架西方製的子爵式客機，並交付了兩艘1.5萬噸的船隻。在那兩、三年，我們的確十分好生意呢。當時，怡和洋行大班約翰‧凱瑟克經常往來於上海與北京之間，而怡和與香港的華潤公司生意往來密切，還設有熱線電話聯絡。"

不過，好景不常。因朝鮮戰爭爆發，以美國為首的西方國家對華實行經濟封鎖和禁運，使在華外國公司生意蕭條；另一方面，中國國內新的經濟體制開始建立，一些英資企業開始逐步收縮，走向轉讓。1952年7月5日，中國外交部發表聲明，只要在中國境內的英國各公司、工廠遵守中國法令，仍予以保護；如自願結束業務，可向當地政府提出申請，由各地的主管機關依法處理。

7月28日，長期壟斷中國卷煙市場的英資頤中煙草公司轉讓簽字生效，成為第一家實行對價轉讓的英資企業。此後，一些英資企業認為頤中公司轉讓的方式是企業脫困、甩掉包袱的有利途徑，於是陸續與中方商談對價轉讓。

怡和在中國的營業前景日益暗淡，在上海和其他中國城市的業務漸趨停頓。為維持公司運轉和支付員工薪資，怡和甚至需從海外不斷匯入資金。貿易沒有賺頭，英籍職員又不能隨便離境，怡和開始就資產轉讓以償付債務與中國政府談判，作全線撤離的打算。

---

① 中國蛋品公司與英國和記等三公司簽訂冰蛋加工合同，新華社北京二十四日電。

1954年，怡和啤酒股份有限公司、公和祥碼頭股份有限公司、怡和機器有限公司、怡和紗廠股份有限公司，作出對價轉讓。這年夏天，怡和關閉了在大陸的全部辦事處，結束了在中國大陸122年的歷史。

在此前後，太古和匯豐兩大英資財團也先後完成轉讓，辦完離開中國大陸的手續。當日本戰敗投降後，匯豐、太古與怡和一樣重返香港，並迅速恢復它們在中國的業務。然而，隨着時局的變化，這些"帝國主義企業"重整山河的企望一時成為泡影，只得部署撤退，利用香港的特殊地位把資產轉移至香港繼續經營。

1953年，"太古系"的太古股份有限公司、太古輪船股份有限公司、太貿股份有限公司和太古車糖股份有限公司作出對價轉讓。太古集團與中國政府達成協議，結束在中國的全部業務；1955年，匯豐在經過多輪談判後，與中方達成財產轉讓和承讓契約，僅象徵性地在上海保留一個營業機構，關閉了其他所有大陸分行。由上海市政府外事辦和上海社科院歷史研究所編纂的《上海外事誌》這樣述說匯豐撤離時的情景：

在過去近百年裡象徵着大英帝國在華經濟勢力的前匯豐銀行經理姚克紹在開始轉讓談判的前夕，獨自去匯豐銀行大廈前躑躅徘徊良久。後來他在同中方人員談到他當時的心情時說："當我注視着我們的銀行大樓，回憶起昔日的聲勢時，一想到明天將與中方進行的會見，不禁黯然神傷。"

在離開上海之前，約翰·凱瑟克召開各地分支機構負責人聯席會議，宣佈下旗撤退。約翰·凱瑟克近乎哀歎地說：看來，我們的好日子是過去了。將來從香港和中國大陸打交道，怕也不能按着我們的老規矩辦事了。

怡和從中國大陸撤離，標誌着一個時代的結束。從此，以香港為基地，怡和開始了又一個新的發展旅程。

1. 2.　凱瑟克家族入主怡和的第三代──威廉．江斯同．凱瑟克（1903-1990）
　　和約翰．凱瑟克（1906-1982）。

3.　香港淪陷後，日軍將港英人士押往集中營。

4.　香港怡和大班帕特森，日軍佔領香港期間被投入集中營。

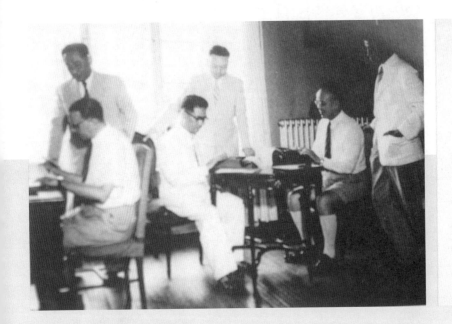

1. 上海怡和員工在辦公室。1954年夏，怡和與中國方面談妥撤離中國大陸事宜。
2. 報紙登載怡和退出中國大陸的啟事。
3. 1922年建成的怡和上海大樓。

第三部　得失香江

第十二章

無遠弗屆

香港係由馬會、怡和、匯豐和港督所統治，並按此序排列。

——休斯

怡和的業務規模宏大，無遠弗屆。

——韋怡仁

回到香港的怡和重新調整策略，邁開了新的步伐。透過旗下數十家附屬及聯營公司，怡和的投資遍及各個領域、涉及市民生活的方方面面，成為香港經濟的重要壟斷力量。同時，怡和積極向海外擴張，開始了國際化的第一次浪潮。

要說20世紀六七十年代怡和在香港的勢力，的確是"無人敵"。"香港的統治者依次是馬會、怡和、匯豐和港督"這句話能夠流傳，便足以說明怡和之顯赫。事實上，僅就地產而言，只要看一看最繁盛的維多利亞港兩岸——中環和尖沙咀，你就知道怡和在香港是何等的獨一無二。這裡最引人注目的地產樓盤，分屬怡和的兩家聯營公司——置地和九倉。

至1970年代中後期，怡和旗下公司經營的業務，遍及進出口貿易、批發零售、金融保險、碼頭倉儲、地產、酒店、航運航空、旅遊及公用事業，可謂規模宏大，無遠弗屆。

01 香港新時代：帝國餘輝與橋頭堡

1949年10月14日，中國人民解放軍解放廣州，17日繼續南下進駐深圳，但解放軍並沒有跨過羅湖橋用武力收復香港，而是按兵於深圳河畔。同時，省港之間的邊界也未立即關閉。

1949年年初，在國民黨軍隊兵敗如山倒之際，毛澤東對代表斯大林來到中國的米高揚表示："目前，還有一半的領土尚未解放。大陸上的事情比較好辦，把軍隊開去就行了。海島上的事情就比較複雜，須要採取另一種靈活的方式去解決，或者採用和平過渡的方式，這就要花較多的時間了。在這種情況下，急於解決香港、澳門的問題，也就沒有多大意義了。相反，恐怕利用這兩地的原來地位，特別是香港，對我們發展海外關係、進出口貿易更為有利些。總之，要看形勢的發展再作最後決定。"①

中國共產黨的新中國外交政策，一項重要內容即毛澤東所稱"另起爐灶"和"打掃乾淨屋子再請客"。新中國將不繼承舊中國的外交遺產——喪權辱國的不平等條約。但就香港問題而言，則是"暫時維持現狀不變"，以"長期打算，充分利用"。

事實上，在中華人民共和國成立前夕，香港總督葛量洪曾收到中國政府通過秘密途徑傳來的周恩來的三項條件：香港不能用作反對中華人民共和國的軍事基地；不許進行旨在破壞中華人民共和國威信的活動；中華人民共和國在港人員必須得到保護。周恩來提出，只要港英政府很好地遵守此三項條件，香港就可以長期維持現狀。對此，港英政府欣然接受。

從大陸撤退，是怡和、匯豐、太古等香港英資財團的集體潰敗。不過，香港總算可以成為穩固的根據地了。

就英國而言，當時在華投資不僅比美國多得多，而且香港的經濟地位也仰仗於與中國大陸的積極的轉口貿易。英國在中國內地及香港的現實利益要求盡早承認中國的共產黨政府，"必須無條件而且不惜任何代價地與在很大程度上尚很陌生的中國進行貿易"。

英國從現實主義的外交立場出發，成為西方第一個與中國新政權發生"事實上的政治與經濟關係"，並正式承認新中國的資本主義大國。

---

① 早在中國內戰全面爆發的1946年12月，毛澤東會見哈默、羅德里克、陳依範三位西方記者時，已經定下了解決香港問題的基調。哈默問："在香港問題上中共的態度如何？"毛澤東答："我們現在不提出立即歸還的要求，中國那麼大，許多地方都沒有管理好，先急於要這塊小地方幹嗎？將來可按協商辦法解決。"

1951年春，當時的新華社香港分社社長黃作梅到北京請示工作，①周恩來向黃作梅全面闡釋了中央處理香港問題的思路：“我們對香港的政策是東西方鬥爭全局的戰略部署的一部分。不收回香港，維持其資本主義英國佔領不變，是不能用狹隘的領土主權原則來衡量的、來作決定的。……在長期的全球戰略上講，不是軟弱，不是妥協，而是一種更積極主動的進攻和鬥爭。1949年建國後，英國很快承認我們，那是一種半承認，我們也收下了。艾德禮政府主要是為了保全在香港的利益，保存大英帝國在遠東的殖民地。香港是大英帝國在遠東政治經濟勢力範圍的象徵。在這個範圍內，美國和英國存在着矛盾和鬥爭。因此，在對華政策上也有極大的分歧和矛盾。美國要蠶食英國在遠東的政治經濟勢力範圍，英國要力保大英帝國的餘輝。那麼，保住香港，維持對中國的外交關係是英國在遠東的戰略要招。所以，可以這樣說，我們把香港留在英國人手上比收回來好、也比落入美國人的手上好。香港留在英國人手上，我們反而主動。我們抓住了英國一條辮子，我們就拉住了英國，使它不能也不敢對美國的對華政策和遠東戰略部署跟得太緊，靠得太攏。這樣我們就可以擴大和利用英美在對華政策上的矛盾。在這個情況下，香港對我們大有好處，大有用處。我們可以最大限度地開展最廣泛的愛國統一戰線工作，團結一切可能團結的人，支持我們的反美鬥爭，支持我們的國內經濟建設。在這種情況下，香港是我們通往東南亞、亞非拉和西方世界的窗口。它將是我們的瞭望台、氣象台和橋頭堡。它將是我們突破以美國為首的西方陣營對我國實行封鎖禁運的前沿陣地。近兩年的發展證明，我們在解放全國時留下香港是正確的。”

---

① 英國正式承認中華人民共和國後，新華社香港分社升格為中國駐香港官方代表機構，除新聞工作之外，還負責辦理中國政府和港英政府交往的事務性工作。中國國務院1999年12月召開常務會議決定，中央政府駐港最高工作機構改名為中央人民政府駐香港特別行政區聯絡辦公室（中聯辦），新華社香港分社成為純新聞機構。

很快，嗅覺靈敏的香港報紙披露了以上談話的主要內容。

對英國政府來說，留下香港可以留下大英帝國的餘輝。

就香港本身而言，則正在經歷着深刻的經濟轉型。朝鮮戰爭爆發與1951年6月由美國及其盟國把持下的聯合國對中國實行貿易禁運，導致香港作為轉口港貿易的災難性崩潰。香港失去了它作為中國與外部的商業轉口港和貨物轉運中心的地位。受此打擊，金融、保險、航運等行業低迷不振，香港貿易轉口港地位動搖，洋行的業務遭受重大打擊。

幸而，這一時期香港已經孕育了工業化的全部基礎。從1940年代第二次國共戰爭到50年代初，大批實業家陸續從上海及中國其他工商城市移居香港，他們帶來了發展工業所必需的資金、技術、設備，以及與世界市場的聯繫，在香港建立起最初的工業基礎。當時，香港人口已激增至200萬人，為工業發展提供了充足的廉價勞動力。與此同時，本地銀行對新建工業企業的扶持，港英政府逐漸發展起一整套公共政策，為工業發展提供了有利的環境。

工業迅速發展，成為香港經濟快速發展的火車頭。1959年，港製產品出口值達到22.8億港元，第一次超過轉口貿易值19.95億港元，標誌着香港已經走上工業化道路。1960年，香港對外貿易總值達到98.02億港元，超過戰後1951年的最高水平，顯示香港經濟已經復原。

1960年代，香港經濟開始起飛。這時，紡織、製衣進入全盛時期，塑膠、玩具、鐘錶、金屬製品及電子業也相繼發展，並帶動了貿易、航運、金融及房地產業，香港經濟進入了新的發展時期。

這一時期，香港的洋行地位也在發生重大變化。在轉口貿易時期，洋行的地位之高，幾乎操縱了香港的整個轉口貿易。隨着轉口貿易一落千丈，大批實力較弱的洋行遭到淘汰。在激烈競爭中，仁記洋行、太平洋行、天祥洋行、連

卡佛、屈臣氏、黃埔船塢等歷史悠久的英資大行，也同樣未能適應形勢的轉變
而被收購。

與此同時，數家實力雄厚的英資洋行突圍而出，逐漸發展成壟斷香港經濟
命脈的綜合性企業集團。其中最為知名的，就是號稱"英資四大行"的怡和、
和記黃埔、太古和會德豐，怡和依然是當時的"洋行之王"。

02 上市：怡和新面孔

當一架架飛機載着上海等內地城市的企業家飛往香港，當一批批廉價的勞
動力從羅湖口岸湧向香港，資金、技術，企業家、工人，這些發展製造業的要
素源源而來，為香港的第一次工業化浪潮提供了強大動力。

正因為此，資本市場的融資功能並沒有在香港的這次工業化發展過程中擔
當要角。正如《香港股史》一書作者鄭宏泰、黃紹倫對五六十年代香港工業化
和股票市場的各自表現時所描述：香港工業發展的卓越成就，並沒有給股票市
場帶來多大衝擊。反過來，工業發展雖然發展迅猛，但股票市場則靜止如水。

不過，1961年的股票市場與工業化浪潮節拍合一，成了第二次世界大戰以
來首個熱火朝天的"股市年"。其中，怡和的上市尤為引人注目。

三年前（1958），凱瑟克家族在倫敦三家投資銀行——巴林兄弟、羅拔·
富林明及威廉·奇連公司的支持下，收購了渣甸家族在怡和的所有股份，成為
怡和的大股東。

1961年6月，怡和以每股16港元的價格，公開發售90.29萬股新股，集資約
1.5億港元，佔怡和已發行股份的25%。結果，怡和股票獲得56倍的超額認購，
凍結資金高達8億港元。8億港元對於現在的香港股市新股發行可以說微不足

道，但在當時卻是個驚人的數字。怡和股票在香港證券交易所上市當天，同樣受到市場的熱烈追捧，收市價為31.25港元，約高出認購價一倍。

怡和等新股發行火爆、資金大量流入樓市與股市，以及銀行的不審慎經營，點燃了1960年代前期香港銀行業危機的導火線。

除了怡和新股發行打破歷史紀錄之外，當年的香港股市無論在成交量和股價方面都創下了戰後新高，全年成交額達14.14億港元，成為戰後市況最為暢旺的一年。前6個月，大部分股票價格上漲了二至五成，有大量土地權益的公司上漲更是猛烈。股票市場的熾熱氣氛，吸引廣大市民參與其中，出現銀行存款"大搬家"現象，民眾紛紛將存款從銀行取出，投入到股市中。

同年，房地產市場的投機氣氛也不亞於股市。人口急增、經濟發展，住宅和商業樓宇的需求快速增長，加上准許房東為了改建可拆除戰前樓宇，以及對一棟樓宇分套或分單元出售的新售樓方式出現，房地產市場極為暢旺。1961-1962會計年度未償房地產抵押貸款達到創紀錄的4.69億港元。

與此同時，為了獲得更多存款，銀行也在大肆擴張，紛紛設立分行，銀行間展開了"分行戰"——由港島的中心區向香港和九龍的住宅區、荃灣和觀塘的工業市鎮，及新界的郊區擴展。為招徠業務，信貸標準被大大降低，大量貸款和投資紛紛流向樓市和股市。

隨着證券市場和房地產市場投機愈演愈烈，銀行業的危機也就此拉開了序幕。最早受到衝擊遭到擠提的，正是素以高利率吸儲而聞名的華資銀行——廖創興銀行。而擠提風潮的導火線，正是狂熱的民眾認購新發行的怡和股票。

1961年4月，九龍巴士股票上市，按每股58港元的價格供售78.37萬股新股。到5月的第一個週末，已被超額認購五倍半。所有認購者無論買到與否，都要以支票將股款預付給經紀人。這樣，約2.5億港元的支票要經過銀行系統交換。因大部分經紀人只在最大的銀行有賬戶，較小的銀行在支票已清算但還未退款給買不到的申請人的間歇中，在清算上已經吃了虧。緊接着，6月1日，怡和按每股16港元的價格供售90.29萬股新股，6月16日，股票由3.2萬個申請人認購，超額56倍，總計約6.48億港元的支票要經過銀行系統清算。這樣一來，小銀行的壓力變得更加嚴重。隨即一些銀行無力應付提存的謠言開始流傳。

在此之前，市面上本來就已經流傳着蓄意製造的關於廖創興銀行主席的謠言。在清償力危急情況下，廖創興銀行再次被無力應付提存的謠言擊中。6月14日，大批人群開始擁到銀行提存。接下來的兩天裡，擠兌的聲勢愈來愈大，總行與分行的門前排起了長龍。直到向兩家發鈔行——匯豐和渣打銀行求助，香港政府亦發表聲明闢謠，廖創興銀行的擠提風潮才逐漸平息。[1]

這次銀行風潮被當時的媒體稱為"本港有史以來最大一次"，但其實它不過是1960年代前期香港銀行危機的序幕而已。1965年，大批華資銀行因資金困難的謠言四起而遭到擠提，其中香港最大華資銀行——恆生銀行便因擠提而被迫將51%的股權售予匯豐，使匯豐成為在香港有着絕對優勢的金融王國。

怡和則在籌得巨額資金後，以上市公司的新面孔呈現在人們眼前。自此，怡和集團以怡和公司為旗艦，以兩家著名的地產及貨倉碼頭公司——置地和九倉為兩翼（置地和九倉主席一般由怡和大班出任），展開了新一輪的拓展行動。

這一時期，怡和的發展戰略大致分雙線展開，一方面，大肆向亞洲太平洋地區拓展，力圖發展成一家跨國性的大公司；另一方面，繼續鞏固在香港的龍頭地位。

---

[1] 饒餘慶著，壽進文、楊立義譯：香港的銀行與貨幣，上海翻譯出版公司，1985，194-197頁。

在香港，怡和等英資財團與港英政府緊密結合，形成了英國對香港實行殖民管治的強大政經力量。自從1850年6月怡和大班大衛‧渣甸獲港英政府委任為香港立法局首位非官守議員、1896年怡和洋行的歐文（J. F. Owen）獲選首批兩名行政局非官守議員之一（另一名為遮打①），怡和的許多大班均出任過香港行政、立法兩局議員。正如怡和所宣稱："在香港的全部歷史中，怡和洋行在整個殖民地事務中起了巨大的作用。"

怡和等英資財團大班身處香港的權力核心，不僅直接或間接影響港府的決策，獲得種種特權，而且可掌握最新、最機密的資訊，這對怡和本身的業務發展而言，可謂如虎添翼。

03 置地：中環再造

當今最能體現香港作為金融、商業中心的地區，無疑是位於港島心臟地帶的中環。香港國際金融中心二期、中銀大廈、匯豐大廈等散落其間的地標性建築，無不顯示出近30年來香港躍升為國際金融中心的輝煌。交易廣場、怡和大廈、文華東方酒店、置地廣場等著名建築物，這些屬於怡和旗下的物業，密集佔據着中環核心地帶，顯示這裡曾經是怡和縱橫馳騁的舞台。

1974年，置地公司宣佈斥資6億港元，展開為期10年的雄心勃勃的中區重建計劃。事實上，這是置地在20世紀五六十年代中區大規模重建計劃的繼續。

---

① 遮打(Paul Chatter，1846-1926)出生於印度加爾各答的一個亞美尼亞人家庭，18歲來到香港。在一家銀行工作兩年後，轉入匯票與貴金屬買賣行業。具有敏銳商業眼光和企業家精神的遮打，此後與怡和等公司一道創立了香港電燈、香港置地、香港電車、中華電力、天星小輪公司、九倉等一大批知名企業。與此同時，長袖善舞的遮打在香港政界極具影響力。他曾向港府提出中環填海計劃，並獲接納。1887年起，遮打三度出任立法局議員，1896-1926年間出任行政局議員。今港島中環之遮打道及遮打花園，即以其名字命名。

從50年代初到60年代中後期，置地已經邁開擴張步伐，展開了戰後以來首次大規模的中區重建工程。

作為英國佔領香港後所建維多利亞城的一部分，中環一開始便作為軍政中心及貿易據點而得到開發。首任香港總督璞鼎查（砵典乍）頒佈限制華人居住於此的禁令，則使得這裡在此後100多年中成為洋商、尤其是英商的禁臠。對怡和來說，它最初的根據地在銅鑼灣的東角。1873年，鑒於東角與中環尚有一段距離，商業往來頗不方便，怡和決定在保留東角基地的同時，另在中環設置辦事處，因而在距匯豐大樓不遠處的皇后大道7號建了中區的首座辦公大樓，並通過電報與東角相聯繫。1880年代，怡和賣掉原來的大樓，在畢打街（現德輔道）買了新的辦公大樓。[①]不過，怡和真正馳名中環，是在1889年置地有限公司成立以後。

查找當年的歷史記錄和翻閱歷史老照片，可以清晰地看到，在置地成立後的半個世紀裡，即太平洋戰爭爆發前，置地公司的中環物業王國一步步建立起來。

由遮打爵士與怡和的 J·J·凱瑟克聯手創辦的置地公司，是香港歷史上最悠久的地產公司。此前，英商對中環房地產的投資主要是自建辦公用樓，置地公司則是以中環為中心的地產投資公司。董事局主席由 J·J·凱瑟克出任，怡和大班兼任置地主席自此成為慣例。從創辦時起，置地的業務就集中在商業中心區，自此亦基本成為傳統。

19世紀末，香港政府在港島北岸展開香港有史以來最大規模填海工程。置

---

① 怡和在中環建立起新的辦事處後，東角繼續作為公司的貨棧和普通食堂，渣甸山（又稱鵝頭山、即後來的利園山）上帶環形花園和綠樹掩映的府第繼續成為怡和大班的冬季住所（夏天為避炎熱已在山頂建有豪宅），直到1923年，怡和將渣甸山賣給本地富商利希慎。

地隨即以極其便宜的價格，在新填海區購買土地，興建了數棟四至五層、具有維多利亞時代風格的商廈。置地所建坐落在干諾道旁、面臨海港的聖佐治行、皇帝行，位於遮打道的沃行、於仁行和歷山大廈，均為當時香港最宏偉的建築物。

進入20世紀後，置地繼續拓展它在中環的物業王國。1923年，置地以換股方式與中央地產公司合作，收購了皇后行及其東北角（即文華東方酒店現址）地段。1926年元旦，位於德輔道中與畢打街交界的香港酒店發生火災，酒店北座悉被燒燬。置地於是以137.5萬港元的價格購入土地，興建了當時香港最高的建築——樓高九層的告羅士打行。第二年，置地又以300萬港元的價格購入了皇后大道的太子行。

1938年，置地收購與公主行毗鄰的勝斯酒店，重建為公爵行。經過多年苦心經營，到1930年代後期，置地成為中環的最大業主，中環物業王國初具規模。

讓置地上下感到振奮的是，太平洋戰爭期間，當香港慘遭日本蹂躪時，置地在中環的物業並未遭受嚴重損毀。[①]一位資深的置地職員曾欣喜地回憶道：當回到置地公司，“發現股份登記冊、會計賬目及文件單據毫無異樣，看起來就像幾天前才放進去的一樣”。

當中華人民共和國成立、怡和在中國大陸的業務漸漸萎縮時，置地在中環的擴張和重建提上日程。1950-1960年代，置地在中環展開了戰後以來首次大規模的重建工程。

1950年，置地斥資700萬港元，在皇后大道中11-13號地段建成公爵行。1955年，置地將位於雪廠街、德輔道中和遮打街的三角形地帶拆卸重建，建成樓高13層的歷山大廈；同時將位於畢打街和德輔道中街角的舊怡和大廈拆卸重

---

① 1946年，置地舉行戰後首屆股東大會，估計戰爭帶給置地的損失約51萬港元，可見損失並不嚴重。

建，於1957年建成新的怡和大廈。1958年，置地拆除有着半個多世紀歷史的王室約克大廈，4年後建成新的於仁大廈（1976年更名為太古大廈）。1965年，新的太子大廈落成。

與此同時，置地開始向酒店業進軍，在與太古大廈毗鄰的皇后行舊址建成了聞名海外的文華酒店。

大規模的重建和擴張，置地出租物業的面積和租金收入均大幅增加。1966年度，包括新建成的太子大廈年租及附屬公司利潤在內，置地全年盈利增至3518萬港元。

從1970年代開始，高聳雲天的摩天大廈，再次使中環的面貌煥然一新。置地更大規模的重建，迎來了它在中環的全盛時代。

1970年6月，置地以2.58億港元的天價，投得5.3萬平方呎中環新填海區的"地王"，創下當時香港最高每平方呎地價的紀錄。4個月後，樓高52層、總面積逾75萬平方呎的康樂大廈開工建設。一年半後的1973年4月，雄踞維多利亞海港的康樂大廈拔地而起，成為香港首幢摩天大樓，也是當時亞洲最高建築物。摩天大廈開始成為香港的天際線，康樂大廈[①]成為香港的新地標。

1974年，怡和將總部遷入康樂大廈。也就在這一年，置地斥資6億港元，展開為期10年的雄心勃勃的中區重建計劃。今天人們所看到的置地在中環的核心物業，此時開始成型。

首先是重建歷山大廈。1976年，樓高36層、樓宇總面積達35.69萬平方呎的新歷山大廈建成，比舊歷山大廈面積多出11.9萬平方呎。

接着是拆卸重建告羅士打大廈和皇室行。為了將物業連成一體，興建一

---

① 1974年怡和集團將總部搬遷至康樂大廈，1989年易名為怡和大廈。

流的高層商廈及有廣闊平台的商場,置地以畢打街對面的怡和大廈及畢打行與會德豐公司的連卡佛大廈交換,1979年建成告羅士打大廈及與之相連的置地廣場。①

規模浩大的10年重建計劃完成後,各大廈之間架設了空中行人天橋,置地旗下的康樂大廈、太古大廈、文華東方酒店、太子大廈、歷山大廈、告羅士打大廈、公爵大廈及置地廣場相連,儼然自成一國,成為中環的"心臟"。

置地的經營方式,主要是在商業繁盛區興建高級商廈作地產投資。直至1970年代中期之前,這種經營方式受到投資者激賞。1965年,香港出現大規模銀行擠提風潮,1967年再現政治騷動,地產市道持續調整。1970年代中期,一些地產公司紛紛破產,但置地的重要盈利來自穩定的租金,因此利潤穩定,擁有的物業亦隨地產市道上升而不斷升值。

這時,置地已發展為一家以地產投資為主,兼營食品批發零售(收購了著名的牛奶公司)及酒店業的大型企業集團。1975年,置地進行資產估值,旗下可供出租商廈面積310萬平方呎,資產高達36億港元。作為香港無可爭辯的最大規模地產公司,置地贏得了香港地產界"皇冠上的明珠"的美譽。

04 九倉:尖沙咀變革

與此同時,怡和的另一家聯營公司——香港九龍碼頭及倉棧有限公司(簡稱九龍倉、九倉)也在維多利亞海港的對岸——尖沙咀,進行着同樣的地產發展。

---

① 隨後是拆建毗鄰的公爵行和公主行,建成與告羅士打大廈外形相仿的公爵大廈,整個計劃於1982年完成。就在10年計劃即將完成之際,置地又策動更矚目的拓展計劃,將位於雪廠街的荷蘭行和有利銀行拆卸重建,該項計劃在90年代初完成,即著名的大道中九號物業。

　　九倉在尖沙咀的存在，還要從一百多年前說起。九龍半島南端岬角的尖沙咀，隔海與中環及灣仔相望，之間是可供巨輪往來停泊的天然深水良港（維多利亞港）。第一次鴉片戰爭期間，義律已經覬覦過九龍半島，馬地臣也同樣期待過佔有。

　　隨着時間的推移，港島臨海土地短缺，貿易的增長需要在九龍為商行與倉庫提供更多設施。政府出售或出租土地及設施將是一項豐厚的收入，而保護英國在遠東日益增長的利益，也需要擴大和增加海軍基地及陸軍營房。因此，第二次鴉片戰爭後期，英軍佔領九龍半島南端，強行將其劃入了"殖民地"。

　　1864年7月，香港政府在九龍半島首次公開拍賣土地。倉庫和碼頭隨後日漸增多起來。不過，十年後的1874年，颱風吹襲九龍，尖沙咀一帶的一些倉庫和碼頭東主破產，一些地段又回到了港英政府手中。

　　1885年，香港政府將尖沙咀臨海地段推出重新拍賣，結果由遮打投得。這裡有充足的土地興建貨倉碼頭，又臨深海，是建設貨倉碼頭的理想地段。隨着中轉貿易的發展，對貨倉數量的要求相應增多。遮打投得這片地段後，第二年與怡和合作，創設了香港九龍碼頭及倉棧有限公司。

　　隨着尖沙咀一帶新市區的開闢，來往於尖沙咀與中環的輪渡服務應運而生。1888年，一名祆教商人創辦九龍渡海小輪公司，以燒煤為動力的單層渡海小輪穿梭於中環與尖沙咀之間。10年後（1898），九倉買下九龍渡海小輪公司的全部股權後，將其更名為當今人所熟知的天星小輪公司，尖沙咀逐漸發展起來。

　　1910年，由尖沙咀通往廣州的九廣鐵路通車。尖沙咀於是開始成為香港的交通樞紐。[①]因為在尖沙咀海旁擁有龐大地皮，九倉有條件成為一家舉足輕重

---

① 1975年11月，火車總站遷往紅磡。火車站主樓於1978年拆除後，留下了孤單的鐘樓仍然立在原九廣鐵路尖沙咀火車總站的位置上。

的地產投資公司。只是它做到與置地隔海並駕齊驅，發力使尖沙咀與中環成為隔海相望的"雙城"，則是在數十年以後。

1960年代初，九倉在尖沙咀海旁籌劃的大規模重建工程開始啟動。當時，香港的對外貿易蓬勃發展，九倉於是決定興建一座現代化的客運大樓。

1962年，九倉取得港英政府資助，將原第一號碼頭重建為樓高4層的海運大廈，從而揭開了九倉從事地產投資的序幕。3年後（1965），九倉再接再厲，與華商許世勳及陳德泰合作，建成香港酒店和海洋中心。1966年3月3日，海運大廈落成，由到訪香港的英國女王伊麗莎白之妹瑪嘉烈公主（The Princess Margaret）剪綵，第一艘巨輪"坎培拉號"停泊海運大廈碼頭。

1960年代以前，九龍半島沿岸觸目可見的是碼頭、貨倉和船塢。當時，尖沙咀一帶是九倉的舊式碼頭貨倉。從尖沙咀往西到大角咀之間，是眾多的碼頭泊位；從尖沙咀向東伸延，是著名的藍煙囪輪船公司的貨倉；尖東紅磡一帶，則是規模龐大的黃埔船塢，與港島鰂魚涌的太古船塢遙遙相對。沿岸街上，是各種為航運服務的店舖，充斥着麻繩、機械及各種船舶用品。此外，便是水手聚集的酒吧、餐館。

1960年代末，香港港口開始向貨櫃運輸發展。1969年，尖沙咀九倉碼頭靠泊第一艘來港的集裝箱船，意味着香港貨櫃運輸業新時代的開始。此後，貨櫃運輸業迅猛發展。1972年9月，葵涌一號貨櫃碼頭及貨倉建成啟用。

香港貨運方式的革命性變化，改變了九龍半島沿岸的面貌。自1970年代起，航運業衰退，地產業開始起飛。1971年，藍煙囪輪船公司的貨倉停業，其地段售予新崛起的華人地產商鄭裕彤旗下的新世界發展有限公司，鄭裕彤隨後在原址上建起雄踞尖東的新世界中心，包括著名的新世界酒店和麗晶酒店。黃埔船塢和太古船塢則分別在1970-1980年代拆卸，在青衣合作開設香港聯合船塢，原址則建起了兩個現代化的居民區——黃埔花園和太古城。

　　面對九龍半島的歷史性巨變，九倉敏銳地意識到尖沙咀這一黃金地段的新價值，必須把寸土寸金的尖沙咀海旁大片土地的潛質挖掘出來。於是，九倉開始了大規模的重建，興建一個融住宅、商場、寫字樓、酒店和康樂中心於一體的"城中之城"，這就是日後雄踞尖沙咀海旁的"海港城"。

　　海港城毗鄰九倉早期興建的海運大廈、香港酒店及海洋中心，從1970年代初策劃，到80年代初大體成形，歷時十餘載，在原來的海旁碼頭貨倉地段上建起了亞洲最龐大的綜合商業中心。其中，3家一流的酒店——香港酒店、馬可孛羅酒店及太子酒店，3個相連的大型商場——中心商場、海運大廈商場及海港城商場，以及一批優質寫字樓和服務式住宅巍然聳立。①

　　自此，九倉蛻變為尖沙咀地區赫赫有名的"地王"，旗下大批美輪美奐的高級商住大廈和酒店矗立在尖沙咀海旁，與港島中區置地的物業分列維多利亞海港兩岸，遙相輝映。

05 重振金融雄風

　　怡和在房地產業拔得頭籌，在金融和資本市場同樣贏得先聲。

　　對香港而言，每一次大的轉型看似"絕處逢生"，實則為經濟跨入一個更新的發展階段。20世紀四五十年代，製造業基礎的奠定，促使香港從轉口貿易港轉變為加工貿易型的工業城市；六七十年代金融資本市場的崛起，再次使香港從一個加工出口港演變為國際金融中心。

---

① 馮邦彥：香港地產業百年，三聯書店，香港，2002，138-142頁。

1972年，34歲的亨利‧凱瑟克出任怡和大班兼置地主席。畢業於英國伊頓公學和劍橋大學的亨利，雖然年紀輕輕，但不乏治才。

在亨利‧凱瑟克執掌怡和之時，香港股票市場正掀起一浪高過一浪的超升波。國際大勢方面，繼上一年中國大陸取代台灣在聯合國的位置後，1972年年初美國總統尼克松訪華，多年來磕磕絆絆的中美關係出現重大轉折，國際格局為之一變；香港本地方面，港島通向九龍的紅磡海底隧道正式通車，港島與隔海相望的九龍連成一體，經濟實力迅速成長。[1]利好消息不斷，股市熱火朝天。大批企業乘機上市，更使資本市場氣氛熾烈。

事實上，此輪股市升浪，早在1968年下半年即已露端倪，1969年股市交投活躍，股價節節攀升。在這種背景下，股票市場的面貌煥然一新：在原由英資把持的香港證券交易所之外，用粵語進行交易的遠東證券交易所於1969年12月開業。隨後，1971年3月和1972年1月，金銀證券交易所和九龍證券交易所相繼開業。

隨着地產、股市的興旺，香港金融業趨向多元化發展，商人銀行、財務公司、證券經紀行等各種金融機構紛紛成立，香港逐漸演進為遠東金融中心。

因應宏觀經濟的轉變，怡和在金融業方面開始發力，重振雄風。

股票市場的開放與成長，商人銀行[2]獲得發展良機。1970年以前香港金融業的主角是零售銀行性質的商業銀行，金融市場罕見商人銀行身影。隨着資本市場的活躍，從事投資銀行業務如企業上市、資產對冲、基金管理、併購融資、債券發行及股票報銷業務的金融機構──商人銀行開始大行其道。而領香

---

① 這一年還有一件事情值得一提，即聯合國大會表決通過了將香港和澳門從聯合國非殖民地化特別委員會的殖民地名單中刪除，從國際法律上確認了中國對香港和澳門的主權。

② 商人銀行為歐洲叫法，美國稱投資銀行，日本稱證券公司。

港市場之先的，正是怡和洋行。

1970年，怡和與英國商人銀行富林明公司（Robert Fleming & Co., Ltd.）合資，成立香港市場上的首家商人銀行——怡富有限公司（Jardine Fleming & Co., Ltd.），開創了怡和在香港及東南亞地區的投資銀行業務。[1]

正如2002年9月怡和控股有限公司常務董事珀西·韋德樂（Percy Weatherall）在第六屆中國投資貿易洽談會"2002'國際投資論壇"上演講時所說："在60年代末，'基金管理'、'投資銀行'對香港來說還是新名詞。儘管這些業務（當時歸"商人銀行"旗下）在倫敦、紐約和西方其他金融中心已經蓬勃發展，但亞洲在這方面依然是白紙一張。但當時我們認為，這些業務很有市場，所以，在1970年，就同一家叫做'羅拔·富林明'的商人銀行合作成立了合資企業，起名為'怡富'。"

怡富公司成立後，業務發展迅速，尤其是在股市併購方面大放光芒。1972年協助置地吞併牛奶公司，更成為香港資本市場轟動一時的重大事件。到1976年，其旗下已轄有7家證券、信託投資公司，管理基金達21億港元，客戶則主要來自倫敦、蘇格蘭及瑞士。[2]

1972年，怡和以換股方式將其在遠東投資公司所佔股份增至42%，並改名為怡和證券有限公司（Jardine Securities Ltd.），從事證券買賣及投資。

同年，怡和將保險經紀業務分拆獨立。第二年（1973），開始招募大學

---

① 馮邦彥：香港金融業百年，三聯書店，香港，2002，178-180頁。

② 2000年，怡和集團將怡富售予美國大通銀行，後者透過購併變成了現在的摩根大通（J. P. Morgan），怡富成了這家大行的附屬機構。2005年，怡和集團重返投資銀行市場，怡和策略當年6月22日宣佈：以1.85億美元（約14.4億港元）的價格，向皇家太陽聯合保險集團購入兩成羅斯柴爾德控股（Rothschilds Continuation Holdings, RCH）權益。羅斯柴爾德與怡和的合作始於19世紀，自1838年起，怡和便已是羅斯柴爾德在中國市場的代理。怡和策略入股羅斯柴爾德控股，有別於當年投資怡富，只做策略性股東，不參與投行業務的日常運作。

畢業生出任保險見習管理人員，怡和保險業逐步走上專業化。

　　1974年，為加強與匯豐銀行的聯繫，取得充分的財務支持，怡和與匯豐換股，匯豐持有怡和5%股權，怡和則持有匯豐3%的股份。[1]

　　1975年，港英政府宣佈籌建香港商品期貨交易所，怡和立即與英國一家公司合組了怡達商品貿易公司〔Jardine, Gi & Buttus (Hong Kong) Ltd.〕，在香港及東南亞一帶經營期貨商品交易。

　　透過上述步驟，怡和大大加強了它在金融業的實力和影響。

06 舞動資本市場

　　這一時期，怡和在年輕的亨利·凱瑟克執掌下，在香港展開了一系列收購行動：

　　1972年，透過置地收購牛奶冰廠有限公司。

　　1974年，透過九倉收購香港電車公司。

　　1975年，怡和以換股方式及現金收購汽車代理公司——仁孚行75%的股權，使仁孚行成為怡和的附屬公司。同年，又以換股方式收購了香港實力雄厚的建造及土木工程集團——金門(香港)有限公司，並將其私有化。

　　通過這些密集的收購行動，怡和不僅分散了投資風險，也大大增強了集團的盈利前景。其中，置地收購牛奶公司一役，被視為香港上市公司收購戰的經典之作。

　　1972年，當股市熱火朝天之際，香港資本市場發生了兩件影響深遠的大

---

[1] 1978年初，怡和大班紐壁堅接受記者採訪時稱："與匯豐互相交換股票，可説是公司投資方法的一種，這種股票是作為公司在匯豐方面作長線投資的媒介，不會加以轉讓。"

事，一是置地公司取得牛奶公司控制權，二是以李嘉誠長江實業為首的一批華資地產企業上市。[1]長江實業等新興華資地產商的威力要到數年後才開始得到顯示，而"置、牛大戰"則轟動於當時，為這一年的股票市場火上澆油。

牛奶公司是一家由蘇格蘭醫生文遜（Patrick Manson）創辦於1886年的老牌英資公司。公司創辦後即在港島薄扶林購入大片土地興建牧場，飼養從英國進口的乳牛，生產新鮮牛奶。1918年，牛奶公司收購了怡和旗下的製冰公司，改組為"牛奶冰廠有限公司"，業務進一步擴大。牛奶公司還是香港第一家經營超市（今天的惠康超市）的公司。此外，還與伍氏家族合作，經營美心西餐廳。到1970年代初期，牛奶公司已是一家頗具規模的大公司，旗下業務包括經營奶類產品、冷凍業務及超市，擁有職工逾3000人。

當時，牛奶公司並無控股大股東，董事局主席為曾在香港政壇紅極一時的華商周錫年。出身香港世家的周錫年，早年留學英國，回港後執業做醫生，建立起聲名。二次大戰時接濟不少知名人士，為其在戰後從政提供了便利。從1946年起，周錫年歷任立法局議員、行政局議員，以及兩局首席議員，直至1962年任期屆滿，深得港督葛量洪（Alexander Grantham）和柏立基（Robert Brown Black）信任。不過，在1967年香港政治騷動中，周錫年未能旗幟鮮明地站在港督一邊，從而"失寵"於港督。

就牛奶公司本身的經營而言，可用"保守"兩字形容。徒有大片潛質優厚的土地而不會發展，終於成為亨利·凱瑟克覬覦的目標。

1972年10月30日星期一，香港股市發展史上首宗轟動全港而影響深遠的收

---

[1] 1972年下半年迎來企業上市熱潮。日後在香港地產業界大展鴻圖的華資新興地產集團，幾乎都在這一時期上市，如信和地產（7月20日）、合和實業（8月21日）、新鴻基地產（9月8日）、恒隆（10月21日）、鷹君（10月26日）、長江實業（11月1日）、永泰建業（11月6日）、廖創興企業（11月13日）、新世界發展（11月23日）、大昌地產（12月11日）等。

購戰——置地對牛奶的收購戰正式爆發。

當天，香港地產界"皇冠上的明珠"——置地收購牛奶的消息傳出，牛奶股價一開盤便高升48港元，以188港元開市，其後股價節節攀升，最後以196港元收市，升56港元，升幅達28.6%。置地股票亦上升9港元，以104港元收市，漲9%。當日，恆生指數大漲43.67點，以613.66點收市，升7.5%，全日四大交易所成交總額達4.43億港元，創下歷史新紀錄。

翌日，置地在香港各大報章以全版廣告刊出收購建議：置地將委託商人銀行怡富和獲多利公司為財務顧問，以兩股面值5港元的置地股票，換取一股面值7.5港元的牛奶股票，即以換股方式全面收購牛奶公司。置地表示，根據1972年10月27日香港證券交易所的收市價，置地每股94港元，牛奶每股135港元，換股建議實際上使牛奶股價升至每股188港元，即牛奶公司股東的資本值將增加40%。

為了加強換股建議對牛奶股東的吸引力，置地即時聘請專業公司重估資產，每股置地資產值為28港元，公司總資產超過17.5億港元。同時，置地向股東承諾，保證1972年度派息不低於1.2港元，比上年度增加26%；1973年度派息1.5港元，增長25%；1974年度派息2.2港元，增長35%。

置地開出的收購條件，使得本已熱氣騰騰的股市更加沸騰起來。

隨後，置地連續在各大報章刊登全版廣告，發起凌厲攻勢。

11月29日，置地的換股期限到來。置地宣佈，截至11月28日，置地已取得牛奶公司51%以上股權。當晚，置地董事局召開記者招待會。出席會議者除置地主席亨利·凱瑟克外，尚有置地董事、香港金融界及報界數百人。亨利春風得意地宣佈收購成功。

11月30日，置地宣佈已擁有80%以上的牛奶公司股票，置地決定將換股建議的最後期限延長至12月15日。

12月15日，置地收到牛奶公司已發行股票約90%。根據公司條例，置地將向其餘牛奶股東進行強制性收購。至此，首個轟動全港的收購戰拉下帷幕，牛奶被置地兼併，取消上市地位。

在整個"置牛大戰"中，牛奶公司董事局及主席周錫年雖堅拒置地吞併，但終究未擋住置地的凌厲攻勢。周錫年痛失江山，掛冠而去。

置地收購牛奶，使本已泡沫橫飛的香港股市更加瘋狂上漲，愈來愈多的香港市民蜂擁入市，從而種下了1973年股市危機的種子。1973年股災發生時，香港《星島日報》4月6日一篇題為"華資外資在市場鬥法已判勝負 結果華資集團鎩羽而歸"的文章中寫道："華資與外資集團'拗手瓜'的鬥法，勝負已分，可以這樣說，整個華資集團都殘敗下來了，這幕驚險緊張的大悲劇，相信也要終場了。"

不過，值得一提的是，李嘉誠的長江實業正是藉着這個時機，大量收購港島地皮，並在股票市場通過收購美資永高公司，取得了中環的希爾頓酒店，一舉打破中環地產由置地公司控制的局面，同時開創了香港華資吞併外資公司的先河。

置地未花一分現金，鯨吞了牛奶這家規模宏大的老牌公司，堪稱香港企業併購史上的經典之作。然而，在怡和收購牛奶達到巔峰的時刻，實際上也埋下了危險的種子。因為經過這次換股，置地的大量股票流散到小股東手中，從而大大削弱了大股東怡和對置地的控制，種下了日後置地遭華資財團狙擊的禍根。

07 保險業蓬勃發展

就在置地吞併牛奶公司的1972年，怡和保險經紀公司（Jardine Insurance Brokers, JIB）成立，[①]怡和洋行的保險業務從此進入到一個新階段。

1960年代後期的怡和洋行保險部，是當時香港最具影響力的保險業代理機構。據1968年加入怡和洋行保險部的"老保險"郭振華回憶，當時怡和洋行保險部設有水險部、火險部、意外險部、賠償部、市場部、人事部等，職員約100人左右。除了代理集團旗下的隆德保險公司、[②]香港火燭保險兩家本地保險公司之外，怡和洋行保險部還代理了包括英國在內的歐洲，美國、日本等國的十多家大型跨國保險公司，最高峰時曾代理十五六家保險公司。而怡和洋行的主要保險客戶，均為當時香港上市的大藍籌公司——置地、九倉、牛奶公司、電燈公司、中華電力、電車公司等。[③]

"怡和除了擔任代理外，亦自設保險公司，承保利潤最高的業務。我們的核心業務大都是'靠關係'，由附屬公司、商業夥伴、屬下代理行的客戶和朋友轉介而來。記得當年怡和成為仁孚的大股東，而仁孚則獨家代理香港的平治汽車，怡和的主席通知我將仁孚的所有保險業務轉交給怡和處理，但另一方面，向來直截了當的仁孚總裁則強烈警告我們不要沾手他們的保險業務。

---

① 1997年，JIB與1981年成立的Lloyd Thompson 合併組成怡和保險顧問集團（Jardine Lloyd Thompson Group plc, JLT）。2006年11月，JLT與廣東立信合資設立的怡和立信保險經紀公司在廣州開業，JLT正式進入中國內地。

② 1954年，怡和撤出中國大陸，諫當保險公司正式關閉其在上海的辦事處，結束了在中國內地逾一個世紀的經營。就在此前一年（1953），考慮到當時已失去中國內地的大部分生意，公司取名"諫當（廣東）"不再適合。於是，以馬地臣公司百年來設立在倫敦泰晤士河畔的倫巴德大街（Lombard Street）三號為依歸，諫當保險公司更名為倫巴德保險公司（又名隆德保險公司）。

③ 馮邦彥、饒美蛟：厚生利群：香港保險史（1841-2008），三聯書店，香港，2009，116頁。

幸好最後雙方也能達成可接受的方案。"1973年來到香港任職怡和的沈茂輝（Michael Somerville）說。①

"一直以來，香港的保險市場以水險和火險為主，大部分生意來自製造業和紡織業，保單通常是來自收取佣金的代理，當時尚未有'經紀'概念。怡和的佣金代理部十分強大。"沈茂輝說，後來市場發生了變化：車輛數目大幅增加、勞保成為法定保險、多項重要基建工程上馬，如興建海底隧道、香港仔隧道、萬宜水庫和地鐵等項目，促使1970年代初首次引進工程全險。工程全險的出現，加上香港的航空業、航運業日益蓬勃，吸引多家大型海外保險經紀公司來港，他們擁有專門技術，努力進佔新興市場，對舊有"靠關係"做生意的手法嗤之以鼻。

本地保險公司和代理商由於缺乏技術和能力，面對國際經紀行突如其來的新挑戰。沈茂輝說："當我出任怡和保險部主管時，將經紀、保險公司和代理的角色合併起來，這情況很快便改變了。"面對新形勢，怡和積極應對、快速轉型，趕上了時代發展的步伐。1972年，怡和將經紀業務分拆獨立為Jardine Insurance Brokers。第二年，怡和等開始招募大學畢業生，出任保險見習管理人員，使保險業逐步走上了專業化。②

08 繁榮東移：置地在銅鑼灣的擴張

置地吞併牛奶公司後，獲得牛奶公司在銅鑼灣的大片土地。置地隨即發揮

---

① 馮邦彥、饒美蛟：厚生利群：香港保險史（1841-2008），三聯書店，香港，2009，154頁。
② 至於怡和旗下的隆德保險公司和火燭保險公司，也獲得了極大的發展。不過，後來怡和將隆德保險和火燭保險的六成承保業務售予美國大陸保險公司（Continental Insurance）。1987年，怡和將火燭保險餘下40%的承保業務也售出。

所長，將所獲土地加以發展。

銅鑼灣原本就是置地母公司怡和洋行在香港的發源地，1841年6月義律首次就港島相關地段公開拍賣時，怡和洋行投得的便是銅鑼灣的東角。對此，怡和在慶祝成立一百週年時編撰的《怡和洋行百年史略》一書寫道："（港島）土地拍賣開始於1841年6月14日，渣甸‧馬地臣行獲得了好幾幅土地。他們（馬地臣等）在東角修建了房屋，在那裡建立了總部。一座簡易的貨棧，延續使用到1923年。東角的辦事處一直用到1864年，後來遷移到更靠近香港中區的地方，原來的建築物改用做普通食堂了，直到1923年東角舊址出售為止。"①

1972年8月，銅鑼灣至紅磡的海底隧道正式通車。隨後銅鑼灣逐漸成為繁華的商業區，寫字樓開始興建起來。其中，最矚目的正是走出中環的置地在這裡的發展。

事實上，1960年代，香港政府已決定興建紅磡海底隧道，連接港島與九龍半島。海底隧道修建，銅鑼灣成為繁華商業區勢所必然，因此，地價已經急升，成為商家必爭之地。亨利‧凱瑟克也正是看到牛奶公司在銅鑼灣擁有大片牛房、冰廠，潛質優厚，才打起牛奶公司主意的。

1973年，由置地公司聯合其他機構斥資1.2億港元打造的怡東酒店正式開業。擁有上千間客房的怡東酒店，成為當時全港最大的酒店，也是當時社會名流聚會和休閒的場所。

1975年，置地發展建築的世界貿易中心落成。早期世貿中心曾開設有碧麗宮夜總會，由伍舜德、伍沾德兄弟創辦，怡和擁有股份的美心飲食集團則在這

---

① *Jardine, Matheson & Co. afterwards Jardine, Matheson & Co. Limited: an outline of the history of a China House for a hundred years 1832-1932*, London, 1934, p.26.

裡開設了美心皇宮大酒樓，在當時的香港均頗有名聲。

1978年，置地斥巨資將牛奶公司在銅鑼灣的冰廠改建為氣派豪華的溫沙公爵大廈(今皇室大廈)。樓高41層的溫沙公爵大廈建築面積逾81萬平方呎，可供租用面積60萬平方呎，是區內最為龐大的商業大廈。

與此同時，在置地的領導下，牛奶公司逐漸發展成一家龐大的食品批發零售集團，旗下的惠康超市成為香港兩大超市集團之一，其分支機構遍佈港九各個角落。

通過以上對怡和在香港發展的勾勒和描述，人們或許不難理解在香港生活多年的休斯（Richard Hughes）所說，實際統治香港的不只是港督，還有怡和與匯豐這些財雄勢大的英資財團。人們也不難看到，香港的政治和經濟命脈，主要由殖民地政府官員和有着龐大影響力的經濟精英共同操控着。

怡和的影響力不僅在於參與香港高層政治和經濟決策，對香港的經濟發展有着舉足輕重的作用，而且其所掌控的經濟領域，滲透於人們日常生活中的衣食住行。在香港這片土地上，無論是長住於此的香港市民，還是來港經商或旅遊的外地人士，無時無刻不被怡和所構建的商業王國所包圍。從以下這段白描中，便約略可見怡和在香港的影響力之一斑：

"怡和的業務規模宏大，無遠弗屆。即使你只是偶爾來港數天，亦會不期然與怡和扯上關係。當你步落飛機的一剎那，香港機場服務公司（怡和佔50%的股權）的僱員，便會協助你搬運行李。其後，接待你前往酒店的汽車，極可能是仁孚（怡和佔75%的股權）負責經營的平治牌房車。在酒店方面，最受銀行家偏愛的文華酒店，屬於怡和聯營機構置地公司的物業。至於商界人士，自當十分熟悉怡和與倫敦Robert Fleming合辦的怡富投資有限公司。

"假如你喜歡逛公司的話，你或會選購經由怡和代理的姬仙蒂柯服裝、登喜路高級產品、錦囊相機、白馬威士忌和軒尼詩干邑。同時,你亦大有機會光顧置地屬下的超級市場,購買一些日常用品。身在香港這個繁忙都市,必然無法避開金門建築公司(怡和全資附屬機構)的推土機發出的噪音和煙塵。

"事實上,外國遊客亦很難不踏足怡和的物業,因為大部分中區商廈均屬於置地公司所有,其中包括置地廣場和康樂大廈。當你離開香港時,你亦可能會搭乘怡和代理航空公司的班機。在離開之前,你使用的仍是怡和的服務;機場貨運和機場保安等空運事業,都是怡和屬下的企業。"①

09 國際化:海外發展第一波

怡和不僅迅速地穩固了香港這個根據地,同時也加快了海外投資步伐,力求在全球各地分散投資,實現業務國際化。

1954年,怡和撤離中國大陸之後,開始以香港為基地重新佈局。1954年,怡和在新加坡收購了亨利·窩夫有限公司(Henry Waugh & Co.)——一家分支機構遍佈新加坡、馬來西亞、泰國,兼營進口、工程承包及代理業務的頗具規模的商行,這正是怡和實施新的國際化戰略的起點。

1961年,怡和在香港證券交易所上市。同一年,亨利·窩夫有限公司更名為怡和窩夫有限公司(Jardine Waugh Ltd.)。

1963年,怡和進一步向澳洲擴展。在悉尼設立辦事處後,即在當地收購了貿易、地產、保險、運輸等多家公司的股權。

1960年代末至70年代中期,中國大陸爆發長達10年的"文化大革命"。香

---

① 韋怡仁:老牌英資集團怡和何去何從?載香港:信報財經月刊,六卷十二期,46-47頁,轉譯自:國際機構投資者,1983年1月號。

港政治、經濟環境也一度惡化，怡和因此而加快了海外投資的步伐。[①]

1973年2月，怡和在香港股市崩潰之前的巔峰時期，大量配股集資2.75億港元向海外投資。同年，怡和收購了美國夏威夷的戴惠施有限公司（Theo H. Davies）。戴惠施公司在夏威夷及菲律賓擁有4萬畝甘蔗園、2家製糖廠及多家保險、旅遊、航運公司，是一家經營糖業及貿易業務的大型公司。同年，怡和還透過倫敦的馬地臣公司收購了在倫敦市中心區擁有多幢商業大廈及地段的怡仁置業有限公司。

怡和的保險業務也在這一年取得顯著擴展：收購了4家英國保險公司、1家美國公司，組成保險經紀業務核心，在世界多個地方設立辦事處，提供保險批發及零售經紀服務。

1970年代中期，怡和的勢力擴展到南非、中東地區。

1975年，怡和收購了南非的雷里斯聯合股份有限公司（Rennies Consolidated Holding Ltd.）。這家公司在南部非洲8個國家經營船務、運輸、酒店經營及貿易業務。1976年，怡和收購了在沙特阿拉伯和科威特均設有分支機構的中東運輸貿易有限公司（Transporting and Trading Company Inc.）。

連年大規模向海外投資，到1977年，怡和集團在海外資產所佔比重已超過60%。

怡和在海外經營的業務，正像時人所描述的那樣極其多元化："在夏威夷生產食糧；在菲律賓從事榨糖業；在東南亞負責離岸油田設施建造和維修業務；在中國生產迅達電梯；在南韓供應藝術創作器材；在沙地阿拉伯興建公路

---

① 香港《南華早報》曾引述英國政府已公開的一批秘密文件稱，1967年香港發生騷動期間，英國政府甚至考慮提前歸還香港。英國外交大臣在一封給當時香港總督戴麟趾的電報中指示說："或許我們撤出香港的時刻已經到來了。"

及在南非開設假日酒店。此外，怡和亦有經營航運、財務和貿易業……"①

　　怡和為何如此大規模投資海外？對此，怡和大班紐壁堅（1975年接替亨利·凱瑟克）稱：怡和集團的規模實在過於龐大，就以投資情況而言，怡和在本港業務所獲純利已高達1.5億港元，業務範圍亦已分佈於每一角落，假如再作擴張，會遭人指責怡和壟斷本港的所有工商活動；另一方面，假如將投資全部集中在本港，會使集團業務發展受限，集團進行海外投資只是順應公司和經濟的發展趨勢。②

　　怡和在海外的投資規模如此龐大，其海外投資成效又如何？

　　紐壁堅說："1949年中國政權易手前，怡和大部分的業務是以中國為主，香港的業務在集團內只佔極小部分，其後更在東南亞、澳洲、南非及中東等地進行投資，這些投資對集團本身都極為有利，如1974年敝公司在夏威夷的投資，由於國際糖價高漲，為集團帶來可觀的利潤，現時在夏威夷方面的生意，經營得非常理想；過去數年來在沙地阿拉伯投資經營的運輸及貿易有限公司亦有極佳的表現，而且會繼續有可觀的進展；在英國的投資過去幾年也有穩定的表現；日本方面亦大致相同；澳洲的經濟情況雖然較差，但怡和在當地的投資卻仍有良好的進展，未受惡劣環境的影響。在去年的業績中，惟有菲律賓方面的業務較令人失望，但集團已在管理上急謀補救，並徹底改善過去所犯的錯誤，預料今年在菲律賓的業務將有明顯改善。"

　　不過，怡和此一時期海外業務的發展情況其實並非如紐壁堅所說，僅"菲律賓方面的業務較令人失望"。事實上，怡和在海外的經營整體說來並不順

---

① 韋怡仁：老牌英資集團怡和何去何從？載香港：信報財經月刊，六卷十二期，47頁。
② 黃惠德、歐陽美儀：怡和大班紐壁堅接受訪問分析經濟大局及其集團的發展，載香港：信報財經月刊，一卷十一期（1978年2月），59-60頁。

利，盈利停滯不前。[1]事後我們看到，怡和此一時期收購的一些公司日後多半售出，怡和將不得不為其海外業務的快速擴張而付出沉重代價。

---

[1] 到了1982年，怡和高層所關注的海外業務收益僅佔怡和集團盈利總額的27%，與預期佔比40%的目標相差甚遠。

1. 怡和大班亨利・凱瑟克（1938-　　　）。
2. 1974年，怡和將總部遷入康樂大廈，它是當時亞洲最高的大樓（1989年更名
   為怡和大廈）。

1. 怡和午炮宣傳單。
2. 3. 置地創辦人遮打爵士（1836-1926）和置地廣場。

第十三章

風雨飄搖

60年代，在香港提起怡和大名，商界人士仍會肅然起敬。哪裡曉得，過去十數年，由於城市地價反常暴漲，華資地產商人儼然形成這個社會的新富階級，他們手中擁有的建築地盤，價值動輒逾億，英商大機構往昔令人目眩的財富就此失去了光彩。時至今日（1980），更因掌握不到屬下公司的控制權，淪為被人收購的現象。

——香港《南北極》雜誌

有強大的中國做靠山，這些華商新貴們如虎添翼，他們才敢公然在商場與英商較量，以獲取原屬英商的更大的經濟利益，這使得香港的英商份外不安。連世界聞名的怡和財團的大班、大股東，都有一種踏進雷區的感覺。英商莫不感歎世道的變化。同時，也不能不承認包玉剛、李嘉誠等華商，能與英國商界的優秀分子相提並論。

——英國《泰晤士報》

　　1970年代中期以後，不可一世的英資洋行根基鬆動，華商勢力乘勢興起。國際政局的相對穩定、香港經濟的急速起飛、股市樓市的異常興旺、中國大陸的改革開放、香港回歸問題的浮現，顯示出香港正在迎來一個變革的新時代。

　　的確，香港的脈搏總是隨着中國大陸的命運而跳動，無論是它當初的被割離，還是清朝晚期、中華民國、中華人民共和國的政治變遷和經濟發展。長達10年的"文革"結束，封閉的國門再次打開，中國實行改革開放，致力於經濟發展。香港與大陸中斷多年的經貿聯繫迅速恢復。中國大陸種種政治、經濟舉措，開始影響到香港原有勢力的平衡。中國發展的強勁脈搏、香港未來的政治走向，備受壓抑的華人、華商最易感受得到。受此鼓舞，羽翼漸豐、雄心勃勃的新興華資財團，開始向信心不足的老牌英資洋行發起挑戰，香港經濟史上一連串動人心魄的收購戰拉開帷幕。

　　時移勢易。當年置地併吞牛奶公司的輝煌已經遠去，如今則是包玉剛以雷霆萬鈞之勢一舉拿下九倉。置地同樣遭到李嘉誠等華資財團的圍攻，香港地產皇冠上的這顆明珠已經黯然失色。

　　九倉被奪、置地被圍，"洋行之王"怡和一時困守危城，風雨飄搖。

01 華商崛起：包玉剛與李嘉誠

　　在1970年代末掀起的這一波公司收購戰中，新崛起的華商勢力已經不似70年代初那樣顯得初出茅廬，而是給英資大行以當頭棒喝。一些赫赫有名的老牌英資上市公司先後被華資財團收入囊中。在聲名顯赫的英資"四大行"中，和記黃埔和會德豐被華商折翼收編，剩下的兩家，怡和旗下的九倉被奪、置地被圍，僅剩作風保守的太古在時代的風雨中觀望。英資財團不可戰勝的神話隨風而逝，香港經濟開始進入一個新的時代。

　　華資財團在香港從受壓制、被支配到逐步崛起，英資財團從稱雄香港到從巔峰滑落，正是時代轉變的縮影和大國興衰變化中的一個細節。

　　在香港工業化進程中，華商積極投身其中，從紡織擴展到製衣、塑膠、電子、玩具、鐘錶，華商在香港經濟最重要的行業──製造業中取得了統治地位。

　　地產業方面，1970年代以後，華資地產商透過將公司上市、發行新股籌集資金，在地產發展方面積極進取，財富急速膨脹，自信心日益增強。長江實業、新鴻基地產、合和實業、恆隆集團等新興華資地產商群雄四起、光芒四射，開始令置地等老牌英資公司相形失色。不僅如此，這些坐擁巨資的華商開始將目光投向了身邊的這些英資“巨無霸”。

　　1939年李嘉誠年僅11歲時，因日軍侵華而隨父母由廣東潮安舉家南遷香港。14歲時父親病逝，他只好輟學外出謀生。1950年，李嘉誠以5萬港元的資本創辦起長江塑膠廠，邁開其宏偉基業的第一步。1958年，李嘉誠看好香港地產業前景，開始涉足於此。1967年，香港爆發政治騷動，地產陷入低潮，李嘉誠利用這千載一時的良機，大量吸進低廉的地皮和物業，從而奠定了日後在地產界大展鴻圖的基礎。1971年6月，李嘉誠創辦長江地產有限公司，1972年8月更名為長江實業（集團）有限公司，全力向地產業發展。10月，長實正式在香港掛牌上市。隨後利用發行新股大規模集資，並趁地產低潮大量購入地皮物業。1976年，長實擁有的樓宇面積已增至635萬平方呎，在上市短短4年間增加了17倍。

　　航運業方面，“世界船王”包玉剛旗下的船舶，往來停靠於各大洲的港灣。另一航運鉅子董浩雲旗下的“海上巨人號”，則作為全球最大的超級油輪航行在世界各地。到70年代末80年代初，以環球航運、東方海外、華光航業、萬邦航運為主力的華人航運公司，已遠遠超過香港英資財團的航運力量。

在中國內地有着10年銀行經歷、並擔任過上海銀行副總經理的包玉剛，在國共兩黨勝負大局已定的1949年移居香港。6年後的1955年，包玉剛看好當時世界航運前景，斥巨資購入一艘28年船齡的燃煤舊貨輪，改名"金安號"，邁出創辦環球航運集團的第一步。隨後，包玉剛用所謂"三張合約"的策略，即用租船合約去取得銀行貸款合約，再以銀行貸款去簽訂造船合約，迅速擴大了航運業務。據估算，到1970年代中期，包玉剛已成為香港華商中的首富。1971年，包玉剛應邀加入匯豐董事局，成為匯豐首位華人董事。1976年，美國《新聞週刊》以包玉剛為封面人物，稱其為"海上之王"。

香港正是這樣一個有着不竭創造力和生命活力的移民城市，來自珠江三角洲和長江三角洲的華人企業家，融入香港後迅速成為當地經濟發展的重要力量。

有過從中國大陸撤離經歷的英資財團，對香港這個"借來的時空"心存戒備，擔心香港遲早會歸還中國，因而在投資上採取"分散風險"策略，如英資"四大行"中，怡和抽調龐大資金收購英國、美國、南非、中東等地的公司，將雞蛋分放在各大洲的不同籃子裡；會德豐則全力發展航運，把"資產漂浮在公海上"；太古着力發展航空，把資金變成"會飛的資產"。怡和旗下的九倉和置地雖然在香港發展，但也主要是透過上市集資、發行新股進行，結果使公司股票大量流失於小股民手中，為華資大亨實施狙擊種下誘因。

怡和與李嘉誠等華商在地產業方面的進退形成鮮明對比。怡和在1970年代香港經濟面臨新一輪增長週期時，卻大舉投資海外，結果不僅泥足深陷，而且處處觸礁，導致元氣大傷。到了1980年代初期，香港地產泡沫出現、面臨大幅調整之時，怡和旗下的置地卻又一反常態大肆擴張，結果陷入更深的危機之中。而李嘉誠、郭得勝、李兆基等新崛起的華資地產商則把住了香港地產業循環盛衰的命門，在地產低潮時大舉購入土地儲備，再在地產繁榮上升時陸續推出樓花或樓宇，一買一賣之間賺取巨額利潤。

會德豐的約翰·馬登（John L. Marden）與環球航運的包玉剛，對世界航運業及香港地產業循環週期的判斷也別有意味。著名地產商會德豐旗下的地產公司擁有港島中區貴重物業和大批土地儲備，然而其掌舵人馬登看淡香港經濟前景，在地產高潮時大量拋售物業，套取資金去發展航運業，結果在世界航運低潮的襲擊下無力自拔。而號稱"世界船王"的包玉剛卻在表面繁榮的航運景觀中毅然"棄舟登陸"，結果不但成為避過世界航運業災難的幸運者，而且成功建立起龐大的陸上王國。一進一出之間，結果同樣有天壤之別。

這些香港地產業及世界航運業盛衰成敗的案例，看似單純的對市場把握和判斷的問題，實際上是對英、中兩國大勢變化的研判和對香港前途有無信心的具體表現，從而直接影響着他們各自對香港經濟週期的把握。

1980年11月19日，英國《金融時報》載文分析這種轉變時寫道："對香港的非華人來說，過去一年並不好過，他們既不能像華人企業家一樣感受到北京政治和經濟動向的改變，也不能像華人一樣對香港的產業具有信心，這種信心需要一種安全感和快速牟取利潤的機會主義同時支持……金錢、信心和民族主義在過去兩年所起的作用，已根本地改變了香港向來的勢力均衡。"

02 前兆：中環地鐵投標"意外"失手

在巔峰時期，怡和及其旗下的置地、九倉在香港的許多重要行業——無論是地產、貿易、超市、酒店、電力，還是建築、電訊、交通、碼頭，都具有舉足輕重的影響力。

而作為地產業龍頭的置地公司，不僅在中環的地位無人能挑戰，就是在香港地產界的任何一項招投標，只要有它參與，都會如囊中取物般容易。在1977年之前，有誰能挑戰怡和及置地？

風頭正勁的置地此時不僅在進行着更大規模的中區重建，也在中環繼續擴展和收購物業。1976年9月，置地宣佈收購位於德輔道中的鐵行大廈。大廈樓面面積約10萬平方呎，其中4000平方呎為商舖。

1977年1月，地鐵遮打站（1985年5月更名為中環站）、金鐘站上蓋興建物業權的競投開始招標。對此，置地自然是積極參與，並志在必得。

1975年11月動工興建的香港地鐵工程，是香港有史以來最為浩大的公共工程。首期工程由九龍觀塘，穿過海底到達港島中環，將香港島中環與九龍的主要住宅及工業區相連接，全長15.6公里，設15個站，總費用達60億港元。資金來源主要由港府提供擔保獲得銀行的各類長期貸款，地鐵公司通過證券市場售股集資。此外，地鐵公司與地產公司聯合發展車站上蓋物業的利潤充股。

中環站和金鐘站是當時香港地鐵中最重要、客流量最大的兩個車站。中環站作為地鐵首段的終點，位於全港最繁華的金融商務區；金鐘站則是穿過海底隧道的首站，與中環金融商務區咫尺之遙。

中環、金鐘兩站上蓋可望建成地鐵全線盈利最豐厚的物業。對此，稍有實力的香港地產商莫不砰然心動，李嘉誠亦然，因此競投激烈，參加投標的財團達到30多個，其中置地自然是奪標呼聲最高的公司。港島中區是置地的“老巢”，它在這裡已擁有十多幢摩天大樓。置地廣場和康樂大廈就位於未來的中環地鐵車站兩翼。臥榻之旁，豈容他人酣睡？

長江實業參與競投，就必須將置地作為主要競爭對手。李嘉誠參與投標，看重的不在於地鐵上蓋發展的利潤，更在於在中區立足及樹立起長江實業的聲譽。李嘉誠仔細研究標書，他發現地鐵公司急需的是資金盡快回籠，而置地向來以物業出租賺取租金為經營之道。因此，李嘉誠提出了將上蓋物業建成一流商業綜合大廈的發展計劃：首先，滿足地鐵公司急需現金的需求，由長江實業一方提供現金做建築費；其次，商廈建成後全部出售，利益由地鐵公司與長江實業分享，並打破對半開的慣例，地鐵公司佔51%，長江實業佔49%。

揭標日臨近，奪標呼聲最高的仍是勢大財雄的置地。然而，公佈的結果出乎人們意料，長江實業這匹"黑馬"奮勇奪標。長江實業針對地鐵公司債務高企、急需現金回流的困難，提出了極具吸引力的方案，將上蓋物業完工時間與地鐵通車日子配合，結果在眾多財團中突圍而出。

4月4日，地鐵公司與長江實業簽訂中環站上蓋發展物業協議，金鐘站上蓋發展物業協議日後商議簽訂。①

長實擊敗置地，轟動了整個香港，被譽為"華資地產界的光輝"。

事後置地執行董事兼總經理鮑富達接受記者採訪時，並不承認置地的失敗。他說："我個人不認為在爭取地下鐵路舊郵政總局（地鐵中環站）的上蓋發展權中是遭到失敗，只是因為我們與長江實業方面經營業務的方針有別，所以向地下鐵路公司所提出的條件不同，而我們是以地產投資為經營業務的方針，長江實業則是以出售樓宇為主，因此我們不能提出與長江實業相同的條件，而地下鐵路公司為保障本身的利益，便選擇由長江實業來合作發展該地

---

① 1977年是李嘉誠取得驚人業績的一年。4月初中標地鐵上蓋，月底果斷出擊收購了擁有中環希爾頓酒店（現長江大廈所在地）的美資永高公司，開創香港華資公司吞併外資企業之先河。緊接着，成為匯豐銀行的合作夥伴，興建位於皇后大道中的新華人行。

盤，這是不值得奇怪的。"①

　　據認為，凱瑟克家族對時任怡和大班兼置地主席的紐壁堅此次出乎意外的"失手"極為不滿，這也成為日後凱瑟克家族迫使靠自身努力一步步踏上董事局主席高位的紐壁堅下台的遠因。

　　1978年5月，地鐵中環站上蓋建築——環球大廈分層發售，廣告見報後8小時內即全部售完，交易總額達5.9億港元，創下香港樓價最高紀錄；同年8月，地鐵金鐘站上蓋建築——海富中心開盤，物業總值9.8億港元，創開盤售樓一天成交額最好業績。

　　經此一役，長實不僅賺得了豐厚利潤，更獲得了無法以金錢估量的無形利益——信譽。

　　這是一次轉折。長實在香港地產界的崇高地位就此奠立。當時已經有股評家開始預測，長實邁向中環的腳步不會就此停止，其實力將可能會有超越置地的那一天。

03 拐點：痛失九倉

　　地鐵中環、金鐘站上蓋興建權投標戰的意外失手，讓凱瑟克家族極為不快。然而，真正讓怡和嘗到痛苦滋味、並領教到華資財團厲害的，是"超人"李嘉誠和"船王"包玉剛接續競奪九倉一役。②

　　李嘉誠的確稱得上目標遠大、目光如炬。這時，香港地產市道已升至高

---

① 李德綱：香港物業發展的前鋒——置地執行董事鮑富達談大計，載香港：信報財經月刊，二卷七期（1978年10月），72頁。
② 李嘉誠的"超人"之譽，在其於1979年以6億多港元市值的長江實業成功收購有60多億港元市值的香港第二大英資洋行——和記黃埔22.4%股權之後獲得，此役使李嘉誠成為華商"入主英資大行第一人"。

位，直接進入樓市代價極其高昂，而同期股市卻顯疲弱，九倉、青洲英坭、和記黃埔等一批優質英資上市公司，市值普遍低於其資產賬面淨值，且擁有龐大土地儲備，潛質優厚，加上這些公司的大股東對公司控制權不穩，這些均被李嘉誠看在眼裡、記在心上。

在港島中區初試鋒芒之後，李嘉誠將兵鋒指向了怡和旗下的九倉。

1970年代以後，九倉先後收購天星小輪、香港電車以及海港企業51%的股權，並在尖沙咀海旁興建被譽為"亞洲最龐大而成功的綜合商業中心"的海港城。但是，九倉為籌集發展海洋中心及海港城的龐大資金，曾先後多次發行新股及送紅股，使得股價偏低，股票大量流入散戶之手。與此同時，九倉興建的商廈主要以出租為主，現金回流緩慢，盈利增長不快，與大幅飆升的香港地價形成強烈反差。1978年初十多港元的九倉股價，與地處寸土寸金的尖沙咀之反差尤其強烈。

於是，李嘉誠不露聲色地大量購入九倉股票，從每股十多港元一直買到每股三十多港元，共吸納了約2000萬股，幾佔九倉已發行股份的20%。

這時，市場上開始流傳李嘉誠有意收購九倉。

當怡和驚覺李嘉誠的行動後，立即部署反收購戰。無奈自己在1970年代中前期大規模投資海外，盈利不佳，導致資金短缺。為了使九倉不落入華資之手，怡和在股票市場上以高價增購九倉股票。但是，不斷攀升的股價，讓怡和不堪重負。而就在這時，市場上又傳出當時更具聲望的"船王"包玉剛有意於九倉。

無奈之下，怡和轉向同是英資的匯豐銀行求助。1978年7月，匯豐應怡和集團要求找李嘉誠商談，匯豐大班沈弼正式出面請李放棄收購。

拿下九倉當然會使李嘉誠如虎添翼，但匯豐銀行介入、包玉剛有意，九倉股票已升至高位，如果急流勇退，並順水推舟，則既可更密切與匯豐銀行、包玉剛之間的關係，又可在股票的買賣中獲取巨資再作他想。在權衡利弊之後，7月26日，李嘉誠毅然將所持九倉股票轉售予包玉剛，長江實業收購九倉計劃戛然而止。

隨後，包玉剛接過李嘉誠手中的九倉股票，繼續與怡和較量。

參與九倉的爭奪，是包玉剛事業的一次重大轉型。當1976年美國《新聞週刊》封面上的"世界船王"肖像油墨未乾時，包玉剛已經開始琢磨"棄舟登陸"，將家族的投資作重大戰略轉移。

事實上，1970年代先後爆發的兩次世界性石油危機，已經使敏銳的包玉剛覺察到世界航運業可能出現大衰退。而70年代末大陸氣候的回春，包玉剛下定決心，讓浮在海上的財產扎根於香港大地。

早在李嘉誠不動聲色地在市場上吸納九倉股票時，包玉剛也已經盯上了九倉。包玉剛從李嘉誠手上購入九倉股票之後，1978年9月5日，公開向傳媒宣佈他本人及其家族已持有15%至20%的九倉股票，成為九倉最大股東。他同時表示，無意購入更多九倉股票。

在此項宣佈後數日，九倉董事局被迫邀請包玉剛及其二女婿吳光正加入董事局。

當時人們相信，九倉事件已暫時告一段落。期間，香港股市大幅回落，九倉股票也從最高價的每股49港元跌至22港元，九倉事件似乎漸漸沉寂。

然而，九倉爭奪戰其實才剛剛開始，雙方只是從明爭轉為暗鬥。包玉剛和置地公司開始各自不動聲色地吸納九倉股票。從1979年3月起，九倉股票再度持續攀升。

1979年底，雙方的爭奪漸趨表面化。12月7日，置地公司宣佈收購怡和證券手上的九倉股票，所持九倉股權增至20%，相當於包玉剛在1978年9月5日公佈所持有的九倉股權。與此同時，怡和將所持怡仁置業的股權全部出售，置地則將中環的金門大廈出售。1980年4月9日，置地宣佈供股。這一連串的措施顯示置地正在籌集資金，加強九倉控制權，與包玉剛決一勝負。

包玉剛這時也在為最後到來的決戰作相應部署。1980年4月25日，包玉剛透過旗下一家毫不起眼的上市公司——隆豐國際投資有限公司，作"蛇吞象"式的收購，發行新股、發行遞延股票等方式籌集資金，以每股55港元價格，向包玉剛家族購入2850萬股九倉股份。

包玉剛透過隆豐國際收購家族持有的九倉股票，得到了匯豐銀行和李嘉誠的支持。匯豐銀行認購了隆豐國際的部分新股，李嘉誠的長江實業則包銷隆豐國際20%的新股。這樣，包玉剛透過隆豐國際持有九倉的股權已增至30%，繼續保持九倉最大股東的地位。

此時，置地已陷入進退兩難的困境之中。置地雖然以九牛二虎之力增加九倉持股量，但包玉剛並不讓步，仍然保持大股東地位。在可預見的將來，包玉剛極有可能再增持九倉股份。如果置地要爭持到底，則實在是心有餘而力不足。

在此困境下，怡和主席紐壁堅為了打破僵局，主動約見包玉剛，但交換條件始終無法達成，談判無果而終。

和平解決九倉爭奪的途徑已被堵死，局勢漸漸發展到雙方公開攤牌階段。

1980年6月20日（星期五），置地趁包玉剛遠赴歐洲參加國際獨立油輪船東會議之機，搶先發難。下午3時，置地高層會見新聞界，宣佈置地增購九倉股份的建議，將以"兩股置地新股加76.6港元週息10厘的債券" 合共以每股價值100港元的價格，購入九倉股票，預算增購3100萬股，使置地持有九倉的股權增至49%（《收購及合併條例》規定超過五成便必須向其他股東全面收購）。

　　這是一次精心策劃的"增購"行動。置地選擇星期五宣佈這項計劃時，包玉剛正在歐洲參加會議，並準備在下週一會見墨西哥總統，期間週六、週日為公眾假期，籌資難度巨大。置地將包玉剛可能有的反應都已計算在內，可謂出其不意、攻其不備。

　　這更是一次周密部署的"增購"行動。搶先發難的置地以股票和債券的形式增持，並將增購價格提高到了每股100港元，迫使包玉剛只能以每股最少100港元現金的價格提出增購九倉。當初置地握有九倉股票時，每股僅10港元左右，其後增購每股也只有40-50港元。這樣，即使增購行動失敗，置地也可退而求其次，拋售手中股票套利。

　　九倉董事之一、包玉剛的女婿吳光正當天早上得知置地增購消息。面對置地偷襲，他立即與遠在倫敦的包玉剛取得聯繫。包玉剛隨即展開連串緊急應變行動。

　　6月21日星期六清晨，包玉剛約見當時也在倫敦開會的匯豐銀行正、副主席沈弼和包約翰。包玉剛表示，他個人目前約有5億港元現金，如果他提出反增購建議，希望匯豐能即時借貸約15億港元現金支持。在獲得沈弼的口頭貸款承諾後，包玉剛隨即電告吳光正，組織律師和財務顧問商討反增購對策，他自己則立即購買返港機票，親臨現場指揮這一戰役。

　　6月22日星期日，包玉剛取消了星期一與墨西哥總統的會面，從倫敦乘飛機到瑞士蘇黎世，並轉乘瑞士航空公司的班機趕返香港，以避怡和耳目。隨後在中環希爾頓酒店租下會議廳作臨時辦公室，與隆豐國際的財務顧問、匯豐銀行旗下的獲多利公司要員舉行緊急會議，商討對策。在探討了各種可能性之後，包玉剛開出了最保險的價碼，毅然以每股105港元現金提出增購。

　　當天下午7時30分，包玉剛召開新聞發佈會。他表示，為了保障個人及家族利益,將以個人及家族的名義,出價每股105港元現金,增購3000萬股九倉股份,期限為星期一和星期二兩天,有關增購手續將委託獲多利公司辦理。

6月23日星期一,香港股市開盤後,大批九倉股東潮水般湧向獲多利公司總部爭相求售九倉股份。上午11時30分,獲多利宣佈完成增購目標,新鴻基證券公司則繼續接受登記,直至下午2時30分。包玉剛在數小時內動用現金約21億港元,使對九倉的控制權從30%增持至49%,順利完成預定目標。

對此,《星島日報》6月24日刊登的"華資團結顯威風"一文寫道:"包玉剛以奔雷閃電的聲威,粉碎了置地公司增購九龍倉股份的計劃,在一個上午便完成了增購九龍倉2000萬股的雄圖,這顯示了華資大團結的實力,給英資當頭棒喝。"

6月24日傍晚,置地發表聲明,取消日前提出增購九倉股份的建議。置地同時表示,目前約持有330萬股九倉股票。這與置地建議增購九倉時持有的1340萬九倉股份相比,約減少了1010萬股——置地已在星期一清早想辦法將上述九倉股票在第一時間售給了獲多利公司。市場估計,包玉剛購入的九倉股票中,約一半由置地供應,置地售出後約賺得7.12億港元的非經常性盈利。

6月25日星期三,九倉在香港股市恢復掛牌,當天以每股74.5港元收市,比停牌前下跌2.5港元,比包玉剛的收購價則低30.5港元。

"洋行之王"與"世界船王"的較量,包玉剛付出了巨額鈔票,置地公司一夜之間賺了個盆滿缽滿,但是包玉剛贏得了氣勢、贏回了信心。更重要的是,包玉剛將整個重心轉移到了陸地,告別海上船王的生涯,開始了陸地王國的創建。[1]

---

[1] 1985年,包玉剛完成收購英資"四大行"之一的會德豐。同一年,李嘉誠收購置地旗下的香港電燈34.6%股份。加上和記黃埔與九倉,包、李兩人完成了當時被稱為的"香港四大收購戰"。

　　不僅如此。包玉剛勇奪九倉，[①]在香港企業史、乃至整個香港史上都可謂意義非凡，這是新的時代變化在經濟上的生動體現。

　　李嘉誠、包玉剛雙雙入主英資大企業。對此，英國《泰晤士報》分析道："近一年來，以航運鉅子包玉剛和地產鉅子李嘉誠為代表的華人財團，在香港商界重大兼併改組中，連連得分，使得香港的英資公司感到緊張。

　　"有強大的中國做靠山，這些華商新貴們如虎添翼，他們才敢公然在商場與英商較量，以獲取原屬英商的更大的經濟利益，這使得香港的英商份外不安。連世界聞名的怡和財團的大班、大股東，都有一種踏進雷區的感覺。英商莫不感歎世道的變化；同時，也不能不承認包玉剛、李嘉誠等華商，能與英國商界的優秀分子相提並論。"

　　在九倉收購戰落下帷幕後，香港《信報》社長、財經評論家林行止對當時華資的動向分析道："在這個典型的資本主義社會裡，財富助長了自信心，加上70年代後期中國政治漸上軌道，在外交上門戶大開，在國內政策上重新重視經濟建設，對港澳同胞尤其是商人在下意識上滋生了與英資一爭雄長的傾向；此外，在這段時間內，許多華商的第二代紛紛從外國學成歸來，他們對外商的經營哲學有透徹的瞭解，對外商的每項經營步驟都能作出中肯的分析和預測，外商的神秘性和權威性徹底被打碎。在這種背景下，坐擁巨資的華商開始動那些只持有少量股票卻擁有絕對控制權的公司腦筋。事實證明，華商已取得一定的成就。"

---

① 1988年，吳光正出任九倉董事局主席，位於銅鑼灣的時代廣場正式動工，興建歷時5年，1993年底落成。與時代廣場開工的同時，九倉亦展開了對尖沙咀海港城的龐大重建計劃。海港城一期重建計劃是將兩幢住宅物業重建為兩幢樓高36層的港威大廈。1994年完成一期重建工程後，二期重建工程隨即展開，將原址3幢住宅物業拆卸重建為甲級寫字樓，進一步鞏固九倉作為尖沙咀"地王"的地位。據統計，1998年九倉旗下的投資物業組合高達950.7萬方呎，已超過置地而成為與太古地產並駕齊驅的大型地產投資集團。

九倉失陷後，置地由保守一改而為激進。一場更大的危機驟然而至。

04 匯豐與怡和鬥法？

香港"九七"回歸問題浮現後，英資財團的安全感及信心越發脆弱。[①]華資財團對老牌英資上市公司的收購戰，正是在這種背景下揭開序幕的。而在這番刀光劍影的爭奪中，在香港金融界具有絕對實力的"準中央銀行"——匯豐銀行的立場引人注目、耐人尋味。

在九倉爭奪戰中，我們看到了其背後匯豐銀行作為一種力量的存在，即匯豐借款15億港元助戰包玉剛。

事實上，在借巨款助包玉剛拿下九倉之前，匯豐曾將其所持和記黃埔接近1/4的股權售予李嘉誠，使後者成了華商"入主英資大行第一人"。當時，怡和、太古等英資洋行均對和黃覬覦已久。匯豐不但選擇李嘉誠為買家，而且開出每股7.1港元的價格（和黃每股淨值14.4港元），同時延期支付八成款項。

匯豐在兩家老牌英資大行歸屬方面傾向華資大亨，被視為匯豐意在香港前途問題即將冒現之際，向中國及本地華資示好。匯豐的決定並非純粹的商業決定，而是基於政治的考量。但匯豐主席沈弼反駁道："銀行不是慈善團體，不是政治機構，也不是英人俱樂部，銀行就是銀行，銀行的宗旨就是盈利。"

曾經任港府中央政策組首席顧問、長期研究香港經濟和金融發展的顧汝德（Leo Goodstadt）多年後對此分析道："匯豐銀行對外資企業的態度最堪

---

① 1978年，中國中央政府已成立港澳辦公室，只是當時不公開、未掛牌。1979年3月，港督麥理浩訪問北京，拉開了中英就香港前途問題角力的序幕。不過，麥理浩回港後，向港人轉達了鄧小平請投資者放心的信息，而未將鄧小平所說會收回香港的講話公諸於眾。

注意。匯豐在香港政壇有重大影響力，而且它利用金融實力支持英資公司抵禦華資的挑戰，但到最後，匯豐還是決定支持商業上的贏家。不管它是英人還是華人。這種純商業態度終於在1975年發揮作用，匯豐把原來由祈德尊爵士（Sir Douglas Clague）控制的商業王國——因經營不善而落入匯豐手中的和黃，最終在4年後轉讓給華資大亨李嘉誠，這完全是商業決定。"①

匯豐選擇包玉剛和李嘉誠無疑是從自身的根本利益着眼的。拋開政治考量不論，對香港所發生的一切，長期扎根於此的匯豐心知肚明。誠如九倉收購戰中為包玉剛作顧問的匯豐旗下獲多利公司財務董事奚戴德所說："匯豐對本地經濟結構發生的變化十分敏感，並能與時俱進。"

匯豐支持華資大亨是不是兼顧了政治考量的商業決定，仁者見仁、智者見智。那麼，匯豐的決定又是不是在與怡和鬥法，爭奪誰是香港真正的領導者地位？

"香港係由馬會、怡和、匯豐和港督所統治，並按此序排列。"②這句話在六七十年代的廣泛流傳，足以說明怡和與匯豐在香港的勢力之大。事實上，商界利益在80年代的香港社會與政治中，依然佔據着主導的位置，而怡和與匯豐在歷史上的恩怨及其競合關係，也非三言兩語所能說清。

香港股評家思聰認為："從1978年起，華資漸漸取得英資公司的控制權，第一間是青洲英坭，第二間是和記黃埔（都是李嘉誠的傑作），第三間（到目前為止）相信是九倉，平均每年一間。有人說這是華資的興起、英資的沒落；但令人奇怪的是，這幾次取得控制權方面，匯豐所擔任的角色非常重要。會不

---

① 顧汝德：匯豐賣出和黃純商業決定，載陳景祥主編：香港金融風雲35載，天窗出版社，香港，2008，63-66頁。

② Richard Hughes, *Hong Kong: borrowed place borrowed time*, New York: Frederick A. Praeger, 1968; *Borrowed Place Borrowed Time: Hong Kong and Its Many Faces*, 2nd Ed. London: Andre Deutsch, 1976.

會表面上是華資與英資鬥法,實質上是兩大英資集團鬥法,看看誰才是本港真正領導者?"①

不論此說真偽與否,結果是匯豐的地位逐漸躍居怡和之上。有學者對1976年和1981年香港大財團的研究發現:"在1976年所觀察到的網絡,主要的商業集團都是由非華人的企業家族或組織所組合而成或控制。大部分集團均由個別的企業家族所控制……而這個網絡明顯地受到怡和集團下的公司所支配。"

而到了1981年,"以中心度 (centrality) 計算,匯豐銀行佔據主導位置。它跟一些廣東人背景的集團於1981年構成了整個網絡的核心。在1976年以怡和集團為核心的網絡已經消失。……商業集團的新特色是多公司的華資集團的興起。"②

"香港係由馬會、怡和、匯豐和港督所統治,並按此序排列",這句話所透出的權力格局就此已經改寫。

05 怡置互控:紐壁堅的"連環船"策略

置地對華資地產商的誘惑是巨大的。這顆香港地產皇冠上的"明珠",在香港經濟的心臟──中環金融商務區的黃金地段擁有龐大的高級商廈組合。誰控制了置地,誰才真正稱得上是香港地產界的"王中之王"。

---

① 思聰:九倉拱手讓人後怡和陣腳穩否,載香港:信報財經月刊,四卷四期。

② Gilbert Wong, "Business group in a dynamic environment: Hong Kong 1976-1986," Gary Hamilton (ed.), *Asian Business Networks* (Berlin: Walter de Gruyter, 1996). 轉引自呂大樂、趙永佳所撰 "後九七香港的政治失序:階級分析的角度"一文。此後,凱瑟克家族的怡和集團的重要性進一步下降。不過,怡和集團仍是香港商業集團網絡中佔有中心策略性位置的重要一員,儘管華資的地位不斷提高,但英資財團依然未完全失去其位置。

就在九倉被包玉剛強行收購之後的一段時期內，市場上有關華資大亨收購置地的傳言驟起：或稱長江實業正在市場上大手吸納置地股票，或稱李嘉誠正與包玉剛聯手挑戰置地，或稱華資大亨將直接收購市值僅40多億港元的怡和，進而透過怡和控制置地。

收購怡和似乎並非難事。正如專欄作家齊以正在香港《南北極》雜誌1980年第7期上撰文所說："九龍倉爭奪戰告一段落後，商界人士便有'怡和危矣'的感歎，華資既能吞98億的九龍倉，怎會吞不下只值44億元的怡和？"

當時，怡和及置地的形勢的確不妙。1970年代前半期，由於對香港這一"借來的時空"深存戒心，怡和看淡香港的經濟前景，大肆向海外投資，先後收購了美國夏威夷的戴惠施公司、英國的怡仁置業、南非的雷里斯，以及沙特阿拉伯的中東運輸貿易公司等，結果泥足深陷，在海外的經營中苦苦掙扎。

其時，怡和及置地的控制權十分脆弱，大股東凱瑟克家族僅持有怡和約10%的股權，而怡和及其附屬的怡和證券公司亦僅持有置地20%左右股權，置地股價又大大低於其資產淨值，這正是地產獵手們理想的捕獵目標。

面對危局，怡和主席紐壁堅果斷採取措施，加強對怡和及置地的控制權。

1980年6月，置地與包玉剛爆發的九倉爭奪戰中，置地被迫"含笑斷腕"，第一時間拋售約1010萬股九倉股票，套得巨額資金，部署置地保衛戰。

1980年9月5日，怡和以價值11.95億港元的資產，交換置地發行的約6400萬股新股，轉移的資產包括銅鑼灣世界貿易中心五成權益及3300萬股會德豐A股。交易完成後，怡和所持置地股權增至27.8%，成為置地大股東。至此，一般認為，外界財團要覬覦置地已不太容易。

不過，整個局勢依然撲朔迷離。有跡象顯示，當時華資財團不是直接劍指置地，而是將收購目標指向了置地的控股公司——怡和。為此，具體設計怡和與置地互控的怡富有限公司董事經理薛博理（Nicholas Sibley）和財務主管史密斯（Alan Smith）忙個不停。紐壁堅更親自邀請李嘉誠前往怡和總部，遊說其出售手中持有的2500萬股怡和股份（約佔怡和發行股權的10%）。

10月29日，怡和宣佈發行2500萬股新股予置地，收取置地約7.6億港元現金。在此之前，置地又從股市購入了怡和已發行股本的5%。

10月31日，市場傳聞李嘉誠將透過長江實業以每股36港元的價格收購怡和股票。當日，香港股市大幅上升，恆生指數急升62.36點，而怡和及置地兩隻股票亦"比翼齊飛"。其中，怡和上升6港元，從每股30港元升至36港元。

當晚，香港總商會組團訪問英國，隨團成員包括怡和主席紐壁堅、九倉主席包玉剛及長實主席李嘉誠。當李嘉誠抵達倫敦機場時，立即被一些財經記者包圍，詢問李有關收購怡和事件。對此，李嘉誠鄭重否認。

11月3日（星期一），香港股市開盤前夕，怡和透過旗下的怡富公司宣佈："怡和集團有意購入置地股份，包括與股份相等之權益共1.1億股，價格最高為每股30（港）元。"當時，有消息稱，怡和將優先向"一些華資財團"高價購回置地股票（前一天置地的收市價僅為每股22.2港元），但附帶條件，即怡和的控制權必須繼續留在凱瑟克家族手中，華資財團不得染指。

當天，怡和以現金在股市購入7800多萬股置地股票，顯然絕大部分並非從股市中購入，這亦顯示怡和與"一些華資財團"交易的傳聞確非空穴來風。

有報道稱，怡和從"一些華資財團"約購入了5000-7000萬股置地股票。此次交易，使覬覦怡置系的華資財團賺取了一筆相當可觀的利潤，怡和則在費盡九牛二虎之力後，將持有置地的股權增至約40%。

1980年底，怡和宣佈，怡和及其附屬公司怡和證券已持有40%的置地股權，置地亦持有怡和約38%的股份，從而形成了所謂的"鐵三角"或"連環船＂結構。

　　紐壁堅的＂連環船＂防守策略，是其擔任怡和主席期間最為引人矚目的行動。透過怡和與置地互相持有對方約四成控股權，怡和、置地的控制權似乎已固若金湯。

　　1983年3月，港英政府宣佈修訂收購及合併條例，將上市公司＂控制權＂定義從過去的51%修訂為35%，規定持有35%的大股東可在一年以內增加持有量至45%，如超過此數便要提出全面收購；非大股東一旦吸入一家公司35%股權，便要公開提出收購。港英政府這一似乎是有意配合怡置互控＂連環船＂策略的修訂，更讓紐壁堅的心裡踏實了許多。

　　這是華資大亨與怡和之間有關置地攻防戰的第一個回合。這個回合中，以怡置系實施＂連環船＂策略擋住華資大亨的腳步而告一段落。

　　然而，讓紐壁堅沒有料到的是，＂連環船＂結構不僅為怡置系日後的發展埋下了禍根，也為自己的前途投下了陰影。

06 冒進：置地瘋狂擴張

　　置地痛失九倉控制權後，在執行董事兼總經理鮑富達主持下，投資策略發生一百八十度的大轉變。置地一貫奉行的保守、穩健、持重的風格不見了，冒進、急躁、投機的作風開始大行其道。

　　1970年代，新崛起的華資地產商利用地產市道低潮，大量吸納廉價土地，再趁市道繁榮時推出樓花，在低買高賣中賺得厚利，使以租金收入為主的置地相形見絀。

　　也許是由於華資地產勢力的急速發展，使置地發覺自己錯失了地產發展良機。置地開始奮起直追、急速擴張,先後與佳寧、信和、恆隆等30多家公司合作發展超過70個地產項目,其投資策略之冒進、之急躁,投資速度之快、之急切,令人瞠目。

1981年年初,置地與信和地產合組財團,置地佔40%股權,以13.08億港元購入港島大潭道白筆山一幅145萬平方呎地段。

同年4月,紐壁堅前往北京與中國高層溝通,受到國務院副總理張愛萍的接見。

8月,置地再與佳寧集團合組財團,置地佔35%股權,以創紀錄的28億港元購入尖沙咀美麗華酒店舊翼一幅約8.6萬平方呎地段,計劃發展高級商廈。

更引人注目的是,1982年2月,置地以47.55億港元天價投得康樂大廈西側一幅4.4萬平方呎的交易廣場地皮,成為全球最大宗地產交易。置地日後在這塊地皮上建成了著名的交易廣場第一及第二座(1985年落成)、第三座(1988年落成)。

1981年12月,置地聯同怡和發動"破曉突擊"行動,目標是香港電話有限公司。置地以不超過每股32港元的價格,在股市購入2000萬股香港電話股票,約佔香港電話已發行股票的21.9%。經此收購,置地及怡和特別投資連同已持有的股票,約佔香港電話已發行股票的34.9%,成為香港電話的大股東。

1982年4月,置地再次發動"破曉突擊"行動。這次的目標是香港電燈有限公司。置地委託怡富以不超過每股6.75港元的價格,在市場大舉吸納港燈股票,約吸入3.2億股,佔港燈已發行股票的34.9%,涉及資金高達26億港元。

當時,市場盛傳李嘉誠的長江實業和陳松青的佳寧集團均有意收購港燈。結果,置地捷足先登,成為大股東。置地收購香港電話和港燈集團,股權均未超過35%,未牴觸當時剛修訂的收購及合併條例所規定的全面收購觸發點,因而無需向股東提出全面收購。

對此，對香港財團素有研究的學者馮邦彥指出：「置地不但成為當時香港地產界的'超級大好友'，而且迅速膨脹成一家業務遍及地產投資與發展、酒店、零售貿易、電訊、電力供應等多元化的綜合性企業集團。這種投資策略的急劇轉變，充分反映出怡置高層在九倉一役受挫後，試圖將置地扶植成一家超級'大行'，與華資大亨一決雌雄的心態。」

07 150週年慶：危機四伏與樂觀自信

1982年，對怡和來說無疑是一個具有紀念性的年份。150年前的7月1日，渣甸和馬地臣聯合建立起怡和洋行，自英國佔領香港後，怡和便一直在這裡充當要角，不僅是香港英資企業的"鼻祖"，而且也已經由當年主要販賣鴉片為主而蛻變為一個經營範圍無所不包的綜合性企業集團。

150歲的生日，怡和自然要好好慶祝一番。其中的慶祝項目之一，便是怡和大班紐壁堅決定拿出400萬港元用於廣告宣傳，以增加市民對怡和的認識和認同，希望一掃過去充滿"殖民地色彩"的形象。

然而，結果並不如意。民意調查顯示，很多香港華人對怡和表示不滿，認為其始終沒有擺脫它一貫表現出的"孤立"、"傲慢"和"殖民主義"的形象。對於怡和引以為傲的商標——一朵蘇格蘭國花的薊花（Thistle），更是有許多華人誤認為是一朵煉製鴉片的罌粟花——猛一看去的確很像罌粟花，何況怡和正是靠鴉片起家，並以鴉片貿易奠立公司基礎的洋行。

7月1日，慶祝怡和成立150週年當天，怡和集團主席紐壁堅率領數千名怡和員工參加慈善步行籌款。怡和所選取的步行路線，是從港島的山頂至香港仔。在風水學盛行的香港，這可不是什麼好兆頭。"有位銀行家就私下譏笑怡和員工的步行路線，由山頂至香港仔，正好象徵着怡和的發展前景，將會逐漸走向下坡"。①

這是否是冥冥中對怡和的一種命定暫且不提，不過怡和面臨着前所未有的考驗和挑戰，則是不爭的事實。這種考驗和挑戰，既來自外部激烈的同行競爭，也來自內部激烈的權力鬥爭。

怡和國際業務部常務董事希活（John Heywood）在怡和剛度過150週年的7月，辭去常務董事職務，被外界認為是怡和內部鬥爭達到白熱化的一個表現。怡和大股東凱瑟克家族與大班紐壁堅之間的明爭暗鬥正在激烈進行中。正如韋怡仁所說："怡和比克雷威爾（James Clavell）筆下的《大班》（Tai-Pan）和《豪門》（Noble House），更具傳奇性和世俗化。其中，有關的主要行政人員，往往不惜明爭暗鬥，拚個你死我活，務求能夠爭取及穩保高位。"

外部的競爭更是無比激烈。包玉剛以雷霆萬鈞之勢一舉拿下九倉，迫使怡和修改公司章程，拱手將兼任了近百年的主席職位讓了出去。置地則一度遭到李嘉誠等華資財團的覬覦。在新興華資地產商的迅速崛起面前，香港地產皇冠上的這顆"明珠"已經黯然無光。何況，香港前途問題已經浮出水面，1997年中國會否收回香港主權，將直接影響到怡和的發展前程。

當時，香港地產市道經過多年的大幅攀升，正處在轉折前夜。與此同時，英國首相撒切爾夫人1982年訪華，她所設想的香港問題的解決之道顯然不會輕鬆遂願。

然而，怡和大班紐壁堅及置地執行董事兼總經理鮑富達等怡和及置地高層

---

① 韋怡仁：老牌英資集團怡和何去何從？載香港：信報財經月刊，六卷十二期，46頁。

對香港經濟、地產市道及英中關係卻依然表現得相當樂觀，對置地的擴張政策依然充滿自信，迫切希望利用置地的擴張，找回九倉一役失去的銳氣。

就在地產市道崩潰前夕，鮑富達接受記者採訪時曾自信地說："港、中、英三角關係極為融洽，加上本港經濟的前景並不算太差，所以本港地產業在總體方面來說，具有極為良好的前景。……中國看來是不會作收回香港的打算，這使本港的政治環境更為穩定，同時亦只有在政治環境穩定的地方，地產業才能不斷蓬勃地發展下去。"

08 從 "地王" 到 "債王"

事實上，當時置地決策層對香港政治、經濟形勢的判斷，正與香港的現實及香港前途問題的走勢相背離。

1982年9月，有 "鐵娘子" 之稱的英國首相撒切爾夫人訪問北京，針對香港前途問題提出以主權換治權，結果遭到有 "鋼鐵公司" 之稱[①]的鄧小平的斷然拒絕。會見結束後，撒切爾夫人走出北京人民大會堂時險些摔了一跤，這一鏡頭被記者捕捉到。當香港電視反覆播放這個畫面時，市場立即將其解讀為兩國政府針鋒相對、會談不歡而散，隨即觸發港幣大幅貶值的危機，投機氣氛熾熱的股市、樓市也迅速下跌。

就香港的地價而言，1982年普遍下跌了四至六成。地價的下挫帶動樓價、租金的大跌。市道低迷同時使成交萎縮，樓宇空置增加。在空前嚴重的地產低潮中，置地的瘋狂擴張帶來了難嚥的苦果。據估計，置地僅中區交易廣場、美

---

① "鋼鐵公司" 是毛澤東送給鄧小平的綽號。

麗華酒店舊翼、白筆山發展計劃三大投資項目，損失即超過30億港元。[1]

正如後來的一篇文章所寫："本來大舉負債不是問題，只要地產市道尚佳，經濟前景'爭氣'，資本雄厚，坐擁中區地王的怡置系不愁沒錢賺，可惜戴卓爾夫人（即撒切爾夫人）在北京摔一摔，摔掉了港人的信心。"

地產市道在1982年後期的崩潰，使置地陷入嚴重的財務危機。對香港政經形勢判斷的失誤，對地產週期判斷的失誤，使置地這顆香港地產市場的耀眼明珠一時暗淡無光。

1983年，置地首次出現高達15.83億港元的巨額虧損（包括出售物業虧損、聯營公司虧損及利息支付），該年度置地除稅後盈利僅1.68億港元，比1982年度的8.14億港元大幅減少八成；總債務則急增至約157億港元，其中長期債務133.53億港元，短期債務23.17億港元，債務比率（借貸總額與總資產的比值）從1982年的26%急升至1983年的56%。

置地由"地王"一變而為"債王"，成了香港當時最大的負債公司。

這時，紐壁堅主導設計的怡和與置地互控"連環船"開始"漏水"：怡置互控對方四成股權，不僅導致大量資金被凍結、債台高築，整個集團運用資金的能力遭到削弱，而且在地產、股市低潮中相互拖累。

人們已注意到，怡置互控的"連環船"策略其實並非無懈可擊：怡置互控涉及利益關係，當收購戰爆發時，提出收購的一方可向法庭申請禁制令，禁止置地行使所持怡和股票的投票權，從而突破怡置互控的防線，奪取凱瑟克家族掌握了多年的怡和控制權。

---

[1] 馮邦彥：香港英資財團（1841-1996），三聯書店，香港，1996，272頁。

面對怡和、置地所處之困境，收購怡置系的傳言再度流傳。多個財力雄厚的華資大亨，視收購怡和以控制置地為最佳途徑。當時，怡和的市值不過30億港元左右，以10多億港元購買三成半怡和股權的價格，即可控制置地上百億港元的資產。

怡和一時處於危城苦守之困局。置地不僅一代地產股王的地位從此一去不返，而且其冒進的投資策略因拖累母公司而觸發怡和集團高層權力爭鬥。一場來自怡和集團內外的風暴隨即降臨。

09 高層地震：紐壁堅下台

作為怡和旗艦的置地把母公司怡和拖進泥潭，怡和在同期財政年度盈利額暴跌80%。財務危機使得集團內部的權力鬥爭迅速尖銳化。

D·K·紐壁堅是怡和前董事D·L·紐壁堅（1938-1947年出任怡和董事）之子。1934年出生於天津的紐壁堅，曾在加拿大和英國攻讀及深造，20歲加入怡和，33歲時出任怡和董事，3年後的1970年任董事總經理。1975年，接替亨利·凱瑟克出任巔峰時期的香港最顯赫、最有權勢的怡和大班。

還在九倉失手後，凱瑟克家族便一直埋怨紐壁堅沒有早作準備、未雨綢繆。據說早在1978年，怡富有限公司便建議怡和奪回置地和九倉的控制權，但遭到了以紐壁堅為首的高層否決，結果使包玉剛得手。

紐壁堅後來曾對路透社記者說：「整個形勢都變了，英國準備拋棄香港，華商從20世紀70年代起就愈來愈強大。這就像當年美國扶植日本，突然一天發現，原來抱在懷裡的嬰兒是一隻老虎。人們總是揪住九倉不放，而不睜眼看看對手是嬰兒還是老虎。如果一個人的胳膊被老虎咬住，不管這隻手是在顫抖，還是在掙扎，都會被咬斷或咬傷。聰明的人，是不必再計較已經失掉的手，而是考慮如何保全另一隻手。"

1980年間，紐壁堅主導設計怡置互控"連環船"策略時，據認為怡和大股東凱瑟克家族也極其不滿，雖然紐壁堅始終認為怡和付巨款增持置地股份理所當然。紐壁堅說："置地是一間主要在香港投資和發展房地產的公司，大部分物業均是建築在優良地點的高尚商住樓宇。同時，置地亦在亞太地區內各地經營其他業務，而且很多時的經營地點，與怡和業務互相配合。我深信持有置地股權不僅是一項高質素投資，還可在未來數年內為怡和帶來可觀溢利，從而提高股東收益。"

對於紐壁堅與凱瑟克家族之間的矛盾，有人當時寫道："亨利·凱瑟克返回倫敦後，企圖用盡辦法推倒紐壁堅，重掌公司大權，但事與願違，他只好準備發動一場消耗戰，找尋每一個機會攻擊紐壁堅的弱點。"[1]

希活在1982年7月辭掉怡和國際業務常務董事一職後，由亨利·凱瑟克的弟弟西門·凱瑟克繼任，凱瑟克家族的力量得到加強。

1983年怡和集團危機顯露，凱瑟克家族要求紐壁堅提前離任。對於離開怡和大班寶座提前退休，紐壁堅並沒有做好心理準備。他在上一年時曾指出自己才48歲，可謂正當做事之年，根本無須考慮退休問題，儘管他在怡和大班寶座上已坐了幾年，但任期並沒有什麼特別限制。

然而，財務危機的出現，使紐壁堅不得不提前離職，在執掌怡和及置地8年後黯然下台，由西門·凱瑟克接任怡和主席一職。

西門尚未正式上台，1983年5月4日的《亞洲華爾街日報》就以"對怡和

---

[1] 韋怡仁：老牌英資集團怡和何去何從？載香港：信報財經月刊，六卷十二期，50頁。

新大班來説，戰役才開始"為標題，報道了怡和高層的變動及未來："這就像描寫香港企業內部鬥爭的小説《豪門》所描述的一個場面：香港歷史最悠久及規模最龐大的貿易公司的首腦，坐在能夠俯瞰香港港口、豪華時髦的頂樓辦公室，面對着大群新聞記者。他在眩目的電視燈光下和卡嗒不停的快門聲中，宣佈計劃退出這家公司的大班之位。坐在他左邊的是他的繼任人，一位剛經歷一場董事會的激烈戰役，贏得了這家公司控制權的年輕的蘇格蘭人。"

隨後，紐壁堅帶着痛苦和無奈的心情，搬離怡和大班辦公室。1984年1月1日，紐壁堅辭去董事職務，離開為之奮鬥了30年的怡和集團。

怡和集團的管理大權重新回到凱瑟克家族手中。西門接過怡和、置地的管理大權後，隨即展開了一系列拯救措施：叫停和推延了美麗華酒店舊翼等一些大型發展計劃，大幅出售公司海內外的非核心資產和業務，重整怡置系的龐大債務……

在西門帶領怡和上下奮力自救、重整山河之時，香港開始步入回歸中國的歷史過渡時期。

1. 九倉在香港的核心物業——尖沙咀海港城。
2. 位於香港中環的交易廣場。

1. 怡和大班D·K·紐壁堅（1934-　　）。
2. 1980年代的香港中環：中為怡和大廈，左右分別為文華東方酒店及交易廣場。

第十四章

黯然撤離

那晚（1997年6月30日晚）是一個歷史時期的結束，是英國在世界上
殖民主義的結束。

——末代港督彭定康

本地大公司的發跡都涉及一些神話，怡和亦曾協助創造這些神話。不
過，我們還是愈快恢復蘇格蘭商人的身份愈好。

——怡和董事鮑維爾

1984年12月19日，中英兩國領導人正式簽訂關於香港前途問題的《中英聯合聲明》，中國政府1997年7月1日對香港恢復行使主權。根據"一國兩制"的方針，在香港設立特別行政區，實行港人治港、高度自治，維持香港現行社會經濟制度和生活方式50年不變。

從此，香港步入1997年回歸中國的歷史過渡時期。

英國對香港長達一個半世紀的殖民統治將劃上句號，在香港商界縱橫捭闔的怡和也將無可避免地告別黃金時代。"九七"後，怡和雖然在香港照常參與競爭，但長期擁有的特權將不復存在。

面對歷史性巨變，怡和加緊策略性部署：遷冊百慕大、結構重組、加速海外投資步伐，遷移第一上市地、全面撤離香港證券市場……一波接一波，貫穿於整個過渡時期。

01 撒切爾夫人摔跤：歷史進入過渡期

細節透露成敗。撒切爾夫人在北京不小心摔的一跤，便是這樣一個透露談判內情的歷史細節。

1982年9月24日，有"鋼鐵公司"之稱的鄧小平在北京人民大會堂福建廳會見英國首相撒切爾夫人。這是"鐵娘子"撒切爾夫人首次訪華，也是中英關於香港問題公開進行正面較量的開始。到1997年6月30日，按照條約，英國人租借新界到期，到期後香港怎麼辦？

撒切爾夫人是繼丘吉爾之後英國政壇的鐵腕人物，在處理國際事務中以強硬著稱。剛剛打勝領土主權爭奪戰——馬島戰爭的撒切爾夫人，從阿根廷手中奪回了馬爾維納斯群島的控制權。①乘着勝利的翅膀，撒切爾夫人飛到了北京。然而，她沒有想到，香港並非馬島，中國也不是阿根廷。

會見開始，撒切爾夫人要求1997年後繼續維持英國對香港的管轄："要保持香港的繁榮，就必須由英國來管治。如果中國宣佈收回香港，就會給香港帶來災難性的影響和後果。"

對此，鄧小平針鋒相對：主權問題不是一個可以討論的問題。1997年中國將收回香港。如果在中華人民共和國成立48年後還不把香港收回，任何一個中國領導人和政府都不能向中國人民交代，甚至也不能向世界人民交代。不遲於一兩年時間，中國就要正式宣佈收回香港這個決策。香港繼續保持繁榮，根本上取決於中國收回香港後，在中國管轄之下，實行適合香港的政策。

鄧小平說："我們還考慮了我們不願意考慮的一個問題，就是如果在15年的過渡時期內香港發生嚴重的波動，怎麼辦？那時，中國政府將被迫不得不對收回的時間和方式另作考慮。"

會見結束後，撒切爾夫人走出人民大會堂東大門，下台階時不小心摔了一跤。這充滿寓意的一幕，被認為是會談結果的細微體現。

這場鄧小平稱之為"定調子"的會談，是中英雙方在香港問題上至為關鍵的一次會談和較量。當年參與香港回歸談判的新華社香港分社原社長周南說，所定調子是：第一，中國決心按照"一國兩制"的設想，於1997年收回整個香港地區，主權問題不容談判；第二，希望中英合作實現平穩過渡；第三，如談不成，中方將單獨採取行動；第四，如出現動亂，就將採取非和平方式提前收

---

① 馬爾維納斯群島，也稱福克蘭群島，位於靠近南美洲大陸的大西洋上，是南大西洋通往太平洋的戰略要地。1982年4-6月，英國和阿根廷為爭奪馬島主權而爆發戰爭，最後英國獲勝。強烈的愛國主義情緒因此而瀰漫不列顛群島，加強了以首相撒切爾夫人為首的英國政府的權威。

回香港。

　　"這一下才打下了撒切爾夫人的氣焰，她走下人民大會堂東大門台階時摔了一跤。中國是禮儀之邦，我們對她客氣，留點面子，新聞片裡沒有這個鏡頭。我在香港看片子，片子裡老出現這個鏡頭。"周南在日後出版的口述回憶錄裡這樣説道。[1]

　　從此以後，中英雙方開始了長達兩年多的艱苦談判，22個回合的較量艱難曲折、波瀾起伏。

　　1984年12月19日，中英兩國領導人在人民大會堂西大廳正式簽訂《中華人民共和國和大不列顛及北愛爾蘭聯合王國政府關於香港問題的聯合聲明》：中華人民共和國政府1997年7月1日對香港恢復行使主權，英國政府在這一天將香港交還給中華人民共和國。

　　《中英聯合聲明》簽署後，香港進入了中國恢復行使主權前的過渡時期。

02 怡和震盪：遷冊百慕大

　　撒切爾夫人在北京摔跤，以及正在發生的歷史性轉變，給怡和以巨大震撼。

　　1984年3月28日，正當中英就香港前途問題的談判進入關鍵時刻，香港投資者的信心仍然極其低迷之際，怡和集團主席西門·凱瑟克突然宣佈，怡和將把公司註冊地從香港遷移到英屬百慕大。[2]

---

[1] 宗道一等：周南口述：身在疾風驟雨中，三聯書店，香港，2007，256頁。

[2] 位於北大西洋的百慕大（Bermuda），是英國的自治海外領地。以"避税天堂"和"公司天堂"聞名，是世界著名的離岸金融中心。

　　西門在當天舉行的新聞發佈會上說，公司董事局建議在百慕大註冊成立一家新的最終控股公司——怡和控股有限公司（Jardine Matheson Holding Co.），以怡和控股的股份交換原上市公司——怡和公司的股份，使原上市公司股東成為新的控股公司股東，並取代原上市公司的上市地位。

　　西門宣稱：“董事局認為，目前香港局勢不明朗，尤其對本港法律制度欠缺信心，所以決定轉移控制權到百慕大。

　　“怡和是一個國際集團，它的成長有賴於外間的信心，而怡和的成功也有賴於他們。在國際市場上競爭大型長期合約，組織合資經營機構，進行收購或財務活動時，毫無疑問，面對香港的長遠前途問題，令本集團處於不利位置。”

　　西門強調這個決定並非從香港撤退，怡和的根據地仍然會放在香港，仍然會在香港進行經營。

　　以香港為據點經營了140年的怡和，自稱“一直代表殖民地時代的香港”，如今它要撤離香港，遠走百慕大，一家最老的香港本地公司將變成一家外資公司。

　　怡和選擇在中英香港談判最敏感的政治氣候中宣佈遷冊，取得了新聞效應的最大化。消息傳開，全港震驚。

　　翌日，有“晴雨表”之稱的香港股市立即暴跌，恆生指數一度下挫逾百點。怡和系五家上市公司的股價更是連續大跌，形成所謂的“怡和震盪”。

　　怡和的高姿態出擊，不僅引起市場極大震撼，而且開啟了後來企業紛紛遷冊海外的浪潮，對過渡時期的香港經濟產生了劇烈震盪。

　　怡和此時投下“百慕大炸彈”，是否真的如西門・凱瑟克所解釋，是因擔心1997年後法律問題而作出的純商業決定？怡和遷冊百慕大是不是大撤退的開始？其意圖究竟何在？

　　社會上對怡和遷冊顯然不認為是純商業理由，不然為何不私底下辦妥手續一走了之，而要開記者會大聲宣揚？一些人則認為這是怡和在"轉移視線"：怡和及置地近年利潤每況愈下，困難多多，為使公佈業績時免受更大衝擊，因此提出另一更受人關注的問題，以轉移視線。

　　更多人認為是政治因素在起作用：當中英兩國關於香港前途的談判仍處膠着狀態，作為一個主要業務集中於香港的英資龍頭公司，怡和率先宣佈將集團遷冊百慕大，以行動向中國政府施壓，並表明該集團對中國政府沒有信心，從而用腳投下不信任票。

　　在談判的關鍵時期，以怡和一貫參與政治之深，它所扔下的這顆遷冊炸彈，甚至被視為英國政府在間接向中國政府施壓——雖然英國談判代表團團長伊文思（Richard Evans）表示，倫敦當局對怡和遷冊毫不知情。

　　怡和宣佈遷冊時，中英關於香港前途問題的第十一輪談判剛剛結束。將近半年後的9月6日，第二十二輪談判結束，秋天的果實終於成熟。10天後，港英政府宣佈：接受中國政府邀請，派香港政界知名人士訪問團赴北京參加中國國慶35週年紀念活動。訪問團中有匯豐銀行主席、行政局非官守議員沈弼，而理所當然地沒有怡和大班西門‧凱瑟克。

　　9月26日，中英關於香港問題的《聯合聲明》在北京草簽。聯合聲明宣佈中國政府決定在1997年7月1日對香港恢復行使主權，英國政府將在同一天把香港還給中國。

　　在這種背景下，怡和開始軟化自身的立場。在聯合聲明草簽兩天後，西門‧凱瑟克表態歡迎。西門說："草案相當詳盡地列明香港在未來63年的運作情況。本人相信香港特別行政區在1997年後的法律及財政架構，在各方面的支持下，將會是可行的。我們應努力使這個架構加以運作，本集團將毫無保留地給予支持。"

西門明確表示，香港與中國業務地區目前仍是怡和集團業務的基石。

隨後，西門專門前往北京，向國務院副總理姚依林等中國政府領導人解釋遷往百慕大註冊的動機並表示遺憾。同時，再次表示支持聯合聲明，並提出將繼續在香港發展業務和擴大與中國的貿易和經濟合作關係。

姚依林表示歡迎怡和在互利的基礎上繼續同中國合作，並建議怡和採取多種方式發展合作。

就這樣，怡和惹惱中國政府的遷冊第一步，在西門‧凱瑟克北上走訪中國領導人之後，矛盾至少在表面上有所緩和。

03 忍痛割愛出售 "港燈"

事後我們看到，怡和遷冊百慕大，不過是怡和集團實施戰略性轉移和國際化佈局的一個序曲。在強大的競爭對手面前，在香港前途問題塵埃落定、歷史進入到回歸過渡期後，怡和大班西門‧凱瑟克需要解決的問題，是重整集團結構，解除 "怡置互控" 這個心腹大患，同時保衛凱瑟克家族的核心利益，即保衛怡和對屬下公司的牢固控制權，以適應過渡時期的投資策略。

不過，在西門‧凱瑟克解決 "怡置互控"、實施結構重組之前，當務之急是在債台高築背景下，重整怡置系的龐大債務。

事實上，還在紐壁堅下台之前，為使置地走出債務危機，怡和已經在拋售旗下的部分非核心資產和業務：1983年3月，將所持香港電話公司38.8%股權售予英國大東電報局，套現14億港元；6月，將南非雷里斯公司51.7%的股份出售，套現13億港元。

1983年8月，包富達被迫辭去置地常務董事職位、9月紐壁堅辭去怡和主席職位後，西門‧凱瑟克上台，進一步加大出售公司海內外的非核心資產和業務。10月，將金門建築公司50%股權售予英國的特法加集團（Trafalgar House PLC），套現2億港元；同時將夏威夷戴惠施公司所擁有的甘蔗園售出，套現5.4億港元……

置地減債行動最讓西門不堪的一幕，是涉及香港電燈公司的一場持續多年、與"超人"李嘉誠之間展開的角逐。

1889年1月創辦的港燈，是香港第二大電力集團，僅次於向九龍新界供電的中華電力集團，市值高達55億港元，比置地的市值稍低，在香港十大市值上市公司中名列第五。

1982年4月，就在市場盛傳長江實業有意收購港燈時，置地突擊收購了港燈34.9%股權，將這個由遮打爵士創辦的優質資產留在了自己手中。

1983年，置地陷入債務危機後，李嘉誠開始研究收購港燈的可行性。這一年，無論是已經售出九倉和香港電話公司的怡和大班紐壁堅，還是取代紐壁堅的西門‧凱瑟克，都尚未到迫切售賣港燈股權的田地，因此雙方並未談攏。不過，置地雖然不願售賣港燈，但置地的財務危機並未解除。李嘉誠於是以靜制動，等待時機。

1984年，置地的財務狀況進一步惡化，西門‧凱瑟克在宣佈1984年上半年業績時表示，置地的借貸總額為142億港元，最高債項需求估計約160億港元。期間，置地得向港府繳納交易廣場地段最後一期款項19.02億港元。

出售港燈股權的議題，開始擺在西門‧凱瑟克的面前。當時為香港前途問題困擾，海外或香港本地財團願意或有能力花數十億港元購買港燈股份者不多，李嘉誠是其中的一個。然而，這時的李嘉誠卻並沒有流露出要收購港燈的熱切意向。

　　於是，西門主動聯絡李嘉誠洽售港燈股權事宜。置地要價每股港燈的收購價須在6.5-6.6港元之間，高出當時股市價值約一成二。李嘉誠則以低於市價一成的價格還價。當時，置地手上的港燈股份平均成本約為每股6.6元，如果以李嘉誠的還價出售，賬面損失將超過4億港元。因此，雙方的談判因條件談不攏再度擱置。

　　1985年初，在中英關於香港前途問題的聯合聲明簽署後，投資者信心逐步回升，香港股市開始回暖，港燈股價也從1984年11月底的每股6.3港元升至1985年中的每股7.3港元。在置地方面，出售港燈股權已不能再拖，且港燈股價回升，已有一定的討價還價能力。雙方達成交易的時機開始成熟。

　　置地終於決定出售港燈。李嘉誠當時的反應之快令人驚訝，整個交易從洽談到簽署僅用了十幾個小時。扣除睡眠時間，這筆在中英聯合聲明簽署後作出的本港最大併購交易，約10小時便宣告完成。

　　形勢比人強。發生在置地與李嘉誠之間的這場持續了數年的商戰中，港燈終於被李嘉誠智取。而李嘉誠之所以能在十多個小時內便快速做出收購決定，正如他在當晚的記者招待會上所說：“在過去兩年，我不停地研究港燈這家公司，老早便詳細考慮到投資港燈的各個優點。”

　　1985年3月，另一項轟動香港的收購，是包玉剛收購大型英資洋行會德豐。四大英資洋行中的兩家——和記黃埔、會德豐先後落入華資手中。九倉、和黃、會德豐和港燈四大商戰，不只是香港企業併購史上的經典之作，更是華資與英資財團之間實力轉換的標誌。

　　值得一提的是，在李嘉誠收購港燈的這場商戰中，曾經在怡和工作了14年之久的英國人馬世民(Simon Murray)有助李嘉誠一臂之力。

1966年，26歲的馬世民帶着豐富的閱歷（曾在南美做雜工、加入法國外籍兵團征戰各地）來到香港，加入如日中天的怡和。14年後（1980），馬世民告別打工生涯，離開怡和，成立工程顧問公司。1984年，早在馬世民當年為怡和推銷空調和電梯時成為其顧客的李嘉誠，透過和黃收購了馬世民的公司，並重用馬世民，委任其為和黃行政總裁兼董事總經理。此時，西門‧凱瑟克正考慮出售港燈減債，因此，對怡和諳熟的馬世民協助李嘉誠拿下了港燈，並隨後獲委派出任港燈董事局主席。

04 結構重組：危局初解

當年紐壁堅以保衛怡和及置地控制權而實施的"怡置互控"策略，雖然暫時消弭了華資財團的染指雄心，但在香港地產崩潰到來之時，則使怡和、置地相互拖累，苦不堪言，只好被迫出售大量海內外資產及非核心業務。

然而，經過一系列出售資產的安排後，怡和與置地本身的發展依然困難重重，因為太多資金被耗費在了相互控制對方的股權上，巨額資金被凍結，從而削減了集團用於拓展業務及投資的資金，削弱了集團的盈利能力。

而且，"怡置互控"無法利用供股集資。當置地債台高築時，不能將手中的怡和股權出售，藉以減輕負債。怡和也同樣不敢出售置地股權，以免受到來自競爭對手的收購威脅。因此只能靠不斷出售手中的資產與非核心業務，籌集資金以減輕債務。

要使怡和與置地徹底從困境中走出，就必須掙脫怡和與置地互控股權的枷鎖。

1986年，西門‧凱瑟克從美國高薪聘請投資銀行家包偉士（B. M. Powers），

開始對怡和集團的組織架構進行一連串錯綜複雜的重組，解除怡和與置地股權
互控。這年11月27日，西門‧凱瑟克在記者會上宣佈，怡和控股有限公司、香
港置地有限公司和怡和證券有限公司將進行一系列結構重組。

　　事實上，怡和集團在1986年3月重組股權分配時，怡和證券向置地購入怡
和12.5%的股份，置地所持怡和股權由原來的25%減至12.5%。當時，怡和依然
是置地的大股東，持有25%的置地股份，怡和證券手上持有10%的置地股份，怡
和直接、間接控制了35%的置地股權；置地與怡和證券則各持有12.5%的怡和股
權，怡和同時也是怡和證券的大股東。

　　1986年9月，置地將旗下經營零售業務的牛奶公司分拆，在百慕大註冊，
成立牛奶國際控股有限公司，然後在香港獨立上市。

　　置地分拆牛奶公司後，市場上預測接下來置地將分拆文華東方，同樣在百
慕大註冊，然後在香港獨立上市。然而，西門‧凱瑟克在1986年11月宣佈的重
組計劃，卻遠比人們猜測的更加複雜和精密。

　　怡和的重組大致如下：首先是由怡和控股、怡和證券、置地三家公司注資
組成一家新的公司──香港投資者有限公司（Hong Kong Investors Limited），
三方股東分別注入一些股權換取新公司的股份──置地注入12.5%的怡和股份，
怡和注入8%的牛奶股份，怡和及怡和證券共注入6.5%的置地股份。

　　隨後，香港投資者有限公司在1987年初與怡和證券合併，在百慕大註冊成
為怡和策略控股有限公司（Jardine Strategic Holding）。同年2月，取代怡和證券
在香港的上市地位，並遷冊百慕大。

　　1987年4月，置地將經營酒店業務的文華酒店分拆，在百慕大重組，成立
文華東方國際有限公司，在香港獨立上市，同樣將其轉撥至怡和策略旗下，成
為一家與置地平行的公司。

　　置地分拆出牛奶國際和文華東方後，由一家龐大的綜合企業集團重新成為一家相對單純的地產公司。與此同時，置地已完全放棄其所持怡和股票。怡和控股與置地的互控關係，轉變為怡和控股與怡和策略的互控關係。

　　經過這一連串錯綜複雜的結構重組，怡和集團呈現出了一個全新的架構，大股東凱瑟克家族透過怡和控股控制怡和策略，再透過怡和策略控制置地、牛奶國際和文華東方。經過縝密設計，怡和集團開始擺脫“怡置互控”所帶來的困境——減輕債務，增強盈利能力。

　　事實上，這番結構重組也正是凱瑟克家族在香港進入過渡時期後為怡和集團所做的宏觀佈局。“怡置互控”變為怡和控股與怡和策略互控後，凱瑟克家族僅憑持有怡和控股10%-15%的股權，便可維持對怡和系的控制權，在怡和集團中的地位加固、在香港投資的風險減小。在這種架構下，凱瑟克家族可以隨意增減旗下公司的控股權以維護自身利益。怡和、牛奶國際、文華東方與怡和策略的註冊地都在百慕大，而百慕大的法律允許公司購回自身已發行的股票。如果香港前景堪憂，凱瑟克家族可直接向公司出售手上的股票，使損失減至最低；如果控制權受到威脅，則可要求公司在市場公開購回部分已發行的股票，使自己的控制權比重相應增加。

　　牛奶國際和文華東方從置地中分拆出來，使怡和集團投資策略的靈活性大大加強。置地純粹從事地產投資，而將快速發展的酒店業、飲食業及批發零售等業務獨立發展，不僅有利於各公司的經營管理，提高經營效益，也大大提高了各公司投資海外或穩守香港業務的彈性和靈活性。

　　對怡和控股來說，解除了與置地股權的互控關係，發展不再受置地牽制。怡和控股既可通過怡和策略控制牛奶國際和文華東方兩家收益較好的公司，增強怡和的盈利能力，必要時也可出售置地股權以減少拖累。既可採取觀望態度，也可保留發展機會，進可攻（加強海外業務）、退可守（穩守香港核心業務）。

置地當時的資產高達400多億港元，約佔整個集團資產的一半，實際上已成為怡和在香港部署進退的一顆重要棋子。重組後怡和可繼續控制置地，而置地已不再持有怡和。當凱瑟克家族判斷香港政經環境惡劣而決定撤退時，可將置地出售而不影響其對怡和集團的控制權；假如香港經濟繁榮穩定，怡和則可憑借置地及集團內各公司在香港的業務而分享本地經濟增長。

05 收購置地攻防戰

怡和系大改組後，凱瑟克家族的大本營──怡和已無後顧之憂，堵住了其他財團覬覦收購怡和轉而控制置地的漏洞。不過，經過分拆改組後的置地，作為一家純粹從事地產和物業投資的公司，其被收購的可能性大大增加，註冊地依然在香港，也給了覬覦置地的華資大亨們留下了較大的想像空間。[①]

置地作為怡和系中沒有遷冊百慕大的重要上市公司，且怡和策略僅持有置地26%的股份，控制權並不牢固。而置地將牛奶國際和文華東方分拆，或許意味着凱瑟克家族有意售出置地的意圖，因此這一信號再次激起了眾多財閥覬覦置地的雄心。

進入過渡時期，與部分英資財團加速向海外發展的趨向相反，中資、日資、美資、東南亞資本則在大舉加強在香港的投資活動，香港的資本結構開始發生格局性變化。

1987年7月1日，置地股價突破7港元大關。當時市場盛傳日本第一勸業

① 梁國材：怡和集團結構重組的動機及影響，載香港：信報財經月刊，1987年1月（十卷十期），34-39頁。

銀行向怡和策略提出收購建議。此後，市場上不斷傳出各路財閥收購置地的消息。怡和兼置地主席西門‧凱瑟克關於 "大門常開"（The door is always open）、"關鍵在價格"（Everything has a price）的話語，也在豐富着人們對這一收購戰的想像。

傳說中收購的財閥，包括長江實業的李嘉誠、環球集團的包玉剛、新世界發展的鄭裕彤、新鴻基地產的郭得勝、恆基兆業的李兆基、信和置業的黃廷芳、香格里拉的郭鶴年、香港股壇頗負盛名的 "狙擊手" 劉鑾雄、以及一些美資和日資財團。

此時，香港股市一派興旺，連創新高。收購置地的傳聞在股市飆升的背景下四處流傳，並在1987年10月中旬股市崩潰前達到高潮。

股災發生前的那段日子，李嘉誠、鄭裕彤、李兆基及香港中信的榮智健，希望聯手逐鹿，並積極進行部署，先後找到投資銀行——唯高達和獲多利作運籌帷幄。唯高達由主席杜菲廉（Philip Tose）壓陣，而獲多利則由企業財務部主管Raymond Li親自主持大局。[1]

當時市面上流傳：在1987年10月股災前一星期左右，港督衛奕信爵士宴請本港名流巨商，長實主席李嘉誠在席間與怡和主席西門‧凱瑟克碰頭。談笑之間，李嘉誠試探地對西門表示，願以每股17港元收購置地股份。對此，西門笑而未答。

據說，在置地內部，針對李嘉誠等人開出的每股17港元價碼，意見不一。為怡和實施結構重組的操刀手包偉士經計算後覺得價格合適，建議西門將置地

---

[1] 信報財經月刊記者：令人費解的 "收購置地" 內情，載香港：信報財經月刊，1988年6月（總135期），28頁。

轉讓,利用此筆巨款另尋更好的投資項目,而置地行政總裁李舒則不以為然。

對此,香港《信報財經月刊》的記者寫道:"在跌市之前的一個週末,怡和主席西門‧凱瑟克與另一位董事前往澳門文華東方,當時,他仍然與李嘉誠等保持商談的姿態。據悉,凱瑟克曾經對李嘉誠表示過,他管理了置地多年,對置地有一定感情,所以希望在價錢方面,給予一個溢價,即每股置地為18元。"

然而,正當攻防雙方角力之際,一場全球性的股災悄然而至。

10月19日,香港股市受外圍股市影響,恆生指數一日狂瀉420點。跌幅之大,打破了1973年股市風暴中一日暴跌180點的紀錄,成為恆生指數創建23年以來跌幅最大的一天。第二天,美國道瓊斯工業平均指數狂跌508點,一場全球性的大股災降臨。

在此情況下,香港聯合交易所史無前例地宣佈休市4天。港交所原意是希望藉此穩住股市,讓市場消化消息。然而,股市重開當天,恆生指數暴跌1120點,跌幅達33%,恆指跌至1804點,股市總市值減為3688億港元,再度創下跌幅最巨的歷史紀錄。此後,港府引入相關法例加強監管股市運作,日後成立的香港證券及期貨事務監察委員會(香港證監會)便由此而來。

這場突如其來的股市風暴,在10月30日之前的半個月內,使香港上市公司的總市值跌去了2251億港元,其中李嘉誠的長實系損失300億港元、怡置系損失276億港元。

經此衝擊,有關收購置地的攻防戰暫時停歇。

1988年4月,沉寂數月之後,收購置地的傳聞再度滿城風雨,攻防戰炮火重燃。

4月初,李嘉誠在公開場合首次向記者透露長實持有置地股份,但表示是做長期投資，並無意出任置地董事參與公司管理。

西門‧凱瑟克聞訊後，立即與包偉士等謀求對策。4月28日，怡和策略與其控股的文華東方發佈聯合聲明，由文華東方按每股4.15港元的價格，發行10%新股予怡和策略，使怡和策略所持文華東方股權由略低於35%增至41%。

怡和策略與文華東方股權的變化，看似與置地無關，但卻是怡和給出的明確反收購信號，置地也同樣可以像文華東方一樣發行10%新股予怡和策略。如果置地發行股數增加，那麼李嘉誠等所持置地股份必然被攤薄招損。而一旦進行"敵意收購"，所需資金也將更為龐大。

對此，李嘉誠、鄭裕彤、李兆基及榮智健隨即商討對策。為防止置地效仿文華東方的做法，必須在另一反收購舉措未出籠前，向怡和攤牌。

4月底，市場傳出李嘉誠等擬致函置地，要求在6月6日置地召開的股東大會上，委任鄭裕彤、李兆基為置地董事。與此同時，自1987年10月股災發生後，香港收購及合併守則要求全面收購須以6個月內最高價進行的規定，此時剛好時過半年。因此，在相關消息刺激下，置地股價激升，收購戰大有一觸即發之勢。

對於英資和華資財團此次收購戰的報道，充斥於當時香港報刊的版面。香港《明報》5月6日以"30風雲人物午夜和記大廈開會，李嘉誠先求買後求賣"為題所作的報導稱："據可靠消息來源對本報記者透露……李嘉誠在會上很坦白地向西門‧凱瑟克表示，他名下的長江實業與其他三名合夥人，均希望能盡快解決有關置地控制權誰屬的問題，並出價每股12元，要求購入怡策手上25.3%置地股權，卻為西門‧凱瑟克拒絕，雙方才轉為洽商一個可行途徑，以解決當前爭持不下的死結。"

西門表示，收購的價錢應是股災前李嘉誠願意付的每股17港元，理由是置地的資產值和租金均未下跌。在這種情況下,李嘉誠等轉而提出第二個方案,要求怡和策略收購他們手上所持有的股票。據說最初怡和方面反應並不熱烈,這時李嘉誠等展露事前準備好的一份以12港元收購置地的文件,表示如果沒有結果,他們次日將宣佈以每股12港元價格全面收購置地,這種敵意收購對雙方均無好處,倘若怡和不願意看到這一幕的發生,最好購入他們手中的置地股份。事實上,李嘉誠向來不喜歡進行有傷和氣的敵意收購。

雙方開始就交易條件展開商談。在談判過程中,包偉士堅持要對方7年內不得購入置地股份,以免對方利用解凍資金,再次威脅怡和的控制權。經反覆思量和爭議後,李嘉誠等人表示同意。幾經商談,西門表示以每股8.95港元(當天置地收市價為每股8.9港元),購入長江實業、新世界發展、恆基兆業及香港中信所持置地股份,合佔置地發行總股份的8.2%,所涉資金18.34億港元。

這樣,怡和所持的置地股權增至33%,加上協議中"七年之約"的附帶條款,怡和對置地的控制權可謂相當牢固。

事後,怡和主席西門·凱瑟克表示,怡和策略並非一個股市買賣者,而是本港的長期投資者,視置地為一項長期投資,並希望此舉掃除各種揣測,展示怡和長期投資的旗幟。不出售置地,顯示怡和對香港前途有信心,以行動證明對本港前景樂觀。

長實主席李嘉誠在透露尚持有少量置地股份的同時,表示四家公司決定出售置地股權,是由於對置地沒有進一步特別投資行動,例如收購計劃,置地股份的作用相應遞減,因此決定出售。同時,李嘉誠亦否認彼此之間有所謂的"秘密協議",即日後若怡和願意出售置地,有優先買賣股份權利。長實亦沒有計劃投資怡和系其他公司,從而粉碎了市場上關於置地與華資財團間有秘密協議存在的傳聞。①

　　至此，喧鬧數年之久的置地收購戰落下帷幕。

　　不過，它依然給市場留下了許多謎團。譬如，華資財團何以會以低於購入成本價（據估算為每股9.2港元）出售所持置地股權，且簽下“七年之約”？市場上流傳的一種版本稱：四大財團本無意將手上的置地股份售出，是次股份易手，可能是估計錯誤所致。據說5月4日攤牌當天，四大財團準備了3個方案：第一個方案是要求怡和策略出售置地股票，第二個方案是要求怡和策略購回置地股票，第三個方案則是全面收購置地。他們估計怡和策略會拒絕第一、二方案，並準備計劃全面收購置地。然而，事出意外，怡和策略竟接納第二方案，結果四財團遵守諾言，將置地股份出售。

　　坊間流傳的關於此次置地收購戰的版本尚有不少，然而實際真相如何，惟有當事人心知肚明。

06 政改之爭與怡和 “真面目”

　　“在百慕大首都漢密爾頓的怡和洋行漂亮的殖民地式大廈內，到這家國際大公司總部去的人首先看到的是兩幅風景畫。一幅是色調好看的以天空為背景的漢密爾頓的輪廓，另一幅同樣生動地描繪了香港的維多利亞港。從這裡可以看出香港和百慕大之間的關係：兩個相隔遙遠的聯合王國領地通過國際經貿漸漸靠近了。”

---

① 陳儀矩：怡置系與華資財團各取所需──收購置地和氣收場，載香港：信報財經月刊，1988年6月號（總135期），24-25頁。

香港《南華早報》1991年12月18日刊登的一篇名為《在極其乾淨的百慕大尋求安全》的文章這樣寫道。

就在怡和遷冊百慕大以及其旗下各公司開始加大海外投資的同時,怡和在香港則掀起了一波又一波的風波和紛爭:1987年掀起發行B股風波,1990年製造回購自身股份事件,1991年要求上市豁免……

1992年彭定康(Chris Patten)走馬上任掀起的政制改革,怡和更是主動或被動參與其中,成為輿論關注和人們爭議的焦點。

事實上,港督衛奕信的離任已經預示着中英關係新變化的開始。1991年12月31日,英國政府突然宣佈衛奕信將會在1992年中退休後離任。

"衛奕信被換掉不僅僅因為新機場事件,怡和等財團狀告衛奕信,説他對中國太軟,讓步太多。其實衛奕信是'中國通'、外交官,真正瞭解中國的,知道硬來不行,但這些人就不滿意了。衛奕信走時很不愉快,他本來準備一直延續到九七回歸的。"多年以後,中國國務院港澳辦公室原主任魯平回憶道。[1]

衛奕信的"軟弱",使英國國內的一些強硬派深感不滿,怡和等在港英商更認為衛奕信出賣了香港利益。在這種背景下,1992年7月9日,英國保守黨前主席彭定康作為最後一任港督走馬上任。

彭定康一上任,就大幅度地修正英國對香港的政策。10月7日,彭定康在立法局上發表上任以來首份施政報告,並在未和中方討論的情況下,單方面提出重大政制改革,而當中最具爭議性的地方,則是有關1995年立法局選舉的安排。按照彭定康的提議,1995年的立法局議席將會取消9個功能組別的委任議席及10個選舉委員會的議席。為了填補這些議席,彭定康建議將香港的絕大多

---

① 魯平口述、錢亦蕉整理:魯平口述香港回歸,三聯書店,香港,2009。

數工作人口劃分為九大行業，使每個行業均可以一人一票的方式，選出各功能組別的代表。另外，彭氏又建議由直接選舉產生的區議會組成選舉委員會，並由他們選出原屬選舉委員會推舉的10個議席。

對此，中國政府隨即發表聲明，中方不會接納彭定康的政改方案。如果政制改革建議不與《基本法》銜接，1997年後的特區政府將會別無選擇地"另起爐灶、重新來過"。

中英兩國圍繞香港政制發展方向的分歧，很快就演變成新一輪公開而嚴重的較量。

10月22日，彭定康訪問北京，希望遊說北京接受政改方案，但結果可想而知。雙方的關係進一步惡化。彭定康事後說自己在北京受到輕慢冷落的例子不勝枚舉。[①]有備而來又作風強硬的彭定康，更讓港澳辦主任魯平憤怒不已，他嚴厲地批評彭定康的政改方案是"三違反"——違反《中英聯合聲明》、違反《基本法》及違反中英兩國過往的外交協議和諒解備忘錄。"他這樣做，實際上是蓄意在破壞這個談判，是對香港採取了極不負責任的態度，根本不考慮香港的利益。" "彭定康先生將來在歷史上，要成為香港的千古罪人。"

對於不斷緊張的中、英兩國關係，怡和自然而然地站在了港英政府一邊，況且強硬而親民的彭定康，也符合一向主張對中國採取強硬路線的怡和的口味，因此怡和集團作為在港英商的代表成為港英政府的堅強後盾。

11月14日，中國政府公開發表聲明，表示絕對不會接受港英政府單方面提出的所謂政改方案，當時的國務院副總理朱鎔基在會見英國首相梅傑（John Major）時也明確表示，彭定康的政改方案有可能影響中英兩國的經濟合作。

---

① 彭定康著，蔡維先、杜默譯：東方與西方：彭定康治港經驗，時報文化出版公司，台北，1998，96-98頁。

1992年11月，港英政府對九號貨櫃碼頭招標，與以往不同的是，此次係採取協議招標的方式而不是公開招標，即不以價高為中標惟一標準，而看競投者的綜合條件。結果，綜合條件甚佳的李嘉誠旗下的國際貨櫃碼頭公司敗北，港府將九號貨櫃碼頭批給了以怡和為主的財團興建經營。由於港府放棄傳統公開招標的做法，改以私人協議方式批出合約，令社會懷疑港府與英資財團之間有"利益輸送"。

月底，中英聯絡小組中方首席代表郭豐民指出，九號貨櫃碼頭合約有違兩國的聯合聲明。中國政府明確表示港英政府所簽訂或批出的合同、契約和協議，有效期只能到1997年6月30日，中方絕對不會承認英方單方面簽署而跨越"九七"的任何合約。

對於彭定康在政改問題上的一意孤行，怡和"在倫敦和香港，幕前和幕後大賣其力"，12月17日，中國的國家通訊社──新華社發表題為《請看一家英資財團的真面目》的評論文章，對怡和進行了不點名的猛烈抨擊：

"香港有一家老牌英資財團，靠販賣鴉片起家，經過一個半世紀的發展，已成為一個以香港為基地的大型跨國洋行。它的業務儘管遍及世界30多個國家和地區，但三分之二的利潤來自香港和中國內地的業務，這家公司經理曾得意洋洋地說：每個香港人每天都在向他付錢。

"按理說，這個大財團應對維護香港的繁榮穩定具有高度的責任心，並珍惜同中國內地的互利聯繫。但它自從香港進入政權交接的過渡時期以來的一連串表演，卻並非如此。1984年，它成為香港公司遷冊海外的帶頭羊，1987年掀起發行B股風波，1990年製造回購自身股事件，1991年又要求上市豁免，雖然每次受到香港社會的普遍指責，但它依然我行我素。它不但在謀取特權、損人利己方面表演得淋漓盡致，而且在政治上為敵視中國、破壞香港平穩過渡的反華勢力幫忙幫閒，唯恐天下不亂。在港督彭定康上任前、上任後推銷政改方案的過程中，它更在倫敦和香港，幕前和幕後大賣其力，用心可謂良苦。"

　　彭定康認為政改方案沒有任何不對，並堅持在1993年將之刊登憲報（展開正式的立法程序），然後提交立法局審議。

　　"1994年6月，彭定康的政改方案在香港立法局通過。彭定康要通過他的政改方案，到最後一刻還少一票，他通到（英國首相）梅傑那裡，找來怡和，對它在香港立法局的代表下了死命令，要他對彭定康的方案投贊成票（他原來是反對這方案的）。結果方案在立法局以一票之差強行通過。"魯平事後遺憾地說。

　　在此情況下，中方宣佈取消原先的"直通車"（through train）安排——即原港英時期在1995年選舉產生的立法局議員，不可以順利過渡成為第一屆特區政府的立法會議員，取而代之的是"另起爐灶"，即成立"臨時立法會"，確保主權順利移交。

　　彭定康在離開香港後出版的著作中，對怡和如何在私底下甚至公開支持他時寫道："當怡和洋行（香港最大的英資洋行）這麼做的時候——尤其是以為其在香港之眾多員工着想為理由，因為他們認為這些員工有權替自己的前途說話——所遭遇的下場就是被嚴厲抨擊並警告他們在中國大陸將會接不到生意。他們打算在香港港口再蓋一座貨櫃轉運站的計劃，就在中國的堅持下橫遭阻礙，因為中國認為這項計劃勢必跨越一九九七，沒有他們的批准是不行的。儘管遭到這些打擊，怡和洋行並沒有屈服，雖然在有關選舉政策問題上和我們保持距離。怡和洋行的香港大班李舒（Nigel Rich）仍然擇善固執地為我辯護。怡和一位資深董事鮑維爾爵士（Sir Charles Powell）以前是位舉止優雅的外交官，曾在唐寧街首相官邸擔任佘契爾夫人（即撒切爾夫人）的私人秘書，在我整個五年港督任期之內給我很多睿智和堅定的支持。"①

07 加速海外投資：國際化第二波

　　1989年3月，置地宣佈遷冊百慕大，成立置地控股有限公司(Hong Kong Land Holdings Ltd.)。至此，怡和控股、怡和策略、牛奶國際、文華東方、置地均已遷冊百慕大。怡和通過遷冊、結構重組，擺脫香港的法律管制，建立起攻守自如的集團內部架構。同時，通過加快海外投資步伐，達到盈利來源和資產的一半以上分散到海外，從而最大限度地減低集團在香港的投資風險。在分散風險的基礎上，使怡和集團從一家以香港為基地的公司蛻變成一家業務多元的跨國公司。

　　早在1984年3月，怡和主席西門‧凱瑟克在宣佈怡和遷冊百慕大時便明確表示：為配合遷冊，怡和必須對旗下的業務作相應調整，怡和希望改變大部分盈利來源和資產集中在香港及中國大陸地區的現狀，將盈利來源及資產分散，達到香港及中國大陸地區佔一半、其他國際地區佔一半的目標。

　　與20世紀六七十年代四處投資新業務，以至海外投資處處觸礁、最後多數收購又被迫出售這些資產不同，怡和此波海外發展的浪潮，以集團內各子公司的核心業務為基礎，如置地以地產、牛奶國際以食品製造及批發零售、文華東方以酒店業、怡和太平洋以綜合貿易等為基礎，大力向海外拓展。

---

① 彭定康著，蔡維先、杜默譯：東方與西方：彭定康治港經驗，時報文化出版公司，台北，1998，100-101頁。

置地

在實施結構重組、分拆出牛奶國際和文華東方後，置地重新成為一家單純的地產公司。在保留和鞏固中環核心資產的前提下，置地開始拋售非核心物業，套取資金收購海外業務。

1987年，置地將銅鑼灣的皇室大廈和灣仔的夏愨大廈，以23.8億港元的價格售予華人置業，同時將價值13.5億港元的一批土地儲備售予新鴻基地產；1988年，置地將半山區的地利根德閣豪宅賣給澳洲的奔達集團，套現20多億港元；1990年，置地再將銅鑼灣的世界貿易中心出售，作價17億港元；1991年，又先後向新鴻基地產出售4項商場物業，向華人置業出售怡東商場、新港中心商場等。

置地在中區以外的物業幾乎悉數拋售，套現資金逾100億港元。

置地在大量出售旗下非核心資產的同時，[①]開始加強在海外、尤其是在英國尋找收購對象，以配合集團的國際化戰略部署。

1990年，置地有意收購英國大地產公司Hamers而未果。之後，它將目光投向了與其有着長期合作關係的英國上市公司——特法加集團。

1964年在倫敦上市的特法加集團，是英國一家頗具規模的綜合性上市公司，經營的業務包括工程和建築、房屋興建和地產、航運及酒店業等，以建築工程聞名。1983年，怡和曾將旗下的金門建築公司50%股權售予特法加。1992年5月，特法加奪得香港新機場核心工程之一的青馬大橋建造合約，曾經轟動一時。不過，受英國經濟衰退影響，特法加集團此時虧損嚴重，股價急跌，於

---

① 到1994年底置地撤離香港股市時，置地擁有的中區黃金地段高級商廈物業，包括歷山大廈，交易廣場一、二、三座及富臨閣，香港會大廈，怡和大廈，置地廣場（告羅士打大廈及公爵大廈），太子大廈和太古大廈等。該年底，置地市值為406.7億元，落後於新鴻基地產、長江實業、恒基地產、九倉而名列第五。

是成為怡和理想的收購對象。

1992年10月1日，置地在倫敦發起"拂曉行動"，出資約8750萬英鎊（約11.8億港元），成功購入特法加14.9%的股份。第二年3月2日，置地根據協議增購特法加股權至20.1%，成為特法加的最大股東。4月14日，置地行使餘下認購特法加股權，將持股權增至25.1%。5月5日，特法加董事局宣佈改組，西門·凱瑟克出任董事局主席，另有3名置地高管加入特法加董事局。

歷時7個月的收購行動，置地已全面控制特法加集團，動用資金約25.43億港元，在倫敦建立起一個拓展海外市場的橋頭堡。[①]

牛奶國際

牛奶國際於1986年從置地分拆出來時，是香港最大的食品製造、批發及零售集團，旗下的惠康超級市場、7-Eleven便利店、萬寧藥房遍佈港九各地，同時持有美心集團50%股權。

分拆後，牛奶國際隨即以集團的核心業務——食品零售為基礎，大肆向海外擴張。

1987年，牛奶國際斥資21億港元收購英國第六大超級市場集團Kwik Save 25%股權，在歐洲建立陣地；1990年5月，牛奶國際再度出擊，以9.83億港元收購了西班牙零售連鎖店集團Simago S. A.；1990年6月，牛奶國際將拓展目標轉向大洋洲，以12.64億港元收購了新西蘭的Woolworths超級市場集團。同時，牛奶國際早年收購的澳大利亞法蘭連超級市場連鎖集團也有所擴張。

---

① 特法加在置地增購其股權後繼續嚴重虧損。1996年3月，置地宣佈將其所持特法加股權及可換股優先股股本出售。

經過數年的積極拓展，牛奶國際在歐洲、澳洲建立起龐大的分銷網絡，但這些地區連年經濟不振，業務競爭激烈且分銷成本高企。有鑒於此，從1992年起，牛奶國際重新調整發展策略，回到經濟繁榮、發展潛質高的亞洲市場，將亞洲業務放在首位。1992年，牛奶國際斥資6.4億港元收購了新加坡第二大零售集團——Cold Storage零售集團，在東南亞市場建立起一個策略性的發展基地；在台灣，牛奶國際旗下的惠康超市和萬寧藥房也日益增多。

至此，牛奶國際已發展成為一家國際性的食品零售業集團。1993年度的營業額達49.8億美元，其中亞洲區以外佔64.7%；經營總資產11.2億美元，亞洲區以外佔58.8%；稅前盈利2.7億美元，亞洲區以外佔49.3%。

文華東方

先後在菲律賓馬尼拉、泰國曼谷、印尼雅加達以及澳門等地建立了酒店網絡的文華東方，自1987年從置地分拆出來後，更加積極地拓展海外酒店網絡，先後購入新加坡東方酒店、澳門峰景酒店部分股權，並接手管理美國三藩市文華東方酒店及加拿大溫哥華文華東方酒店。

1993年，文華東方集團再購入印尼泗水公司Majapahit酒店25%的權益。到1993年底，有着豐富高級酒店管理經驗的文華東方集團在亞太區擁有9家酒店的權益，經營管理的酒店達12家，共4175間客房，其中65.3%在香港以外地區。不過，受世界經濟不振及激烈的競爭影響，文華東方集團的海外酒店業務業績普遍不甚理想，集團的盈利增長主要靠香港的酒店收益支撐。

怡和太平洋

1989年1月，怡和成立全資附屬公司怡和太平洋有限公司（Jardine Pacific

Ltd.），作為統籌和加強怡和在亞太區綜合貿易業務的旗艦。怡和太平洋的業
務，包括銷售（由怡和持有75%股權的仁孚行的汽車銷售及服務）、航運及航
空業務、飲食、保安與環境服務、物業管理及代理、工程與建築、財務等。

這些業務遍及整個亞太地區，尤其是經濟高速增長的中國、日本、泰國、
新加坡、馬來西亞、印尼、菲律賓等地，並同時擴展到中東、非洲、澳大利
亞、新西蘭及美國。1994年度，怡和太平洋來自香港及中國大陸以外地區的盈
利達47%，已成為亞太區最重要的綜合性貿易集團之一。

仁孚行[①]自90年代起大舉進軍歐洲、美國及澳洲市場，先後收購美國夏威
夷、加州、澳大利亞及英國的汽車經銷業務，1993年再收購新加坡和馬來西亞
首屈一指的汽車分銷集團Cycle and Carriage Berhad 12.6%股權，以及法國最大汽
車代理商CICA 64.9%股權。

08 第一上市地位移往倫敦

新華社在對怡和展開猛烈抨擊的評論文章中，列舉了怡和自香港進入政
權交接過渡時期以來的"一連串表演"：1984年成為香港公司遷冊海外的帶頭
羊，1987年掀起發行B股風波，1990年製造回購自身股事件，1991年要求上市
豁免。

怡和集團高姿態遷冊百慕大，不僅引起香港市場劇烈震盪，也開啟了日
後企業遷冊的浪潮。而"B股風波"、"回購自身股事件"和要求"上市豁
免"，則是近幾年來怡和在香港資本市場上掀起的幾次狂風暴雨。中國方面稱

---

① 1994年，仁孚行從怡和太平洋轉歸怡和控股旗下的怡和國際汽車集團。

怡和為"謀取特權、損人利己"，而對大股東凱瑟克家族來說，除了配合當時的政治情勢之外，實際也是加強對怡和集團的控制權，更有效地實施"進可攻、退可守"發展策略的一些步驟。

1987年3月27日，怡和控股有限公司在公佈業績時，宣佈以送紅股方式，每1股怡和普通股送4股面值2角的B股，B股僅相當於普通股面值的1/10，發行股份16.5億股。

怡和發行B股計劃無異於在香港市場投下了又一顆"炸彈"。4天後（3月31日），李嘉誠旗下的長江實業與和記黃埔亦宣佈發行B股。其中，長江實業在發佈配送B股的通告中稱："發行B股乃為確保本公司控制權延續性長遠策略之一部分，亦為本公司管理層發展及規劃業務增長提供一個穩定之環境。同時，此項B股之發行，使本公司於未來之擴展與收購行動中擁有更大之靈活性，在控制權之結構方面亦無後顧之憂。"

接着，一批中小上市公司也紛紛計劃發行B股，從而引發股民拋售股票的浪潮，迫使香港聯合交易所及證券監管部門不得不就B股問題緊急制訂對策。

一般而言，上市公司在普通股之外發行另一種面值不同但投票權相等的新股票，通常稱之為B股，普通股稱為A股。發行B股後，大股東只要持有足夠數量的B股，就可以絕對有效地控制該公司，所需資金則因B股的面值減少而下降，從而便利大股東用更少的資金控制更大的公司。

在香港本已處於動盪不已的過渡時期，一大批上市公司宣佈發行B股，也讓人想到這些公司減持A股增加B股、撤走資金的企圖。4月7日，長江實業與和記黃埔舉行記者招待會，宣佈自動取消發行B股計劃。第二天，香港聯交所和證監處發表聯合聲明，不准新B股掛牌。於是，怡和的B股計劃胎死腹中。

至於怡和製造的回購自身股事件，則於1990年底被媒體所披露。當怡和旗下的康樂投資有限公司（Connaught Investors Co., Ltd.）違例回購股份一事曝光後，市場一片嘩然。

成立於1989年6月10日的康樂投資有限公司，由怡和策略、置地、怡和控股各持45%、45%、10%股權。6月14日，康樂投資開始購入包括怡和控股在內的一批藍籌股票。16日，香港聯交所實施公司回購股份守則，規定上市公司不得回購公司本身股份，附屬公司也不得購入母公司股份。但康樂投資置若罔聞，繼續購入。

當時，怡和控股持有怡和策略50.7%股權，怡和策略是怡和控股的附屬公司，怡和策略與怡和控股在康樂投資所持股份達55%，康樂投資自然屬於怡和控股的附屬公司。這樣一來，康樂投資顯然觸犯公司回購股份守則。

對於怡和這種挑戰監管權威的舉動，香港證監會和香港聯交所表現出了極大的克制。在怡和表示道歉並承諾將違例購入的股份出售後，聯交所對怡和回購自身股事件作了淡化處理。

事實上，香港證監會此時正在與怡和展開激烈交鋒。因為怡和抨擊證監會過度監管，並提出了讓監管部門進退兩難的"上市豁免"問題。

1990年10月，怡和法律顧問鄧雅理（Gregory Terry）炮轟香港證監會。鄧雅理表示：上市公司遷冊是為了保障公司的利益，香港監管當局不應干預海外司法地區的公司法例，把已遷冊的公司重新納入監管，否則在過度監管之下，上市公司的"海外護照"便會失效。

一個多月後，鄧雅理又提出了"上市豁免"的問題，即在香港上市只遵守公司條例、證券條例、內幕交易條例等相應的法例，而豁免遵守沒有法律約束力的上市規則和收購守則。他建議，香港聯交所應給予符合以下條件的公司"上市豁免"：在海外註冊；在確定的交易所（如倫敦證券交易所）上市而尚未申請豁免當地監管；股東權益超過40億港元或已公佈的除稅及少數權益盈利超過4億港元。

鄧雅理宣稱：除非實行對部分海外註冊公司豁免本港證券監管條例監管，否則那些不能接受"九七"後須受香港法例監管所帶來風險的公司，將不得不取消在香港上市。

按照這一邏輯，有錢人或交稅多的人便可以在社會上享有特權。對此，"敢言直率、經驗豐富、交遊廣闊"的香港證監會首任主席區偉賢（Robert Owen）作出了猛烈反擊。這位曾擔任過外交家、其後轉投英國萊斯銀行成為銀行家，之後從英國來到香港履新的證監會主席表示，持"海外護照"的公司並不表示可豁免遵守其選擇經營的市場的法例，否則對本地機構將極不公平。其後，香港證監會發表了一份措辭強硬的文件，駁斥了鄧雅理的相關抨擊。

不過，在怡和的壓力下，香港證監會和聯交所也在尋求妥善解決問題的辦法。香港聯交所表示正在考慮是否減少香港最大20家上市公司所須遵守的上市條例，使其繼續維持在香港的第一上市地位；香港證監會也修改公司回購股份守則，放寬對公司回購股份的限制。①

然而，怡和正在朝着將第一上市地位遷離香港的方向邁進。早在1990年5月，怡和便已宣佈在倫敦作第二上市。這年12月，怡和在悉尼證券交易所上市；1991年2月，在新加坡證券交易所上市；3月，怡和執行董事李舒正式向媒體透露，怡和準備將第一上市地位從香港遷往倫敦，並申請在香港"上市豁免"。

---

① 馮邦彥：香港英資財團（1841-1996），三聯書店，香港，2007，344頁。1992年4月1日，經修訂的《香港公司收購及合併守則》生效，新守則加入了《股份回購守則》的部分。

　　怡和在向香港證監會提交的"上市豁免"申請中，建議港府設立一種名為"純買賣公司"的上市公司類別，受海外的上市規則監管，但不受香港的上市規則、收購及合併守則、公司回購股份守則約束。怡和表示，如果怡和獲准"上市豁免"，將承諾遵守香港收購及合併守則三年，否則將不惜取消在香港的上市地位。

　　這實際上是怡和公開威脅並公然向港府要求特權，招致香港社會強烈反應。在立法局展開的相關辯論中，大部分議員不贊成給予怡和"上市豁免"，否則此例一開，會有更多上市公司仿效，將嚴重破壞香港市場的完整性並對小股東造成不公。

　　怡和的"上市豁免"申請，讓香港監管當局進退兩難：批准怡和的"上市豁免"，勢必會導致仿效，而且個別公司實在不應享有特權；不批准，則又可能要面對怡和撤離香港股市的結局。怡和作為香港歷史最悠久的公司、也是香港最大的公司，它的撤離對香港影響之大顯而易見。怡和旗下的幾家公司均為恆生指數的成份股，市值合共佔當時香港市場總市值的10%左右。如果怡和撤退，不僅導致香港股市規模縮小，甚至會影響到香港作為一個國際金融中心的地位。

　　面對怡和給予的強大壓力，港英政府左右為難：一方面有意對怡和妥協以維持其在香港掛牌，另一方面社會上對"上市豁免"的反對之聲又是如此強烈。

　　於是，香港聯交所發出諮詢文件，向市場徵詢是否決定設立一個名為"買賣上市地位"的組別，為已經遷冊海外、但業務和資產及主要股票買賣仍然主要在香港的公司提供"上市豁免"地位。這一諮詢得到的反饋，大部分是贊成怡和股份繼續留在香港買賣，但反對設立上市買賣組別。

面對這種現狀，香港聯交所在反覆斟酌後，選擇了"多年來已承認的主要及第二上市的概念"，即拒絕給予怡和"買賣上市地位"的建議，但同時邀請怡和以第二上市組別條例，以配合形勢的轉變。[①]

對聯交所的決定和建議，怡和發表聲明表示歡迎。怡和執行董事李舒説："市場一直希望尋求一個解決辦法，使怡和控股股份能繼續在香港上市及買賣，而香港聯交所提出的建議顯然是積極地回應了有關問題。能夠繼續在香港上市及買賣，是我們一貫之目標。"[②]

1992年9月7日，怡和集團旗下五家上市公司將第一上市地位移往倫敦，香港降為第二上市地位。同時，怡和繼續以不同手法向港府施壓，希望取得特別豁免權。

09 全面撤離香港股票市場

對一家公司發出如此猛烈的抨擊，在新華社的歷史上實屬罕見，然而怡和並沒有在這種抗議中退縮。中英之間的關係也沒有好轉的跡象，高調支持港督彭定康政改方案的怡和與中國官方的關係自然也沒有得到中方的諒解。1993年3月，港報甚至傳出"中方已全面中止與怡和的業務往來"的消息。[③]

1993年4月，當怡和向港府施壓，要求"上市豁免"而遭到港府拒絕時，當月27日，有一件值得一提的事，是香港總商會舉行部分理事改選。被視為"親

---

① 1992年2月17日，香港證監會核准聯交所就修改《上市規則》及《上市協議》提交的建議，以便公司在香港申請作第二上市。

② 馮邦彥：香港英資財團（1841-1996），三聯書店，香港，2007，347頁。

③ 見香港《新報》1993年3月27日報道："權威人士稱中方與怡和全面終止業務往來"。

中"的李國賢、陳永棋、馮永祥、董建成、葉龍蜚、田北俊6名競選人全部當選
（1位代表中資，其他5位是華資代表），而代表英資怡和集團的原理事、現任
立法局議員鮑磊落選。香港總商會是香港歷史最久、勢力最大的商會組織，傳
統上被視為英資財團的大本營。這次理事改選的結果，正是中英在港經濟勢力
消長的體現，反映了當地華資與大陸中資勢力的勃興和英資勢力的相對式微。

同年5月，怡和宣佈已主動建議公司註冊地百慕大的監管當局，以英國倫
敦收購合併守則為藍本，修訂五條分別涉及怡和集團五家上市公司──怡和
控股、怡和策略、置地、牛奶國際和文華東方的收購守則。然而，香港證監會
認為，百慕大當局所訂定的監管架構，並不足以保障香港股東作為投資者的利
益。

怡和表示，這套守則將於1994年7月1日起生效，其法律地位，由百慕大金
融管理局執行，英國樞密院為最終上訴庭。實際上，怡和已經發出了全面撤離
香港證券市場的信號。

怡和集團透過怡和控股與怡和策略的互控，再以怡和策略控制置地、牛
奶國際及文華東方，以少量資金控制了市值高達1600億港元的上市公司王國，
依然是其他財團的覬覦對象，其中尤以坐擁中區貴重物業、市值近600億港元
的置地最易成為收購目標。因為怡和策略僅持有置地33%股權，低於全面收購
"觸發點"，而怡和與華資大戶於1988年簽訂的"七年之約"眼見即將期滿，
若不能豁免，惟有除牌及託庇於百慕大守則，否則置地不排除會被華資大戶再
度狙擊。實際上，怡和提出"上市豁免"的用意，便有徹底鞏固對旗下公司控
制權的意圖。因為一旦港府豁免其受香港收購及合併守則的限制，即使怡和增
持置地超過35%的"觸發點"，亦可不遵守香港法律的要求對置地進行全面收
購。這樣一來，便可徹底消除對手敵意收購的可能性。

　　怡和經新華社不點名抨擊後，在中國的各項大型商務洽談幾陷停頓。1993年6月，怡和董事鮑維爾到訪北京，與中國高層官員會面，以取得中方諒解。[1]

　　在訪問北京行程中，鮑維爾特別向中國方面提交了一份文件，解釋怡和為何在5月底提出要求修訂百慕大的1988年怡和控股合併及修正法案，希望中方不要誤解怡和又在香港搞新動作。

　　事實上，自新華社發表評論文章不點名地抨擊怡和支持彭定康政改方案，破壞香港過渡時期繁榮穩定後，怡和董事兼立法局議員鮑磊曾先後三次赴京要求向北京有關官員解釋怡和的立場，尋求中方諒解，但大都不獲有關官員接見，這次鮑維爾赴北京，先後會見了外交部副部長姜恩柱、港澳辦副主任王啟人及外貿部的高層官員。

　　鮑維爾特別向中國官員解釋要求修訂百慕大怡和法案的理由。由於怡和是百慕大註冊公司，因此雖在倫敦證券交易所作第一上市，但英國監管機構無權監管怡和在英國以外的收購合併活動，怡和主動提出透過修例，把英國的收購及合併守則加入怡和的公司章程，以保障小股東利益。為避免中方誤會，所以事先照會中方及呈交文件解釋這是遷冊最後所需進行的法律程序。

　　鮑維爾表示，怡和是港府以外在港最大僱主，有5萬多名員工，怡和願意負起責任保持香港經濟穩定。他向中國官員表示，怡和珍惜與中國的百年經貿關係，無意過問政治，希望繼續做生意。

　　1994年3月24日，即怡和宣佈遷冊百慕大將滿10週年之際，怡和控股發表了其在香港逾一個半世紀以來極具震撼性的聲明：從1994年12月31日起，終止

---

[1] 怡和董事鮑維爾表示支持"三符合"原則，香港：信報，1993年6月25日。

怡和股票在香港聯合交易所的第二上市地位，撤離香港股市。

怡和的聲明再次對香港股市造成巨大衝擊，恆生指數一度急跌400點，其後大幅反彈，但怡和系股價仍大幅下跌約8%。

1995年，怡和系5家主要上市公司——怡和控股、怡和策略、牛奶國際、置地、文華東方相繼在香港股市除牌，結束了怡和在香港證券市場叱咤風雲的時代。鮑維爾聲稱：怡和現在可以"靜靜地抽身遠離政治，專注發展業務"，"本地大公司的發跡都涉及一些神話，怡和亦曾協助創造這些神話。不過，我們還是愈快恢復蘇格蘭商人的身份愈好。"①

事過多年之後，香港證監會首任主席區偉賢回憶當年面對商界、證券界及政界的壓力時，稱最令自己難忘的一仗，便是怡和系遷冊至新加坡。有證券界"鐵娘子"之稱、曾擔任香港證監會副主席和中國證監會副主席的史美倫，當時任職香港證監會企業融資部高級總監。她事後回憶起怡和事件時同樣記憶猶新：

"在1990年至1993年期間，怡和集團就爭取特別豁免一事向證監會施加很大的壓力。當時的危機是假如怡和系公司不獲豁免，他們便會取消在香港上市，而此舉將嚴重打擊投資者信心。雖然我們極不願意看到像怡和集團這般重要的公司撤離香港市場，但最終我們仍必須恪守原則。"

"這是我任職證監會至今三件最難忘的事件的首件，"史美倫說，"我們當時確實頗為擔心怡和取消在香港上市所帶來的後果，但最終香港社會明顯認同我們這種不偏不倚、無畏無私、堅守立場的做法。"②

---

① 金煌：怡和撤離香港，載香港：南北極，1994年4期，33頁。
② 載香港證監會十週年紀念刊物《十載耕耘》。

經過逾10年的努力，怡和應對特殊時代的戰略轉型基本完成。一方面，通過遷冊，結構重組，在倫敦、悉尼、新加坡上市，第一上市地位移往倫敦，直至全面撤離香港證券市場，實現所謂"法定管制和公司監管的重新定位"，以擺脫香港的法律管制，建立起牢固掌握控制權、攻守自如的集團內部架構。另一方面，通過出售非核心資產和業務、加快海外投資步伐，盡可能使盈利來源和資產的一半左右轉移至香港及中國大陸以外地區，最大限度地減小集團在香港的投資風險，從而使集團從一家以香港為基地的公司，蛻變為一家國際化的多元企業集團。

從另一種角度看，自中英兩國就香港主權問題進行談判到進入回歸過渡時期，怡和高調宣佈遷冊、結構重組、爭取"上市豁免"特權、終止在香港股票市場交易，怡和集團的機關用盡和黯然撤退，與衰退了的大英帝國想方設法維持其政經利益最終無功而返，可謂異曲而同工。

10 "九七"交接：怡和大班摔斷腳骨

"英方的下旗儀式只是短短的二十多秒。聆聽雄壯的中國國歌奏響，目睹中國國旗和香港區旗徐徐升起，這一刻我百感交集，過去一幕幕混亂但深刻的記憶紛至沓來：三年艱苦的香港前途談判、十二年的漫長過渡期……喜與悲，都仿似只是一瞬間的事情。"

這是鍾士元在他的回憶錄中關於1997年香港回歸交接慶典的一段文字。在香港土生土長的鍾士元，擔任公職40年，先後擔任港英政府立法局、行政局首席議員。香港前途問題提出後，鍾士元獲聘中國政府的港事顧問，擔任香港特區籌委會預委會、籌委會委員。香港回歸後，出任香港特區行政會議召集人。

　　鍾士元對九七香港回歸交接儀式的回憶片段，不僅把我們帶回到了當年交接的現場，也讓我們看到了怡和大班亨利‧凱瑟克當時不小心摔跤這極具象徵意味的一幕。

　　鍾士元回憶，告別156年的英國殖民地統治，告別12年的過渡期，歷時只不過8個小時。6月30日下午4時，天仍下着雨，但告別儀式仍按原定計劃先在總督府的草地上進行第一幕。

　　"彭定康的三位千金首先從官邸的中門步出，彭定康和太太林穎彤跟在後面。透過電視台直播見到，夫婦兩人幾乎同一時間回頭，視線在大宅庭院凝住。然後彭定康走上高台，英國的國歌奏起，沒有穿軍服，沒有戴帽的彭定康默默低下頭，眉頭深鎖。

　　"鼓角手吹響號角，英國的國旗在樂聲中徐徐落下，然後由副官將旗摺好，交到彭定康雙手。彭定康和家人一起登上其座駕，汽車按傳統在總督府前的草地繞了三周，才慢慢駛離總督府。草地繞三周寓意他日可以回來，不過，即使古老的傳統應驗，重歸的彭定康只會是旅客身份，永遠不可能再做總督府的主人。

　　"天繼續下着雨，在下午六時十五分仍未停下來。由港英政府籌備的第二幕告別儀式同樣在大雨中進行。鳴響二十一下禮炮後，英國王儲查理斯皇子在彭定康陪伴下蒞臨，到場參加的英國政要還有首相貝理雅、外相郭偉邦、前首相戴卓爾夫人等。場地是在添馬艦旁東面的露天操場，大雨下個不停，多數臨時架設的看台都沒有上蓋，賓客表現得特別狼狽。怡和洋行的大班亨利‧凱瑟克就因天雨地滑，一時不慎，跌落渠邊，折斷腳骨，受傷的腳有好幾個月都要紮着繃帶。

　　"此第二幕告別儀式的節目，頗為豐富。英軍儀仗隊、軍樂隊及駐港英軍等表演音樂、舞蹈、獨唱、大合唱、軍隊操演等節目，實在甚為精彩，可惜天雨下個不停，而很多賓客皆同時獲邀請稍後參加晚宴和交接儀式等室內舉行的節目，因衣履盡濕，須趕回酒店或住所更換衣服，因此不少人中途離場，令告別儀式失色不少。我其後獲悉，原來英方自己是始作俑者，麻煩自招。

"晚上九時半，英方在會議展覽中心擺設告別宴會，亦即告別儀式的第三幕。我在宴會上和中方官員閒談，說及當晚大雨令英方的告別儀式大為失色。對方告訴我，原來中英雙方曾在中英聯合聯絡小組商談主權交接事宜，當時英方提議在露天場地舉行，因為可以容納較多來賓。中方對此抱猶豫態度，因中方自香港天文台得悉過往十多年，凡6月30日及7月1日天氣多不佳，會下雨。最後，英方堅持告別儀式在添馬艦的露天場地舉行，但中方則選擇在會展中心以24小時趕工剛新落成的新翼大堂內舉行政權交接儀式。"①

隨着1997年6月30日的一場大雨，香港回歸中國，大英帝國的東方殖民主義帷幕也最後拉上。事後彭定康在他的《東方與西方》一書中寫道："那晚是一個歷史時期的結束，是英國在世界上殖民主義的結束。"

這一天，也同樣是一個歷史時期的開始。是中國150多年恥辱歷史結束後的新開始，香港的新一頁也就此展開。

香港回歸中國後，怡和將會有一個怎樣的開始？

---

① 鍾士元：香港回歸歷程——鍾士元回憶錄，香港中文大學出版社，2001，200-203頁。

1. 1982年9月，鄧小平在北京人民大會堂會見撒切爾夫人。
2. 英國交還香港前一天（1997年6月29日），末代港督車隊駛離港督府。

1. 怡和大班西門‧凱瑟克（1942-　　）。
2. 文華東方旗下的百慕大群島Elbow海灘酒店。

第十五章

欲去還來

怡和集團致力於香港的繁榮與穩定，並願繼續在香港和內地拓展業
務。

——怡和集團主席亨利·凱瑟克

在香港回歸中國之前的1980年代中後期至1990年代中前期，港人常常用"九七大限"來形容即將到來的回歸。回歸後的香港會走向何方？中國大陸何時才能真正實現蛻變？當空氣中不時瀰漫着悲觀和焦慮的情緒之時，在英國最後撤離香港前夕，怡和做出了震撼香港社會的撤退部署。

然而，經歷了大風大浪的香港，在黑雲壓城之後重現艷陽天；在改革開放中經濟持續快速增長的中國大陸，成為全球最大的新興市場和發展最快的主要經濟體。曾經雄踞香港且與中國內地有着歷史淵源的怡和，當然不會輕易退出經營了一百多年的香港根據地、放棄潛力巨大的中國市場機會。

01 回歸：怡和的最終選擇

1997年5月7日，中國的國家通訊社——新華社播發了一篇題為"朱鎔基會見英國客人"的消息。時任國務院副總理的朱鎔基會見的這位英國客人，正是怡和集團主席亨利・凱瑟克。從這篇香港回歸前夕播發的簡短消息中，透露出怡和與中國政府在某些方面已經達成一致——至少在表面上已經彌補了裂痕。

"新華社北京5月7日電：國務院副總理朱鎔基今天上午在中南海會見了英國怡和控股有限公司主席亨利・凱瑟克。

"朱鎔基說，怡和集團與中國有着長期交往的歷史，希望該集團在香港及中國內地的業務取得更大進展。

"談及香港問題，朱鎔基說，中國對在香港實行'一國兩制''港人治港'、高度自治的決心是堅定的，對香港的平穩過渡和保持香港的長期繁榮穩定充滿信心，相信香港特別行政區行政長官和特區政府完全有能力把香港管理好。他說，中國經濟的成功發展對香港的經濟也將會產生積極的影響。

　　"凱瑟克説，怡和集團致力於香港的繁榮與穩定，並願繼續在香港和內地拓展業務。他認為，香港一定會實現平穩過渡。"

　　事後看來，過渡期間怡和對中國的警惕和恐懼有些過頭，對香港造成的震盪過大，對中國造成的困擾過多。香港回歸中國，對怡和來説，其實不只是嚴峻挑戰，也充滿着發展機遇。

　　香港作為國際金融中心，作為國際資本進軍中國內地市場的橋頭堡；經過20年改革開放後經濟持續高速增長的中國大陸，正在成為全球財富的重要生長區，曾經雄踞香港、與中國大陸有着長期歷史淵源的怡和，又怎會輕易退出經營了一百多年的香港根據地、放棄如此之大的中國市場機會？無怪乎日本經濟史家濱下武志在香港回歸前夕認為："怡和的歷史和經營戰略，很多都帶有以商業為首的中國經濟的特徵。……怡和今後的方向是：活動領域分為香港、中國大陸、外國三大領域，但主力集中於中國。"[1]

　　在過渡時期，怡和旗下公司紛紛遷冊和向海外投資，似乎是在逃離香港乃至中國。但是，回歸香港和中國內地業務，將會是怡和毋庸置疑的最終選擇——如果真正"在商言商"的話。

　　"九七"回歸前夕，成立多年以來從未推出過電視廣告的怡和太平洋集團，在"九七"關鍵時刻推出了"根在香港，心在香港"為主題的電視廣告。公司相關人士解釋，此時推出是消弭外界對怡和存有的誤解。"怡和是英資公司，外界以為我們會逐漸撤離香港，減少在香港的生意，所以我們製作此廣告，一方面對大眾重申我們不會撤離香港，另一方面加強同事繼續為公司服務的信心，外界的誤解一定程度上影響了同事的信心。"

---

① 濱下武志著，馬宋芝譯：香港大視野——亞洲網絡中心，商務印書館，香港，1997，92頁。

　　"九七"回歸前夕，怡和在中國內地從北到大連、南到海口的約30個城市發展了極為廣泛的業務。

　　事實上，早在中國改革開放初期，怡和已着手部署重返中國的策略性行動。無論其處於風雨飄搖的動盪歲月，還是準備從香港股市全線撤離的過渡時期，怡和都沒有放棄在中國大陸的開拓和發展。

　　1980年，怡和參與投資了中國改革開放後的第一家合資企業——北京航空食品有限公司和第一家工業合資企業——中國迅達電梯股份有限公司；1986年，怡和集團旗下的怡和汽車先後與德國平治及中方成立南星汽車公司及三聯汽車技術服務公司，經營平治轎車在中國南方9省的代理銷售及維修業務；1992年4月，在怡和廣州辦事處成立十週年之際，怡和舉辦了"怡和在廣東"大型展覽會。怡和常務董事李舒、怡和中國主席鮑磊、怡和太平洋常務董事黎定基（Anthony Nightingale）、牛奶國際常務董事白豪遠等高層齊聚廣州，共商怡和在中國大陸的發展大計……

　　1997年香港回歸中國之時，怡和在中國大陸的投資項目已超過60個，投資地域遍佈各大城市。怡和聲稱其策略是要在中國這個亞太區高速增長的市場重建其龐大的商業勢力。

　　1997年香港實現歷史性轉變之後，香港與內地的經濟聯繫更加密切，中英之間的緊張關係轉趨緩和，中國的改革開放需要外來的經驗和助力，在香港有着深厚根基、與中國有着一百多年歷史淵源和商業聯繫，積攢了無數經驗和教訓的怡和，掀開了歷史的新一頁。

　　怡和沒有停止它的腳步。我們僅從2006年怡和集團主席亨利·凱瑟克及集團新任總裁黎定基在重慶、廣州、上海和北京等地的行蹤，以及與當地官員會見，便可見怡和在中國大陸發展之一斑：

　　2006年2月15日，怡和集團主席亨利·凱瑟克抵達中國第四個直轄市——

重慶,考察在那裡投資的房地產項目。亨利透露,2006年將首期在北京、上海、廣州和海南投資興建文華東方酒店,"重慶一旦達到這個消費水平,怡和集團將率先考慮在重慶修建"。

2月16日,廣東省常務副省長湯炳權會見並宴請亨利·凱瑟克一行。亨利表示,怡和將繼續加大在廣東的投資。他透露,怡和旗下的怡和保險顧問集團將於當年進駐廣州,2007年後在全國其他地區開展相關業務。怡和還計劃與太古集團合作在廣州天河投資修建一座五星級酒店。

5月16日,中國保險監督管理委員會主席助理陳文輝會見怡和集團總裁黎定基。

5月17日,上海市副市長周禹鵬會見黎定基。黎定基並與上海市黃浦區官員商談南京路外灘段相關地塊開發項目的最新情況。

10月17日,北京市市長王岐山會見亨利·凱瑟克一行。王岐山說,怡和集團與中國有着深厚的歷史淵源,擁有豐富的管理經驗和先進的技術水平。怡和集團來京進行項目投資,對北京的建設有着示範與啟發作用。

在大陸如此,在香港亦然。

2006年10月10日晚,斥資10億港元重新裝修一新的文華東方酒店舉行重開晚宴,亨利·凱瑟克到場,並邀請了包括設計中銀香港大廈的華裔建築師貝聿銘等500人盛裝出席。

12月11日晚,怡和擁有一半股份的美心集團舉辦開業50週年金禧紀慶酒會,邀請到前香港特區行政長官董建華主禮。作為香港最大及最多元化的餐飲集團,美心的業務不僅扎根香港,更擴展至中國內地、日本、菲律賓等地。

我們從怡和集團主席亨利·凱瑟克匆忙的腳步和參與的一系列活動中,可以看出怡和是何等的靈活、身段又是多麼的柔軟。

怡和集團旗下的怡和太平洋、怡和汽車、置地、文華東方、牛奶國際、合發集團及怡和保險顧問等，業務涉及建築、金融、酒店、保險、汽車貿易、零售等，並且置地依然是中環的大地主，然而，人們同時注意到，自從撤離香港股市後，怡和表現低調。

在以往港英殖民地時代，怡和在香港市場呼風喚雨，樂於當商界的"大哥大"。現如今，怡和在香港的政經影響力已經雲淡風輕。

02 高管本地化：置地任命首位華人總裁

1997年香港回歸中國，英資財團在香港長期享有的政治特權注定會進一步喪失，在香港政治舞台上的影響力亦無疑會迅速減弱。面對這種重大轉變，英資財團加緊部署應變策略，開始集團高層行政管理人員的本地化進程，重新培植"九七"後香港新政治環境中的代表人物。

人們看到，太古集團很早便已經在着手部署高管本地化策略。不跟隨怡和撤離香港從而贏得中國政府好感的太古系，其旗艦公司——國泰航空以華人陳南祿為行政總裁。大步實行國際化戰略的匯豐集團亦同樣積極部署本地化策略，提升鄭海泉便透露出這種部署的迫切性。無論從政治角度考慮還是出於實際商業需要，"九七"後香港英資財團高層管理人員的本地化，不僅有助其培植新環境下的政治代言人，而且有利於它們在香港和中國內地的投資及業務拓展。

在高管本地化方面，怡和集團雖然行動遲緩，也終於步太古和匯豐後塵。2006年10月3日，置地公司宣佈，現任公司行政總裁蘇兆明（Nicholas Robert Sallnow-Smith）將在2007年3月31日退任，由時任怡和（中國）有限公司主席彭耀佳接任。[①]

時年46歲的彭耀佳，1984年加入怡和，1991年出任必勝客餐廳香港及華南地區行政總裁，1995年任怡和太平洋集團董事，2003年任仁孚行執行主席，主管怡和汽車集團的業務。就任置地行政總裁後，彭耀佳將繼續其在怡和（中國）的職務。

一直對香港回歸中國懷抱戒心的怡和集團，如今起用華人掌管在中環心臟地帶擁有多座核心商廈的置地行政總裁之重任，加大拓展香港及內地市場力度。世易時移，正所謂此一時、彼一時也。

事實上，1998 年加入置地的蘇兆明，2000 年晉升為行政總裁。在出任置地行政總裁近7年的時間裡，蘇兆明積極進取。在他領導下的置地，不但重返香港房地產市場，斥巨資翻新包括遮打大廈在內的多幢中環物業，而且進軍北京、重慶、澳門房地產市場，業務由收縮變為擴張。

03 成功拓展中國內地市場

在商言商。怡和在中國商界依然是一個強大的存在。怡和集團有一些過硬的品牌及服務在中國大陸受到重視，近年來其在中國大陸的業務日漸擴大。我們僅看香港置地、牛奶國際、文華東方等三家公司的表現即可略見一斑。

置地

對置地在中國大陸的開拓，且聽與置地有合作的兩個比較知名的中國房地

---

① 2007年3月底，新加坡人郭伯鈞作為第一位亞洲人出任牛奶國際行政總裁，接替退休的方勵圖(Ron Floto)，是另一個高管本地化的案例。

產商——馮侖和吳亞軍的感想。

2001年10月，怡和旗下的置地與北京萬通集團聯合開發的"新城國際"項目正式啟動。"新城國際"位於北京CBD核心區，是CBD區域內的大型頂級純居住社區。

萬通集團總裁馮侖談及與置地走到一起以及合作基礎，是雙方價值觀的吻合。

在北京的一個房地產論壇上，另一個如日中天的房地產公司——萬科集團董事長王石讓馮侖分析萬通與置地合作的相關情況時，在中國地產界頗有影響的馮侖說：當時萬通在選擇合作夥伴時，跟長江集團談了一年多，而跟置地談了不到半年。跟置地談，主要是價值觀和做事方法、文化上比較認同。合作以後，置地帶給我們的，主要不是資本上的簡單增加，而是帶來很多細節上的幫助。他們對我們的理財方面、項目管理方面，給予了巨大幫助。比如說物業怎麼保值、增值，原來我們的想法非常簡單，出租就行了，而他們有一整套的技術來保證你的物業怎麼增值。比如他們做了一個判斷，在最貴的地方，做品質最好的房子，租給最有錢的人，用這種方式來贏得市場上的最高端客戶。

三年後的2004年10月，定位房地產高端市場的置地與重慶的知名地產商——龍湖地產在香港簽訂合作協議，雙方決定投資40億元，在重慶北部新區開發一個商業和住宅綜合的國際化標準社區——佔地1平方公里、建築面積120萬平方米的"大竹林"項目。

在媒體追問龍湖聯姻置地真相的訪談中，一向低調的龍湖地產總經理吳亞軍對記者打開了話匣子：[1]

問：龍湖與置地的合作，首要目的是不是為了融資？或是為上市做準備？

---

[1] 2009年11月19日，龍湖地產在香港上市，吳亞軍一時成為中國內地女首富（《福布斯》2009年中國富豪榜）。

吳：不是。與置地合作，首要目的是學習。學習置地一百多年的風險管理，學習置地一百多年的職業操守，學習置地一百多年的穩健和自律。本來，與國際平台接軌是我規劃中兩三年後的事，因為置地的主動接觸提前促成了這段姻緣。

問："大竹林"項目，如果龍湖單獨開發應該會有更高利潤，為什麼通過損失項目利潤的方式來換取學習機會？

吳：這不是損失，是學費。與置地合作，對龍湖具有里程碑的意義。置地是一個高水平的老師和監督者，我們可以在國際化的平台上，學習在國際規範下做事，學會把企業做到更透明，學習他們先進的管理體系。龍湖的理想是做百年老店，與置地合作，長遠的利益超過眼前的利益。如果不通過這樣的形式進行貼身合作，我們也無法學到一個屹立一百多年的國際化房企方方面面精微的東西。

問：投入、權利與利益的對半分配導致以前一個腦袋想事情、一個腦袋決定事情變成了兩個，這會不會帶來效率低下？

吳：置地的專業水準和職業操守都是我敬重的。……我們做事往往摸着石頭過河，而置地已經過完河了。他們一百多年修煉的專業素養，可以讓事情的準確率更高。

問：接觸一年了，談談對置地團隊的印象？

吳：做事穩健、嚴謹，甚至顯得保守。

牛奶國際

牛奶國際集團作為亞洲著名的零售集團，業務遍及亞洲多個國家和地區，包括香港、澳門、台灣、新加坡、馬來西亞、印尼、印度、越南等地。業務範圍橫跨超市、美健產品零售店、便利店、家居用品店及食肆，擁有7-Eleven在香港、中國華南地區和新加坡三地的經營權，分店眾多。

就在置地與重慶龍湖地產在香港正式簽訂合作協議的前10天，2004年10月9日，首家通過《內地與香港關於建立更緊密經貿關係的安排》（CEPA）以獨資身份進入廣東省的香港零售企業——牛奶國際旗下的萬寧正式登陸廣東，其位於廣州的首家內地分店正式開業。

牛奶國際母公司——怡和集團常務董事韋德樂在當天舉行的開幕禮上表示，CEPA的簽訂為怡和的中國發展計劃帶來方便，亦將加快發展步伐。而萬寧成為首家通過CEPA以獨資身份進入廣東省的零售連鎖店，標誌着怡和集團在中國的發展進入了一個新階段。

隨着內地政策不斷改善，經濟快速發展，怡和集團拓展內地市場的速度加快。萬寧已在深圳、廣州、東莞等城市設有多家分店；美心西餅店也已落戶華南地區。

至於上個世紀90年代初期便已開進華南的7-Eleven便利店，更是發展迅速。從1993年的5家7-Eleven便利店開始起步，到它進入華南16年時，第480家分店已在廣州天河區開業。其在廣州、深圳、東莞、珠海和佛山等五個城市的年營業額已達到8億元。[1]

萬寧、7-Eleven等知名零售品牌的身影日益活躍於華南地區。[2]

---

[1] 7-Eleven South China Celebrates 16th Anniversary and 480th Store，見怡和*Thistle*雜誌2009年第一卷。

[2] 關於屈臣氏與萬寧、百佳和惠康在華南地區的“短兵相接”，可參閱譚洪安、羅焱：和黃系、怡和系戀戰華南零售，載：中國經營報，2005年1月30日。

文華東方

文華東方酒店在中國大陸廣為人知，或許要“感謝”中央電視台的一場大火。

2009年2月9日晚，元宵節之夜。當人們正在歡度元宵佳節、觀看中央電視台的元宵晚會時，位於北京東三環中央電視台（CCTV）總部新大樓旁的電視文化中心大樓（TVCC）突發大火，一時濃煙滾滾、火光沖天。預計在2009年正式開業的北京文華東方酒店不幸身在其中。起火原因則是中央電視台相關員工違法違規施放煙火所致。

2007年5月，文華東方酒店集團與中央電視台簽約，中央電視台新總部的酒店由文華東方酒店集團運營管理。酒店擁有203間客房及38間套房，將是京城最大型的酒店房間。

文華東方酒店集團行政總裁倪德祈（Edouard Ettedgui）當時聲稱，優越的地理位置、新穎的建築設計，配以文華東方屢獲殊榮的優質服務，將令北京文華東方酒店成為全球充滿傳奇色彩的酒店之一。文華東方很高興能在中國擴展豪華酒店業務，特別是在中國的首都——北京。這個令人興奮的新項目，象徵了文華東方集團於全球商業及旅遊重點建立其豪華品牌再邁進重要一步。

事實上，早在文華東方酒店集團與中央電視台簽約之前，文華東方已經宣佈將在海南三亞和廣州開設酒店（三亞文華東方酒店已經開張）。

文華東方的在華發展策略是：定位為“卓越豪華”；在優越的地理位置選址；以新穎、特色的建築作酒店的設計；在酒店保留當地的文化和歷史特點。

北京文華東方酒店將以“管理合約”和“長期租約”的形式經營。從2000年開始，文華東方酒店集團開始對其發展模式作出變革，一方面沿用傳統的高級酒店發展模式，投入大量資金，全資擁有酒店及酒店物業。另一方面利用文華東方品牌，開創更多以品牌管理的模式經營酒店，集團不全資擁有酒店，使集團投入較少的資金，獲得較高的盈利和回報率。

04 大中華與東南亞：亞洲的多元化集團

巡視怡和王國的業務領地，我們看到，除了香港和中國內地之外，便主要是東南亞地區。怡和集團2008年年報顯示，大中華地區佔怡和集團當年基本營業收入的52%，東南亞地區佔43%，兩地區相加佔了全部收入的95%。事實上，近五年來，其業績貢獻均主要來自於此兩地區（見表15-1）。

從1984年怡和宣佈將公司註冊地遷離香港，到1989年3月置地宣佈遷冊，怡和集團旗下的怡和策略、牛奶國際、文華東方、置地等陸續遷冊百慕大。1990年代，這些公司的股份在倫敦、悉尼、新加坡上市，隨後將第一上市地位移往倫敦，全面撤離香港證券市場。與此同時，各上市公司加快了在東南亞、歐美及澳洲的投資步伐，開始了怡和稱之為"全球市場再造"的新時代。

然而，除了在東南亞的投資成為怡和日後頗為牢固的發展基地之外，歐美和澳洲等地的發展普遍不甚理想，怡和不得已收縮戰線，重新以穩守亞洲為主。正如怡和控股在2008年入選《福布斯》雜誌（Forbes）"亞洲上市公司50強"後該財經週刊撰文所指出："1990年代，隨着香港從英國回歸中國時間的迫近，怡和將其各公司的業務重心從亞洲轉移至歐洲和澳大利亞。儘管其他股東均無決策權，但由於他們的抱怨日益增多，怡和又將業務重心轉回到亞洲。"①

---

① Robyn Meredith, Sailing From Old to New Asia. *Forbes*，September 15, 2008。

表15-1：怡和集團2004-2008年各地區基本營業收入佔比一覽（％）

地區	2008	2007	2006	2005	2004
大中華	52	47	45	43	45
東南亞	43	41	40	47	45
英國	2	6	10	8	9
其他	3	6	5	2	1

注：根據怡和年報整理。2007-2008年的地域劃分為大中華、東南亞、英國、其他；2006年為大中華、東南亞、歐洲、北美；2004-2005年為香港與中國大陸、亞太、歐洲、北美。

表15-2：怡和控股及怡和策略2004-2008年所控旗下公司股份一覽（％）

怡和控股	2008	2007	2006	2005	2004
怡和太平洋	100	100	100	100	100
怡和汽車	100	100	100	100	100
JLT	32	31	31	30	32
怡和策略	81	81	80	80	79

怡和策略	2008	2007	2006	2005	2004
香港置地	49	48	47	44	43
牛奶國際	78	78	78	78	79
文華東方	73	73	74	74	75
怡和合發	68	65	64	63	60
羅斯柴爾德投資銀行	21	21	21	20	

注：根據怡和年報整理。

　　此後，怡和進一步加大了在東南亞一帶的投資與拓展。譬如，置地公司開始在新加坡、菲律賓和越南等國家發展；牛奶國際在印度尼西亞、馬來西亞、新加坡等地拓展。其中，最為成功的，當屬總部設在新加坡的怡和合發公司（Jardine Cycle & Carriage Ltd.）及其控股的印度尼西亞阿斯特拉國際企業集團（PT Astra International Inc.）（見表15-2）。

　　自1992年怡和策略以10億港元收購新加坡合發公司16%的股權後，2000年11月怡和策略將所持合發股權增至25.09%，之後不斷增持，於2003年更名為怡和合發公司。如今，怡和策略擁有68%股權的合發集團已是新加坡和馬來西亞首屈一指的汽車經銷商。它所代理的汽車品牌包括平治（Mercedes-Benz）、三菱（Mitsubishi）、起亞（Kia）、雪鐵龍（Citroen）、豐田（Toyota）、本田（Honda）、大發（Daihatsu）、鈴木（Isuzu）、標緻（Peugeot）、尼桑（Nissan）等，在新加坡和馬來西亞佔有顯著的市場份額。

　　2000年3月，合發公司宣佈購入印尼阿斯特拉集團的部分股權。如今，怡和合發持有阿斯特拉集團50.1%的股份。作為印尼最大的多元混合企業，阿斯特拉集團不僅是東南亞汽車方面的領導者，也是怡和合發在汽車之外商業的主要收入來源提供者。阿斯特拉集團除了擁有完整的汽車和摩托車生產裝配、銷售和零售之外，還是一個橫跨汽車工業、農業綜合企業、金融企業、重點設備和採礦，以及信息技術在內的多元商業集團，其旗下既有印尼最大的汽車製造商、印尼最大的摩托車製造商，也有印尼最大的棕櫚油生產商，以及印尼排名靠前的銀行等。

　　從2008年怡和集團的基本營業收入表中可以發現，怡和合發及其子公司阿斯特拉佔了怡和集團總基本營收的31%（見表15-3），更佔其在東南亞總營收的72%。

　　香港回歸中國，牽動着世人的神經。回歸後的香港會走向何方？1995年6月，美國《財富》雜誌發表文章，預言香港在中國的統治下將失去它作為國際商業和金融中心的地位。英國讓路給中國，進行商業活動的“運動場”將消失，腐敗會滋生並擴散，香港未來的赤裸裸的真相，可用兩個字概括：玩完。該期雜誌封面上赫然寫着：“香港之死”（The Death of Hong Kong）。

　　12年後，2007年6月，香港回歸十週年前夕，《時代》週刊修正其姊妹雜誌當年的預言，大篇幅報道香港回歸十週年。封面文章《香港的未來：晴天，有雲》（Hong Kong's Future: Sunshine, with Clouds）寫道：“在從漁村變成現代化都市以來的很短時期內，香港經歷了戰爭、難民潮、瘟疫、旱災等，反覆粉碎災難預言者的預言，不斷重新振作。僅僅在過去10年裡，香港就經歷了地區金融危機、禽流感、SARS等，這座城市的一連串好運常常看起來即將結束。本刊的姊妹雜誌《財富》曾糟糕而錯誤地預測，香港回歸中國會導致其‘死亡’。然而，香港現在比過去任何時候更具活力。”

　　事實上，《時代》和《財富》雜誌不時在修正其對香港的觀察。2001年，《時代》週刊發表題為《香港正在衰亡？》的文章，稱“香港雖未壽終正寢，但已流血不止”。同一年，《財富》雜誌則選擇香港作為當年《財富》全球論壇的舉辦地，主題為“亞洲新一代”。年會上，策劃“香港之死”的《財富》雜誌編輯總監在回答記者“怎麼形容香港”的問題時，沉思良久後稱答案是“活力(vitality)之都”。2002年5月，《財富》雜誌的封面文章又變為《誰要香港？》，再度批評香港“已在中國市場面前喪失門戶地位”。香港回歸十週年之際，《時代》週刊則用大篇幅發表對香港的樂觀報道。

　　而在香港經營了一百多年的怡和，在香港回歸前後經歷了更為複雜的心路歷程。

表15-3：怡和集團旗下公司2004-2008年基本營業收入佔比一覽（％）

公司名稱	2008	2007	2006	2005	2004
怡和太平洋	14	15	18	17	20
怡和汽車	5	8	12	9	8
JLT	4	4	5	6	8
香港置地	17	18	15	12	14
牛奶國際	24	22	24	23	21
文華東方	5	6	5	4	2
怡和合發	3	3	3	5	27
阿斯特拉	28	24	18	24	

注：根據怡和年報整理。

　　嚴格說來，怡和系自1984年開始遷冊百慕大，已經從一家老牌香港公司變身為外資公司。現如今，怡和系在百慕大註冊，在倫敦、悉尼和新加坡上市，主要股票在新加坡交易。不過，香港始終是怡和發展壯大的根據地和大本營。怡和管理有限公司的總辦事處設在香港，為旗下機構提供管理服務。時下，怡和集團總裁黎定基以及怡和太平洋、怡和汽車集團、香港置地、牛奶國際、文華東方等公司的管理層均坐鎮香港，僅馬地臣有限公司、怡和保險顧問集團（JLT）的總部設在倫敦，怡和合發的總部設在新加坡，阿斯特拉公司的總部設在印尼雅加達。也因此怡和被視為香港的公司，譬如《財富》雜誌一年一度的"全球500強"排名中，總部在香港的公司便少不了怡和：2007年度全球最大500家公司排名第457位，2008年度排名第437位，2009年度排名第411位。

　　對怡和集團而言，香港的重要性不言而喻。而作為全球最大新興市場的中國內地，對怡和來說也同樣至關重要。隨着中國內地經濟的快速發展，諳熟中國歷史文化的怡和集團動作頻頻，僅從2008年春節過後三個多月的時間裡，怡和高層在中國各地的行蹤之密集即可見一斑：

　　2月14日，怡和集團主席亨利·凱瑟克一行分獲重慶市市委書記薄熙來、市長王鴻舉會見。此時，怡和集團與重慶龍湖地產4年前合資建設的大竹林住宅項目已完成一期主體工程，怡和計劃在重慶開設49家健康美容連鎖店已獲經營許可，旗下保險經紀合資公司——怡和立信保險經紀公司也計劃在重慶設立分支機構。

　　2月15日，亨利·凱瑟克一行來到成都，與四川省省長蔣巨峰會面。在牛奶公司項目成功落戶成都的基礎上，怡和集團有意進一步擴大投資四川的服務業領域。

　　2月16日，亨利·凱瑟克一行又出現在中國東北，抵達瀋陽考察投資環境和洽談合作項目。當時香港置地與瀋陽穗港集團合作，正準備在瀋陽投資房地產項目。

3月3日，怡和集團中國首席代表韋藹德（Adam Williams）率領的怡和訪問團出現在中國東南的長江三角洲一帶。韋藹德表示，怡和集團在中國設有19個代表處，投資建立了48個企業，僱用員工一萬餘名。此次訪問旨在進一步擴大在江蘇的業務，尋找更廣泛的合作機會。3月14日，牛奶公司全額投資的江蘇萬寧健康護理品銷售有限公司正式入駐南京市白下區。

4月17日，韋藹德一行抵達無錫訪問，探討在物流等領域雙方開展合作的可能。

5月20日，怡和集團總裁黎定基與北京市市長郭金龍見面。同天下午，黎定基與香港置地集團總裁彭耀佳一行訪問北京市東城區政府，雙方就合作建設項目（王府井國際品牌中心項目）事宜交換意見。

……

國際金融危機的爆發也不曾阻礙怡和在中國內地的投資與發展腳步。就在國際金融危機全面爆發約半年後的2009年2月25日，亨利·凱瑟克再次出現在中國的首都北京並得到了中國國務委員劉延東在中南海紫光閣的會見。新華社的報道稱：劉延東向亨利介紹了中國當前的形勢和中國政府對香港的基本政策。對怡和集團為促進香港經濟發展和內地改革開放事業所做出的努力給予肯定，並對在當前困難情況下仍繼續在中國內地投資表示讚賞。

一百多年前，倚仗遠走天涯的商業冒險和堅船利炮的武力後盾，怡和洋行強行將鴉片等物品"推銷"給了中國的各階層。一百多年後，怡和依然在香港及中國內地以驚人的彈性維繫與拓展着自己的商業王朝。就其當前在中國內地和香港等地的事業而言，涉及面既廣且深：金融保險、零售、餐飲、工程與建築、汽車貿易、房地產、IT服務、酒店業……

　　在1840年第一次鴉片戰爭爆發之前成立的公司中，能延續至今者惟怡和而已。作為一家"百年老店"，怡和在世事多變的環境中，除了"日不落帝國"的庇護之外，自身究竟有着怎樣的生存和發展之道？2007年怡和為慶祝成立175週年而推出的出版物①中稱，怡和創始人渣甸和馬地臣所注入的強烈的職業道德、獨立精神、審慎的財務、商業預見和成功的決心，是這些品質使怡和在以後的歲月中戰勝了眾多挑戰並鞏固了公司在亞洲的地位。

　　《怡和洋行》一書的作者布雷克曾總結道：如果怡和還是獨佔鰲頭，那是因為她資格最老，既擁有力爭上游的企業野心，行事又謹慎，其他洋行或許能與之匹敵，但永難超越。想要挑出一項怡和的特色來說明她之所以屹立不倒的原因並不容易，但在眾多原因中，有兩件事頗值一提：一是積極的，怡和最先看出香港和上海的重要性，大量投資地產，結果大發利市；一是消極的，鴉片時期結束後，怡和幾乎全盤轉為代理，避免以自己的資金從事商品投機買賣，因此平安渡過19世紀最大的兩次金融危機：一是1860年代奧弗倫‧格尼銀行危機，寶順洋行因大量投資茶葉生意而被拖垮；二是1890年代霸菱危機，旗昌洋行因投機買賣糖而宣告破產。

　　布雷克只將怡和洋行的歷史寫到1950年代退出中國大陸時為止，在爾後的半個世紀裡，故事的舞台中心主要是香港。在這裡，怡和既有20世紀五六十年代的轉型與創新，也有70年代的巔峰體驗，更有八九十年代風雨飄搖的恐慌與焦慮。在香港回歸中國、大英帝國最後撤離東方的時刻，怡和做出了引起香港

---

① *175th Years of Looking to the Future*, http://www.jardines.com/profile/ebook.html.

社會震盪的撤退部署。

然而，天下熙熙，皆為利來；天下攘攘，皆為利往。怡和終究不會輕易放棄經營了一百多年的香港和潛力巨大的中國內地市場。憑藉在東方的多年經營，憑藉對中國政治、經濟和文化的深入瞭解和深刻理解，怡和正在不斷加強與中國政府的關係，積極拓展中國內地市場，業務範圍和營業收入日漸增多。

世界格局正在發生重大變化，中國依然處在轉型之中。作為快速發展的世界最大新興市場，中國的機會與潛力巨大。在這裡存在了一百多年的怡和，有着無限的發展機會……

然而，檢視怡和170多年的發展歷史，就怡和的企業性格而言，要想在香港和中國內地更加有所作為，使公司走向更高境界，怡和還需付出更多努力，做出更多承擔。

2005年5月初稿於港島皇后大道東351號

2009年10月定稿於北京東直門南大街8號

中华人民共和国外国投资管理委员会

通　知

外资审字（1980）第一号

中华人民共和国外国投资管理委员会于一九
八〇年四月四日召集会议审议了中外合资经营北
京航空食品有限公司（代表双方于一九八〇年三
月八日签订的《中国民用航空北京管理局和香港
中国航空食品有限公司合资经营北京航空食品有
限公司合同》、《北京航空食品有限公司章程》、
《关于公司若干问题的换函》，一致通过，现予
批准施行。

1. 2. 1980年4月，中國內地改革開放後首家中外合資企業—北京航空食品
　　有限公司及當時的批文。
3. 牛奶國際旗下的惠康超市。

1. 位於港島中環的文華東方酒店和怡和大廈（右）。
2. 北京CBD建築群。文華東方旗下的北京文華東方酒店和置地公司與萬通集團聯合
   開發的"新城國際"位於其中。

附錄

附錄1　怡和中的渣甸—凱瑟克家族成員

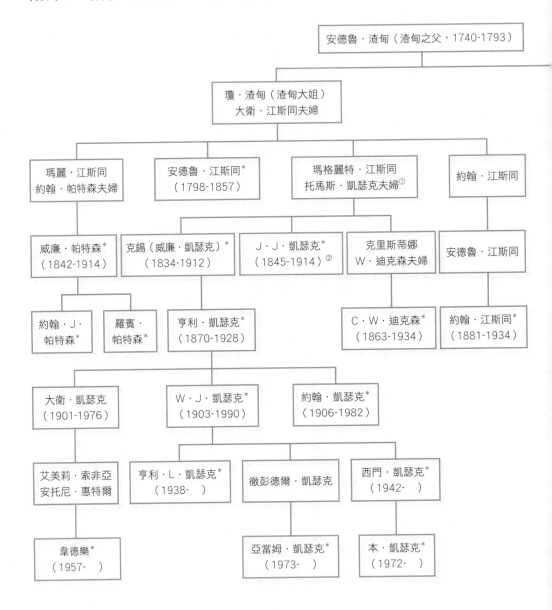

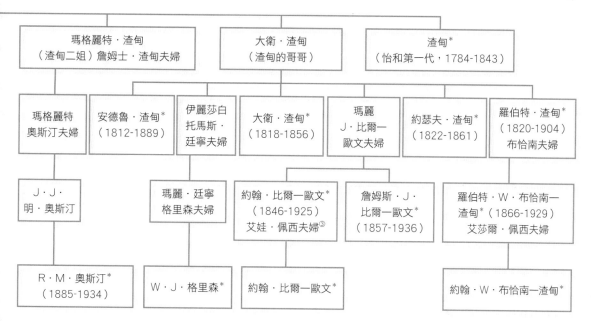

說明：

1. 怡和洋行的正式創始人為渣甸和馬地臣。鑒於馬地臣家族第二代即退出公司領導層（見第六章），而渣甸侄女嫁入的凱瑟克家族長期以來主導着怡和的發展，因此根據怡和出版物製作此表，顯示在怡和中擔任合夥人及董事的渣甸和凱瑟克家族成員。表中 * 號者為公司合夥人或董事。

2. 1906年，怡和結構發生重大變化，由合夥公司Jardine Matheson & Co.轉變為股份有限公司Jardine Matheson & Co., Ltd., 公司合夥人（Partner）成為董事（Director）。

注：

① 托馬斯·凱瑟克的母親詹妮特·渣甸來自阿普爾加茲的渣甸家族。1902年成為怡和大班的蘭杜的母親也來自阿普爾加茲的渣甸家族。蘭杜之子大衛·F·蘭杜及其孫子大衛·蘭杜均任職於怡和高層。

② J·J·凱瑟克的親家麥克文（1846-1919）也是怡和合夥人。

③ 艾娃·佩西的妹妹艾莎爾嫁給羅伯特·W·布恰南─渣甸，其姊妹阿拉貝拉之子達拉斯·貝納德和女婿C·H·羅斯均任職怡和高層，另一姊妹艾迪斯之子R·E·柯克森也任職於怡和高層。

附錄2　渣甸─凱瑟克家族成員出任怡和合夥人及董事時間一覽

姓　名	任職年份
渣甸	1832-1840
安德魯·江斯同	1835-1836
安德魯·渣甸	1839-1843
大衛·渣甸	1843-1856
約瑟夫·渣甸	1845-1860
加律治（羅伯特·渣甸）	1852-1882
克錫（威廉·凱瑟克）	1858-1912*
威廉·帕特森	1875-1887
J·J·凱瑟克	1876-1902
約翰·比爾─歐文	1876-1891
J·J·比爾─歐文	1887-1902
麥克文	1894-1901
C·W·迪克森	1900-1906
蘭杜	1902-1921*
亨利·凱瑟克	1902-1924*
羅伯特·布恰南─渣甸	1905-1927*
W·J·格里森	1906-1910
C·H·羅斯	1906-1920
約翰·江斯同	1914-1923
約翰·比爾─歐文	1919-1923
達拉斯·貝納德	1919-1928
約翰·J·帕特森	1921-1945
R·M·奧斯汀	1923-1934
R·E·柯克森	1928-1945

W・J・凱瑟克	1932-1945
大衛・F・蘭杜	1936-1970
約翰・凱瑟克	1937-1982
大衛・W・N・蘭杜	1967-1975
亨利・L・凱瑟克	1967- *
西門・凱瑟克	1972- *
韋德樂	1999-
亞當姆・凱瑟克	2007-
本・凱瑟克	2007-

＊：1906年，怡和結構發生重大變化，由Jardine Matheson & Co.轉變為Jardine Matheson & Co., Ltd.，合夥人
（Partner）成為董事（Director）；1984年，Jardine Matheson Holding Limited成立，作為新的集團控股公
司。克錫、蘭杜、亨利・凱瑟克和羅伯特・布恰南一渣甸是1906年由Jardine Matheson & Co.的合夥人，成
為新成立的Jardine Matheson & Co., Ltd.的董事；亨利・L・凱瑟克和西門・凱瑟克則由Jardine Matheson &
Co., Ltd.的董事，繼續成為新成立的Jardine Matheson Holding Limited的董事，並任怡和大班（該任主席為亨
利・凱瑟克）。
資料來源：怡和各出版物。

附錄3　怡和集團主要成員及基本結構（截至2009年3月）

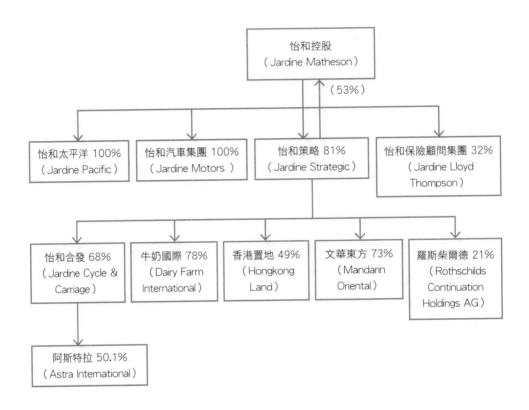

資料來源：2008年度怡和控股年報。

A

A. S. Watson & Company	屈臣氏
Amherst, William Pitt	阿美士德
Amstrong & Co.	阿姆斯特朗兵工廠
Anton, Charles Edward	晏頓
Antony	安多利
A-rriaga	阿里阿加
Astell, J. H.	阿斯特
Augustine Heard & Co.	瓊記洋行

B

Baring & Co.	巴林行
Baring, George	喬治・巴林
Baring, Moloney & Robarts & Co.	巴林・莫隆奈・羅伯茨行
Barrow, Martin Gilbert	鮑磊
Barton, Sidney	巴爾敦
Beale, Daniel	丹尼爾・比爾
Beale, Magniac & Co.	比爾・麥尼克行
Beale, Thomas	托馬斯・比爾
Bedford, Trevor	鮑富達
Beith, B. D. F.	比思
Bell-Irving, James Jardine	詹姆斯・渣甸・比爾—歐文
Bell-Irving, John	約翰・比爾—歐文
Bergère, Marie-Claire	白吉爾
Black, Robert Brown	柏立基
Blake, Robert	羅伯・布雷克
Bonham, S. G.	文翰

Boyd & Co. 祥生船廠

Boyer, J. L. 包約翰

Bradford, Oliver B. 白拉福

British & Chinese Corporation 中英公司（中英銀公司）

British East India Company(BEIC) 英國東印度公司

Buchanan-Jardine, Robert 羅伯特‧布恰南—渣甸

Burns MacVicars & Co. 伯恩斯‧麥克維卡公司

Burns, Robert 彭斯

Butterfield & Swire Co. 太古洋行

C

Calyo 加爾福

Cameron, Ewen 嘉莫倫

Canton Insurance Co. 諫當保險公司

Chartered Bank of India, Australia & China 麥加利銀行（渣打銀行）

Chartered Mercantile Bank of India, 有利銀行
   London and China

Chatter, Paul 遮打

China Navigation Co. , Ltd. 太古輪船公司

China Coast Steam Navigation Company 華海輪船公司

China Sugar Refinering Co. Ltd. 怡和車糖公司

Chinese Central Railways, Ltd. 英國華中鐵路公司

Churchill, Winston L. S. 丘吉爾

Clavell, James 克倫威爾

Clement Richard Attlee 艾德禮

Clifton William 克里夫頓

Collis, Maurice 考利斯（柯立斯）

Comptoir et D'Escompte Bank 法蘭西銀行

Connaught Investors Co., Ltd. 康樂投資有限公司

Cook, Robert Finlayson   郭偉邦

Cousins   卡曾斯

Cox and Reid   柯克斯・里德號

Cox, James   詹姆士・柯克斯

Cox, John Henry   亨利・柯克斯

Cunninghom, Edward   金能亨

Cushing, J. P.   顧盛

D

D. MacIntyre & Co.   麥金泰爾公司

Dadabhoy Rustomjee   打打皮

Dadwell, Carlill & Co. Ltd.   天祥洋行

Dairy Farm International Holdings Ltd.   牛奶國際控股有限公司

Dallas, A. G.   達拉斯

David Sassoon & Co.   沙遜洋行

Davidson, W. S.   達衞森

Davis, Sir John Francis   德庇時

Dent & Co.   顛地行（寶順洋行）

Dent, Lanncelot   顛地

Dent, Thomas   托馬斯・顛地

Detring, Gustav Von   德璀琳

Deutsch-Asiatische Bank   德華銀行

Dickerson   狄克森

Douglas Clague   祈德尊

E

E. D. Sassoon & Co.   新沙遜洋行

Elliot, Charles   義律

Elliot, George   懿律

Endicott, Henry B.   晏爾吉

Ettedgui, Edouard   倪德祈

Evans, Richard   伊文思

Ewo Breweries, Ltd.   怡和啤酒有限公司

Ewo Cold Storage Co.   怡和冷氣堆棧

Ewo Cotton Mills Ltd.   怡和各紗廠有限公司

Ewo Cotton Spinning & Weaving Co., Ltd.   怡和紗廠

Ewo Press Packing Co.   怡和打包公司(怡和打包廠)

F

Fairbank, John King   費正清

Feuerwerker, Albert   費惟愷

Floto, Ron   方勵圖

Forbes John M.   約翰·福士

Forbes, Paul Sieman   福士

Fraser, William   威廉·弗雷澤

French Decauville Railway Company   法國德康維爾鐵路公司

G

Galy, Gaston   加利

Gammon Construction Limited   金門建築有限公司

Gibb, Livingston Co.   仁記洋行

Gilman & Co. Ltd.   太平洋行

Gimson, Sir Franklin Charles   詹遜

Gladstone, William E.   格蘭斯頓

Goodstadt, Leo   顧汝德

Gough, General Hugh   郭富

Grantham, Alexander W. G. Herder   葛量洪

Grayburn, Vandeleur M.   祁禮賓

Greenberg, Michael 格林堡

Gresson, William Jardine 威廉‧渣甸‧格里森

Gtzlaff, Karl Friedrich August 郭士立

H

Hamburg American Co. 漢堡亞美利加公司（又譯為亨寶公司）

Hamer 哈默

Harcourt, Admiral Sir Cecil 夏慤

Hart, Sir Robert 赫德

Heard, Albert F. A‧F‧赫德

Henry Waugh & Co. , Ltd. 亨利‧窩夫有限公司

Herman, Arthur 亞瑟‧赫曼

Heywood, John 希活

Hong Kong Cotton-spinning,
Weaving, and Dyeing Company, Ltd. 香港棉紡織染公司

Hong Kong Insurance Society 香港火燭保險公司

Hong Kong Investors Limited 香港投資者有限公司

Hong Kong Tramways Limited 香港電車公司

Hongkong and Kowloon Wharf and
Godown Company Limited 香港九龍碼頭及倉棧有限公司（簡稱九龍倉、九倉）

Hongkong and Whampoa Dock Co. 香港黃埔船塢公司

Hongkong Canton & Macao Steam Boat Company 省港澳輪船公司

Hongkong Ice Company, Ltd. 香港雪廠

Hongkong Land Holdings Limited 置地控股有限公司

Hope 賀布

Hughes, Richard 休斯

Hume, David 休謨

Hunter, William C. 亨特

Hutchison Whampoa Ltd. 和記黃埔有限公司

Hyde, Francis E.   海德

I

Indo-China Steam Navigation Co.   怡和輪船公司（印中輪船公司）

Innes, James   因義士

J

Jackson, Thomas   托馬斯·戾臣

James Scott & Co.   詹姆士·斯科特公司

Jardine & Matheson Co.   渣甸·馬地臣行(怡和洋行)

Jardine Cycle & Carriage Ltd.   怡和合發有限公司

Jardine Engineering Corporation（JEC）   怡和機器有限公司

Jardine Fleming & Co. , Ltd.   怡富有限公司

Jardine Insurance Brokers(JIB)   怡和保險經紀公司

Jardine Lloyd Thompson Group plc(JLT)   怡和保險顧問集團

Jardine Matheson Holding Limited   怡和控股有限公司

Jardine Motors Group Ltd.   怡和汽車集團

Jardine Pacific Ltd.   怡和太平洋有限公司

Jardine Securities Ltd.   怡和證券有限公司

Jardine Skinner & Co.   渣甸·斯金納行

Jardine Strategic Holdings Limited   怡和策略控股有限公司

Jardine, Andrew   安德魯·渣甸

Jardine, David   大衛·渣甸

Jardine, Elizabeth   伊麗莎白·渣甸

Jardine, Gi & Buttus(Hong Kong) Ltd.   怡達商品貿易公司

Jardine, Jean   瓊·渣甸

Jardine, Joseph   約瑟夫·渣甸

Jardine, Margaret   瑪格麗特·渣甸

Jardine, Mary   瑪麗·渣甸

Jardine, Robert	加律治（羅伯特·渣甸）
Jardine, William	渣甸
Jejeebhoy, Jamseljee	吉吉皮
John D. Hutchison & Co.	和記洋行
Johnson, F. B.	約翰遜
Johnston, Andrew	安德魯·江斯同
Johnstone, John	約翰·江斯同
JP Morgan Chase	摩根大通

K

Keswick, Henry L.	亨利·凱瑟克（小）
Keswick, Henry	亨利·凱瑟克
Keswick, James Johnstone	詹姆士·江斯同·凱瑟克
Keswick, John	約翰·凱瑟克
Keswick, Simon	西門·凱瑟克
Keswick, William Johnston	威廉·江斯同·凱瑟克
Keswick, William	克錫（威廉·凱瑟克）
Kinder, Claude William	金達

L

Landale, David	蘭杜
Lane Crawford	連卡佛
Lang, William	威廉·蘭
Lay, Horatio Nelson	李泰國
LeFevour, Edward	勒費窩
Lindsay, Huyh Hamilton	胡夏米
Lindsay, Oliver	林賽

M

M. Larruleta & Co.　　　　　　　　　　　　　　拉羅瑞商行

Macartney, Lord George　　　　　　　　　　　馬戛爾尼

MacDonald, Claude Maxwell　　　　　　　　　竇納樂

MacDougall, D.　　　　　　　　　　　　　　　麥克杜格爾

MacEwen, Alexander Palmer　　　　　　　　　麥克艾恩

Macgregor, John　　　　　　　　　　　　　　麥格雷戈

Mackintosh & Co.　　　　　　　　　　　　　　麥金托什商行

MacQueen　　　　　　　　　　　　　　　　　麥奎因

Magniac, Charles　　　　　　　　　　　　　　查理斯・麥尼克

Magniac, Daniel Snaith　　　　　　　　　　　丹尼爾

Magniac, Francis　　　　　　　　　　　　　　弗朗西斯・麥尼克

Magniac, Hollingworth　　　　　　　　　　　荷林華斯・麥尼克

Magniac, Jardine & Co.　　　　　　　　　　　麥尼克・渣甸行

Magniac, Lane　　　　　　　　　　　　　　　萊恩

Mandarin Oriental Hotel Group International Limited　　文華東方集團有限公司

Mandl, Herman　　　　　　　　　　　　　　門德爾

Manson, Patrick　　　　　　　　　　　　　　文遜

Marchisio, Joseph　　　　　　　　　　　　　馬紀樵

Marden, John L.　　　　　　　　　　　　　　約翰・馬登

Margary, Augustus　　　　　　　　　　　　　馬嘉理

Marriner, Sheila　　　　　　　　　　　　　　馬里納

Marx, Karl　　　　　　　　　　　　　　　　馬克思

Matheson & Co. , Ltd.　　　　　　　　　　　馬地臣有限公司

Matheson & Co.　　　　　　　　　　　　　　馬地臣行

Matheson, Alexander　　　　　　　　　　　　央馬地臣（三馬地臣、亞歷山大・馬地臣）

Matheson, Donald　　　　　　　　　　　　　唐納德・馬地臣

Matheson, Hugh　　　　　　　　　　　　　　修・馬地臣

Matheson, James　　　　　　　　　　　　　　馬地臣（也譯為孖地臣）

Matheson, Sheriff D.　　　　　　　　謝里夫・馬地臣

Medhurst, Sir Walter Henry　　　　　麥都思

Micael, Billington　　　　　　　　　邁克爾・比林頓

Michie, Alexamder　　　　　　　　　宓吉

Morgan, Captain　　　　　　　　　摩根船長

Morrison John Robert　　　　　　　馬儒翰

Morrison, George Ernest　　　　　　莫里循

Morrison, James　　　　　　　　　毛里遜

Morrison, Robert　　　　　　　　　馬禮遜

Morse, Hosea Ballou　　　　　　　馬士

Mountbatten, Lord Louis　　　　　　蒙巴頓

Murray, Simon　　　　　　　　　　馬世民

N

Napier, Lard William John　　　　　律勞卑

Newbigging, D. L.　　　　　　　　D・L・紐壁堅

Newbigging, David Kennedy　　　　紐壁堅

Nightingal, Anthony　　　　　　　黎定基

Nord Deurscher Loyd Co.　　　　　北德勞依德公司（又譯為北德意志公司）

North China Steam Navigation Company　北清輪船公司

O

Olyphant & Co.　　　　　　　　　同孚洋行

Oriental Banking Corporation　　　東藩匯理銀行（又稱東方銀行、麗如銀行）

Owen, J. F.　　　　　　　　　　　歐文

Owen, Robert　　　　　　　　　　區偉賢

P

Palmerston, Henry J. T.　　　　　　巴麥尊

Patten, Christopher Francis 彭定康

Peking Syndicate Limited 英國福公司

Pelcovits, Nathan. A. 伯爾考維茨

Perceval, Alexander 波斯富

Peyrefitte, Alain 佩雷菲特

Pottinger, Henry 璞鼎查（砵典乍）

Powell, Charles 鮑維爾

Powers, B. M. 包偉士

Prince Charles 查理斯王子

Princess Margaret 瑪嘉烈公主

R

Rees 里斯

Reid, Beale & Co. 里德‧比爾行

Reid, David 大衛‧里德

Reid, John 約翰‧里德

Remington & Co. 雷明頓行

Rennies Consolidated Holding Limited 雷里斯聯合股份有限公司

Rich, Nigel 李舒

Richard, Timothy 李提摩太

Robert Fleming & Co. Ltd. 富林明有限公司

Robinson, Sir George 羅治臣（又譯為羅賓臣）

Roderick, John P. 羅德里克

Roosevelt, Franklin D. 羅斯福

Ross, Charles Henderson 羅斯

Rothschilds Continuation Holdings AG (RCH) 羅斯柴爾德控股有限公司

Russell & Co. 旗昌洋行

S

Sallnow-Smith, Nicholas Robert　　　　蘇兆明

Saltoun　　　　薩爾頓

Samwer　　　　善威

Sandberg, Michael A. R.　　　　沈弼

Sassoon, Albert Abdullah David　　　　阿爾伯特‧沙遜

Sassoon, David　　　　大衛‧沙遜

Sassoon, Elias David　　　　伊利亞斯‧沙遜

Schneider, C.　　　　施奈德

Scott, Walter　　　　瓦特‧斯科特

Shanghai and Hongkew wharf Co. Ltd.　　　　公和祥碼頭股份有限公司

Shanghai Steam Navigation Company　　　　旗昌輪船公司（上海輪船公司）

Sibley, Nicholas　　　　薛博理

Smith, Adam　　　　亞當‧斯密

Smith, Alan　　　　史密斯

Smith, John Abel　　　　約翰‧亞貝爾‧斯密斯

Smith, Thomas Charles　　　　托馬斯‧查理斯‧斯密斯

Spence, William Donald　　　　史彭斯

Staunton, George Thomas　　　　斯當東

Stephenson, Sir Macdonald　　　　麥克唐納‧史蒂文森

Stilwell, Joseph Warren　　　　史迪威

Sturant, James　　　　詹姆斯‧斯圖亞特

Swire Pacific Ltd.　　　　太古股份有限公司

Swire, John Samuel　　　　約翰‧塞繆爾‧斯懷爾（老斯懷爾）

Swire, William H.　　　　威廉‧斯懷爾

T

Taylor, Robert　　　　泰勒

Terry, Gregory　　　　鄧雅理

The British Chamber of Commercial of Canton　　廣州英國商會

The British Overseas Airways Corporation　　英國海外航空公司

The Dairy Farm, Ice & Cold Storage Co. Ltd.　　牛奶冰廠有限公司

The Lombard Insurance Company　　隆德保險公司（倫巴德保險公司）

The Peninsular and
　　Oriental Steam Navigation Company　　大英輪船公司

The Royal Bank of Scotland　　蘇格蘭皇家銀行

The Taikoo Dockyard &
　　Engineering Company of Hongkong Ltd.　　太古車糖股份有限公司

The Taikoo Dockyard and
　　Engineering Company of Hongkong Ltd.　　太古造船廠

The Union Steam Navigation Co.　　公正輪船公司

Thomas Sutherland　　蘇石蘭

Thompson, Norman　　唐信

Thorne, Christopher　　索恩

Thornhill, John　　唐希爾

Thornton, Mary Lavender St Leger Patten née　　林穎彤

Tose, Philip　　杜菲廉

Trafalgar House PLC.　　特法加集團

Trautmann & Co.　　惇裕洋行

Truman, Harry S.　　杜魯門

Tuchman, Barbara W.　　巴巴拉·W·塔奇曼

W

Wade, Thomas Francis　　威妥瑪

Walsham, John　　華爾身

Warden, H.　　H·沃登

Wardley Limited　　獲多利有限公司

Watt, James　　瓦特

Weatherall, Percy 韋德樂

Weeding, Thomas 托馬斯·威丁

Wellesley, Richard Colley 衛爾茲利

Wellington 威靈頓

Wheelock Marden & Co. Ltd. 會德豐有限公司

Whittall, James 惠代爾

Wikinson, Lieutenant 威克遜

Williams, Adam 韋藹德

Wilson, David Clive 衛奕信

Woosung Road Co. 吳淞道路公司

Y

Yangtze Insurance Association 揚子保險公司

Yangtze Steam Navigation Co. 揚子輪船公司

Young, Mark Aitchison 楊慕琦

Yrissari & Co. 伊沙瑞行

Yrissari, Xavier 伊沙瑞

Z

Zung Fu Co., Ltd. 仁孚行

附錄5　主要參考書目

奧朗奇編著，何高濟譯：中國通商圖——17-19世紀西方人眼中的中國，北京理工大學出版社，2008。

巴巴拉‧W‧塔奇曼著，萬里、陳曾平譯：史迪威與美國在中國的經驗：1911-1945，商務印書館，北京，1985。

白吉爾著，張富強、許世芬譯：中國資產階級的黃金時代（1911-1937），上海人民出版社，1994。

濱下武志著，馬宋芝譯：香港大視野——亞洲網絡中心；商務印書館，香港，1997。

Cameron, Nigel: *The Hongkong Land Company Ltd.——A Brief History*, Offset Printing Co.,1979.

陳國棟著：東亞海域一千年，山東畫報出版社，濟南，2006。

陳錦江著，王笛、張箭譯，虞和平校：清末現代企業與官商關係，中國社會科學出版社，北京，1997。

陳景祥主編：香港金融風雲35載，天窗出版社，香港，2008。

Cheong, W. E.（張榮洋）: *Mandarins and Merchants: Jardine Matheson & Co., a China Agency of the Early Nineteenth Century*, London : Curzon Press, 1979.

籌辦夷務始末（道光朝），齊思和等整理，中華書局，北京，1964。

籌辦夷務始末（咸豐朝），賈楨等監修，中華書局，北京，1979。

籌辦夷務始末（同治朝），中華書局編輯部、李書源整理，中華書局，北京，2008。

Connell, Carol Matheson: *A business in risk: Jardine Matheson and the Hong Kong trading industry*, Westport, CT : Praeger, 2004.

Crisswel, Colin N.: *The Taipans: Hongkong's Merchant Princes*. Oxford University Press, 1981.

丁新豹、黃迺錕著：四環九約：博物館藏歷史圖片精選，香港市政局，1999年2月修訂版。

費正清主編：劍橋中國晚清史1800-1911年（上、下卷），中國社會科學出版社，北京，1985。

Fairbank, John King: *Trade and Diplomacy on the China Coast*, Harvard University Press, 1953.

樊百川著：中國輪船航運業的興起，中國社會科學出版社，北京，2007。

費維愷著，虞和平譯：中國早期工業化：盛宣懷（1844-1916）和官督商辦企業，中國社會科學出版社，北京，1990。

馮邦彥、饒美蛟著：厚生利群：香港保險史（1841-2008），三聯書店，香港，2009。

馮邦彥著：香港地產業百年，三聯書店，香港，2001。

馮邦彥著：香港金融業百年，三聯書店，香港，2002。

馮邦彥著：香港英資財團（1841-1996），三聯書店，香港，1996。

格林堡著、康成譯：鴉片戰爭前中英通商史，商務印書館，北京，1961。

龔纓晏著：鴉片的傳播與對華鴉片貿易，東方出版社，北京，1999。

廣東省檔案館：廣東澳門檔案史料選編，中國檔案出版社，北京，1999。

廣州歷史文化名城研究會：廣州十三行滄桑，廣東省地圖出版社，廣州，2002。

郭德焱著：清代廣州的巴斯商人，中華書局，北京，2005。

郭衛東著：轉折：以早期中英關係和《南京條約》為考察中心，河北人民出版社，石家莊，2003。

郝延平著、李榮昌等譯：十九世紀的中國買辦：東西間橋樑，上海社會科學院出版社，1988。

何佩然著：地換山移──香港海港及土地發展一百六十年，商務印書館，香港，2004。

胡濱主編：英國檔案有關鴉片戰爭資料選譯，中華書局，北京，1993。

黃紹倫著、張秀莉譯：移民企業家，上海古籍出版社，2003。

http://www.jardines.com

Jardine, Matheson & Co. afterwards Jardine, Matheson & Co. Limited : an outline of the history of a China house for a hundred years 1832-1932. / edited by James Sturant, London: printed in Great Britain at The Westminster Press, 1934.

Jardine, Matheson & Co.: *The Thistle and The Jade : A Celebration of 150 Years of Jardine, Matheson & Co.* / edited by Maggie Keswick, London : Octopus Books, 1982. (*The Thistle and The Jade: A Celebration of 175 Years of Jardine, Matheson & Co*, 2008.)

Jardine, Matheson & Company: *an historical sketch.* Hong Kong: Jardine Matheson & Co., [1960?]

凱薩琳‧F‧布魯納、約翰‧費正清等編，陳絳譯：赫德日記──赫德與中國早期現代化，中國海關出版社，北京，2005。

考利斯著，吳瓊、方國根譯：鴉片戰爭實錄，香港安樂文潮出版公司，1997。

柯立斯著、中國人民銀行金融研究所譯：滙豐──香港上海銀行（滙豐銀行百年史），中華書局，北京，1979。

勒費窩著，陳曾年、樂嘉書譯：怡和洋行──1842-1895 年在華活動概述，上海社會科學院出版社，1986。

李嵐清著：突圍：國門初開的歲月，中央文獻出版社，北京，2008。

李士風著：晚清華洋錄：美國傳教士、滿大人和李家的故事，上海人民出版社，2004。

梁嘉彬著：廣東十三行考，廣東人民出版社，廣州，1999。

劉廣京著，邱錫榮、曹鐵珊譯，陳曾年校訂：英美航運勢力在華的競爭（1862-1874年），上海社會科學院出版社，1988。

劉詩平著：金融帝國──滙豐（新增修訂版），三聯書店，香港，2009。

劉蜀永主編：20世紀的香港經濟，三聯書店，香港，2004。

魯平口述、錢亦蕉整理：魯平口述香港回歸，三聯書店，香港，2009。

羅伯·布雷克著，張青譯：怡和洋行，時報文化出版公司，台北，2001 。

羅威廉著，江溶、魯西奇譯：漢口：一個中國城市的商業和社會（1796-1889），中國人民大學出版社，北京，2005。

馬士著，張匯文等譯：中華帝國對外關係史，上海書店出版社，2006。

馬士著，區宗華譯：東印度公司對華貿易編年史（一、二、三卷），中山大學出版社，廣州，1991。

馬廉頗著：晚清帝國視野下的英國——以嘉慶道光兩朝為中心，人民出版社，北京，2003。

茅海建著：天朝的崩潰：鴉片戰爭再研究，三聯書店，北京，2005。

宓汝成著：中國近代鐵路史資料（1863-1911），中華書局，北京，1963。

聶寶璋著：中國近代航運史資料（第1輯），上海人民出版社，1983。

佩雷菲特著，王國卿、毛鳳支等譯：停滯的帝國——兩個世界的撞擊，三聯書店，北京，1993。

彭定康著、杜默譯：東方與西方：彭定康治港經驗，時報文化出版公司，台北，1998。

祁美琴著：清代內務府，遼寧民族出版社，瀋陽，2009。

錢宗灝等著：百年回望：上海外灘建築與景觀的歷史變遷，上海科學技術出版社，2005。

芮瑪麗著，房德鄰等譯：同治中興：中國保守主義的最後抵抗（1862-1874），中國社會科學出版社，北京，2002。

上海市檔案館編：陳光甫日記，上海書店出版社，2002。

上海市政協文史資料工作委員會編：舊上海的外商與買辦，上海人民出版社，1987。

上海外事志編輯室編：上海外事志，上海社會科學院出版社，1999。

史景遷著、溫洽溢譯：追尋現代中國，時報文化出版公司，台北，2001。

中外關係史學會編：中外關係史譯叢，第2輯，上海譯文出版社，1985。

湯象龍編著：中國近代海關稅收和分配統計（1861-1910），中華書局，北京，1992。

Wright, Arnold（editor-in-chief）：*Twentieth century impressions of Hongkong, Shanghai, and other treaty ports of China :their history, people, commerce, industries, and resources*, London :Lloyds Greater Britain Publishing, 1908.

汪敬虞著：十九世紀西方資本主義對中國的經濟侵略，人民出版社，北京，1983。

汪敬虞著：外國資本在近代中國的金融活動，人民出版社，北京，1999。

汪熙著：約翰公司：英國東印度公司，上海人民出版社，2007。

威廉·C·亨特著、馮樹鐵譯：廣州 "番鬼" 錄：1825-1844年：締約前 "番鬼" 在廣州的情形，廣東人民出版社，廣州，1993。

威廉·C·亨特著、沈正邦譯：舊中國雜記，廣東人民出版社，廣州，1992。

吳義雄著：在宗教與世俗之間——基督教新教傳教士在華南沿海的早期活動研究，廣東教育出版社，廣州，2000。

謝艾倫著，張平等譯：被監押的帝國主義——英法在華企業的命運（1949-1954），中國社會科學出版社，北京，2004。

夏伯銘著：上海舊事之蹺腳沙遜，上海遠東出版社，2008。

新華社1949-2008年電訊稿。

香港信報財經月刊1977-1994。

許毅：清代外債史資料，中國檔案出版社，北京，1990。

許毅等著：清代外債史論，中國財政經濟出版社，北京，1996。

饒餘慶著，壽進文、楊立義譯：香港的銀行與貨幣，上海翻譯出版公司，1985。

亞瑟‧赫曼著，韓文正譯：蘇格蘭人如何發明現代世界，時報文化出版公司，台北，2003。

嚴中平主編：中國近代經濟史（1840-1894），人民出版社，北京，2001。

楊端六編著：清代貨幣金融史稿，武漢大學出版社，2007。

楊聯陞著，中國語文札記：楊聯陞論文集，中國人民大學出版社，北京，2006。

姚賢鎬編：中國近代對外貿易史資料：1840-1895（第1、2冊），中華書局，北京，1962。

余繩武、劉存寬主編：十九世紀的香港，中華書局，北京，1994。

約瑟夫‧馬紀樵著，許峻峰譯，侯貴信校：中國鐵路：金融與外交（1860-1914），中國鐵道出版社，北京，2009。

惲麗梅、秦世明編：洋古董鐘錶，北京出版社，2003。

張在元、劉少瑜編：香港中環城市形象，中國計劃出版社，北京，1997。

張曉寧著：天子南庫：清前期廣州制度下的中西貿易，江西高校出版社，南昌，1999。

張仲禮、陳曾年、姚欣榮著：太古集團在舊中國，上海人民出版社，1991。

張仲禮、陳曾年著：沙遜集團在舊中國，人民出版社，北京，1985。

鄭宏泰、黃紹倫著：香港股史（1841-1997），三聯書店，香港，2006。

中國保險學會編著：中國保險業二百年（1805-2005），當代世界出版社，北京，2005。

中國人民銀行上海市分行金融研究室編：中國第一家銀行，中國社會科學出版社，北京，1982。

廣東省政協文史資料研究委員會編：廣東文史資料（第四十四輯），廣東人民出版社，廣州，1985。

全國政協文史資料研究委員會編：文史資料選輯（第十九輯），中華書局，北京，1961。

鍾寶賢著：商城故事——銅鑼灣百年變遷，中華書局，香港，2009。

鍾士元回憶錄：香港回歸歷程，香港中文大學出版社，2001。

朱蔭貴著：中國近代輪船航運業研究，中國社會科學出版社，北京，2008。

宗道一等編著：周南口述：身在疾風驟雨中，三聯書店，香港，2007。

後記 回憶與感謝

書稿校畢,已是午夜時分。京城二環路上白天的如潮車流已經稀少,偶爾汽車駛過的聲音襯出夜的寧靜。終於能夠從怡和一百多年的歷史中走出,心情頓感輕鬆。

2001年,當我完成《敦煌百年:一個民族的心靈歷程》一書之後,告別了多年對中國西部歷史的學習和研究,來到新華社國內部從事金融保險業的新聞報導。從此,關注的多是當今經濟金融話題,出差的地方也多是上海、天津、廣州和深圳等東部和南部城市,曾經沉迷其中的西部漸漸遠去。

2002年的一天,當我出差上海住在外白渡橋北側的上海大廈(百老匯大廈,Broadway Mansions Hotel)凝視外灘建築群時,怡和、匯豐那些留存的建築物及其背後的故事突然吸引了我。

2003年,我來到新華社香港分社工作,進一步加強了探究怡和的興趣。作為一家百年老店,怡和是香港割讓之前成立於中國的惟一延續至今的外資企業,並且在香港依然維持着龐大業務,滲透於人們的衣食住行:零售(惠康超市、7-Eleven便利店、萬寧、Pizza Hut、美心飲食)、地產(置地)、酒店(文華東方)、航運(空運貨站、機場服務、貨櫃碼頭)、建築(金門建築)、保險(JLT)、投資銀行⋯⋯

於是,工作之餘,我開始着手研究怡和,以加深瞭解香港及其與中國內地的關係。

香港,是個有着無限可能性的地方:她命途多舛卻總會時來運轉;屢遭危機卻總能化險為夷，每每烏雲壓城最終又艷陽再照……自古以來，這片土地上的先民日出而作、日落而息。然而進入到十九世紀後，世界政治風雲激盪、東西方歷史在這裡交匯而激烈碰撞，而發生劇變，而舉世矚目。放眼全球，以"彈丸之地"有着如此重要地位的城市，世所少有。

而對我來說，香港還是個自由的、能夠滿足個人好奇心的城市。在這裡，我有機會接觸到一些自己在青少年時代仰慕和尊崇的人物，並時常被一些人和事所激勵所感動。譬如歷史學家張廣達先生，有幸聽他在城市大學授課，他自從1989年去國後，四海漂泊20年，其非凡的史才、史學、史識、史德和對一些基本價值的堅持，定會隨着時間的流逝而綻放光芒；譬如黃霑先生，有幸在SARS過後的音樂劇《酸酸甜甜香港地》綵排時採訪到他，青年時代正是在由他作詞的《男兒當自強》、《上海灘》、《滄海一聲笑》等歌聲陪伴下長大的；譬如李連杰先生，在其起步設立"壹基金"時，也有幸在"愛心無國界賑災大匯演"期間採訪到他，回想我曾在中學低年級時曠課步行十幾里路，去看由他主演的《少林寺》，結果被罰數日不得進教室……

新華社香港分社的生活是獨特的。新華社總社及國內分社駐港各位同事，以及香港本地諸同事，給了我許多幫助和鼓勵，深情厚誼，成為我人生中一段難忘的歲月。其中，周桂蓮、張雅詩、呂小煒等提供的資料和拍攝的照片，為本書增色甚多，尤其是張雅詩為我從香港城市大學借閱相關書籍，指導筆者考察香港本地的一些歷史遺存，讓我銘感於心。

寫作過程中，以下機構提供的資料幫助和良好服務，讓我心存感激：香港公共圖書館、香港大學孔安道圖書館、馮平山圖書館、香港城市大學中國文化中心、香港歷史博物館、北京大學圖書館、中山大學歷史系資料室。此外，朱麗雙女士、柏峰女士、姚崇新先生、葉新先生、石忠獻先生、康弘先生等均提供了許多幫助。

本書在寫作過程中參考了大量其他學者的專著，尤其是Michael Greenberg、Le Fevour、Robert Blake有關怡和的專著，饒餘慶、馮邦彥對香港金融和財團的研究，以及怡和在成立100年、150年和175年時推出的紀念出版物。限於本書定位及編者要求，附錄中只列出了主要參考書目，另有許多著作、論文及報刊文章讓筆者在寫作中受益。

感謝三聯書店（香港）有限公司總編輯陳翠玲女士與資深編輯姚沙沙女士。幾年前本已答應交付書稿，然而由於時空變化和工作繁忙而一拖再拖，感謝她們的耐心和容忍，幫助和鼓勵。作為本書責任編輯，姚沙沙女士付出了極大勞動，如果不是她的不停催促和大力幫助，這本書根本沒可能面世。

感謝父母親，他們的愛是我人生的力量源泉；感謝妻子和岳父母，他們的關愛是我不斷努力的動力。而斷續進行的寫作拖了數年才交稿，其間所帶來的麻煩與拖累之多，不難想像。

以感恩的心，感謝給我以幫助的每一個人。

劉詩平

2009年11月8日

於北京東直門南大街8號

責任編輯		姚沙沙
裝幀設計		吳冠曼

書　　名　**洋行之王——怡和**

著　　者　劉詩平

出　　版　三聯書店（香港）有限公司
　　　　　香港鰂魚涌英皇道 1065 號 1304 室
　　　　　Joint Publishing (H.K.) Co., Ltd.
　　　　　Rm. 1304, 1065 King's Road, Quarry Bay, Hong Kong

香港發行　香港聯合書刊物流有限公司
　　　　　香港新界大埔汀麗路 36 號 3 字樓

印　　刷　陽光印刷製本廠
　　　　　香港柴灣安業街 3 號 6 字樓

版　　次　2010 年 2 月香港第一版第一次印刷

規　　格　16 開（179 X 225 mm）528 面

國際書號　ISBN 978-962-04-2900-2